Bernd Hill

Klimawandel

Bionik und Naturorientiertes Lernen

Zukunftsgestaltung

durch innovative Lösungen und Lernstrategien

„Das Weltgesetz erzwingt es, dass zuletzt die Technik des Organischen und die des Menschen identisch sind."

Raoul Henry Francé (1874–1943)
Österreich-ungarischer Botaniker,
Mikrobiologe, Naturphilosoph und
Begründer der Biotechnik

Inhaltsverzeichnis

Vorwort

Wir leben heute in einer von Krisen geprägten Zeit. Coronavirus-Krise, Inflationskrise, Ernährungskrise, Energiekrise, Bildungskrise, Klimakrise und andere Bedrohungen stellen uns vor gewaltige Herausforderungen. Alle diese Krisen haben das gemeinsame markante Merkmal, dass sie sich gegenseitig mehr oder weniger stark beeinflussen. Der Autor wendet sich in diesem Buch der Klimakrise zu und trifft auch einige Aussagen zur gegenwärtigen Bildungskrise. Abseits dramatischer Rhetorik und Panikmache, die derzeit von manchen Medien und einigen Wissenschaftlern geführt wird, zeigt er auf, wie sich durch Erfindergeist und technische Kreativität, mögliche Wege aus diesen beiden Krisen finden lassen. Das Buch gibt Antworten auf die vielen Fragen, die mit dem Klimawandel und dessen Auswirkungen auf das Leben der Menschen im Zusammenhang stehen. Dabei werden Aussagen, Erkenntnisse und Theorien über Ursachen und Folgen des Klimawandels sowie zukunftsträchtige Lösungen zu dessen Beeinflussung vorgestellt und anschaulich beschrieben. Insofern dient das Buch nicht nur als nützliche Verständnishilfe, für die mit dem Klimawandel im Zusammenhang stehenden Einflussfaktoren, sondern vermittelt auch grundlegende Einsichten und wichtiges Wissen über erneuerbare Energien und Technologien der umweltfreundlichen Energieerzeugung, sowie deren Nutzung bei der Bewältigung der Energiewende. Um die Energiewende mit innovativen Lösungen voranzutreiben, erweist sich das Lernen von der Natur als äußerst nützlich und hilfreich.

Der nahezu unermessliche Artenreichtum der Natur kann für uns Menschen in vielerlei Hinsicht wertvolle Anregungen und Hinweise für eine „Technik des Überlebens“ in einer sich wandelnden Welt bieten. Dazu zählt in besonderem Maße die Energie- und Klimabionik, die ein Teilgebiet der Zukunftswissenschaft Bionik darstellt. So erfordert die Bewältigung des Klimawandels auch neuartige Zielstellungen, Inhalte und Methoden für den gesamten Bildungsbereich. Die „Naturorientierung“ stellt dabei ein bedeutsames Leitprinzip dar. Auf der Grundlage dieses Prinzips wurden vom Autor Innovationsstrategien für Unternehmen und Schule konzipiert, die in der Praxis bereits erfolgreich erprobt wurden. Hierbei handelt es sich um die für Unternehmen entwickelte „Naturorientierte Innovationsstrategie“ und für die Schule die „Strategie des Naturorientierten Lernens“. In übersichtlicher Form werden diese beiden Strategien an Beispielen vorgestellt und beschrieben. Freilich können an dieser Stelle aufgrund der Komplexität dieser Themen nur einige wesentliche Aspekte aufgezeigt werden. Es gibt mittlerweile eine schier unübersehbare Flut von Erkenntnissen und Informationen über den Klimawandel. Daher werden hier ausgewählte Grundlagen und Erkenntnisse aufgezeigt, die helfen sollen, einen eigenen Standpunkt in der Klimaproblematik zu bilden und diesen auch selbst zu erweitern. Ein Blick in die Klimageschichte unseres Planeten eröffnet uns neue Perspektiven, den Klimawandel besser zu verstehen und von ihm ausgehende Wirkungen und Folgen zu begreifen, die sich in heutiger Zeit in allen Bereichen unseres Lebens zeigen. Der vom Menschen verursachte Teil des Klimawandels ist zu einem Problem unserer Zeit geworden und erfordert zu dessen Bewältigung überlegtes Handeln.

1

Einleitung

„Es gibt keine Technik,
welche nicht aus den Formen der Natur ableitbar wäre."
Raoul Henry Francé

Natur als Vorbild

Wenn es nach der Verwirklichung von FRANCÉs Weltgesetz geht, erzwingt dieses, dass zuletzt die Technik des Organischen und die des Menschen identisch sind. Mit dieser Aussage befinden wir uns, was die Technikevolution betrifft, auf diesem vorgezeichneten Weg. Die Technik ist durch den Menschen aus der Natur hervorgegangen und hat sich im Laufe ihrer Entwicklung immer mehr von ihr entfernt. Der Mensch befreite sich vom Diktat der Umwelt, wie beispielsweise von Wetter- und Klimaerscheinungen, indem er die Kleidung schuf, das Feuer entfachte und sich schützende Behausungen anfertigte. Später entstanden Städte, Industriegebiete und zuletzt eine weltumspannende Infrastruktur. Die Natur wurde dabei immer weiter verdrängt und der Lebensraum von Pflanzen und Tieren eingeschränkt und sogar vernichtet. Innerhalb der Natur schuf der Mensch die technische Welt, die sich weitgehend losgelöst von ihr entwickelte. In dem vom Menschen vorangetriebenen Evolutionsprozess, entwickelte sich die Technik von einfachen Werkzeugen zu komplexen, wirkmächtigen Technologien. In diesem Prozess hat der Mensch die Natur immer mehr ausgebeutet, in ihre Kreisläufe eingegriffen, die Ressourcen verbraucht und die Umwelt belastet und teilweise auch zerstört. Innerhalb von nur zwei Jahrhunderten hat er die Regulationsmechanismen der Erde in ihren lebenserhaltenden Funktionen gestört, die seit Milliarden Jahren wirksam sind. Die Technik des Menschen wurde so zum Mitverursacher einer ökologischen Krise, die sich heute im vom Menschen verursachten Teil des Klimawandels mit aller Deutlichkeit äußert. Die menschliche Technik kann aber zugleich auch ein immanenter Teil der Lösung dieser Krise sein, wenn sich der Mensch an der Natur orientiert und dadurch die Technik umweltgerecht entwickelt. So können wir von unseren Mitgeschöpfen, den Pflanzen und Tieren, hinsichtlich der effizienten Nutzung von Stoffen, Energien und natürlichen Prozessen eine Menge lernen. Diese effiziente Ressourcennutzung der Lebewesen ist in der biologischen Evolution eine wirksame Überlebensstrategie der Pflanzen und Tiere und gilt auch für uns Menschen. Das Lernen von der Natur kann in Richtung einer naturgemäßen, einer sozusagen biologisch orientierten Technik führen, die bei minimalem Einsatz von Stoffen und Energien eine hohe ökologische und ökonomische Wirksamkeit zu erzielen in der Lage ist. Hierzu äußerte sich schon der Biotechniker FRANCÉ in seinem bahnbrechenden Werk „Die Pflanze als Erfinder" mit seiner von ihm entwickelten Biotechnik, welche davon ausgeht „die normalen, lebenden Organismen der Technik als unbedingte Vorbilder hinzustellen, wenn das gleiche technische Problem wie im Vorbild vorliegt" (FRANCÉ 1920, S. 85). Technische Problemlösungen lassen sich daher von der lebenden Natur abschauen. Dabei wird das Problem mit der technisch zu realisierenden Funktion in den Analogiebereich Natur übertragen. Dort werden dann Pflanzen und Tieren bzw. deren Organe mit derselben Funktion untersucht und die dabei gewonnenen Erkenntnisse für die Ausarbeitung technischer Lösungen genutzt. Soll beispielsweise das Problem: Befestigen von Gegenständen an der Wand gelöst werden, so ist es möglich, den Analogiebereich Natur nach relevanten Strukturen zu untersuchen. Durch Vergleichen verschiedener Tierarten, wie Saugwürmer, Schiffshalter (Fischart) sowie Tintenfische und deren Haftorgane (Saugnäpfe), kann ein gemeinsames Prinzip aufgedeckt und auf den Problemsachverhalt übertragen werden. Die so entstandene technische Lösung „Gummisauger" hat das gleiche Wirkprinzip wie die Naturlösung. Für jede technisch zu realisierende Funktion gibt es in der Natur eine Vielzahl unterschiedlicher effizienter Strukturen als nutzbare Lösungspotenziale. Daher sollte man sich stets fragen, ob sich eine bestehende technische Lösung noch weiter verbessern und ob sich dazu im Bereich der lebenden Natur Anregungen finden lassen. In diesem Zusammenhang macht FRANCÉ deutlich, dass es „keine Form der Technik gibt, welche nicht aus den Formen der Natur ableitbar wäre" (ebenda, S. 20). Die oben genannte Aussage von FRANCÉ zeichnet eine Evolutionslinie der Technik auf, die sich in Richtung einer organischen Technik entwickelt. Schon heute generieren wir biotechnische Verbundsysteme, die in den verschiedensten Bereichen eingesetzt werden, wie beispielsweise in der Robotik, der Medizin und in der Lebensmittelindustrie. Bei solchen Verbundsystemen werden einzelne Sinnesorgane von biologischen Systemen entnommen und in einer Nährlösung am Leben erhalten. Es sind Module mit Messzellen, wie zum Beispiel solche für die Lebensmittelindustrie, die Aromastoffe oder gesundheitsschädliche Substanzen in Nahrungsmitteln nachweisen können. Solche Messzellen bestehen aus elektronisch gekoppelten Messfühlern, mit denen die Konzentration bestimmter Teilchen über ein elektrisches Signal gemessen werden kann. Aufgrund ihrer hohen Empfindlichkeit dienen biologische Messfühler hierbei als Bioindikatoren, weil sie schon als hochempfindliche organische Signalempfänger auf äußerst geringe physikalische und chemische Veränderungen ihrer Umgebung reagieren.

Organische Technik

Zur organischen Technik gehören auch neuartige organische Halbleiter, die auf organischen Materialien basieren und heute die Grundlage einer Organischen Elektronik bilden. Dazu zählen neuerdings auch organische Solarzellen, welche aus Verbindungen von Kohlenwasserstoffen bestehen. Auch die Entwicklung von modernen Biocomputern ist ein treffendes Beispiel für den sich abzeichnenden Trend zur Herausbildung einer organischen Technik. Diese zukunftsorientierte Technik ermöglicht die Entstehung einer sogenannten „organoiden Intelligenz“, mit deren Hilfe man Computer nach dem Vorbild des menschlichen Gehirns noch leistungsfähiger machen kann. Eine weitere Entwicklungsrichtung bildet der verstärkte Einsatz von Enzymen und Mikroorganismen, um alternative Rohstoffe effizienter zu nutzen und dabei fossile Ressourcen zu ersetzen. Dazu erfolgen noch nähere Ausführungen in den nachfolgenden Kapiteln. Von der Natur und ihren evolutionär erprobten Strukturen, Funktionen, Prozessen, Organisations- und Entwicklungsprinzipien, lässt sich vieles Interessante für die Entwicklung einer menschenfreundlichen und umweltgerechten Technik abschauen. Als Mitverursacher des Klimawandels und der daraus resultierenden ökologischen Krise können wir die Technik so entwickeln, dass sie durch Naturorientierung zur deren Bewältigung beitragen kann. Zum Überleben auf unserem Planeten bleibt uns keine andere Wahl.

Der Klimawandel ist deshalb in aller Munde. Er ist heute zu einem Begriff der Populärkultur geworden und prägt unser Leben. Oft wird auch von Klimaerwärmung gesprochen. Die Verwendung dieses Begriffes ist aber problematisch, weil sich das Klima als komplexes Geschehen nicht erwärmen kann, da es ein von vielen Variablen bestimmendes Ereignis darstellt. Eine dieser Variablen stellt die Temperatur dar, die sich ändern kann, indem sie steigt oder fällt. Daher ist es korrekter, von Erderwärmung zu sprechen.

Die Medien machen den Klimawandel und seine Auswirkungen zum brisanten und beherrschenden Thema. Über die Auswirkungen des Klimawandels auf unsere Biosphäre wird daher in den Medien viel Interessantes berichtet und auch spekuliert. Manche Klimaforscher und Umweltorganisationen verbreiten bei der Veröffentlichung ihrer Theorien, Konzepte und Studien zu den Ursachen und Auswirkungen des Klimawandels Angst und Schrecken. Sie setzen gezielt auf Horrorvisionen, um die Menschen aufzurütteln. Anfänglich hilft dieses Aufrütteln über die katastrophalen Folgen des Klimawandels tatsächlich. Aber viele Menschen sind dadurch auch verunsichert und bei manchen verbreitet sich regelrechte Panik. Wenn aber solche Schreckensvisionen tagtäglich auf die Menschen einwirken und keine Wege und Lösungen zur Bewältigung der Klimakrise aufgezeigt werden, verpufft die beabsichtigte Wirkung. Das Verkünden einer düsteren erwartbaren Zukunft ist heute in vielen Medien gängige Praxis der Kommunikation geworden.

Da stellt man sich zwangsläufig die Frage, ob wir auf unserer Erde noch sicher sind. Schmelzende Gletscher und abschmelzende Polkappen, Artensterben, Giftstoffe in der Luft, in Ozeanen und in den Böden – mit solchen und noch vielen anderen globalen Gefahren des Klimawandels werden wir tagtäglich auf verschiedenste Art und Weise in den Medien konfrontiert. Bei vielen Menschen entsteht dadurch Angst und Panik, die in Klimahysterie mündet und dabei Zukunftsängste schürt.

Umweltschützer, Klimaaktivisten und die „Fridays for Future"-Bewegung sind allgegenwärtig und machen mit allerlei, auch umstrittenen Maßnahmen auf dieses globale Problem auffallend aufmerksam. Manche davon mit radikalen Maßnahmen, andere mit der Verbreitung von Weltuntergangsszenarien und wieder andere, leider nur wenige davon, mit konstruktiven Vorschlägen. Daneben gibt es auch solche, die mit spektakulären Aktionen der Klimaschutzbewegung mehr schaden als dienen. Diese beschmieren Hausfassaden, Schaufenster,

Flugzeuge und Schiffe, beschädigen wertvolle Kunstwerke und hindern mit ihren Straßenblockaden neben dem Berufsverkehr auch Rettungskräfte, Krankentransporte und Feuerwehren, sodass Menschenleben auf dem Spiel stehen. Um wirklich etwas gegen den anthropogenen Treibhauseffekt, der mit der Erderwärmung im Zusammenhang steht, zu tun, reichen Protest und Sitzblockaden nicht aus. Was tatsächlich helfen kann, ist sich Gedanken darüber zu machen, wie der schnell ansteigende Kohlendioxidausstoß drastisch verringert werden kann. Dazu sind innovative technische Lösungen gefragt, bei denen sich jeder einbringen kann.

Düstere Prognosen und Panikmache

Die Bandbreite der Aktionen und Beweggründe zur Rettung des Weltklimas sind vielfältig und umfangreich. Dabei ist festzustellen, dass vorherrschende Meinungen zur Klimaentwicklung und davon abgeleitete Zukunftsaussichten meist von Pessimismus und Aussichtslosigkeit gekennzeichnet sind. Viele Menschen halten eine durch die Klimakrise ausgelöste Katastrophe für möglich und sehr wahrscheinlich. Düstere Prognosen, Weltuntergangsstimmung, Angst, Hysterie und Panikmache begleiten Demonstrationen und Aktionen der Klimaaktivisten. Manche Medien, einige Politiker und auch einzelne Wissenschaftler setzen solche Katastrophen-Szenarien in Gang. Worte von einflussreichen Persönlichkeiten erhalten folglich ein hohes Gewicht und Bedeutung für Klimaaktivisten. Eine dieser Persönlichkeiten berichtete unlängst: „Wir befinden uns auf einem Highway in die Klimahölle". Solche und ähnliche Meinungen befeuern die Ängste mit dramatischer Rhetorik und sind doch ohne wissenschaftliche Grundlage. Auch wird bei Demonstrationen eindringlich auf sogenannte „Kipp-Punkte" bei Klimaereignissen aufmerksam gemacht, die bei ihrer Überschreitung katastrophale Auswirkungen auf die Menschheit hätten. Solche „Kipp-Punkte", auch „Tipping Points" genannt, gibt es tatsächlich in der Klimaforschung. Sie stellen im Klimageschehen eine kritische Schwelle dar, an der schon eine geringe Störung den Zustand oder das Funktionieren des Klimasystems drastisch verändern kann. Sie können aber nur erreicht werden, wenn sich Klimafaktoren unwiederbringlich verändern würden. „Kipp-Punkte" beschränken sich in jetziger Zeit vielmehr auf lokale Ereignisse, wie es beispielsweise beim Auftauen von Permafrostböden in bestimmten geografischen Regionen der Fall ist. Beim Auftauen solcher Böden würde allerdings auch Kohlendioxid freigesetzt und das lokale Ökosystem verändert, aber das sich dadurch der globale Klimawandel beschleunigt, ist ziemlich unwahrscheinlich. Wahrscheinlicher ist jedoch, dass ab einem gewissen Grad der Erderwärmung, den wir hier als „Kipp-Punkt" bezeichnen, bestimmte „Kippelemente", wie bspw. Polkappen, Meeresströmungen und Grönlandeis zu positiven Rückkopplungen , also lawinenartige Veränderungen, führen können. Es sind selbstverstärkende aufschaukelnde Prozesse, die in der Lage sind, den „Treibhauseffekt" zu verstärken bzw. zu beschleunigen. Betrachten wir dazu den Eispanzer von Grönland. Bei einer Erderwärmung um etwa zwei Grad Celsius könnte das Abschmelzen derart beschleunigt werden, dass es auch durch umfangreiche Eindämmungsmaßnahmen nicht mehr zu stoppen wäre. Der Meeresspiegel würde über Jahrhunderte langsam ansteigen und besonders an den Küstenregionen der Erde zu „Land unter" führen. Die Möglichkeit dazu besteht durchaus. Wir werden noch an anderer Stelle auf diese Erscheinung zurückkommen. Auch die Vorstellung, dass der bisher vom Menschen verursachte Klimawandel zu einer unbewohnbaren Erde führt, ist haltlos übertrieben. Panikmache und Angstverbreitung ist natürlich eben so wenig angebracht wie Verharmlosung. Düstere und negativ besetzte Zukunftsbilder lähmen jedoch die Menschen und führen letztlich in die Ausweglosigkeit. Vorhersagen von katastrophalen Erscheinungen und Untergangsszenarien können auch dazu führen, dass sie politisch missbraucht werden und so als Grund für die Verteidigung und Durchsetzung von unvernünftigen, gegen den „gesunden Menschenverstand" gerichtete Maßnahmen dienen. Klimahysterie ist jedenfalls fehl am Platz, weil die Lösung der Umweltprobleme nicht in der Vermittlung katastrophaler Szenarien liegen kann. Sie liegt vielmehr darin, mit Optimismus, Zuversicht und neuen Ideen die dringend erforderlichen Lösungen zu generieren. Solche Ziele und Lösungen vertritt der „Solarpunk", eine von Aktivismus und Nachhaltigkeit geprägte Zukunftsbewegung. Ihre Zukunftsvisionen stehen ganz im Zeichen der Bewältigung des Klimawandels durch moderne Technologien, demokratischer Mitbestimmung und Inklusion sowie der Lebensgestaltung in harmonischer Beziehung zur Natur. Der Solarpunk ist dabei eine aus dem Cyberpunk hervorgegangene Strömung, die in Verbindung von nachhaltigen Technologien durch grüne erneuerbare Energien, umweltfreundlichen Städten und einer am Jugendstil orientierten Naturästhetik besteht. Auf Hoffnung und Optimismus setzend, geht es beim Solarpunk auch um die Entwicklung einer gerechten Gesellschaft, die auf den Grundlagen symbiotischer Beziehungen und gegenseitiger Hilfe beruht. Es ist eine Verbindung von Kunst, Natur und Technik, in der organisches Design und natürliche Ästhetik bestimmende Gestaltungselemente sind. Moderne Solararchitektur und erneuerbare Energien verschmelzen mit der Natur und bilden so eine Koexistenz, die die Zukunft der Menschheit sichern soll. Es ist ein Weg in eine optimistische Zukunft, in der humanistische Werte, natürliche Ästhetik sowie nachhaltige Zukunftstechnologien das Fundament der Gesellschaft bilden. Der Solarpunk richtet sich gegen die zurzeit bestehende Hoffnungslosigkeit und den Pessimismus in unserer Gesellschaft. Er setzt daher auf Hoffnung und Optimismus. Technische Artefakte und Entwicklungen werden daher nicht als Bedrohung, sondern vielmehr als Chance und Option gesehen, um Zukunft menschen- und umweltfreundlich zu entwickeln und zu gestalten. Natur und Technik sind dabei kein Gegensatz, sondern bilden eine symbiotische Einheit. So kann den zurzeit schädlichen Auswirkungen des Klimawandels nur mit einer umweltfreundlichen Technik begegnet werden.

Zu allen aufgestellten Theorien und wissenschaftlichen Aussagen zum Klimawandel gibt es bei den Wissenschaftlern unterschiedliche Auffassungen und auch Gegentheorien. Jene, die die getroffenen Aussagen und Theorien zum anthropogenen Klimawandel bezweifeln und eine Gegentheorie aufstellen, werden vorschnell als sogenannte „Klimaleugner" abgestempelt. Doch vernünftige Zweifel und eine Portion Skepsis sind bei der Darstellung von Ursachen und Auswirkungen des Klimawandels völlig angebracht. „Klimaskeptiker" ist daher der treffendere Begriff für Menschen, die den Klimawandel in keiner Weise leugnen, sondern Bedenken hegen, dass der Mensch als alleiniger Verursacher in Betracht gezogen wird. Steht doch der Begriff „Skepsis" für Zweifel und Bedenken gegenüber Aussagen: „wer zweifelt, der überprüft". Handelt es sich doch beim Klimawandel um eine höchst komplexe und komplizierte Erscheinung, bei der noch viele Unsicherheiten in der Erkenntnis bestehen. Solange diese aber vorhanden sind und es nicht gelingt, die Ursachen der Wechselbeziehungen und die Gesetzmäßigkeiten aller mit dem Klimawandel im Zusammenhang stehenden Faktoren zu berücksichtigen, ist ein „gesunder" Skeptizismus angebracht. Eine kritische Haltung ist schon deshalb gerechtfertigt, da bei allen aufgestellten wissenschaftlichen Theorien eigentlich keine objektive Wahrheit und auch kein sicheres Wissen erreichbar ist, weil die Wirklichkeit vom Menschen in gewisser Weise subjektiv interpretiert wird. Wir haben es daher bei der Interpretation des Klimawandels mit von Wissenschaftlergruppen geschaffenen Konstrukten zu tun, die auf deren erarbeiteten Positionen beruhen und mit der Wirklichkeit im Widerspruch stehen können. Berechtigter Zweifel besteht ohnehin an Theorien, Konzeptionen und Studien zu den Ursachen und Auswirkungen des Klimawandels, die mit Horrorszenarien, maßlosen Übertreibungen und Schreckensvisionen versehen sind. Sie führen bei gebildeten Menschen zu Unglaubwürdigkeit und Zweifel. Die Menschen benötigen vielmehr machbare, auf wissenschaftlichem Sachverstand begründete, umweltfreundliche und menschengerechte Lösungen, um den vom Menschen verursachten Teil des Klimawandels zu begegnen. Anregungen zu optimistischen und fortschrittlichen Zukunftsvisionen können daher deutlich besser dazu beitragen, positive Entwicklungsrichtungen einzuschlagen. Solche Zukunftsvorstellungen führen dazu, dass wir eine Entwicklung hin zum Besseren auch aktiv gestalten können. Es ist eine Entwicklung, die an der Erhaltung der Biosphäre orientiert ist und sich der Endlichkeit der Ressourcen auf unserem Planeten bewusst ist. Gegenwärtig verhärten sich aber zunehmend die Fronten zwischen Klimaskeptikern und Klimaschützern. Dazwischen stehen die meisten Menschen, viele davon auch ratlos und überfordert, die sich weder dem einen noch dem anderen Flügel ganz verschließen können.

Ihnen wird bei den Diskussionen um die Klimaproblematik bewusst, dass der Verzicht auf den mühsam erarbeiteten Wohlstand gegen vermehrte staatliche Bevormundung und Kontrollen ausgespielt werden. Einige Politiker sind der Meinung, dass der anthropogene Klimawandel nur mit autoritären Maßnahmen zu lösen ist. Ein Abgleiten in eine sich dadurch abzeichnende „Ökodiktatur“ mit unüberlegten und unnötigen, lebensbeeinträchtigten Regelungen, Beschränkungen und Strafmaßnahmen würde zum Unfrieden in der Bevölkerung und zu unausweichlichen sozialen Konflikten führen, die unsere Gesellschaft spalten und letztlich auch zerstören könnte. Mit Bedacht und wissenschaftlich begründeten Sachverstand, ohne folgenschwere Beeinträchtigung der Lebensverhältnisse der Menschen, müssen Wege aus der gegenwärtigen Klimakrise gefunden werden – eine gewaltige Herausforderung für unsere politischen Entscheidungsträger. So müssen politische Grundsatzentscheidungen über geplante Maßnahmen zur Begegnung des Klimawandels in ihrem Für und Wider so erkenntlich und durchschaubar gemacht werden, dass sie in einer breiten Öffentlichkeit zur Diskussion gestellt werden und somit als Instrument der Teilhabe und Mitbestimmung in unserer Gesellschaft dienen. Dieses „gemeinsam in die Zukunft denken" hat positive Effekte, wie beispielsweise das Generieren von kreativen Ideen und praktikablen Lösungen, die in eine von allen Beteiligten erarbeitete Entwicklungskonzeption zur nachhaltigen Umweltgestaltung einfließen kann.

Umweltkrise als Katalysator

Der vom Menschen verursachte Anteil des Klimawandels und die zur Neige gehenden Ressourcen, bei einer immer mehr zunehmenden Bevölkerung auf unserem Planeten, setzen uns die notwendigen Rahmenbedingungen für die gesellschaftliche und wirtschaftliche Entwicklung. Neue Denk- und Handlungsweisen sind erforderlich, um unsere Zukunft zu sichern und sozialverträglich zu meistern. Dabei erkennen wir, dass die Umweltkrise für uns ziemlich gefährlich erscheint und wir versuchen sie aufzuhalten, indem wir am Bestehenden und bisher Bewährten festhalten. Doch dann erkennen wir, dass es so nicht weiter geht. Die Krise beinhaltet auch gleichzeitig Veränderung und das Schaffen von Neuem. In der biologischen Evolution haben Krisen ohnehin zu neuen Möglichkeiten des Lebens geführt. Krisen sind somit Katalysatoren in der Evolution. Das trifft natürlich auch für die Evolution in der Technik zu. Krisen haben daher nicht nur eine negative, sondern vielmehr auch eine positive Seite. Die positive Seite eröffnet neue Chancen und Entwicklungen, anderes in Gang zu setzen und zu etablieren. In diesem Zusammenhang ist es eine unumstößliche Tatsache, dass für die Bewältigung und Lösung von Problemen, wie auch solche der Klimakrise, wir das Wissen und die Kreativität besitzen, den bisherigen Kurs zu verändern und ihn mit neuen umweltfreundlichen Technologien in eine zukunftsorientierte Richtung lenken. Mit neuen Denkweisen und wissenschaftlichen Erkenntnissen gelangen wir zu Lösungen, die wir dringend benötigen. So impliziert der Klimawandel auch neue Inhalte für Bildung und Erziehung. Sie sind ein Beitrag, langfristig Probleme unserer Zukunft über Generationen hinweg zu meistern. Das steht ganz im Sinne des südafrikanischen Freiheitskämpfers NELSON MANDELA (1981–2013), der einmal geäußert hat: „Bildung ist die kraftvollste Waffe, die wir nutzen können, um die Welt zu verändern."

Die Erforschung des Klimas ist in vollem Gange, denn wir brauchen dringend neue Erkenntnisse, um beispielsweise Klimamodelle weiter zu verbessern. So ist es eine Tatsache, dass kein Forschungsgebiet so widersprüchliche Erkenntnisse aufweist, wie das der Klimaforschung. Gegenwärtig ist größtenteils nur vom anthropogenen Klimawandel die Rede. Aber es gibt ja auch noch den natürlichen Klimawandel, der seit Beginn des Bestehens unserer Erde wirkt. Dieser soll gleichfalls in unsere globalen Klimabetrachtungen einbezogen werden, da es eine Tatsache ist, dass sich beide Erscheinungen dieses Wandels gegenseitig beeinflussen.

2

Der Klimawandel – ein Problem unserer Zeit

„Nichts wird so fest geglaubt wie das,
was wir am wenigsten wissen!“
Michel de Montaigné
(1533–1592)
Französischer Begründer des Skeptizismus

Aufschlussreiche Erkenntnisse

Wer schon einmal das Kloster Weltenburg nahe dem niederbayerischen Kelheim an der Donau besucht hat, dem sind sicherlich die Hochwassermarken an der Ecke des Hauptgebäudes aufgefallen. Ganz unten kurz über dem Sockel sind u. a. die Markierungen der Hochwasserstände der Jahre 2002 und 2013 angebracht, während ganz weit oben die Markierung vom Februar 1784 hervorsticht. In den Jahren 2002 und 2013 gab es ohnehin in vielen Flüssen, nicht nur in Deutschland, schwere Überflutungen. Die Medien berichteten damals von gewaltigen Flutkatastrophen und stellten diese Ereignisse unter die vom Menschen verursachte Klimaerwärmung. Die Hochwassermarken im oberen Bereich am Klostergebäude von Weltenburg zeigen aber noch wesentlich höhere Wasserstände. In dieser Zeit existierte der anthropogene Klimawandel noch gar nicht, weil Deutschland noch Agrarland war und die industrielle Phase erst um die 1840er-Jahre eingeleitet wurde.

Überhaupt ist es unsinnig anzunehmen, dass die wiederkehrenden Hochwasserereignisse im Mitteleuropa auf den Klimawandel zurückzuführen sind. Hydrologen sehen die Ursachen vielmehr in Flussbegradigungen, Bodenversiegelung, befestigten Ufereinfassungen und im Fehlen von Überschwemmungsflächen.

Abb. 1: Hochwassermarken am Hauptgebäude des Klosters Weltenburg

Der starke Anstieg der Wasserstände in Flüssen geht daher auf umfangreiche Regulierungsmaßnahmen zurück. Schon seit Jahrhunderten wurden Flussläufe reguliert, damit das Wasser möglichst schnell und ungehindert ablaufen soll. Vor den Regulierungsmaßnahmen waren die Flussläufe großflächig verbreitet und oft auch stark verzweigt. Dadurch hatte das Wasser ausreichend Zeit zu versickern, die es jetzt nicht mehr hat. Durch die Regulierung „schießt" es nun mit hohem Tempo durch die eng ausgelegten Flussläufe.

Durch diese vom Menschen hervorgerufenen Eingriffe verstärken sich die Auswirkungen und führen zu Schäden bzw. zu Zerstörungen der Infrastruktur und Wohngebäuden. Das nun das Kloster Weltenburg vermehrt von Hochwassern heimgesucht wird liegt wohl daran, dass es in der Nähe des Donaudurchbruches, also an einer natürlichen Engstelle, gebaut wurde. Generell führt eine Verminderung des Durchflussquerschnittes eines Flusses zum Anstieg der Fluthöhe bei gleicher Wassermenge. Die Mönche des Benediktinerordens hätten demzufolge ihre Klosteranlage nicht an dieser Stelle errichten sollen. Ohnehin sind Überflutungen von Flussläufen natürliche Phänomene und gehören zum Wasserkreislauf dazu. Zudem belegen historische Messdaten, dass die Überschwemmungen in den vergangenen 200 Jahren weder häufiger, noch stärker ausgefallen sind als die in heutiger Zeit. Doch in den Medien wird das anders dargestellt. Die Hochwasser, die in den letzten Jahren auftraten, wurden darin als „Jahrhunderthochwasser" bezeichnet, die sich „in noch nie dagewesenen Ausmaßen" zeigten. Natürliche und sich wiederholende Wetterphänomene werden oft zu Katastrophen abgestempelt und schüren so Ängste und Schrecken bei den Menschen. Im Mittelalter war das nicht anders. Dort wurde auch das Einschüchterungspotenzial von Katastrophen genutzt, um bestimmte Maßnahmen mit brachialer Härte durchzusetzen. Solche katastrophalen Szenarien betreffen auch noch andere Erscheinungen des Klimawandels. Gewissheit besteht aber darin, dass die Erderwärmung durch die Zunahme der Sonnenaktivität weiter zunimmt und durch den vom Menschen verursachten Anteil des „Treibhauseffektes" noch beschleunigt wird. Extrem hohe Temperaturen auf der Erde begünstigen das Entstehen von Unwettern, weil bei höheren Temperaturen mehr Wasser verdunstet. Es kommt dabei nicht selten zu sintflutartigen Regenfällen, die massive Überschwemmungen verursachen können. Davon konnten wir uns in letzter Zeit überzeugen.

Natürlicher und anthropogener Klimawandel

Wir leben heute in einer Zeit, die zu einer Periode des instabilen Zustandes unserer Erde gehört. Klimatisch betrachtet befinden wir uns jetzt in einer periodisch wiederkehrenden Warmzeit, die neben den ebenso wiederkehrenden Kaltzeiten Bestandteil des gegenwärtigen Eiszeitalters ist.

Das Eiszeitalter ist u. a. dadurch gekennzeichnet, dass Nord- und Südpol mit einer Eisdecke überzogen sind. Kaltzeiten wechseln sich im Rhythmus von etwa 100 000 Jahren mit kürzeren Warmzeiten ab. Warmzeiten werden übrigens in der Klimaforschung auch als Zwischeneiszeiten, den sogenannten „Interglazialen" bezeichnet. Die in aller Regelmäßigkeit stattfindenden Wechsel zwischen diesen beiden Zeiten nennt man „Milankovic-Zyklen". Diese Zyklen sind nach dem serbischen Geophysiker und Mathematiker MILUTIN MILANKOVIČ (1879–1958) benannt. Solche Zyklen stellen Veränderungen der globalen Verteilung der auf der Erde eingestrahlten Sonnenenergie während der genannten Warm- und Kaltzeiten dar. Bei allen Diskussionen um den Klimawandel wird oft vergessen, dass dieser eine ganz natürliche Erscheinung auf unserem Planeten Erde war und ist. Gemeint ist der natürliche Klimawandel, bei dem die Erwärmung auf der Erde einen durchaus normalen Prozess darstellt, der sich aus periodischen Änderungen der Erdbahnparameter infolge der Einwirkung durch die von der Erde umgebenden Planeten Venus und Mars, durch die zunehmende Sonnenaktivität und weiterer Phänomene ergibt. Neben dem natürlichen Klimawandel gibt aber auch noch den künstlichen Klimawandel, der vom Menschen verursacht und daher als anthropogener Klimawandel bezeichnet wird. Wenn nun zwei verschiedene Klimawandel existieren, drängen sich Fragen auf, die einer Beantwortung bedürfen. Welcher der beiden Klimawandel wirkt sich stärker auf das Leben aus? In wieweit beeinflussen sich beide Klimawandel gegenseitig? Aber zunächst gilt es zu klären, was überhaupt Klimawandel bedeutet.

Was ist Klimawandel?

Zunächst bedeutet Wandel Veränderung in Raum und Zeit. Vom berühmten griechischen Philosophen HERAKLIT (um 520 v. Chr.– um 460 v. Chr.) stammt das Zitat: „Alles fließt, alles ist in Bewegung, nichts bleibt fest, nichts bleibt stabil.

Alles verändert sich." Es ist die grundlegende Gesetzmäßigkeit, die überall auf der Erde und im Weltall herrscht. Es ist das Wechselspiel von Werden, Wachsen, Verändern und Vergehen. Das Geschehnis des allgegenwärtigen Wandels ist überall spürbar. Es zeigt sich in Leben und Tod, in Anfang und Ende und auch in den Rhythmen der Natur, wie Tag und Nacht, Frühling, Sommer, Herbst und Winter sowie Ebbe und Flut. Das Klima ist ebenfalls einem beständigen Wandel unterworfen. Als Klima bezeichnet man die statistische Beschreibung der Gesamtheit aller Wetterereignisse in einem bestimmten Gebiet über einen längeren Zeitraum. Zwischen Wetter und Klima besteht ein Unterschied. Wenn wir von Wetter sprechen, meinen wir, was heute oder in den nächsten Tagen an wahrnehmbaren Zuständen in der Atmosphäre, wie zum Beispiel Niederschlag, Sonnenschein, Temperatur, Luftfeuchtigkeit und Wind geschieht.

Da ist es auch völliger Unsinn, wenn man behauptet, dass ein oder mehrere heiße Sommer, eine Flutkatastrophe oder wütende Orkane auf den Klimawandel zurückzuführen sind. Für solche Wetterphänomene müsste man Messdaten mehrere Jahrzehnte gewinnen und auswerten, um Veränderungen festzustellen oder Trends abzuleiten. Für die Schilderung des Klimas werden stets die Durchschnittswerte und die Schwankungen von Messdaten, wie beispielsweise Temperatur, Dauer des Sonnenscheins und Niederschlag über einen längeren Zeitraum genutzt. Die WMO, die Weltmeteorologische Organisation, definiert: „Klima ist die Synthese des Wetters über ein Zeitintervall, das im Wesentlichen lang genug ist, um die Festlegung der statischen Ensemble-Charakteristika (Mittelwerte, Varianzen, Wahrscheinlichkeiten extremer Ereignisse usw.) zu ermöglichen und das weitgehend unabhängig bezüglich augenblicklicher Zustände ist" (SCHÖNWIESE 1994, S. 64).

Der Ausdruck des langen Zeitintervalls ist dabei eine unscharfe Formulierung, die der Paläontologe Martens präzisiert hat.

Er verweist darauf, dass „die Definition des aktuellen Klimas einer bestimmten Region das Erfassen und eine statische Analyse aller verfügbaren meteorologischen Größen über einen längeren Zeitraum erfordert (in der Regel 30 Jahre)" (MARTENS 2022, S. 16). Betrachten wir beispielsweise das 30-jährige Mittel der Jahre 1990 bis 2020 für Deutschland, so zeigt sich ein Temperaturanstieg.

Das Klima auf der Erde hat sich seit seiner Entstehung vielmals verändert und wird es auch weiter tun. Seit der Existenz der Erde gab es im Rhythmus Warm- und Kaltzeiten, die sich in abrupten Temperaturschwankungen um mehrere

Grad Celsius innerhalb weniger Jahrzehnte oder Jahrhunderte ereigneten. Eiszeiten in der jüngeren Erdgeschichte waren mehrfach von plötzlichen Klimawechseln gekennzeichnet, sodass beispielsweise die Temperatur in Grönland in bloß einem Jahrzehnt um über acht Grad Celsius anstieg. Wenn wir uns jetzt auch in einer Warmzeit befinden, so werden die langfristig auftretenden natürlichen Klimazyklen in mehreren Tausend Jahren wieder eine Kaltzeit einleiten, deren Wechsel durch eine veränderte Neigung der Erdachse hervorgerufen wird. Es sind Erscheinungen, wie sie es sie in der Erdgeschichte schon immer gegeben hat. Daran können wir nichts ändern.

Oder vielleicht doch? Es ist durchaus möglich, dass durch die heute vom Menschen beschworene Erderwärmung ein anderer Effekt eintritt. Wir Menschen können den natürlichen Klimawandel nicht ignorieren und ihn durch irgendwelche Maßnahmen außer Kraft setzen, jedoch kann dieser durch den Menschen beschleunigt werden. Beispiel einer regionalen Beschleunigung war sicherlich der Untergang der frühen Maya-Zivilisation, die ihre „Blütezeit" gegen Ende des achten Jahrhunderts hatte. Damals rodeten die Mayas auf der Halbinsel Yukatán die Wälder, um Nutzflächen für den Maisanbau anzulegen. Anfangs gab es reiche Ernten. Doch in der Folgezeit nahmen die Ernteerträge durch intensive Ausbeutung der Böden immer mehr ab. Die damalige Warmzeit mit extremer Dürre und Trockenheit verstärkte den Ertragseinbruch immer weiter. Die Menschen hungerten und viele von ihnen starben und besiegelten so den Untergang dieser Zivilisation. Als gesicherte Erkenntnis gilt auch, dass Auslöser der Völkerwanderung, die zwischen 375 n. Chr. bis 568 n. Chr. stattfand, ebenfalls globale Klimaschwankungen waren, die mit regionalen Dürre- und Kälteperioden einhergingen. Oder die Wikinger, die vor eintausend Jahren in Teilen Grönlands („Grünes Land") ausgedehnte Landwirtschaft betrieben, weil es damals das milde Klima zuließ. Sogar die Themse in London, das belegen Aufzeichnungen, soll schon einmal im 17. Jahrhundert zur Zeit der kleinen Eiszeit, völlig zugefroren gewesen sein.

Wissenschaftler vermuten, dass Klimaveränderungen aus ferner und naher Vergangenheit und auch heute auf Schwankungen der Sonnenaktivität zurückzuführen sind. Änderungen des Klimas waren und sind allgegenwärtig. Änderungen sind nichts Außergewöhnliches, sie gehören zur Normalität aller Erscheinungen in der Natur, im Weltall und auf der Erde. Auch wir Menschen verändern uns und unsere Umwelt verändert sich ebenfalls, nichts bleibt wie es ist, es verändert sich alles, was uns umgibt, mal langsamer, mal schneller. Das fällt uns besonders an den Dingen auf, die sich in unserer unmittelbaren Umgebung befinden und sich verändern. Beispielsweise an technischen Entwicklungen wie Telefon, Auto, Computer und vieles andere mehr. Diese Errungenschaften haben sich im Laufe der Zeit immer weiter verändert, weil sich Wissenschaft und Technik durch die Arbeit und Kreativität des Menschen ständig weiterentwickeln und er dadurch mit den neu gewonnen Erkenntnissen bessere Produkte generiert. Aus Altem und Bestehendem wird so Neues und Effizienteres. Unser Leben verändert sich durch diese Errungenschaften, es sichert unsere Lebensgrundlagen, es wird immer angenehmer und reicher. Ohne all die technischen Errungenschaften würden wir heute noch in der Steinzeit leben.

Zur Erfüllung seiner Bedürfnisse hat sich der Mensch die Ressourcen der Erde nutzbar gemacht und davon die vielen technischen Erzeugnisse geschaffen. Im Laufe der Zeit wurden dabei die natürlichen Ressourcen immer schneller verbraucht und dabei die Umwelt geschädigt und zerstört. Kohle, Erdöl und Erdgas entstanden vor vielen Millionen Jahren aus den damals lebenden Tieren und Pflanzen und sind bis heute, innerhalb einer relativ kurzen Zeit von 200 Jahren, seit der industrieller Revolution, fast verbraucht. Neben ihrer begrenzten Verfügbarkeit besitzen diese fossilen Energieträger ein gravierendes Problem. Bei der Nutzung ihrer Energie entsteht u. a. Kohlendioxid, welches bei einer erhöhten Konzentration den natürlichen „Treibhauseffekt" verstärkt und so zum übermäßigen Temperaturanstieg in der Erdatmosphäre führt. Daher hat die Technik des Menschen auch noch diese negative Seite, die sich in der Belastung der Umwelt durch Emissionen zeigt. Die Auswirkungen offenbaren sich bekanntlich bei der Luft- und Wasserverschmutzung, beim Waldsterben und vielen anderen Ereignissen. Umweltbelastungen können auch zu Veränderungen von Organismen führen. Dabei müssen die Arten nicht unbedingt aussterben, sondern sie können gegenüber den Wirkungen solcher vom Menschen verursachten Belastungen innerhalb einer relativ kurzen Zeit eine Angepasstheit an diese erlangen. Dass das Aufkommen von Industriezentren im damaligen England während der industriellen Revolution zu regionalen klimatischen Veränderungen und der sich daraus ergebenden Umgestaltung von Merkmalen bei Schmetterlingen führte, lässt sich am Beispiel des Birkenspanners *Biston betularia* aufzeigen. Bei diesem Falter entschieden Umweltfaktoren über das Schicksal mutativ neu entstandener Merkmale. Grundsätzlich muss man davon ausgehen, dass in einem

Lebensraum viele Umweltfaktoren auf die Lebewesen einwirken, wie beispielsweise jene, klimatischer Art oder auch der Einfluss von anderen Lebewesen, die denselben Lebensraum bewohnen. Manche von ihnen stellen dabei mitunter Fressfeinde der anderen Art dar. Welche Auswirkungen das Leben in den von Ruß und Qualm belasteten Industriegebieten für hell und dunkel gefärbte Schmetterlinge hatte, hing in besonderem Maße von den Fressfeinden (z. B. Vögel) ab, denen die Schmetterlinge als Futterquelle dienten. Die damalige Veränderung der Umwelt zeigte eindrucksvoll und anschaulich die Wirkung der von DARWIN erkannten Evolutionsfaktoren Mutation und Selektion. Um diesen Zusammenhang, der mit dem Begriff des Industriemelanismus verbunden ist, besser zu verstehen, führen wir eine Zeitreise durch. In der Nähe von Birmingham/ England inmitten von Birkenwäldern um 1850: Die weiß gefärbten und mit dunklen Punkten und Streifen versehenen Flügel der Birkenspanner sind auf ihrem Untergrund der Birkenrinde vor gefräßigen Vögeln gut getarnt. Es geschieht immer wieder, dass vereinzelt auch dunkle Falter geboren wurden. Das stellt jedoch eine Seltenheit dar. Diese dunklen Falter nehmen dieselben Ruheplätze wie die weißen Falter ein. Das ist für sie ein großer Nachteil, weil sie auf den hellen Birkenstämmen besonders auffallen und daher von den Vögeln als Beute besonders schnell entdeckt werden. Fünfzig Jahre später war die Situation genau umgekehrt. Fast 100 Prozent der Birkenspanner in diesem Gebiet weisen eine dunkle Färbung auf. Was war damals geschehen?

Die Umwelt, in der die Falter lebten, hatte sich verändert. In und um Birmingham hatte die Industrialisierung Einzug gehalten. Es war die Zeit des Beginns der industriellen Revolution, die bekanntlich ihren Ursprung in England hatte. Viele Fabriken entstanden, in denen die Arbeitsmaschinen durch leistungsfähige Dampfmaschinen angetrieben wurden. Und die brauchten Kohle für ihren Betrieb. Die Industriegebiete glichen einem Wald mit rauchenden Schornsteinen, die riesige Mengen an Ruß freisetzten. Darauf reagierte auch die Natur. Mit der Zeit verloren die Bäume ihre hellen Flechten und Ruß geschwärzte Baumrinden gehörten zum alltäglichen Bild der Wälder. Die hellen Birkenspanner verloren dadurch ihre Tarnung. Jetzt waren die dunklen Birkenspanner im Vorteil. Wissenschaftlich ausgedrückt, erhöhte sich der Anteil dunkler Birkenspanner an der Gesamtpopulation. Die Melaninpigmentierung auf nun dunkler Rinde stellt für sie eine Tarnung vor dem Fressfeind Vogel dar. Melanin ist ein Farbstoff, der in der Haut, in Haaren, Federn und in diesem Fall in den Schuppen dieser Falter

Die helle Faltervariante ist auf dunklem Untergrund gut für die Fressfeinde erkennbar.

Die helle Faltervariante ist auf hellem Untergrund schlecht für die Fressfeinde erkennbar.

Abb. 2: Birkenspanner auf dunklem und hellem Untergrund

vorkommt. Die erlangte Angepasstheit verschaffte den dunklen Birkenspannern einen Überlebensvorteil. Die bisher perfekte Tarnung hatte bei den hellen Birkenspannern nun auf das kläglichste versagt. Wenn nun helle und dunkle Birkenspanner auf dunklem Stammuntergrund verweilen, so ist klar, dass die hellen Birkenspanner dort besonders auffallen und zur Beute der Vögel werden. Die dunklen Birkenspanner genossen unter den nun herrschenden Umweltbedingungen besseren Schutz. Sie wurden von den Vögeln nicht so schnell entdeckt und gefressen, wodurch sie einen Selektionsvorteil erlangten.

Später, Ende des 20. Jahrhunderts, war die Umweltsituation wieder anders geworden. Durch Umweltschutzmaßnahmen wurden in den Industriegebieten die Schornsteine mit Rußfiltern ausgestattet. In der Folgezeit erholten sich die Wälder und die Birkenstämme nahmen erwartungsgemäß wieder ihre ursprüngliche Färbung an. Dabei wurden die schwarzen Mutanten der Birkenspanner schließlich wieder zu Gunsten der weißen verdrängt. Allgemein betrachtet kann man daher den Industriemelanismus als die Ausbreitung dunkler Färbung bei Lebewesen in Gebieten mit starker Industrialisierung bezeichnen, wobei ein Zusammenhang zwischen Umweltverschmutzung und dem relativen Auftreten dunkler, also melanistischer Mutanten, besteht. Wissenschaftler haben auch bei anderen Tieren den Industriemelanismus entdeckt. Stadttauben (*Columba livia domestica*) mit dunklen Federn, die ihren Lebensraum in Großstädten, wie z. B. in Paris und Mailand haben, können Giftstoffe schneller abbauen als ihre hellen Artmitglieder. Die Wissenschaftler fanden heraus, dass das Pigment Melanin die Eigenschaft besitzt, Metallionen zu binden. Auch bei Seeschlangen der Art *Emydocephalus annulatus* haben Wissenschaftler eine ähnliche Erscheinung entdeckt. Bei ihnen gibt es total schwarz gefärbte Schlangen, als auch solche mit zusätzlich weißlichen Ringstreifen. Jene mit Streifen hielten sich fernab der Hafenstädte, weiter draußen im Meer auf. Die stark schwarz gefärbten Schlangen ohne Ringstreifen lebten in der Nähe von Hafenstädten, die ihre Abwässer ins Meer leiteten. Bei ihnen fanden die Wissenschaftler hohe Konzentrationen von Zink und Arsen. Sie nahmen an, dass das Melanin in der Haut den Schlangen hilft, Schadstoffe abzubauen. Auch andere Lebewesen zeigen Veränderungen in ihrer Färbung in Abhängigkeit von sich wandelnden Umwelteinflüssen. Durch Anpassung ihrer Körperfarbe ist es bspw. Libellen möglich, ihre Körpertemperatur zu regulieren. Wenn durch die globale Erwärmung die Temperatur steigt, könnte sich das bisher ausgeglichene zahlenmäßige Verhältnis dunkler zu heller Körperfarben bei diesen Insekten zugunsten der helleren vergrößern. Wir wissen ja, dass helle Oberflächen die Solarstrahlung stärker reflektieren bzw. abweisen als dunkle Oberflächen. Diese Erscheinung kann natürlich auch noch für andere Insektenarten zutreffen.

Diese Beispiele zeigen eindrucksvoll, wie die Evolution bei diesen Arten Lösungsmöglichkeiten hervorgebracht hat, um mit Umweltverschmutzungen und Klimaveränderungen fertig zu werden und so ihren Fortbestand zu sichern.

Klimaveränderungen durch Umweltbelastungen

Umweltbelastungen und -zerstörungen können zur Veränderung des Klimas auf unseren Planeten führen. Der bisher ungelöste Widerspruch zwischen Ökonomie und Ökologie zeigt uns mit aller Deutlichkeit, dass die schädlichen Auswirkungen auf unsere Umwelt und auf das Klima eine Folge der verfehlten ökonomischen Lenkung der nur begrenzt verfügbaren natürlichen Umwelt und Ressourcen unter den Bedingungen eines quantitativen Wirtschaftswachstums betrachtet werden müssen. Der Weltklimarat, eine von der UNO und der Weltmeteorologischen Organisation gegründete Organisation (IPCC – Intergovernmental Panel on Climate Change), die sich mit der globalen Klimaproblematik beschäftigt, appelliert, dass gelingen muss, die negativen Folgen der Erderwärmung abzumildern. Dabei wird prognostiziert, dass ohne verstärkte Maßnahmen eine mittlere globale Erwärmung von drei Grad Celsius und mehr erreicht werden könnte. Die IPPC vertritt die Hypothese der vom Menschen verursachten Erderwärmung einschließlich der Beschränkung von Treibhausgas-Emissionen. Die Mitglieder dieser Organisation sind der Auffassung, dass Schwankungen der Sonnenaktivität kaum oder keinen Einfluss auf das Erdklima haben würden. Andere Wissenschaftler, die nicht zur IPPC gehören, sind anderer Meinung und bejahen den Einfluss der Sonnenaktivität und anderer Faktoren. Aus dieser Diskrepanz entwickelte sich die NIPCC, die Nongovernmental International Planel on Climate Change (Internationale Nichtregierungskommission zum Klimawandel), um den einseitigen Berichten und Debatten der IPPC entgegen zu treten. Dabei wertet die NIPCC die gleichen Klimadaten, welche die IPPC bearbeitet hat, noch einmal aus. Das ist in der brisanten Klimadiskussion unbedingt erforderlich, wenn gegenteilige Auffassungen oder Zweifel bestehen. Verhalten wir uns nicht ähnlich in bestimmten Situationen? Bevor wir uns beispielsweise einer gewichtigen ärztlichen Therapie unterziehen, holen wir doch auch ein zweites Gutachten von einem anderen Arzt ein. Das hilft uns bei der Entscheidungsfindung und wir fühlen uns dabei sicherer. Die NIPCC kommt in ihrer unabhängigen, nicht von Regierungen beeinflussten zweiten Meinung in der Frage zur globalen Erwärmung zum Ergebnis, dass derzeit keine überzeugenden Beweise oder Daten vorliegen, die einen deutlichen Klimawandel zeigen, der von anderen als den natürlichen Ursachen bewirkt wird. In der wichtigsten Frage, nämlich hinsichtlich der Behauptung des IPCC, dass „der größte Teil des beobachteten

Anstiegs der globalen Durchschnittstemperatur seit Mitte des 20. Jahrhunderts sehr wahrscheinlich auf Grund der beobachteten Zunahme anthropogener Treibhaus-Gaskonzentrationen erfolgt ist“, gelangt die NIPCC zur entgegengesetzten Folgerung, nämlich, „dass der Hauptgrund dafür höchstwahrscheinlich natürliche Ursachen sind. Wohl gemerkt, wir sagen nicht, dass anthropogene Treibhausgase nicht auch etwas zur Erwärmung beitragen können. Wir kommen aber zu dem Schluss, dass die gemessenen Daten darauf hindeuten, dass die Gase dabei keine bedeutende Rolle spielen“ (SINGER 2008, S. 8). Es liegen nun zwei völlig unterschiedliche Meinungen vor. Für welche von Beiden soll man sich entscheiden? Es muss darum gehen, beide Meinungen aufzugreifen und in den weiteren Ausführungen und anderen wissenschaftlichen Quellen schlüssige Erklärungen sowie Argumente für eine persönliche Entscheidung zu finden. Dabei ist es gar nicht so einfach, das Klima und dessen Auswirkungen auf das Leben auf unserer Erde zu begreifen. Da ist es auch nicht hilfreich, wenn man tagtäglich in den Medien mit Schreckensmeldungen über die Folgen des Klimawandels konfrontiert wird. Dabei kann man sich des Eindrucks nicht erwehren, dass sie sich in der Darstellung apokalyptischer Prognosen gegenseitig überbieten wollen. Hemmungslos wird dabei das Einschüchterungspotenzial von Katastrophen ausgenutzt. Oft ist manche Schlagzeile von Dramatisierung und Übertreibung gekennzeichnet, um überhaupt bei den vielen Untergangsszenarien noch Aufmerksamkeit zu erlangen. Aber auch gegenüber Informationen aus Internetportalen, Sozialen Netzwerken und solchen von Vortragsrednern sollte man ebenfalls eine gewisse Skepsis zeigen.

Doch eines ist dabei gewiss, wer nämlich Panik und Hysterie schürt, ist in höchstem Maße unglaubwürdig. Viele Menschen, die sich in den Medien informieren und sich mit den Ursachen und Folgen des Klimawandels auseinandersetzen, stellen fest, dass selbst bei Wissenschaftlern dazu unterschiedliche Auffassungen und Theorien bestehen. Mit der eigenen Meinungsbildung sind die Menschen daher überfordert. Hinzu kommt, dass die Mehrzahl der Menschen den Behauptungen von Wissenschaftlern und anderen Experten kritiklos gegenüberstehen, eben weil diese aus der Wissenschaft stammen. Überhaupt besteht die Notwendigkeit, gegenüber Informationen, die aus Plattformen des Internets, aus Vorträgen und anderen Quellen stammen, skeptisch zu sein. Die Klimakrise und andere Bedrohungen stellen uns in den kommenden Jahren vor gewaltige Herausforderungen. Dabei haben wir den Eindruck, dass nichts mehr sicher ist.

Abb. 3: Mediale Panikmache

In solchen unsicheren Zeiten werden auch viele Fakes, also Falschinformationen, verbreitet. Diese Erscheinung trifft auch für solche über die erneuerbaren Energien, insbesondere für die Windenergie, zu. Ohne die erneuerbaren Energien können wir unsere Energieversorgung nicht gewährleisten, ist wirtschaftliches Wachstum und Wohlstand nicht möglich. Dennoch stehen solche Anlagen wegen ihrer „Gefährlichkeit" immer wieder in der Kritik. Der Ausbau der Windenergie erfreut sich daher nicht ungeteilter Begeisterung, vor allem, was die Standortwahl der großen Windenergieanlagen in zusammenhängenden Waldgebieten betrifft. Daher kämpfen Bürgerinitiativen zu Recht gegen die Aufstellung solcher Anlagen in Wäldern. Unsere Wälder als aktive Klimaregler, lebensnotwendige Sauerstoffproduzenten, empfindliche Lebensräume für viele Pflanzen und Tiere und als Orte der Ruhe, Entspannung, Erholung und des Tourismus sind vor solchen Technikkrisen zu schützen. Generell sind sie für die Stabilisierung der Elektroenergieversorgung notwendig und sind daher wichtiger Anteil bei der Bewältigung der Energiewende.

Trotzdem werden alle möglichen Argumente gegen die Windenergie angeführt, von denen nur recht wenige einer wissenschaftlichen Überprüfung standhalten. Ein großer Teil der verbreiteten Informationen basiert auf Halbwahrheiten, Falschinformationen und Übertreibungen. Dabei wird auch Falsches mit Wahrem kombiniert, dieses auf naturwissenschaftlich-technische Grundlagen gestellt, die dazu passend gemacht werden, um dadurch eine vermeintliche Glaubwürdigkeit zu erhalten. Informationen, die in solcher Weise aufbereitet (besser: verklärt) werden, treffen bei manchen von uns auf „fruchtbaren Boden", weil wir anfälliger für die Aufnahme von emotional aufbereiteten Informationen sind, anstatt uns die Mühe zu machen, diese sorgfältig auf ihren Wahrheitsgehalt zu überprüfen. Mit dem dazu zeitaufwändigen, aber notwendigen Recherchieren, sind wir einfach überfordert. So wird beispielsweise behauptet, dass nicht der steigende Anteil von Kohlendioxid in der Atmosphäre die Erderwärmung vorantreibt, sondern die Windenergieanlagen dafür verantwortlich seien. Genau das Gegenteil ist aber der Fall, denn sie leisten mittelbar einen wichtigen Beitrag zur Eindämmung der Treibhausgase. Sie tragen daher dazu bei, dem vom Menschen verursachten Teil des Klimawandels zu verlangsamen. Hauptursache dieses Klimawandels ist vielmehr die Verstärkung des künstlichen Treibhauseffektes, der durch die Verbrennung fossiler Energieträger, wie Kohle, Erdöl und Erdgas entsteht und nicht zuletzt auch durch die weltweite Abholzung der Wälder hervorgerufen wird. Auch wenn die Windenergieanlagen in ihrem Betrieb noch mit manchen Nachteilen und Mängeln behaftet sind, so werden sie doch ständig durch neue Erfindungen in Richtung Ökologie und Ökonomie weiterentwickelt.

Überhaupt ist der Umbau des Energiesystems bei der Gestaltung der Energiewende nicht nur durch ökonomische, ökologische und technische Voraussetzungen determiniert, sondern auch eine Frage sozialer Akzeptanz. Deshalb sollten in fachlich fundierten Vorträgen die wichtigsten Informationen dazu erörtert werden, um Verunsicherung zu reduzieren, Emotionen abzubauen, die

Ängste der Menschen ernst zu nehmen sowie zu verringern und die Diskussion zu versachlichen. So muss es darum gehen, Emotionen durch sachliche Informationen abzubauen. Argumente statt Emotionen sollte daher das Leitmotiv einer jeden Diskussion über die Stationierung von Windenergieanlagen in den Wäldern sein. In diesem Zusammenhang sollten dem fachlich nicht vorgebildeten Zuhörer sachlich richtige, jedoch leicht verständliche Informationen zu den wichtigsten Fragen der Stromerzeugung aus Windenergie anschaulich präsentiert werden. Außerdem ist nur noch eine Frage der Zeit, wann die Riesen unter den „Oneshore"-Anlagen aufgrund ihrer gewaltigen Ausmaße von 250 Metern Höhe verschwunden sind. Solche „Monsteranalgen" sind heute als eine zeitlich begrenzte „Brückentechnologie" zu verstehen, die die Landschaften verunstalten und u. a. durch ihre ausgedehnten Schlagschatten die Menschen behindern. Ähnlich wie in der biologischen Evolution, bei der der Gigantismus der Dinosaurier durch die Folgen eines Meteoriteneinschlages vor etwa 65 Millionen Jahren zum Aussterben führte, so geht es auch den „Monstern" unter den Windenergieanlagen. Ihre durch den Gigantismus hervorgerufenen Nachteile führen sie in eine „Sackgasse" der technischen Evolution und beenden so ihr Dasein in der Welt der Technik.

Tatsache ist, dass die Sicherung des steigenden Energiebedarfs durch erneuerbare Energien angesichts abnehmender fossiler Primärenergieträger, des vermehrten Kohlendioxidausstoßes und einer wachsenden Bevölkerung, eine der wichtigsten Aufgaben für unsere Gesellschaft darstellt. Dabei lassen sich mit klaren Argumenten die erforderlichen Entscheidungen wesentlich besser vorbereiten als mit Emotionen. In dem Wirrwarr von berechtigter Sorge um die negativen Auswirkungen der Windenergieanlagen, von Emotionen und Halbwahrheiten und von falschen Behauptungen geht die Frage unter, wie wir, ein an Rohstoffen und Energieträgern armes Land, am besten und sichersten unsere Zukunft gestalten. Das geht nur durch kluge Köpfe, durch die kreativen Fähigkeiten unserer Menschen, die das ergiebige Potenzial der erneuerbaren Energien ausschöpfen und auf ökonomischer, ökologischer und sozialer Basis weiterentwickeln. Das Verständnis für die technisch-ökonomischen, ökologischen und sozialen Zusammenhänge bildet die Voraussetzung dafür, dass wir die Zukunftsprobleme um die erneuerbaren Energien meistern können.

Vom skeptischen zum kritischen Denken

Grundsätzlich besteht die Notwendigkeit, gegenüber allen Aussagen und Behauptungen Skepsis entgegenzusetzen und diese einer kritischen Prüfung zu unterziehen, um selbst eine Position einzunehmen und diese auch zu begründen. Das ist ganz im Sinne des französischen Philosophen und Mathematikers RENÉ-DESCARTES (1596–1650), der dazu vermerkt: „Akzeptiere nur als wahr, was unzweifelhaft gewiss ist. Folglich sollte man niemals eine Sache für wahr und richtig halten, ohne sie vorher eingehend zu prüfen und die Sachlage kennenzulernen, um voreilige Schlüsse zu vermeiden." Und der deutsche Philosoph der Aufklärung IMMANUEL KANT (1724–1804) stützt diese Aussage, indem er formuliert: „Habe Mut, dich deines eigenen Verstandes zu bedienen." Es geht hierbei einerseits um die Herausbildung einer kritischen Einstellung und anderseits auch um das sachliche Prüfen kontroverser Meinungen und Aussagen zu den Folgen des Klimawandels.

Wenn manche Medien immer nur Panik und Angst verbreiten, fühlen sich viele Menschen hilflos und verzweifeln und andere wenden sich ab. Auch Übertreibungen haben negative Folgen für die Menschen, weil sie diese manipulieren und radikalisieren können. Das betrifft vor allem junge Menschen, die sich überwiegend in sozialen Medien und Netzwerken informieren und dort Meinungen austauschen. Beim Umgang mit den Folgen des Klimawandels brauchen Kinder und Jugendliche altersgemäße sachliche Aufklärung ohne übertriebene Dramatisierung. Wo eine solche Aufklärung fehlt, führt es zur Abkehr von der Mehrheit der Gesellschaft, hin sich mit Gleichgesinnten zu organisieren. Das sehen wir an der Bewegung der Letzten Generation und der Klimakleber.

Es müssen daher in den Medien solche Nachrichten verbreitet werden, die positive Entwicklungen bei der Bewältigung der Klimakrise aufzeigen und dass nur gemeinsame Anstrengungen in eine lebenswerte Zukunft führen können. Im Bildungsbereich ergibt sich daher die Notwendigkeit, das selbständige kritische Denken und vernunftgeleitete Handeln als Bestandteil der Kompetenz „Zukunftsfähigkeit" auszuprägen. Kritisches Denken ist eine Fähigkeit, die alle Menschen benötigen, um die Welt des Wandels zu verstehen. Sie ist auch eine Voraussetzung dafür, diese Welt mitzugestalten. Kritikfähigkeit verlangt in diesem Zusammenhang die Auseinandersetzung mit wissenschaftlichen Theorien, mit denen der Durchschnittsbürger überfordert sein kann. Während skeptisches

Denken zu Zweifel und Bedenken gegenüber Aussagen führt, ist kritisches Denken auf deren Überprüfung gerichtet. Mit anderen Worten ausgedrückt, gibt es kein sicheres Wissen und auch keine absolute Wahrheit. Daher ist eine kritische Haltung hinsichtlich aller Ansichten und Theorien angebracht, indem man diese kritisch überprüfen sollte. Jeder Mensch ist gefordert, sich auf Wahrheitssuche sowie Erkenntnis zu begeben, um speziell Panikmache, Übertreibung und Weltuntergangsszenarien bei den Auswirkungen des Klimawandels und generell auch Verschwörungstheorien abzuweisen. Der Prozess der Wahrheitssuche gestaltet sich aber ziemlich schwierig. Erkenntnis erfordert Recherche, die sehr aufwändig sein kann und mitunter viel Zeit beansprucht. Um an Fachinformationen zu gelangen, ist es wichtig, nicht nur eine, sondern mehrere wissenschaftliche Informationsquellen für die eigene Meinungsbildung zu nutzen, bevor Schlussfolgerungen gezogen werden. Zu relevanten Fachinformationen gelangt man durch Literaturstudium in Bibliotheken, Archiven und Datenbanken. Beim Quellenstudium ist es wichtig, nicht nur die Theorie bzw. Aussage eines Wissenschaftlers zu nutzen, sondern die Erkenntnisse von mehreren Wissenschaftlern in die Quellenanalyse einzubeziehen.

Vertreten nämlich mehrere Wissenschaftler gleiche oder ähnliche Aussagen, spricht man von wissenschaftlichem Konsens. Manchmal ist auch die Teilnahme an einem Expertengespräch sinnvoll.

Mit der Analyse der so gewonnenen Daten und den von ihnen abgeleiteten Erkenntnissen können wir uns Positionen erarbeiten, die der Wahrheit entsprechen bzw. ihr nahekommen. Wir können uns so von der Sinnhaftigkeit und Wahrheit vieler wissenschaftlicher Aussagen, die von den Medien propagiert werden, überzeugen. Überhaupt ist eine seriöse Quelle daran zu erkennen, dass keine wilden Spekulationen aufgestellt und emotional aufgeladene Botschaften verbreitet werden. Ist erst einmal eine Informationsquelle gefunden, so lässt sich auch deren politische bzw. gesellschaftliche Strömung aufdecken, die deren Inhalt vertritt.

Klimaerscheinungen sind sehr komplex und äußerst kompliziert zugleich. Aber davon soll in den nachfolgenden Abschnitten ausführlicher berichtet werden.

Klimaveränderungen und Technikfolgen

Die Klimakatastrophe stellt ein Konstrukt der Medien, mancher Wissenschaftler und Umweltaktivisten dar, um von ihr ausgehende Denkweisen zu begründen und daraus resultierende Handlungen zu rechtfertigen. In diesem Konstrukt werden die vom Menschen verursachte Erderwärmung und Naturkatastrophen auf den künstlichen, also anthropogenen, „Treibhauseffekt" zurückgeführt, wobei es für einen Zusammenhang zwischen diesem „Treibhauseffekt" und Naturkatastrophen nur vage wissenschaftliche Belege gibt.

So ist es dabei auch fraglich, ob natürliche Wetterextreme, die zu Überschwemmungen, Wirbelstürmen u. a. führen, die Klimakatastrophe überhaupt mitbestimmen. Solche heftigen Wetterereignisse hat es in unserer Erdgeschichte schon immer gegeben. Sie treten jetzt zwar nach Ansicht von vielen Klimaexperten häufiger und heftiger auf als noch vor Jahrzehnten, jedoch in längst vergangenen Zeiten gab es auch schon solche Erscheinungen.

Eine vom Menschen, neben der Sonneneinstrahlung verursachte zusätzliche Erderwärmung ist für viele Wissenschaftler eine unumstößliche Tatsache. Sie wird von den Wissenschaftlern in erster Linie auf den Anstieg von Kohlendioxid in der Atmosphäre zurückgeführt. Hierbei geht man davon aus, dass Kohlendioxid durch die Verbrennung fossiler Brennstoffe schneller ausgestoßen wird, als unsere Atmosphäre absorbieren, also aufnehmen, kann. Dadurch nimmt die Konzentration von Kohlendioxid zu – von vor etwa 200 Jahren mit 280 ppm bis heute mit über 400 ppm. Die Angabe ppm bedeutet, Anzahl der Teilchen von pro Million, also wie viele Kohlendioxidteilchen pro einer Million Teilchen sich in der Erdatmosphäre befinden. Mit anderen Worten: Auf eine Million Moleküle in der Luft kommen 400 Moleküle Kohlendioxid. Würde man diesen Wert verdoppeln, so die Aussage von Klimaexperten, könnte das einen Anstieg der globalen Temperatur von ca. zwei bis vier Grad Celsius bewirken. Der größte Teil der Wissenschaftler ist daher der Ansicht, dass durch den Einfluss des Menschen und seiner Technik die Erderwärmung rapide zugenommen hat.

Der Weltklimarat hat den Klimawandel definiert. Dieser besagt, dass ein solcher vorliegt, wenn sich die Durchschnittswerte und Schwankungsbreite der Klimagrößen, wie Temperatur, Niederschlag und Wind statisch nachweisbar und dauerhaft ändern. Dabei ist eine Tatsache, dass das zukünftige menschliche Handeln ein entscheidender Faktor für die Bewältigung des Klimawandels darstellt. Wir haben durch unseren Einfluss die Welt immer mehr verändert und denken, dass wir in diesem Veränderungsprozess eine Schlüsselstellung einnehmen.

Doch wir neigen zu Selbstüberschätzung, wenn wir glauben, dass wir die natürlichen Kräfte und Prozesse nach unseren Vorstellungen dirigieren oder dauerhaft beeinflussen können.

Globale Klimaveränderungen und deren Wechselwirkungen mit dem Menschen und seinen Technikfolgen sind jedoch bis heute noch längst nicht in allen Einzelheiten erforscht.

Große Hoffnung besteht darin, dass die globale, vom Menschen verursachte Erwärmung nicht weiter ansteigen wird. Schließlich können wir mit unseren technischen Fähigkeiten und unserer Kreativität zum Entdecken und Erfinden dazu beitragen, unsere technische Welt nach dem Vorbild natürlicher Strukturen und Prozesse umweltfreundlicher und menschengerechter zu gestalten.

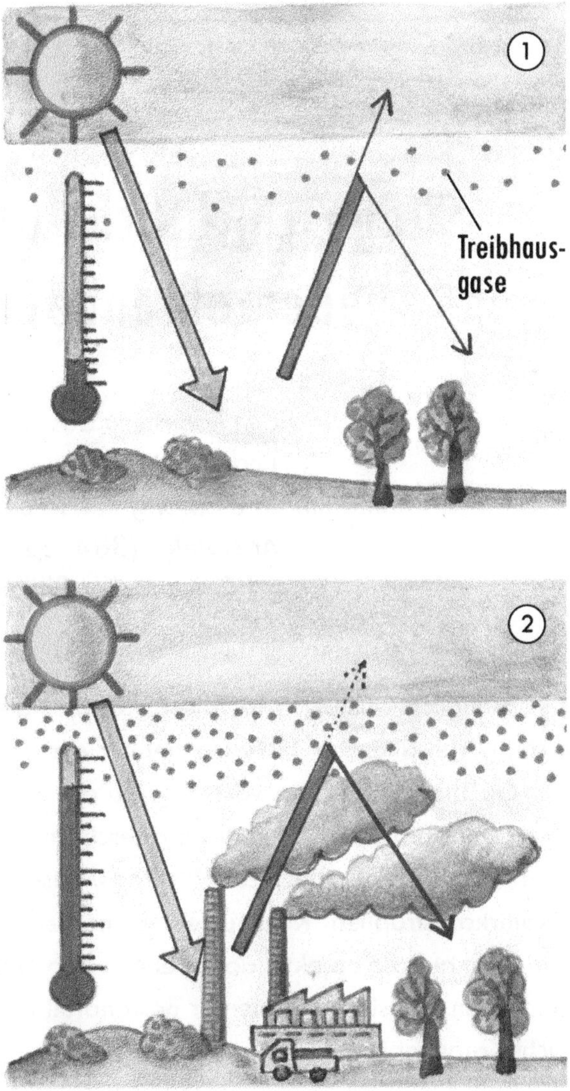

Abb. 4 Natürlicher (1) und anthropogener „Treibhauseffekt" (2)

3

Erdgeschichtliche Klimawechsel und wiederkehrende Naturereignisse

„Nur dann kannst du das Wesen der Dinge
und Erscheinungen begreifen,
wenn du ihren Ursprung und ihre Entwicklung kennst."
Aristoteles (384–322 v. Chr.)
Griechischer Philosoph

Ursprünglich wollte ich für dieses Kapitel die Überschrift „Wiederkehrende Naturgewalten" wählen. Da fiel mir die Sonderausstellung des Paläontologen Dr. Thomas Martens vom Museum der Natur im thüringischen Gotha unter dem Titel „Katastrophen in der Erdgeschichte" ein, die dort im Jahr 1999 stattfand. Dabei gelangte ich zur Erkenntnis, dass die Begriffe „Naturgewalten" und „Naturkatastrophen" Konstrukte von uns Menschen sind und daher eine subjektive Sicht auf die objektiv ablaufenden geodynamischen Prozesse auf der Erde darstellen. Sie sind immanenter Bestandteil der Erde und nur aus menschlicher Sicht Katastrophen und Gewalten der Natur.

Klimageschichte und Entwicklung des Lebens

Für das Verständnis des Klimawandels in unserer Zeit, ist ein kurzer Blick in die Klimageschichte der Erde besonders hilfreich. So beschäftigt sich die Paläoklimatologie mit der Erforschung und Deutung des Klimas in erdgeschichtlich vergangenen Zeiten. Klimatische Veränderungen auf der Erde haben in diesen Zeiten mehrfach auch das Bild der Erdoberfläche verwandelt. Die Klimageschichte der Erde ist eng mit der Entwicklung des Lebens verbunden. Erst als die klimatischen Bedingungen für das Leben günstig waren, entwickelten sich aus einfachen Einzellern über Wirbellose weiter zu den Fischen, Amphibien und Reptilien bis zu den Säugetieren und von ihnen aus zum Menschen. Er war die erste Art, die über ihre eigene Evolution nachdenken konnte und den Übergang von der biologischen zur technischen Evolution vollzog. Bis der Mensch aus dem Tierreich hervortrat, waren die Klimawandel auf der Erde natürlichen Ursprungs. Mit dem Menschen und seiner technischen Evolution kam zum natürlichen Klimawandel noch der künstliche hinzu, sodass wir heute mit beiden Klimawandeln konfrontiert sind. Der Mensch wurde zum Verursacher des anthropogenen Klimawandels und trug dadurch mit zur Veränderung des Klimas auf unserem Planeten bei.

Dabei ist aber zu beachten, dass das Klima auch schon ohne jeden Eingriff des Menschen niemals gleichmäßig und stabil war. Klimaextreme begleiteten von jeher die Erdgeschichte. Bei der Bildung von Klimaextremen besteht ein Zusammenhang zwischen der Geodynamik und der ständigen Verschiebung und Veränderung von Klimazonen auf der Erde. Dabei reichen die Extreme von der Erde als „Eisball" bis hin zu gemäßigtem Klima an den sogar eisfreien Polkappen. Demzufolge war das Leben schon immer durch Klimawandel bedroht und gefährdet, auch bis in die heutige Zeit. Die Massenaussterben in den verschiedenen Epochen der Erdgeschichte haben daher nichts mit Misserfolgen der Evolution des Lebens zu tun. In den verschiedenen Epochen des Lebens in der Erdgeschichte waren die Lebewesen an ihre Umwelt angepasst und überlebten als Arten viele Millionen Jahre. Sie sind deshalb ausgestorben, weil sie ihre Umweltnische entweder durch die Folgen des Klimawandels oder durch die von Asteroiden- bzw. Meteoriteneinschlägen verloren hatten. In der Erdgeschichte löschten daher plötzliche Klimaveränderungen und Naturgewalten eine Vielzahl von Pflanzen- und Tierarten aus. So kann man die gesamte Erdgeschichte als einen stetigen Ablauf von Klima- und damit von Umweltveränderungen bezeichnen. Manche Veränderungen hatten geringere Auswirkungen auf die Entwicklung des Lebens, andere dagegen waren lebenzerstörend. Letztere werden als Massensterben in der Erdgeschichte bezeichnet. Trotz der Massensterben nahm danach die Artenvielfalt insgesamt immer mehr zu. Eine große Anzahl von Umweltveränderungen und dem damit verbundenen Artensterben leitet man aus den Funden von Fossilien ab, deren Versteinerungen dazu umfangreiche Hinweise liefern. Daher lassen sich von Fossilien als Klimazeugen, wichtige Informationen über das Klima der Erdgeschichte gewinnen.

Bei plötzlichen Klimaänderungen, wie beispielsweise in Folge von Meteoriten- und Asteroideneinschlägen konnten sich die Lebewesen nicht so schnell den dadurch hervorgerufenen Veränderungen anpassen und starben aus. Heute weiß man, dass sich das Klima selbst innerhalb der Zeitdauer eines Menschenlebens verändern kann. Das erkennen wir daran, dass die Winter früher kälter waren als die heutigen. Das in letzten Jahrzehnten auftretende Zurückweichen der Gletscher in den Alpenregionen führte in unseren Breiten zu einer spürbaren Erhöhung der Temperaturen in den Sommermonaten. Da gibt es Tiere, die mit den erhöhten Temperaturen nicht so leicht zurechtkommen und solche, aber wenige, die als Gewinner der Klimaänderung hervorgehen. Für Tiere, die auf eine ökologische Nische spezialisiert sind, kann darin das Überleben ziemlich schwierig werden, wenn diese Nische plötzlich wegfällt. In einer relativ kurzen Zeitspanne ist eine Angepasstheit an eine neue Nische wohl kaum zu erreichen. Auf lange Sicht hat es ebenso lange Zeitspannen gegeben, in denen sich das Klima und damit die Lebensbedingungen für die Lebewesen allmählich veränderten. Damit blieb ihnen ausreichend Zeit für die Erlangung der Angepasstheit an die neuen Umweltbedingungen.

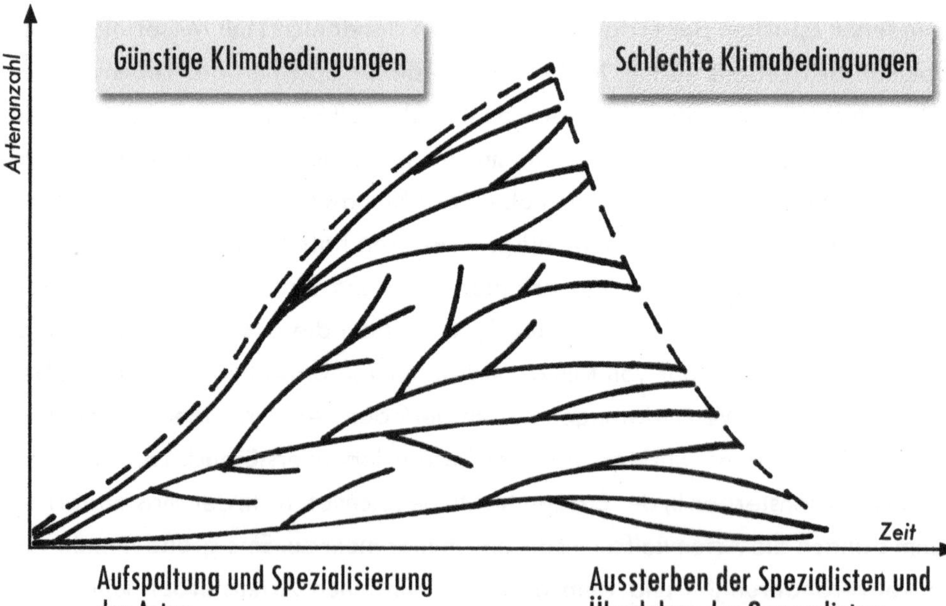

Abb. 5 Wirkung klimatischer Veränderungen auf den Artenrückgang (nach SEDLAG 1983, verändert)

In der Erdgeschichte gab es, wie schon angedeutet, mehrere Massensterben, bei denen viele Arten von Lebewesen mit „einem Schlag“ ausgelöscht wurden. Es war ein sich wiederholender Ablauf von Leben und Sterben und vom Entwickeln und Vergehen. Man geht davon aus, dass Veränderungen des atmosphärischen Kohlendioxids und des Klimas zu den Massensterben führten. Massensterben hat es daher in verschiedenen Erdzeitaltern gegeben und wird es auch weiter geben. Allgemein betrachtet, geht die Wissenschaft davon aus, dass es fünf große Ereignisse des Massensterbens gegen Ende von Ordovizium, Devon, Perm, Trias und Kreidezeit gab. Die beiden Wissenschaftler WARD und KIRSCHVINK gehen jedoch von zehn Massensterben aus, die durch Klimaveränderungen, wie beispielsweise Treibhauseffekte, Veränderung des Verhältnisses von Beute zugunsten der Räuber und Asteroideneinschläge hervorgerufen wurden (vgl. WARD und KIRSCHVINK 2018, S. 458–460). Fossilienfunde zeigen, dass nach solchen Massensterben eine explosive Entwicklung und Verbreitung neuer Arten erfolgte. So wurde die Geschichte des Lebens trotz aller Naturkatastrophen niemals unterbrochen. Fossilien aus bestimmten Abschnitten der Erdgeschichte liefern eine Vielzahl von Hinweisen auf die Umbildung der Erdoberfläche und damit auf die Veränderung bzw. Zerstörung der Lebensräume, der dort vorhandenen heimischen Arten. Beispielsweise zeigen Fossilien aus tropischer Vegetation, dass sich große Teile von Nordamerika und Europa im Karbon in der feucht-warmen, tropischen Klimazone befanden. Die Wanderungen der Kontinente, wie beispielsweise von den tropischen in die arktischen Zonen und umgekehrt, wurden dabei vom Artensterben begleitet. Fossilien liefern außerdem viele Beweise für die Kontinentalverschiebung auf der Erde. Nach Ansicht vieler Geologen wurde die einst zusammenhängende Landfläche der Erde, die als Pangäa bezeichnet wird, durch Strömungen geschmolzenen Gesteins unter der dünnen ozeanischen Kruste auseinandergedrängt. Auch die Wirkung von Fliehkräften kommt dafür in Frage, die sich bei der Erdrotation bilden. Dieses Auseinanderdrängen der Landmasse wird als Kontinentaldrift bezeichnet. Die Geschwindigkeit des Auseinandertriftens ist jedoch sehr gering und liegt bei etwa drei bis vier Zentimeter pro Jahr. Ihr Entdecker und Begründer war der deutsche Wissenschaftler ALFRED WEGENER (1880–1930). Er fand heraus, dass die Kontinente in früheren Zeiten verbunden waren und sich bis in die heutige Zeit auseinanderbewegen. Nach seiner Theorie der Kontinentalverschiebung existierte vor etwa 200 Millionen Jahren dieser genannte Riesenkontinent

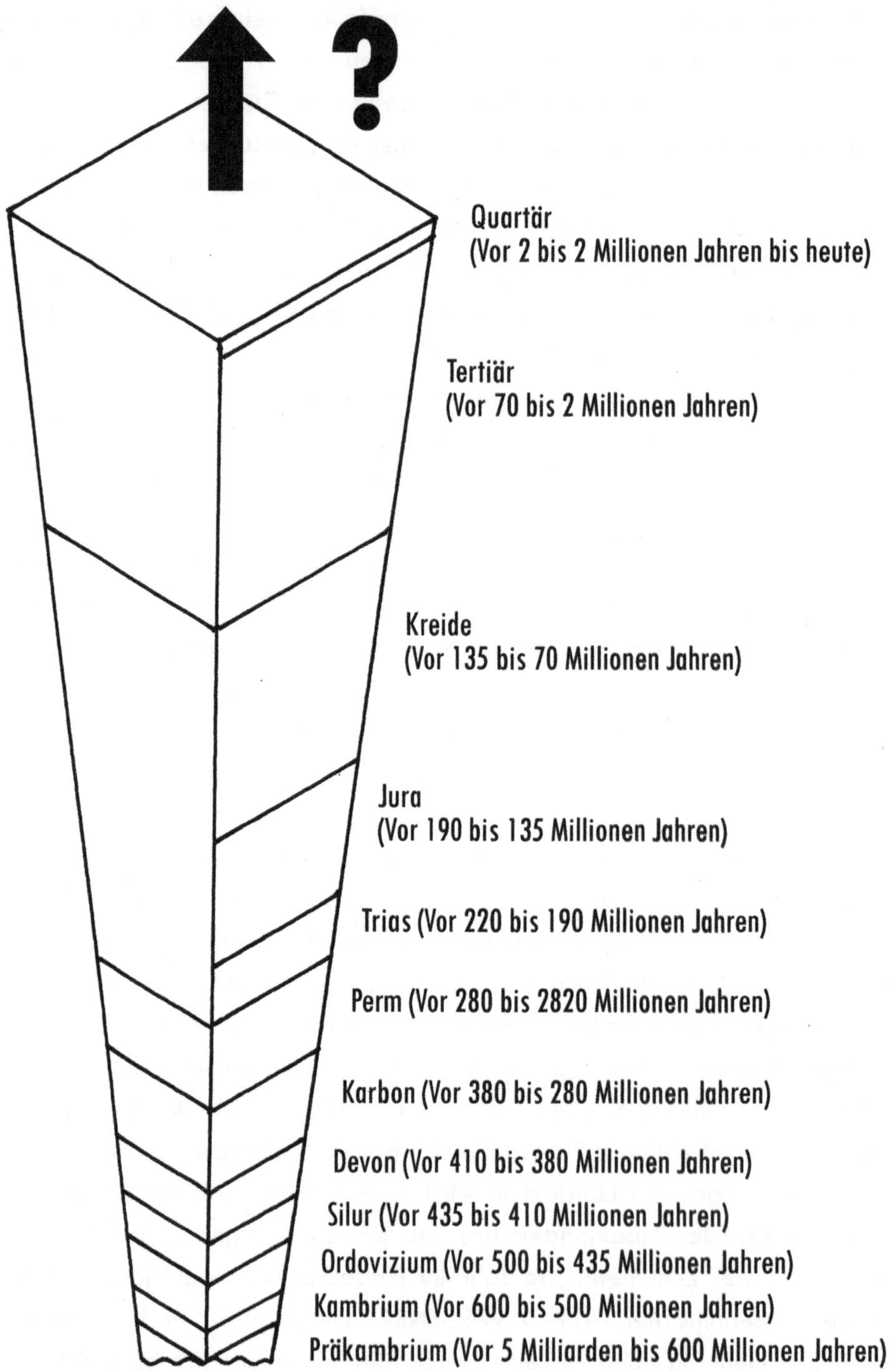

Abb. 6 Geologisches Säulenmodell der Erdgeschichte (nach LAMBERT 1990)

Pangäa. Als dieser auseinanderbrach, entstanden unregelmäßig geformte Stücke der Erdkruste, die sogenannten Kontinentalplatten. Diese verschieben sich zueinander und verhalten sich ähnlich wie sich bewegende Eisschollen. Das sich die Erdplatten schon seit langer Zeit bewegen, erkennt man daran, dass man beispielsweise hoch in den Anden versteinerte Seemuscheln gefunden hat. Überhaupt stellen Fossilien die charakteristischen Bestandteile der Erdzeitalter dar. Man kann diese als eine Art Kalender der gesamten Erdgeschichte bezeichnen. Erdzeitalter lassen sich als einzelne Abschnitte der Erdgeschichte betrachten. Sie heißen Präkambrium, Kambrium, Ordovizium, Silur, Devon, Karbon, Perm, Trias, Jura, Kreidezeit, Tertiär und Quartär. Alle diese Abschnitte können in ein geologisches Säulenmodell integriert werden. Es stellt von unten nach oben betrachtet, also vom Ursprung bis in die Gegenwart, einen Zeitpfeil der gesamten Erdgeschichte dar.

Allgemein betrachtet, sind die untenliegenden Abschnitte die geologisch ältesten und die oberen Abschnitte die jüngeren. Den einzelnen Abschnitten lassen sich die damals lebenden Pflanzen- und Tierarten zuordnen, die man dort heute als Fossilien findet.

Fossilien – Zeugen der Erdgeschichte

Im geologischen Säulenmodell können daher jedem Erdzeitalter ganz bestimmte Fossilien als versteinerte Lebensspuren zugeordnet werden. Sie liefern uns darin als regelmäßige Abfolge viele Hinweise über die Vergangenheit unseres Planeten. Paläontologen, also Wissenschaftler, die sich mit der Wissenschaft vom Leben der Vorzeit beschäftigen und die dortige Pflanzen- und Tierwelt erforschen, bezeichnen wichtige Fossilien der Erdgeschichte als sogenannte Leitfossilien. Sie dienen zur Altersbestimmung der Gesteinsschichten, in denen sie gefunden wurden. Für manche Paläontologen sind sie so bedeutsam, dass sie diese als die „Seitenzahlen" der Paläontologie im „Buch der Erdgeschichte" deuten.

Fossilien sind bedeutsam für die Altersbestimmung der Gesteine, in denen sie gefunden wurden. Die Fossilisation, also die Entstehung der Fossilien, ist ein Prozess, der sich über Jahrmillionen hinwegzieht. Damit Fossilien überhaupt entstehen können, müssen nach dem Verwesungs- bzw. Zersetzungsprozess die härteren Teile der Lebewesen erhalten bleiben. Bei Muscheln und Schnecken sind es die Gehäuse, bei Käfern und Schildkröten die Panzer und bei Wirbeltieren die Knochen und auch die Zähne. Die Fossilisation setzt nach dem Tod des Lebewesens ein, wenn Körperüberreste oder auch Lebensspuren, wie z. B. Kratz- bzw. Fußspuren, von Sand oder Schlamm bedeckt werden. Mit der Zeit kommen weitere Schichten dazu und der entstehende Druck führt über lange Zeiträume schließlich zur Versteinerung. Bei diesem Prozess werden die körpereigenen Substanzen der Lebewesen zu harten und stabilen Mineralien umgewandelt und im Stein eingelagert. Am Beispiel des „Tambacher Liebespaares", welches aus zwei versteinerten Skeletten reptilienähnlicher Amphibien *Seymouria sanjuanensis* besteht, soll der Prozess der Fossilisation näher beschrieben werden. Dieser Fossilfund wurde auf einer Ursauriergrabung im Jahre 1997 auf dem Bromacker bei Tambach-Dietharz im mittleren Thüringer Wald von einer Gruppe um den Paläontologen THOMAS MARTENS entdeckt. Die Tambacher Gesteinsformation dieses Bromacker-Fundes ist Oberrotliegendes und hat ein Alter von ca. 290 Millionen Jahren. Die beiden Amphibien lebten in Halbwüsten des Unterperm.

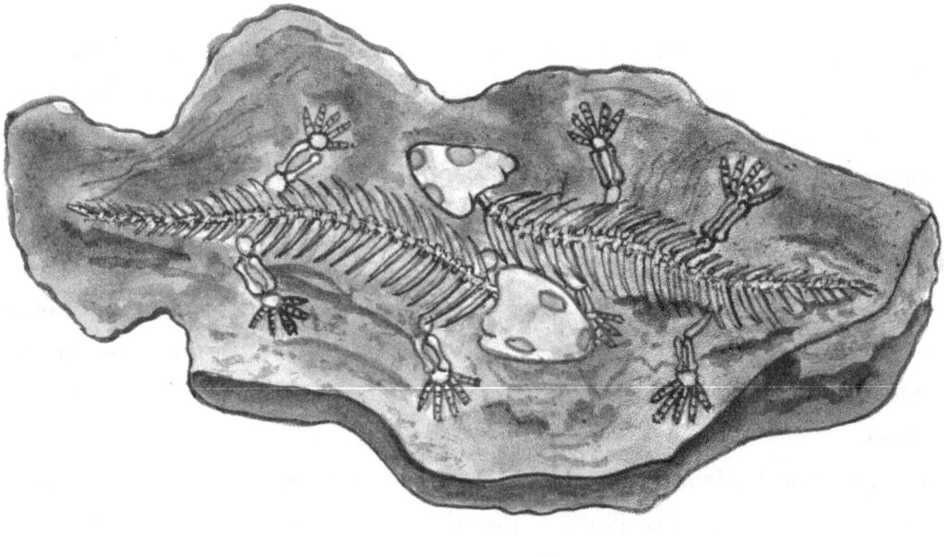

Abb. 7 Fossilfund „Tambacher Liebespaar"
(nach MARTENS 2000)

Vor etwa 290 Millionen Jahren lebten u. a. auch reptilienartige Amphibien im damaligen Unterperm.

Diese beiden Amphibien wurden plötzlich von einer schnell heranrollenden Schlammlawine begraben.

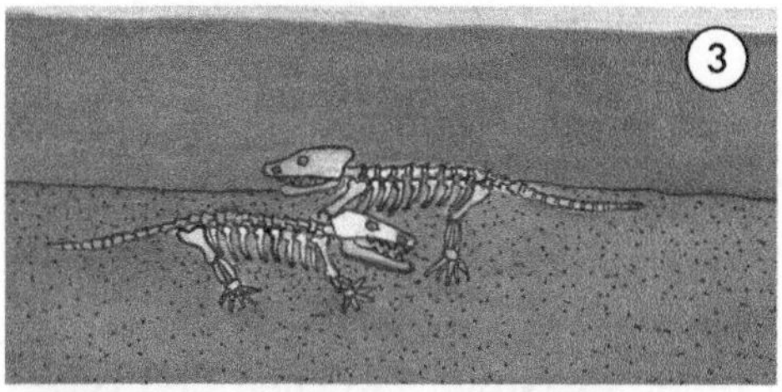

Ihr Fleisch verweste mit der Zeit. Es blieben dann nur noch die Skelette übrig.

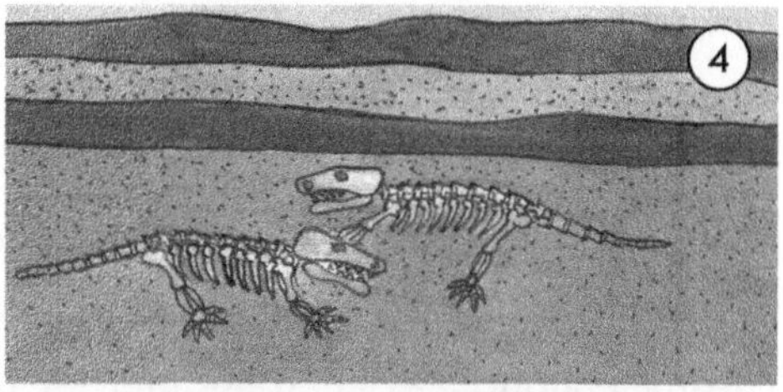

Mineralien drangen in die Skelette ein. Mit der Zeit legten sich Schichten aus Sand und Geröll über die Skelettstelle.

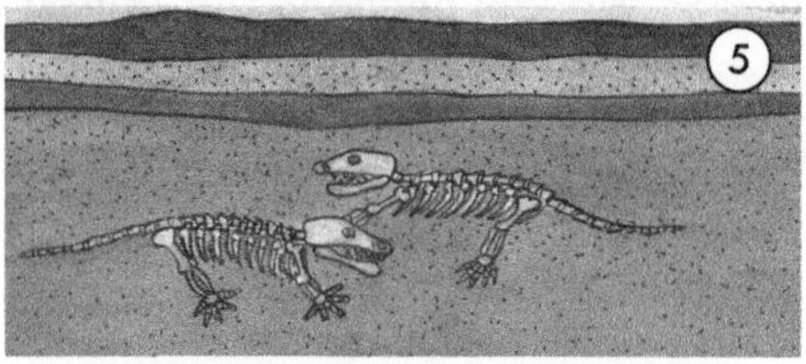

Die Schichten verdichteten sich mit der Zeit. Dabei wurden die Skelette zusammengepresst. Die Skelette verhärteten und wurden wie die darüberliegenden Schichten zu Stein.

Nach Jahrmillionen treten die Skelette als Fossilien durch Verwitterungsprozesse an die Oberfläche oder werden von Wissenschaftlern ausgegraben.

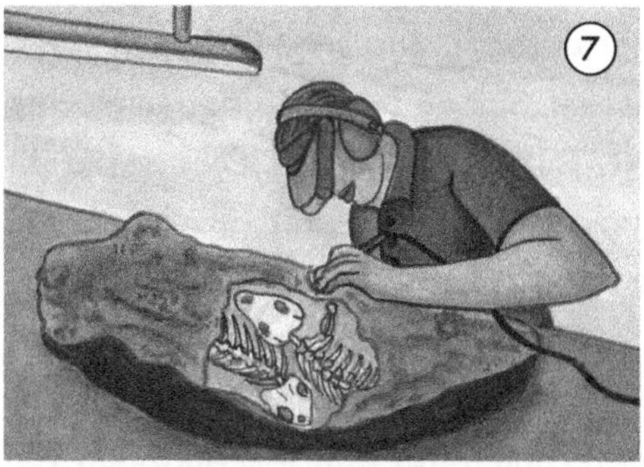

Die Wissenschaftler bergen und konservieren die Fossilien an der Fundstelle und lassen sie zur weiteren Bearbeitung abtransportieren. Im Labor werden sie dann von Präparatoren aufwändig präpariert. Danach lagert man sie im Depot oder präsentiert sie für die Besucher wirkungsvoll in einer Ausstellung.

Abb. 8 Fossilisation und Präparation des „Tambacher Liebespaares“

Fossilien spiegeln in ihrer zeitlichen Abfolge übrigens auch die stammesgeschichtliche Evolution der Organismen wider. Zwischen der evolutiven Entwicklung der Pflanzen und Tiere und dem Klima der Erdgeschichte bestehen ursächliche Zusammenhänge. Die Fossilien weisen uns auf die allgemeine Veränderlichkeit in Abhängigkeit von der Zeit hin. Innerhalb der durchschnittlichen Zeitspanne eines Menschenlebens können wir Veränderungen, wie beispielsweise solche in der Technik, noch ganz gut wahrnehmen, weil die technische Evolution viel schneller als die biologische Evolution verläuft. Bei der Betrachtung der heutigen Pflanzen- und Tierwelt jedoch, sind Veränderungen für uns nicht bzw. kaum wahrnehmbar. Wir sind der Ansicht, dass die Pflanzen und Tiere offensichtlich schon immer so aussahen und daher unveränderlich sind. Aber das trifft keineswegs zu, da die lebende Welt, genauso wie die unbelebte Welt, ständigen Veränderungen unterworfen ist. Es besteht ein untrennbarer Zusammenhang zwischen unbelebter und belebter Natur, zwischen den Lebewesen und ihrer Umwelt. Darin besteht die Grundaussage der DARWINschen Evolutionstheorie, dass alles Leben veränderlich ist, weil die Natur, in der sich das Leben abspielt, sich ebenfalls im ständigen Wandel befindet. Die Zeiträume sind dabei jedoch viel größer als die eines durchschnittlichen Menschenalters, sodass sie sich für uns als unbemerkbar erweisen. Bei Naturereignissen, wie bspw. bei Überschwemmungen, Wirbelstürmen, Erdbeben und Vulkanausbrüchen, ist das anders. Da sie sich in der Erdgeschichte sehr oft wiederholen, können sie innerhalb eines durchschnittlichen Menschenlebens auch mehrmals auftreten.

Naturereignisse und Periodizität

„Alle Stürme tobten gleichzeitig mit unerhörter Kraft. Und im selben Augenblick brach eine Flut über die großen Tempel herein. Sieben Tage und sieben Nächte überschwemmte die Sintflut die Erde“ (BALANTIN 1984, S. 17). Dies ist die älteste Beschreibung einer Flut vom Volksstamm der Sumerer, der vor etwa 3000 Jahren v. Chr. im Zweistromland, zwischen den Flüssen Euphrat und Tigris heimisch war. Das Gebiet wurde damals von einer gewaltigen Flutwelle überschwemmt, bei der viele Menschen umkamen. Solche Ereignisse traten dort wiederholt, aber meist mit wesentlich geringerer Intensität auf, wie Analysen von mit Keilschrift beschriebenen Tontafeln ergaben. Auch in anderen historischen

Überlieferungen verschiedener Völker wird von ähnlichen Flutkatastrophen berichtet. Dabei fällt auf, dass die Menschen von damals schon erkannten, dass sich solche Ereignisse periodisch wiederholten. In diesem Zusammenhang ist der griechische Universalgelehrte und Philosoph ARISTOTELES (384–322v. Chr.) zu nennen, der den Veränderungen des Klimas und dessen Auswirkungen auf die Umwelt große Bedeutung beimaß. „Ein und derselbe Platz bleibt nicht immer Land oder Meer. Das Meer gelangt dorthin, wo vorher Festland war; das Festland kehrt wieder dorthin zurück, wo wir jetzt Meer sehen. Es ist notwendig, daran zu denken, dass die Veränderungen nacheinander in bestimmter Reihenfolge geschehen und sich als eine bestimmte Periodizität erweisen" (ARISTOTELES 1959, S. 63). Die Aristotel'sche Theorie von der Bewegung bzw. Veränderung, vom Entstehen und Vergehen, ist für die Betrachtung und das Verständnis des gegenwärtigen Klimawandels nach wie vor von Bedeutung. Sintfluten, Asteroiden- und Meteoriteneinschläge, Vulkanausbrüche und Erdbeben als dynamische Prozesse gehören seit jeher zu den natürlichen und wiederkehrenden Erscheinungen auf der Erde. Unsere Erde befindet sich dadurch in ständiger Unruhe. Vulkan- und Erdbebenzonen befinden sich auf der Erde meist an jenen Stellen, die die Grenzen der Erdplatten bilden. Nachfolgend sollen an dieser Stelle Erdbeben und Vulkanausbrüche als unregelmäßig wiederkehrende Naturgewalten näher betrachtet und beschrieben werden.

Erdbeben

8. September 2023: Ein verheerendes Erdbeben in Marokko zerstörte in der Region des Atlasgebirges die Ortschaften Asni, Imlil und Ouirgane. Bei diesem Beben mit der Stärke 6,8 kamen mehr als 3000 Menschen ums Leben.

Erdbeben sind natürliche Erschütterungen der Erdoberfläche und entstehen durch die Freisetzung von Energie in der Erdkruste, der äußeren Schale unseres Planeten. Die Energie baut sich dort über mehr oder weniger lange Zeiträume durch Spannungen auf, die beim Überschreiten eines sogenannten Schwellenwertes zu schlagartigen Bewegungen führen und damit das Beben auslösen. Die Spannungen entstehen durch die Verschiebungen der Erdplatten. Dabei sind die Gesteine großen Druckbelastungen ausgesetzt. Wenn solche Druckänderungen in den Erdschichten auftreten, erzeugen sie elektrische Felder im Quarzgestein. Diese physikalische Erscheinung wird piezoelektrischer Effekt genannt.

Vor dem Zerbrechen des Gesteines werden die elektrisch geladenen Teilchen freigesetzt, die die Erdoberfläche aufladen können und dadurch als nutzbare Warnsignale vor den Beben zu deuten sind.

Das Erdbeben besteht aus einem Hauptstoß, dem zunächst mehrere kleine Beben vorausgehen und einzelne darauffolgende Nebenstöße, die als Nachbeben auftreten. Viele Erdbeben fallen schwach aus und sind für uns Menschen kaum wahrnehmbar. Sie können jedoch auch ziemlich heftig ausfallen und sehr gefährlich werden. Diese führen oft zu verheerenden Folgen, indem Gebäude einstürzen und dabei Menschen unter den Trümmern begraben. Straßen, Gas- und Wasserleitungen, Staudämme sowie weitere Teile der Infrastruktur werden zerstört. Es entstehen Brände, Überschwemmungen und noch andere Katastrophen. Es gibt aber auch Bauwerke, denen Erdbeben so gut wie nichts anhaben können. Die Inkas bauten schon im 13. Jahrhundert erbebensichere Mauern und Gebäude in den Anden, die sie ohne Mörtel und nahezu fugenlos errichteten. Es sind daher nicht starre, sondern vielmehr dynamische Konstruktionen, die den Erschütterungsbewegungen bis zu einem gewissen Grad folgen können. In heutiger Zeit gewinnt erdbebensicheres Bauen in seismischen Aktivitätszonen immer mehr an Bedeutung. Da bieten sich mehrere Lösungen an, wie beispielsweise dynamisierte Gebäudefundamente, die mit Stoßdämpfern, Gummilagern, Federn, Rollen und sogar mit Kugeln ausgestattet sind. Möglich sind auch freischwingende Gebäude, die sich wie Pendel an Säulen hin- und herbewegen können. Bei all diesen Lösungen geht es darum, die bei Erdbeben auftretenden Vibrationen zu absorbieren.

Zur Angabe der Stärke von Erdbeben entwickelte 1935 der US-amerikanische Seismologe CHARLES F. RICHTER (1900–1985) die nach ihm benannte „Richterskala“. Diese ist durch zwölf Stufen gekennzeichnet. Auf dieser Skala nimmt die Erdbebenstärke, die als Magnitude bezeichnet wird, in Zehnerschritten zu. Das bedeutet, dass ein Beben mit der Stärke 2 zehnmal so stark wirkt, wie ein solches der Stärke 1. Daraus ergibt sich, dass ein Erdbeben mit der Stärke 3 zehnmal so heftig ausfällt, wie ein solches mit Stärke 2 und so weiter bis zur Stufe 12. Interessant sind in diesem Zusammenhang, die Wellenarten, die durch die freigesetzte Energie entstehen. Bei Erdbeben entstehen vier Wellenarten, die sich zwei grundlegenden Typen zuordnen lassen, wie Raum- und Oberflächenwellen. Raumwellen breiten sich vom Erdbebenherd geradlinig im Raum aus, Oberflächenwellen dagegen laufen auf der Erdoberfläche, indem

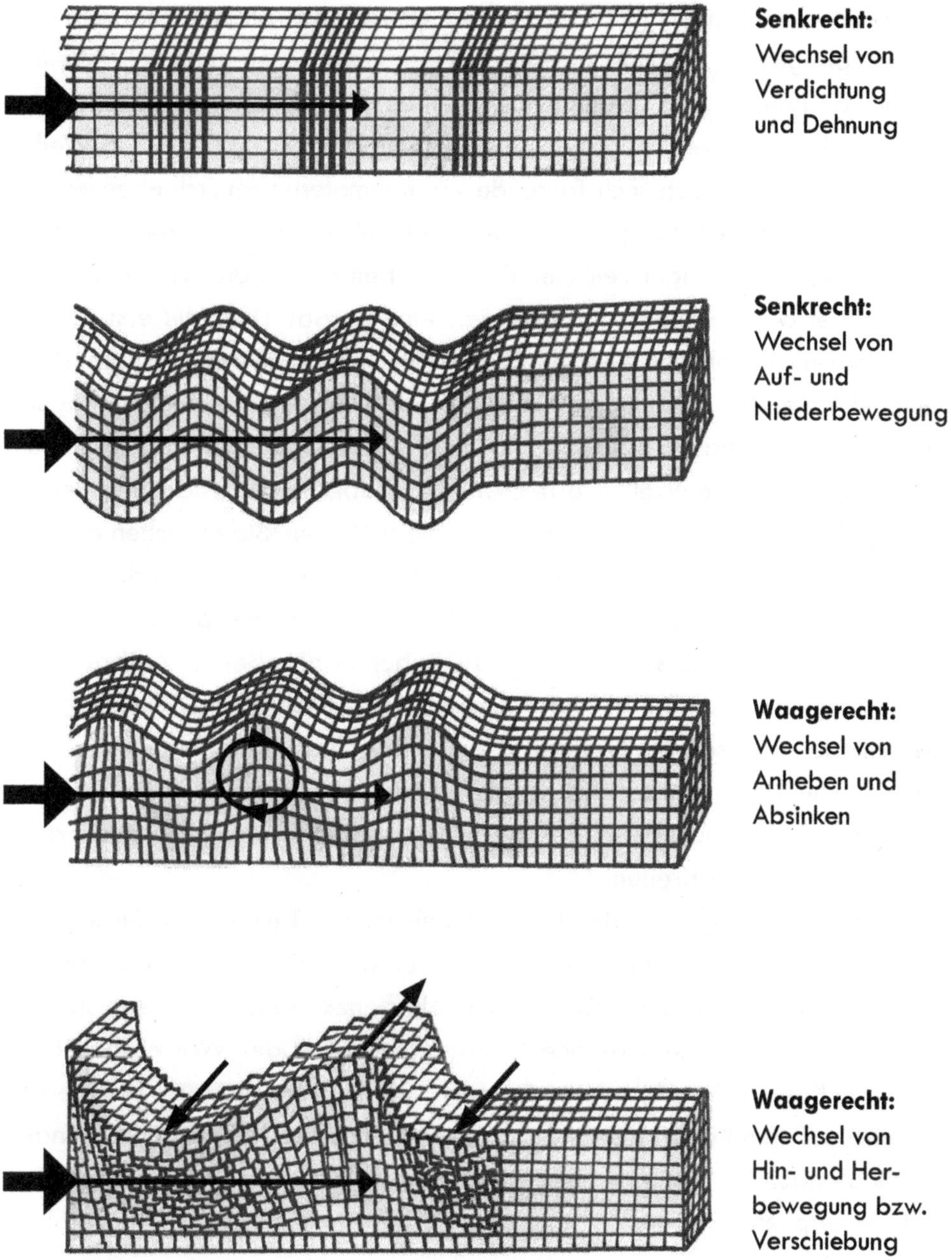

Abb. 9 Erdbebenwellen und ihre Merkmale (nach BROWNELL 1985)

sie ihrer Krümmung folgen. Letztere bilden Kreiswellen, die Ähnlichkeit mit dem entstehenden Wellenbild eines ins Wasser geworfenen Steines oder eines ins Wasser springenden Frosches besitzen. Zu den Raumwellen gehören P-Wellen, die auch als Primär- bzw. Longitudinalwellen bezeichnet werden. Oberflächenwellen werden in Love- und Rayleighwellen unterteilt. Die seismischen Wellen von Erdbeben lassen sich noch Tausende von Kilometern vom Erdbebenzentrum entfernt mit Erdbebenanzeigern, wie Seismographen und Seismometern, registrieren. Erdbebenanzeiger zeichnen die Erdbeben auf. Ist die Erde im Ruhezustand, bildet der Schreiber des Anzeigers eine gerade Linie, die erst dann in Zick-Zack-Linien übergeht, wenn die Erde bebt. Bei starken Beben schlägt diese Zick-Zack-Linie weit nach oben und unten aus. Diese Weite der Schwingung wird Amplitude genannt. Es ist die maximale Auslenkung einer Schwingung um einen Mittelwert. Die Wellen erreichen die Erdbeben-Messstationen zeitlich versetzt. Die schnellste Ausbreitung haben die P-Wellen. Sie erreichen die Geschwindigkeit von rund fünf Kilometer pro Sekunde. Danach folgen die langsameren S-Wellen mit einer Geschwindigkeit von drei Kilometer pro Sekunde. Die Oberflächenwellen sind sehr energiereich, haben dafür aber nur Ausbreitungsgeschwindigkeiten von 2.5 bis 4,5 Kilometern pro Sekunde. Aus ihren Laufzeitunterschieden lässt sich die Entfernung zum Erdbebenzentrum berechnen.

Oberflächenwellen passen sich bei ihrer Ausbreitung der Erdkrümmung an, wogegen sich die Raumwellen geradlinig vom der Ursprungsstelle des Erdbebens in den Raum ausbreiten.

Eine Sonderstellung unter den Erdbeben nimmt der Tsunami ein. Dieser wird meist durch Erdbeben unter dem Meeresboden ausgelöst. Er kann auch entstehen, wenn durch Vulkanausbrüche auf Inseln ganze Hänge ins Meer stürzen. Dann breiten sich lange und hohe Meereswellen über der Wasseroberfläche aus, die in Küstennähe gigantische Brandungswellen von 30 Meter Höhe erreichen und auf den Küsten alles wegspülen, was ihnen im Wege steht. Wenden wir uns als nächstes den Vulkanen zu, die ebenfalls zu den Auslösern von Umweltkatastrophen gehören.

Vulkanausbrüche

9. April 1815: Auf der indonesischen Insel Sumbawa bricht der Schichtvulkan „Tambora“ aus. Bei diesem gewaltigen Ausbruch entstehen zerstörerische Erdbeben und Tsunamis. Insgesamt kommen bei dieser Naturkatastrophe in diesem Gebiet etwa 100 000 Menschen um. Riesige Mengen schwefliger Gase, Gesteinsbrocken, Asche und allerlei Partikel werden fast 50 Kilometer hoch in die Atmosphäre geschleudert und von Höhenwinden auf fast der ganzen Erde verteilt. Über der Nordhalbkugel wird das Sonnenlicht durch Schwebeteilchen und Aerosole stark reflektiert, sodass die Temperaturen stark fallen und in weiten Teilen führt das nur kläglich durchdringende Sonnenlicht zu Missernten und Hungersnöten. Der wohl berühmteste Vulkanausbruch ereignete sich im Jahr 79 n. Chr., als Lava und Asche des Vesuvs die Stadt Pompeji unter einer dicken Schicht begrub.

Die Angst von Vulkanausbrüchen ist allgegenwärtig. So zum Beispiel bei den Menschen in der Region von Neapel am Vesuv. In dieser Region leben mehr als vier Millionen Menschen. Manche Wohngebäude reichen bis an die Hänge des Vulkans. In den Magmakammern unter dem Vulkankegel verzeichnet man gegenwärtig ein auffälliges Brodeln. Die Angst der Menschen vor einem Ausbruch sitzt tief. Beim Ausbruch dieses Supervulkans würden gewaltige pyroklastische Ströme entstehen, die mit allerlei mitgerissenem Geröll die besiedelten Gebiete regelrecht überwalzen. Die Ängste und Sorgen der Menschen sind berechtigt. Bricht nämlich ein Supervulkan aus, gelangen ungeheuer große Mengen von Schwefeldioxid in der Atmosphäre und werden mit der Zeit über die gesamte Erde verteilt. Durch chemische Reaktionen entstehen winzig kleine Tröpfchen aus Schwefelsäure, die große Teile des Sonnenlichtes reflektieren. In der Folge wird es auf der Erde nicht nur dunkel, sondern es sinken auch die Temperaturen. Man spricht daher von einem vulkanischen Winter. In diesem sterben die Pflanzen ab, weil die Fotosynthese aufgrund des Lichtmangels gestört ist. Viele Tiere, vor allem Pflanzenfresser, sterben und die Hungersnöte auf der Erde verursachen auch unter den Menschen hohe Opferzahlen. Wie lange jedoch ein vulkanischer Winter dauern könnte, ist selbst den Experten in Rätsel. Jedenfalls sind wir Menschen gegen Ausbrüche von Supervulkanen eigentlich machtlos. Eigentlich nicht ganz, weil sich vor Vulkanausbrüchen typische Erscheinungen zeigen, die Seismologen und Vulkanologen als Hinweise deuten können und so die Bevölkerung warnen können. Die Folgen von diesen Ausbrüchen wären jedoch verheerend.

Einen Vulkan nennt man im Volksmund einen feuerspeienden kegelstumpfförmigen Berg, der durch einen Schlot mit dem Inneren der Erde in Verbindung steht. Es gibt zwei Vulkanarten, den Schild- und den Schichtvulkan. Sie unterscheiden sich in ihrer äußeren Form, ihrem inneren Aufbau und am heraustretenden Material. Beim Schildvulkan baut der sich weit ausbreitende dünnflüssige

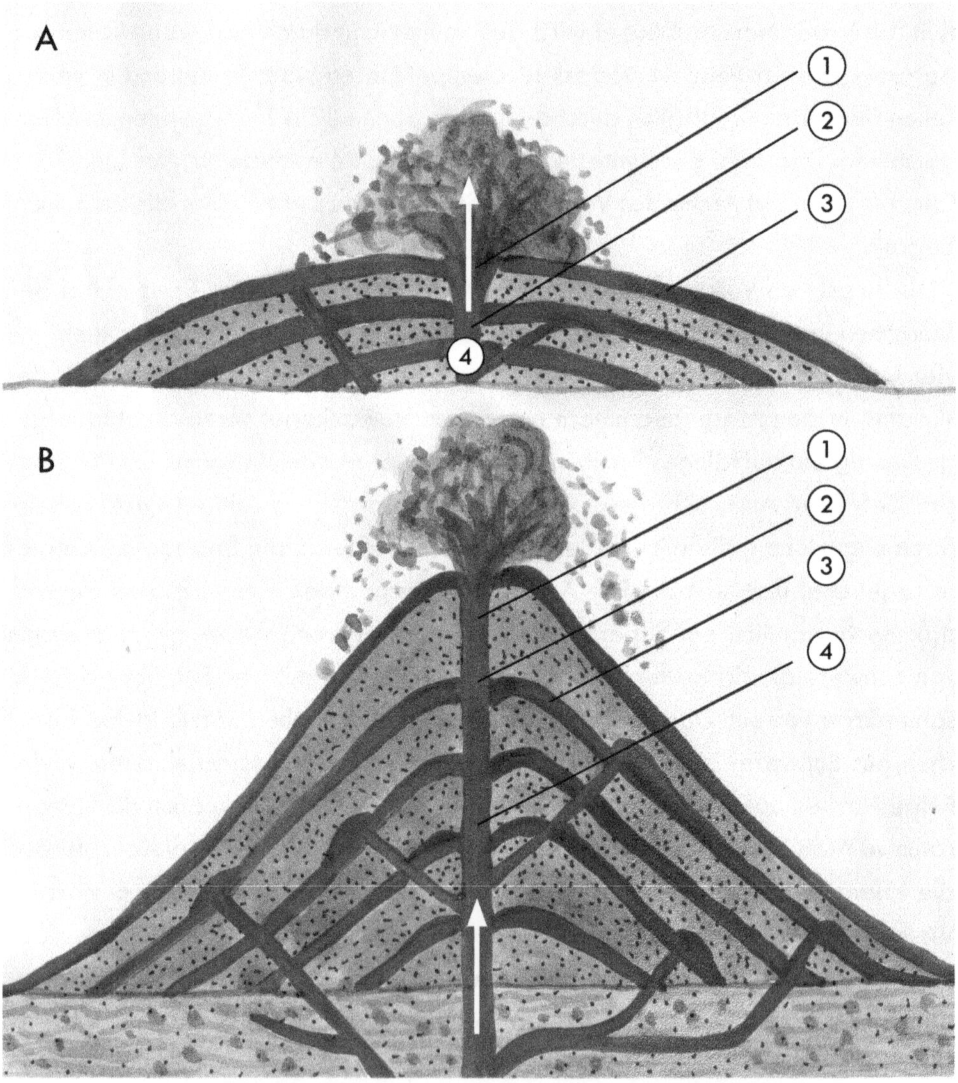

Abb. 10 Vulkanarten: A – Schildvulkan, B – Schichtvulkan (1 – Vulkankegel, 2 – Schlot, 3 – Lavaschichten, 4 – Magma)

Lavastrom eine relativ flache aber weitauslaufende Erhebung in Gestalt eines buckelförmigen Schildes aus. Die Hänge des Vulkans sind daher ziemlich flach. Die Hänge des Schichtvulkanes sind dagegen steiler, weil Asche, Schlacke und Trümmer von Gesteinen sich um den Krater anhäufen und Kegel ausgestoßenen Materials bilden, welches durch die austretende Lava bei Abkühlung verfestigt wird.

Bevor der Vulkan ausbricht, bauen die in der Magmakammer befindlichen Gase im Laufe der Zeit einen hohen Druck auf, der schließlich durch einen Spalt in der Erdkruste wieder abgebaut wird. Die aus dem Erdinneren kommende Magma, also geschmolzenes Gestein, tritt durch die Vulkanöffnung als Lava, Staub, Gesteinsbrocken, Schlacke und Gase aus. Die vulkanischen Gase sind Kohlendioxid, Schwefeldioxid, Stickstoff und größtenteils auch Wasserdampf. Der Ausbruch wird pyroklastische Eruption genannt. Die austretende Hitze über dem Vulkankegel heizt die Luft auf und generiert Konvektionsströme, die weit hinaus in die Atmosphäre aufsteigen. Die aus der Vulkanöffnung austretende Lava erreicht Temperaturen von über 1000 Grad Celsius. Sie fließt bis zur Erstarrung unterhalb des Vulkankegels zunächst als dünnflüssige bis zähe Masse der Kegelwand hinab. Gewaltige Vulkanausbrüche können zu globalen Klimakatastrophen führen, die durch den aufgewirbelten Staub die Sonneneinstrahlung dermaßen abschwächen können, dass die weit absinkenden Temperaturen einen „vulkanischen Winter" auslösen. Das kann so weit gehen, dass die Fotosynthese gestört bzw. nicht mehr funktioniert und dadurch auf längere Sicht die drohende Nahrungsknappheit das Leben auslöscht. Obwohl Vulkanausbrüche sich zu katastrophalen Ereignissen entwickeln können, so haben sie auch positive Seiten. So führt die beim Ausbruch entstehende Vulkanasche zur Erhöhung der Bodenfruchtbarkeit und damit zur Steigerung der Ernteerträge. In der Asche befinden sich nämlich wichtige Mineralien, wie Calcium, Phosphor und Kalium. Ihre poröse Struktur kann zudem durch Speichern von Feuchtigkeit und Wärme das Pflanzenwachstum fördern. Vulkanische Erdwärme aus Magmakammern führt zu heißen Quellen, die als Energiespeicher für die Energienutzung zur Verfügung stehen können. Viele Tierarten können schon einige Zeit vor Ausbruch eines Vulkans oder Erdbebens feinste Bodenerschütterungen wahrnehmen, was uns Menschen unmöglich ist. Daher könnte man solche Tiere auch als Erdbebenpropheten bezeichnen.

Tiere als Anzeiger für Erdbeben- und Vulkanausbrüche

Vielen Menschen, die ein schweres Erdbeben überlebten, war aufgefallen, dass lange vor dessen Ausbruch manche Tiere ein ungewöhnliches und auffälliges Verhalten zeigten. Schon seit langer Zeit werden Verhaltensweisen von Tieren für die Vorhersage von Erdbeben genutzt.

Im Altertum gab es Berichte von merkwürdigen Verhaltensweisen der Tiere, lange vor dem Ausbruch von Erdbeben und anderen Naturkatastrophen. Darin wird geschildert, dass sich Elefanten, Schlangen, Hunde und Vögel lange Zeit vor einem Vulkanausbruch oder Tsunami unruhig benehmen und fluchtartig ihre Aufenthaltsorte verlassen. Auch in heutiger Zeit entdecken die Menschen ähnliche Verhaltensweisen bei Tieren vor solchen Katastrophen. Beispielsweise flohen Elefanten in Sri Lanka vor dem verheerenden Tsunami im Jahre 2004 panikartig ins Landesinnere und suchten dort bergiges Gelände auf. Es gab Menschen, die ihnen gefolgt waren. Ihnen gelang es dann auch, den gefährlichen Tsunami zu überleben. Das Verhalten der verschiedenen Tierarten äußert sich bei solchen Naturkatastrophen unterschiedlich. Man hatte beobachtet, dass sechs bis acht Stunden vor dem Ausbruch solcher Katastrophen beispielsweise Haustiere aus ihren Ställen ausbrachen und ins Freie flüchteten, Hühner und Gänse auf Büsche und Bäume flogen und Ratten sowie Mäuse aus ihren Löchern krochen und schnell davonrannten.

Der Wissenschaftler HELMUT TRIBUTSCH hat Berichte über Erdbebenvorzeichen aus aller Welt gesammelt. Aus diesen hat er Regeln für die Früherkennung von Erdbeben durch ungewöhnliches Tierverhalten zusammengestellt.

„Wenn diese internationalen Bauernregeln tatsächlich gelten, müsste demnach ein Erdbeben im Anzug sein,

- wenn die Vierbeiner ohne scheinbaren Grund starke Nervosität zeigen (Peru, Venezuela);
- wenn sich Vögel aufregen und ungewöhnliche Rufe ausstoßen (Peru);
- wenn die Hunde zusammen heulen (Chile);
- wenn die Hähne nachts hartnäckig krähen (Italien, Chile);
- wenn die aufgehockten Hühner ihre Schlafplätze verlassen und aufgeregt gackern (Chile);

- wenn sich wilde Tiere zahm und eingeschüchtert zeigen (Chile);
- wenn die vielen lästigen Fliegen plötzlich verschwinden (Venezuela);
- wenn Schlangen aus ihrem Unterschlüpfen ins Freie flüchten (Cuba);
- wenn Vögel sich zusammenscharen, sich in die Luft erheben und auffällig kreisen (Griechenland);
- wenn die Bären vorzeitig ihre Winterquartiere verlassen (Kamtschatka);
- wenn die Katzen nervös schreien, aufgeregt in den Häusern herumlaufen und diese verlassen (Italien, Chile) (TRIBUTSCH 1981, S. 88–89).

TRIBUTSCH macht in diesem Zusammenhang auf die von ihm entwickelte „Aerosol-Hypothese" aufmerksam, die eine mögliche Erklärung für die Übernervosität und Panik der Tiere liefern könnte. Die vor einem Beben im Untergrund freigesetzten elektrostatisch geladenen Teilchen treten als Aerosole an der Erdoberfläche aus und werden von Tieren und Menschen aufgenommen. Die überdurchschnittlich empfindlicheren Rezeptoren der Tiere gegenüber denen der Menschen, ermöglichen es, schon auf geringste Aerosol-Konzentrationen in der Luft zu reagieren. Dabei wird im Organismus der Botenstoff Serotonin ausgeschüttet, der bei den Tieren Unruhe, Furcht und schließlich Flucht auslöst.

„Die Hypothese von der Freisetzung geladener Aerosole bietet die bemerkenswerte Möglichkeit, dass sie nicht nur viele Nuancen ungewöhnlichen Tierverhaltens erklärt, sondern auch in einleuchtender Weise begründen könnte, warum zu vielen Erdbeben Berichte über abnormes Tierverhalten völlig fehlen" (TRIBUTSCH 1981, S. 148).

Auch vor Vulkanausbrüchen können manche Tiere als Anzeiger dienen, weil Wissenschaftler feststellten, dass sie dort schon einzelne Schwefelmoleküle von aufsteigenden Gasen wahrnehmen können.

Die Überlebenden von Erdbeben und zum Teil auch von Vulkanausbrüchen haben von den Tieren gelernt und eine allgemeine Regel aufgestellt: „Wenn viele unterschiedliche Tierarten gleichzeitig ein unruhiges und panisches Verhalten zeigen, halte dich vom Meer fern und gehe so schnell du kannst in die schützenden Berge!" Auch in vielen anderen Ländern beobachtete man auffälliges und ungewöhnliches Tierverhalten Stunden und sogar Tage vor natürlichen Katastrophenausbrüchen. Die Menschen erkannten, dass das Tierverhalten eine Frühwarneinrichtung für Naturkatastrophen darstellte. Wie die Tiere Veränderungen und Bewegungen der Erdkruste lange vor Katastrophenausbrüchen wahrnehmen, ist bisher noch nicht eindeutig geklärt. Fest steht jedenfalls, dass sie über sehr empfindliche Sinnesorgane verfügen, die schon auf kleinste Veränderungen in ihrer Umgebung reagieren. Mit den Sinnesorganen, den Rezeptoren, können manche Tiere Magnetfelder spüren, andere nehmen elektrische Felder wahr, wieder andere können Wärmebilder sehen und es gibt auch solche, die Infra- oder Ultraschall sowie feine Bodenerschütterungen bemerken. Letztere zeigen sich in relativ schnell wechselnden Druckverformungen. In den Rezeptoren finden komplizierte Prozesse der Signalverarbeitung statt, die auf biochemischer und physikalischer Grundlage funktionieren.

Dienen dann solche Sinnesorgane als Vorbilder für die Entwicklung von technischen Sensoren, spricht man von der Sensorbionik, einem heute besonders wichtigen Teilgebiet der Bionik. Die Sensorbionik untersucht bei den Sinnesorganen lebender Systeme die Reizaufnahme und -verarbeitung und überträgt die dabei gewonnen Erkenntnisse auf die Entwicklung technischer Sensorsysteme. Pflanzen und Tiere nehmen, wie wir wissen, über ihre Rezeptoren physikalische oder chemische Veränderungen ihre Umwelt als Reize wahr. Dabei ist die enorm hohe Empfindlichkeit dieser Rezeptoren gegenüber technischen Sensorsystemen bisher unübertroffen. Erdbeben und Vulkanausbrüche werden von Bodenvibrationen begleitet, die als mechanische Reize von den Rezeptoren der Lebewesen wahrgenommen werden. Tiere, die einen ausgeprägten Vibrationssinn besitzen, sind beispielsweise Sandskorpione, Spinnen und Elefanten. Diese Tiere sind mit besonders empfindlichen Rezeptoren ausgestattet. Sandskorpione und Netzspinnen verfügen über Spaltsinnesorgane und Tasthaare, um Bodenschwingungen wahrzunehmen und Elefanten stehen dafür spezielle Tast- und Vibrationsrezeptoren in den Füßen zur Verfügung. Sie alle gehören zu den Mechanorezeptoren. Uns Menschen ist es natürlich auch möglich, in Handflächen und Fußsohlen Vibrationen wahrzunehmen. Dafür besitzen wir in der Unterhaut spezielle Mechanorezeptoren, die als „Vater-Pacini-Körperchen" bezeichnet werden. Sie wurden nach ihren Entdeckern, den beiden Anatomen ABRAHAM VATER (1684–1751) und FILIPPO PACINI (1812–1883) benannt. Diese Mechanorezeptoren reagieren jedoch nicht so empfindlich, wie die der genannten Tiere. Auch Delfine sind in der Lage, mit ihren Ohrkapseln, die ähnlich wie Seismographen funktionieren, Schwingungen zu registrieren. Die genannten „lebenden Seismographen" sollen näher beschrieben werden.

Sandskorpione und Spinnen als „lebende Seismographen"

Der Sandskorpion *Smeringurus mesaensis* gehört zu den Spinnentieren. Er verfügt über einen hochempfindlichen Vibrationssinn. In der Wüste, wo dieser Skorpion lebt, ist Nahrung Mangelware und die dortige Hitze macht den Tieren zu schaffen. Auf der Sandoberfläche herrschen tagsüber schon mal Temperaturen von über 70 Grad Celsius. Da wird es unter den Füßen unerträglich heiß. Viele Tiere verkriechen sich daher tagsüber im Sand. Da Sand ein ziemlich schlechter Wärmeleiter ist, herrschen unter der Sandoberfläche erträglichere Temperaturen. Bei um die 30 Grad Celsius halten es die Tiere dort besser aus. Zwischen den locker angeordneten Sandkörnchen sind Hohlräume, sodass die Tiere dort auch atmen können.

Der Sandskorpion hat ein nur schwach ausgeprägtes Hör- und Sehvermögen. Auch der Geruchsinn lässt bei ihm zu wünschen übrig. Dafür ist aber sein Vibrationssinn absolute Spitze! Dieser Sinn ist bei ihm so perfekt ausgebildet, dass er sogar unter der Sandoberfläche krabbelnde Insekten aufspüren kann. Das ist möglich, weil sie durch ihr Fortbewegen extrem schwache Vibrationen verursachen, die der Skorpion erfühlen kann. Zur Aufnahme der Vibrationen als Umweltreize dienen Spaltsinnesorgane und Tasthaare an den acht Beinen. So hat jedes dieser acht Beine ein Spaltsinnesorgan und mehrere Sinneshaare. Vibrationen, die von Beutetieren, Erdbeben, Vulkanausbrüchen oder anderen Erscheinungen verursacht werden, lösen im Sand ganz bestimmte Wellenarten aus (vgl. S. 47, Abb 9), von denen der Skorpion zwei wahrnimmt: Es sind P-Wellen und Rayleighwellen. Da letztere zu den Oberflächenwellen gehören, breiten sie sich auf der Erdoberfläche als kreisbildende Wellen aus. Sie haben Ähnlichkeit mit dem Wellenbild, welches entsteht, wenn ein Stein ins Wasser geworfen wird. Diese Oberflächenwellen nimmt der Skorpion mit dem Spaltsinnesorgan auf, wobei er die P-Wellen als Raumwellen mit den Sinneshaaren erspürt. Die Sinneshaare reagieren auf diese Wellen mit ihrer Auslenkung, wobei auf der einen Haarseite Druck und auf der gegenüberliegenden Haarseite Zug entsteht. Die so entstandenen mechanischen Reize werden in elektrische Signale umgewandelt und zur Informationsverarbeitung weitergeleitet.

Der Skorpion ist in der Lage, wie Wissenschaftler herausgefunden haben, Amplituden von einem Nanometer wahrzunehmen – so empfindlich reagieren

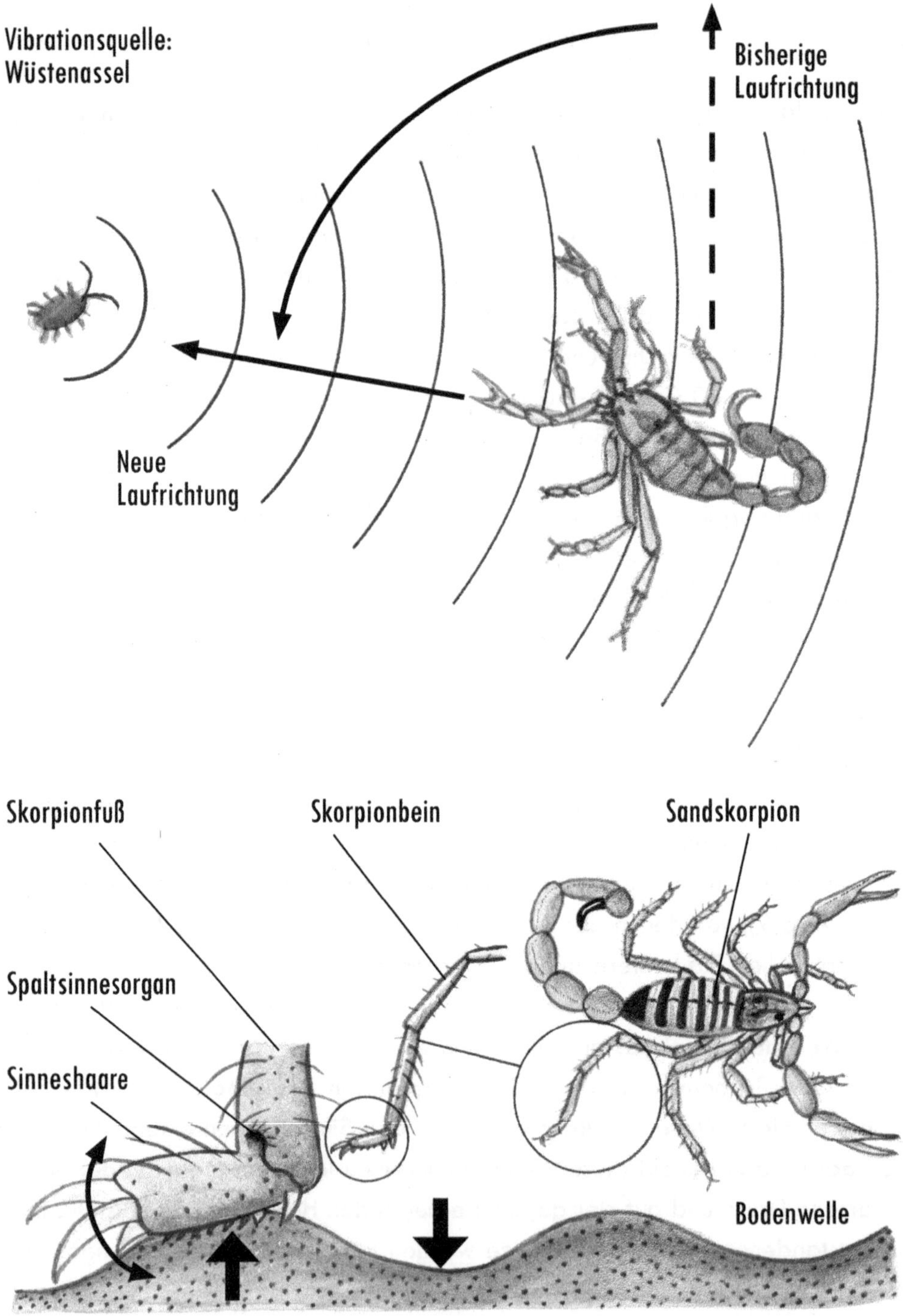

Abb. 11 Sandskorpion bei der Jagd

seine Mechanorezeptoren. Das bedeutet, dass er die Anhebung des Sandes durch Oberflächenwellen, also Rayleighwellen, von einem Millionstel Millimeter erspürt. Der vordere Teil des Skorpionfußes wird von jeder durchlaufenden Rayleighwelle auf und ab bewegt. Dabei wird auf das im Fußgelenk befindliche Spaltsinnesorgan jedes Mal ein leichter Druckreiz ausgeübt. Mit seinen acht Beinen bildet der Skorpion auf der Sandoberfläche annähernd einen Kreis. Ist ein krabbelndes Beutetier in seiner Nähe, so erzeugt es bei jedem Schritt P- und Rayleighwellen, deren Vibrationen der Sandskorpion mit den Füßen wahrnimmt.

Die beiden Wellenarten erreichen die acht Beine des Skorpions nacheinander. Zunächst nimmt der Skorpion die schnelleren P-Wellen wahr und ermittelt dadurch die Richtung des Beutetieres. Wenn beispielsweise die P-Welle zuerst am rechten Hinterbein eintrifft, kann er daraus ermitteln, dass sich das Beutetier rechts hinter ihm befindet. Das ist genau so, wenn wir mit unseren Ohren eine Schallquelle orten. Die Feststellung des Abstands zur Beute erfolgt durch das Bestimmen der Laufzeitunterschiede von P- und Rayleighwellen. Da die Rayleighwellen viel langsamer als die P-Wellen sind, treffen sie auch später am rechten Hinterbein des Skorpions ein. Zum Verständnis der Entfernungsbestimmung brauchen wir ein wenig Mathematik. Der Laufzeitunterschied zwischen den Skorpionbeinen beträgt ca. eine Millisekunde bei dem Achtbeindurchmesser des Skorpions von fünf Zentimetern. Der Zeitunterschied ist der Entfernung stets proportional. Ein Zeitunterschied von vier Millisekunden entspricht der Entfernung von 30 Zentimetern. Ein Zeitunterschied von acht Millisekunden einer von 60 Zentimetern usw. Offenbar besitzt der Sandskorpion daher auch noch einen Zeitsinn. Mit diesen beiden Sinnen ist es dem Skorpion möglich zu erkennen, aus welcher Richtung das Beutetier kommt und wie weit es von ihm entfernt ist. Diese Informationen zur Nahrungsbeschaffung sichern ihm das Überleben in der lebensbedrohlichen Wüste.

Bei den Netzspinnen ist der Vibrationssinn ebenfalls verbreitet. Auch sie bilden wie die Skorpione mit ihren acht Beinen eine Kreisform auf ihrer Netzunterlage und können so auch mit den an den Beinen befindlichen Becherhaaren und Spaltsinnesorganen Beutetiere orten. Die Becherhaare befinden sich auf der Beinoberseite. Sie sind in einer kleinen becherförmigen Mulde des Außenskeletts mit einer Gelenkmembran verbunden. Schon kleinste Luftströmungen, die fliegende Insekten mit ihren Flügeln in der Nähe der Spinne verursachen, versetzen die feinen Becherhaare in Bewegung. Selbst Schallwellen können die Becherhaare reizen. In den Sinneszellen werden dadurch Reaktionen ausgelöst, die zur Erregung führen und in elektrische Signale umgewandelt werden. Diese werden dann durch die Nervenbahnen zur Auswertung ins Gehirn weitergeleitet.

Mit den Becherhaaren kann die Spinne feststellen, aus welcher Richtung die anfliegende „Nahrungsquelle" kommt. Dabei kann sie anhand der Fluggeräusche herausfinden, ob es sich um eine Wespe oder Fliege handelt. Gelangt ein solches Insekt ins Netz, gerät dieses in Vibration. Auch die zappelnden Befreiungsversuche gelandeter Insekten lassen das Netz vibrieren. Netzvibrationen und selbst solche, die von einzelnen Fäden verursacht werden, nimmt das Spaltsinnesorgan wahr.

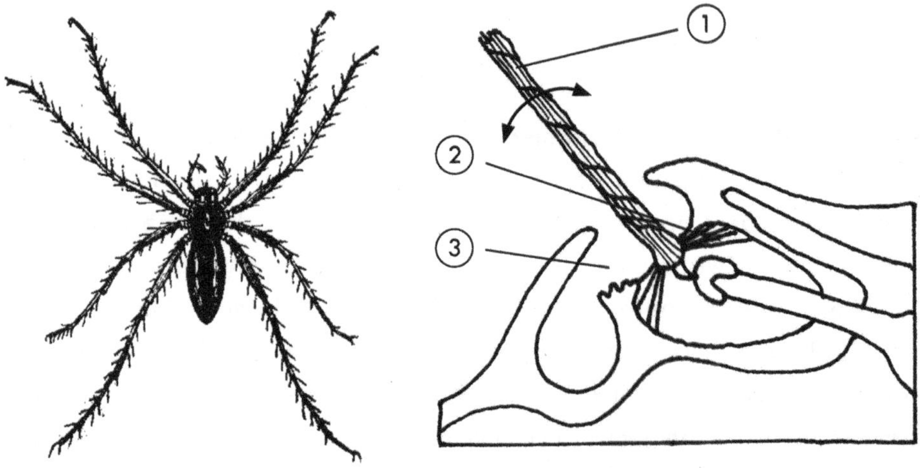

Abb. 12 Becherhaar einer Netzspinne
(1 – Haarschaft, 2 – Membran, 3 – Becher)

Spaltsinnesorgane reagieren auf Schwingungsamplituden von 1 bis 10 nm (Nanometer). Selbst bei Spinnen, die keine Netze bauen, hat man Spaltsinnesorgane festgestellt. Es gibt Spinnen, die Bodenvibrationen wahrnehmen, andere können die Vibrationen von Blättern erspüren, die dort von krabbelnden Insekten ausgelöst werden und wieder andere nutzen beim Aufspüren von Beuteinsekten die Oberflächenwellen, die diese Tiere beispielsweise auf der Wasseroberfläche verursachen. Auch Elefanten besitzen einen Vibrationssinn.

Mit den Füßen hören

Nicht nur Laubheuschrecken, Spinnen und Skorpione können mit den Beinen „hören", sondern auch Elefanten. Elefanten sind imstande, sich bis zu 50 Kilometer Entfernung miteinander über Schwingungen des Bodens zu verständigen. Der Schall kann im Boden viel weiter als in der Luft übertragen werden. Elefanten erzeugen tiefe Grolltöne im Infraschallbereich. Es sind Frequenzen, die für unser Ohr kaum wahrnehmbar sind. Sie liegen bei 20 Hz. Der durch das Grollen entstehende Schall wird durch die Knochen über die empfindlichen Füße des Elefanten ins Erdreich geleitet und pflanzt sich darin wellenförmig fort. Diese Bodenwellen werden dann von anderen Elefanten ebenfalls mit ihren Füßen aufgefangen. Auch hier wird die Wellenbewegung über das Ballenpolster der Fußsohle zu den Knochen der Füße und von da aus den anderen Skelettknochen bis zu den vergrößerten Gehörknöcheln des Mittelohres geleitet. Ähnlich den Skorpionen und Spinnen, ermitteln auch sie über den Abstand ihrer Füße Richtung und Entfernung der Vibrationsquelle. Elefanten haben in ihre Ballenpolster Fett eingelagert. Es dient einerseits als Stoßdämpfer dazu, die enorme Körpermasse gegenüber dem Boden abzufedern. Anderseits verstärkt das Ballenpolster bei Elefanten die Wahrnehmung des Schalls.

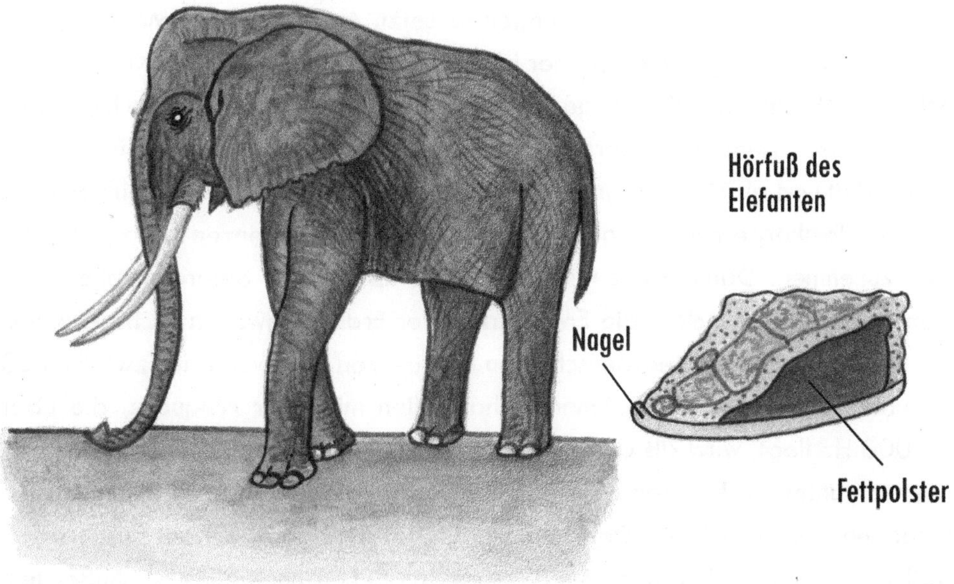

Abb. 13 Schallverstärkung bei Elefanten

Mit speziellen und hochempfindlichen Mechanorezeptoren in Rüssel und Füßen, kann der Elefant seine Umgebung erfühlen. In Natursendungen wird manchmal von Elefanten berichtet, die mit einem ihrer Vorderfüße äußerst gefühlvoll und sanft den Körper eines verendeten Herdenmitgliedes abtasten. Einem Hörrohr gleich, suchen sie so nach vorhandenen Lebenszeichen, wie Herzschlag und Atemgeräusche. In den Füßen befinden sich zahlreiche Tast- und Vibrationsrezeptoren, die Signale zum Zentralnervensystem leiten.

Schallaufnahme der Delfine

Obwohl sich bei den Delfinen im Laufe der Zeit die Ohren als Angepasstheit an des Wasserleben zurückgebildet und sich ins Körperinnere verlagert haben, besitzen sie trotzdem mit ihren Innenohren einen ausgeprägten Hörsinn. Delfine hören unter Wasser, indem sie Schallwellen mit dem gesamten Schädel aufnehmen und ihm zu den Innenohren weiterleiten. Ein Delfinforscher hat nun herausgefunden, dass diese Ohrkapseln stark kalkhaltig und von Körpergewebe umgeben sind. Außerdem sind sie schwerer als die anderen Knochen und können im Gewebe schwingen. Mit dieser Eigenschaft funktionieren sie wie Seismographen. Treffen Schallwellen, die entweder von Echolauten der Beutetiere oder von Erdbebenwellen im Meeresgrund entstehen auf den Schädel des Delfins, werden alle Knochen in Schwingungen versetzt. Aufgrund ihrer Masseträgheit geraten die Ohrkapseln langsamer in Schwingung als die übrigen Knochen des Schädels. Die dabei auftretende Schwingungsdifferenz wird von den hinter den Ohrkapseln liegenden Tastkörperchen aufgenommen, in elektrische Signale umgewandelt und als Nervensignale zum Gehirn weitergeleitet. Den Delfinen ist es mit den Tastkörperchen möglich, Schallwellen mit Frequenzen bis zu 800 Hz wahrzunehmen. Damit stellen sie äußerst empfindliche Seismographen dar, wenn man bedenkt, dass die Frequenzen der Erdbebenwellen im Bereich von 0,1 bis 30 Hz liegen. Der Mensch kann Frequenzen im Hörbereich zwischen 20 Hz und 20 000 Hz wahrnehmen. Schallwellen mit einer Frequenz, die über 20 000 Hz liegt, wird als Ultraschall bezeichnet. Infraschall dagegen hat Frequenzen unter 16 Hz. Beim Großen Tümmler *Tursiops truncatus*, einer in allen Ozeanen weit verbreitete Delfinart, ist der Hörsinn besonders gut ausgeprägt, weil im dunklen und trüben Meerwasser das Sehen unmöglich ist. Außerdem jagt er auch in großen Tiefen, wo wenig Tageslicht hingelangt und verfolgt sei-

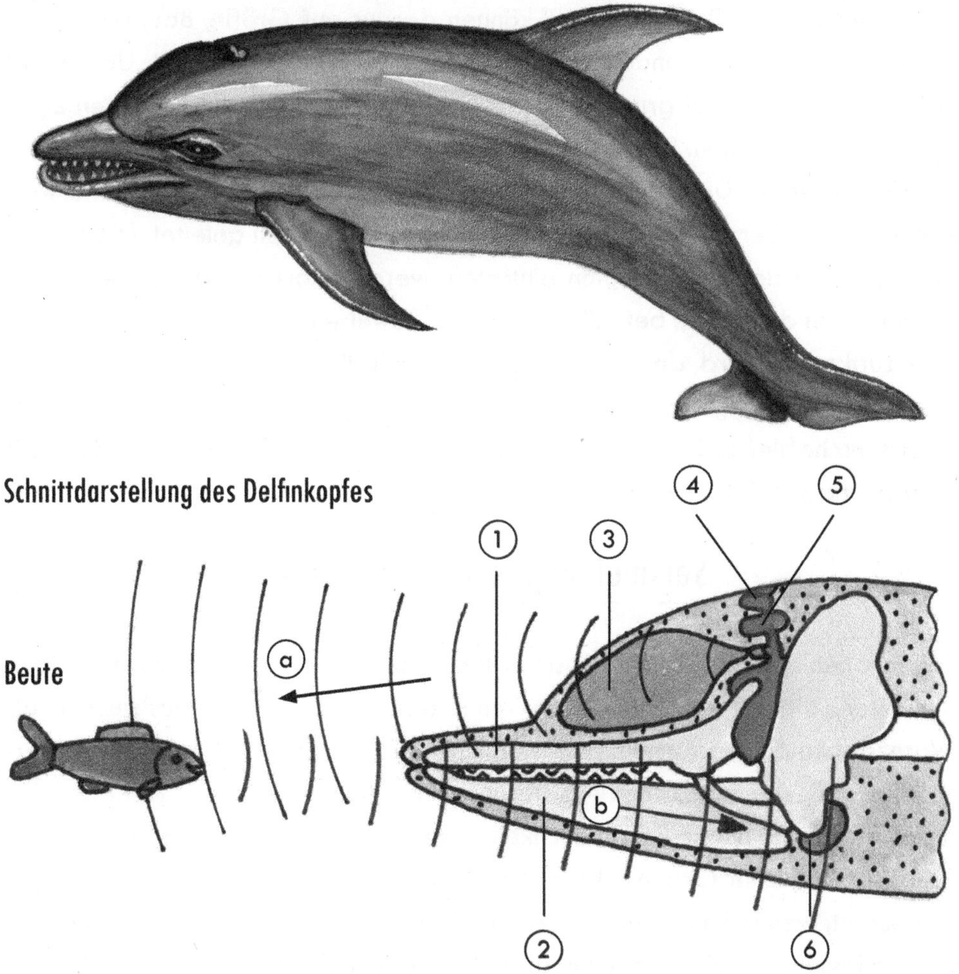

Abb. 14 Echoortungssinn der Delfine (nach MCINTYRE 1982, S. 138) (1 – Oberkiefer, 2 – Unterkiefer mit ölgefülltem Kanal, 3 – Ölhaltiger Fettkörper, 4 – Blasloch, 5 – Luftkanal mit Stimmlippen, 6 – Innenohr, a – ausgesandter Laut, b – empfangenes Echo)

ne Beute auch nachts. Daher ist bei ihm das „akustische Sehen" mit der Fähigkeit zur Unterwasserortung hervorragend ausgebildet. Seine obere Hörgrenze liegt daher im Ultraschallbereich bei 220 000 Hz. Mit diesem Echo-Ortungssinn ist er in der Lage, von seiner Umgebung ein akustisches Raumbild zu erzeugen. Diese Meeressäuger senden einen kurzen Klicklaut aus, der auf ein Objekt, wie beispielsweise ein Fisch, trifft und von diesem reflektiert wird. Die Meeressäuger nehmen dieses Echo wahr und können daraus auf Größe, Bau, Geschwindigkeit, Standort und andere Merkmale des Objektes schließen. Überhaupt besitzen Tümmler zwei grundlegend verschiedene Organe zum direkten Empfang von Schallwellen. Eines befindet sich im Kieferknochen und das andere in der Gehirnregion. Die Schallwellen dringen in den Kieferknochen ein und werden von dort über einen ölhaltigen Kanal zum Trommelfell geleitet. Die Schallwellen, die in der Gehirnregion eintreten, werden dort von der sogenannten „Melone" mit dem darin befindlichen öligen Gewebe aufgenommen. Über mehrere Luftkanäle wird der Schall zum Trommelfell geleitet und versetzt dies ebenfalls in Schwingungen.

Wissenschaftler haben entdeckt, dass die „Melone" der Tümmler auch zur Aussendung von Schallwellen geeignet ist.

Seismologen lernen von Tieren

Seismologen und andere Wissenschaftler suchen fieberhaft nach zuverlässigen Hinweisen, die vor der Entstehung von Erdbeben und Vulkanausbrüchen als Warnzeichen dienen können. Eine Möglichkeit dazu fanden sie auffälligen Verhalten von Tieren vor solchen Ausbrüchen.

Daher sind die hohen Empfindlichkeiten von Rezeptoren und anderer schwingungsempfindlicher Organe der betrachteten Tiere für Seismologen besonders interessant, weil sich nach deren Vorbild äußerst sensible Vorwarnsysteme entwickeln lassen. Das Einschlagen in diese Entwicklungsrichtung ist notwendig, weil die derzeitig eingesetzten Seismographen noch keine zuverlässige und eindeutige Vorhersage für Erdbeben treffen. Seismographen erfassen drohende Ausbrüche erst relativ kurz vorher. Auch gibt es dabei keine Aussage über die Heftigkeit des bevorstehenden Ausbruchs. Für die Vorwarnung und Evakuierung der Menschen in dem betroffenen Gebiet bleibt da nur wenig Zeit. In erdbebengefährdeten Gebieten unserer Erde sind Tierbeobachtungen neuerdings wichtiger Bestandteil der Erdbebenvorhersage. Vulkanologen, Geologen und Verhaltensbiologen haben gemeinsam festgestellt, dass es einen Zusammenhang zwischen seismischer Aktivität und Verhalten der Tiere gibt. Einige Tierarten, so haben diese Wissenschaftler erkannt, sind hilfreiche und verlässliche Anzeiger für eine frühzeitige Wahrnehmung von Naturkatastrophen, wie Vulkanausbrüche und Erdbeben. Seismologen sind heute der Auffassung, dass es eine wirksame und rechtzeitige Vorwarnung nur dann geben kann, wenn nicht nur technische Geräte, sondern auch geeignete Tiere dafür eingesetzt werden.

Verhaltensbiologen haben in Costa Rica Papageien, andere wiederum auf Kamtschatka Bären und wieder andere Ziegen und Schafe in Mittel- und Süditalien allesamt in der Nähe von Vulkanen beobachtet und deren Verhalten studiert. In diesen Regionen kommt es häufig zu Erdstößen, mit denen die aufgezählten Tiere konfrontiert werden. In Zusammenarbeit mit anderen Forschern haben die Wissenschaftler das Projekt „ICARUS" ins Leben gerufen. Es ist ein internationales Kooperationsprojekt, welches der Erforschung des Tierverhaltens einschließlich der Wanderbewegungen der Tiere aus dem Weltall mit der ISS heraus dient. Wichtigster Bestandteil des Projektes sind diese, mit GPS-Sendern ausgestatteten Tiere. Mit Hilfe von GPS-Sendern und den ISS-Antennen als Empfänger sollen die Verhaltenssignale der Tiere von den Wissenschaftlern bearbeitet und ausgewertet werden. Die Tiere dienen den Wissenschaftlern sozusagen als „lebende Seismographen".

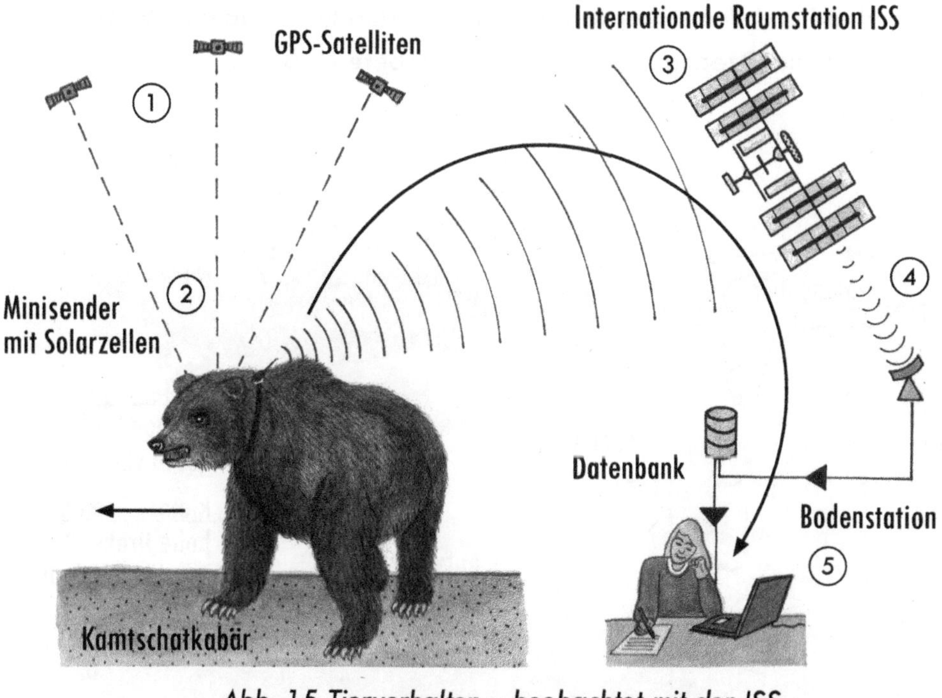

Abb. 15 Tierverhalten – beobachtet mit der ISS
(1 – Registrierung der Position über GPS, 2 – Erfassung der Route, 3 – Aktivierung des Senders und Versendung der Daten zur ISS, 4 – Weiterleitung der gewonnenen Daten, 5 – Auswertung der Daten)

Inzwischen wurden bereits eintausend Tiere in erdbebengefährdeten Gebieten mit GPS-Sendern versehen. Geplant ist ein weltumspannendes Netzwerk mit solchen „lebenden Seismographen", um die Menschen auf der Erde rechtzeitig vor bevorstehenden Naturereignissen, wie Erdbeben und Vulkanausbrüche, zu warnen. Diese beeinflussen mehr oder weniger das Klima auf unserer Erde und tragen daher neben anderen Erscheinungen auch zum Klimawandel bei.

Zu den wiederkehrenden Naturereignissen gehören auch die Wetterphänomene, wie bspw. Tornados und Hurrikans.

Tornados und Hurrikans

Beide Wetterphänomene können sich zu gefährlichen Naturerscheinungen entwickeln und Menschenopfer fordern sowie Verwüstungen anrichten. Während Tornados in Deutschland selten sind, treten sie häufiger in den Bundesstaaten der USA, wie Texas, Kansas, Oklahoma, Missouri, South Dakota und Nebraska über Land auf und sind daher örtlich begrenzt. Hurrikans dagegen bilden sich über Meeren und Ozeanen und überziehen größere Gebiete.

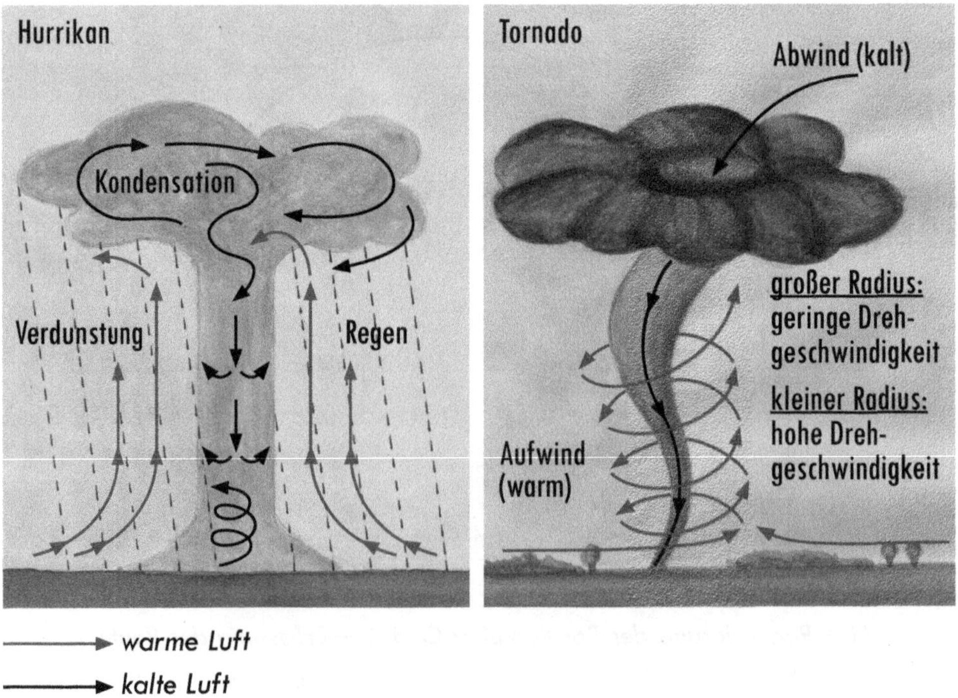

Abb. 16 Hurrikan und Tornado

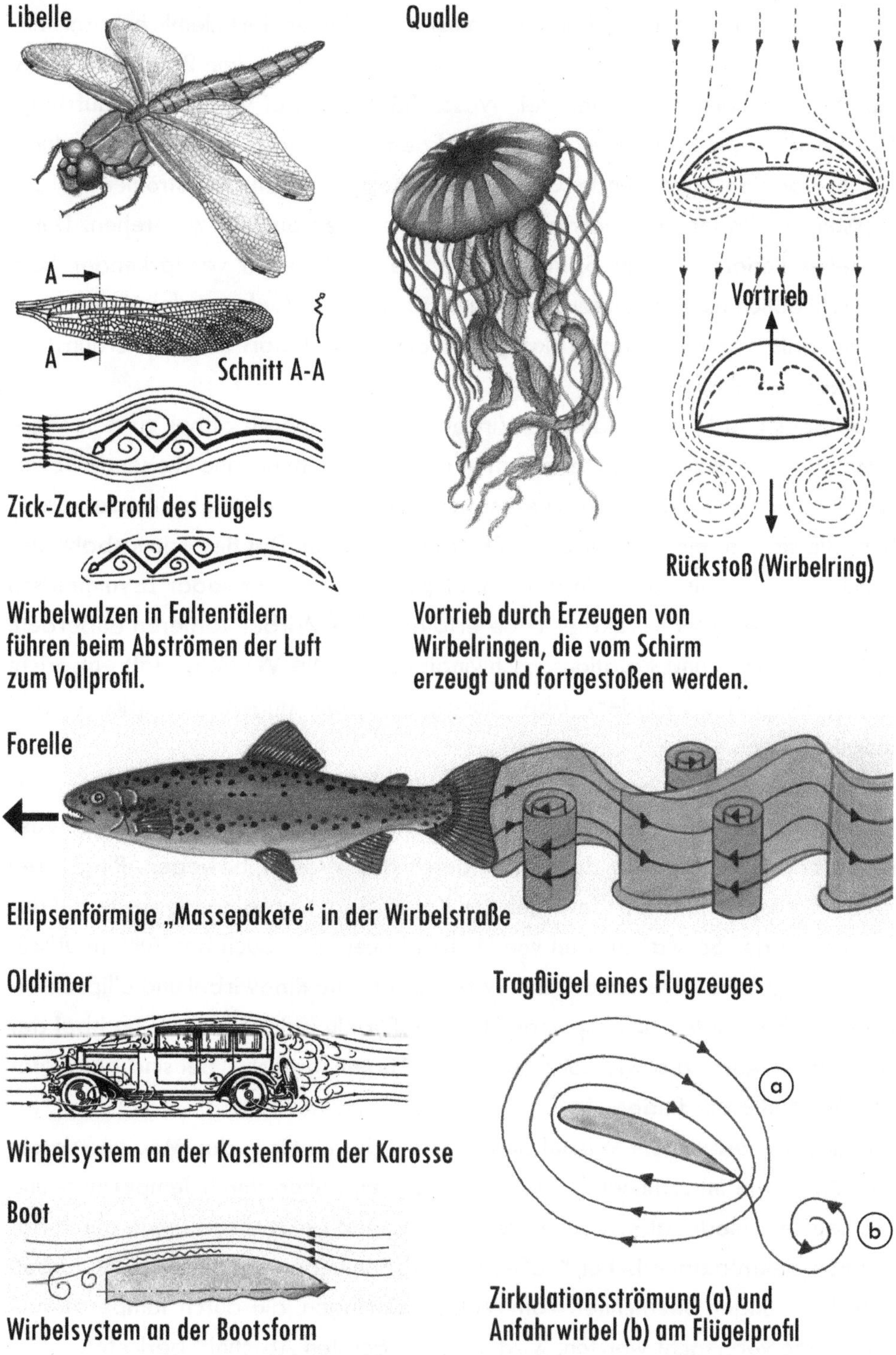

Abb. 17 Wirbelströmungen in Natur und Technik

Damit ein Hurrikan entstehen kann, muss das Wasser dort ziemlich warm sein. Es benötigt für dessen Entstehung eine Mindesttemperatur von 26 Grad Celsius. Das Wasser verdunstet über der Wasserfläche, wobei warme Luft aufsteigt. Das kann zur Ausbildung eines Tiefdruckgebietes führen. Aufgrund der durch die Erdrotation entstehende Corioliskraft, beginnen sich nachströmende Luftmassen aus kalter und warmer Luft in Form einer Spirale zu drehen. Durch schnelles Rotieren dieser Spirale entsteht ein sich selbst verstärkender Sog, der schließlich noch mehr feuchtwarme Luft ansaugt. Gelangt der Hurrikan an Land, verliert er schnell an Wirkung. Ihm fehlt nämlich dort das zur Verdunstung notwendige Wasser.

Tornados und Hurrikan bilden Wirbel aus und gehören daher zu den sogenannten Wirbelstürmen. Unter einem Wirbel ist allgemein eine kreisende Bewegung vieler Materieteilchen, wie bspw. Wasser- oder Luftmoleküle, zu verstehen, die sich um ein gemeinsames Zentrum bewegen. Die Bewegungsbahn der Teilchen kann kreis- bzw. ringförmig, ellipsenförmig oder sogar asymmetrisch in horizontaler oder vertikaler Lage erfolgen. Die Wirbel variieren außerdem in ihren Größen und Rotationsgeschwindigkeiten. Die Wirbelgestalt entspricht häufig der eines Zylinders, aber auch solche von Ringen und Spiralen sind möglich.

Wirbel können wir beobachten, wenn wir in Kaffee gegossene Milch umrühren, aufsteigenden Rauch aus einem Schornstein oder von einem Lagerfeuer sehen oder beim Rudern das Ruder durch das Wasser bewegen. Ringwirbel entstehen bspw. beim Fortbewegen von Kopffüßern *Cephalopoda* sowie bei der Bewegung der Schwanzflossen von Fischen *Pisces* oder auch bei Vulkanausbrüchen. Gleich zwei unterschiedliche Wirbelarten, wie Ringwirbel und ellipsenförmige Wirbel, bilden sich bspw. an Flugzeugflügeln beim Anfahren und bei der Auftriebserzeugung sowie auch an Insektenflügeln. Spiralwirbel sind bei Galaxien im Weltall zu finden.

Fassen wir zusammen: Wirbel bilden sich in der Natur in den Medien Wasser und Luft sowie im Erdinneren im Magma. Sie entstehen durch Temperatur- und Dichteunterschiede, aber auch durch Reibung und Gravitation sowie durch das Wirken elektromagnetischer Kräfte. Wirbelströmungen werden auch als turbulente Strömungen bezeichnet. Von Wirbelströmungen, die durch Temperaturunterschiede verursacht werden, wird u. a. im nächsten Abschnitt berichtet.

4

Vom natürlichen und anthropogenen Klimawandel

„Alles ist und ist auch nicht, denn alles fließt,
ist in steter Veränderung,
in stetem Werden und Vergehen begriffen."
Heraklit von Ephesus
(535–475 v. Chr.)
Vorsokratischer Philosoph

Natürlicher Klimawandel und Massenaussterben

Vor etwa 250 Millionen Jahren, es war gegen Ende des Perms, stiegen die Temperaturen auf der Erde auf 40 Grad Celsius in den Meeren und Ozeanen sowie auf ca. 60 Grad Celsius an Land an. Für die damals lebenden vielzelligen Pflanzen und Tiere war das eine große Katastrophe – sie starben langsam aus. Nur die schwefelbenötigenden Mikroorganismen überlebten damals diese Tragödie, weil dieser den Sauerstoff verdrängte. Das war nach dem Zeitalter des Devons das nunmehr zweite Massenaussterben, welches durch einen „Treibhauseffekt" verursacht wurde. Und weitere solcher, durch den „Treibhauseffekt" ausgelösten Massenaussterben, fanden auch noch in der Trias, in der Jura- und Kreidezeit, sowie im Paläozän vor ca. 60 Millionen Jahren statt (vgl. dazu auch: WARD und KIRSCHVINK, Eine neue Geschichte des Lebens). Das Massenaussterben gegen Ende des Perms führte in der Nachfolgezeit zur Entstehung vieler neuer Arten, darunter auch zunächst kleinwüchsige Säugetiere. Dieser natürliche „Treibhauseffekt", begleitet mit relativ hohen Temperaturen, war also schon mehrfach in der Erdgeschichte präsent. Erst kürzlich haben Wissenschaftler eine Studie veröffentlicht, die zeigt, dass sich bei der Berücksichtigung eines sogenannten „Skalierungseffektes“, die Erwärmung an der Perm-Trias-Grenze dem heutigen Klimawandel in Sachen Geschwindigkeit in nichts nachsteht. Auch in der jüngeren Erdgeschichte, im letzten Eiszeitalter, dem Pleistozän, gab es starke Temperaturschwankungen. Das Pleistozän begann vor etwa 2,5 Millionen Jahren und endete vor ca. 10 000 v. Chr. In dieser Zeit war es nicht durchgehend frostig, sondern auch hier fand ein Wechsel von Kalt- und Warmzeiten statt. Der britische Paläontologe RICHARD FORTEY hat diese Zeit eindrucksvoll an Tierwanderungen beschrieben. „Das Wachsen und Schrumpfen von Eiskappen in den letzten 1,5 Millionen Jahren hat den Tieren große Wanderungen aufgezwungen. Etliche Arten starben bei Beginn der globalen Abkühlung für immer aus. Doch für andere wurde sie zur großen Chance. Kälteliebende Tiere wie das Mammut, der Höhlenbär und das Wollhaarnashorn gediehen, wenn das Eis vordrang, während wärmeliebende Tiere wie das Nilpferd und der Elefant sie auf der Nordhalbkugel verdrängten, wenn die Vereisungen durch Wärmezwischenzeiten (Interglaziale) abgelöst wurden; einige der Interglaziale waren sogar wärmer als das heutige Klima“ (FORTEY 1999, S. 370). Auch in unseren Breiten gibt es heute „Gewinner“ der Erderwärmung. Dazu gehören die Feldhasen, deren Population beispielsweise in der Thüringer Ackerebene aufgrund der trockenen, warmen Sommer zugenommen hat.

Schon immer hat das Leben im Verlauf der Erdgeschichte Schwankungen des Kohlendioxidgehaltes der Atmosphäre und Veränderungen der Höhe des Meeresspiegels überstanden. Als nämlich in der letzten Eiszeit während der Warmphase die Eiskappen wieder abschmolzen, stieg der Meeresspiegel an. Große Teile des Festlandes auf der Erdoberfläche verschwanden, sodass die Menschen auf den Erdteilen isoliert waren. Sie entwickelten sich nun unabhängig voneinander und brachten ihre wesenseigenen kulturellen Besonderheiten hervor. Diese zeigen sich heute in der kulturellen Vielfalt der Völker auf unserer Erde. Das Klima und damit auch das Leben auf der Erde unterlag in langen Zeiträumen einem beständigen Wandel – das ist auch gegenwärtig der Fall.

Es gab in der Erdgeschichte lange Zeiten mit erhöhter Wärmeentwicklung, die zu lokaler Wüstenbildung führte und Palmen sogar bis zum Polargürtel vorrücken lies. Es gibt viele Hinweise in der Geschichte unserer Erde auf Klimaveränderungen in verschiedene Richtungen. Man stellte fest, dass es bereits zwischen 750 und 1150 n. Chr. in Mitteleuropa wärmer als heute war und zwischen den Jahren 1550 und 1750 n. Chr. große Kälte herrschte, die innerhalb der „Kleinen Eiszeit" stattfand. Klimatische Veränderungen können sich auch in verhältnismäßig kurzen Zeitspannen, wie beispielsweise innerhalb eines Menschenalters vollziehen. Das merken wir heute am sich relativ rasch verändernden Klima auf unserer Erde.

Wissenschaftler kommen Klimaveränderungen aus längst vergangenen Zeiten mit Bohrkernen aus großen Tiefen der Erdrinde auf die Spur. So zeigen Eisbohrkerne aus Grönland und Bohrkerne mit Sedimentproben aus den Böden der Meere und Ozeane Klimasprünge vor Tausenden von Jahren auf. Diese Klimasprünge könnten aber auch Informationslücken darstellen, die Lücken in den Bohrkernen vortäuschen. Eine zeitliche Bemessung der Lücken ist daher kaum bzw. gar nicht möglich. Dabei muss man sich vorstellen, dass solche Bohrkerne aus Schichten Jahr für Jahr zusammengepressten Schnees oder Erdreichs bestehen, die bei ihrer Untersuchung wie eine Reise in die Vergangenheit sind. Beispielsweise lässt sich aus dem im fossilen Eis eingeschlossenen Luftblasen in den verschiedenen Schichten, ihre chemische Zusammensetzung, wie den Anteil von Kohlendioxid in der damals vorhandenen Luft nachweisen, der im Zusammenhang mit der Temperaturentwicklung steht. Solche und viele andere Veränderungen des Klimas zeigen sich in Rhythmen oder Zyklen von unterschiedlicher Dauer und Heftigkeit. Rhythmen bzw. Zyklen sind in der Natur die Grundlage aller natürlichen Prozesse, sowohl im Unbelebten, als auch im Belebten. Dabei ist es eine Tatsache, dass Schwankungen des Erdklimas dann in wiederholender Weise auftreten, wenn sich kosmische Erscheinungen, wie beispielsweise die Änderung der Intensität der Sonnenstrahlung, zeigen. Aber auch andere rhythmische Erscheinungen in und sogar auch außerhalb unseres Planetensystems, können auf der Erde Klimaschwankungen auslösen. Diese Erscheinungen sind jedoch von so ungeheuer großer Komplexität, dass sie in all ihren Einzelheiten bei Weitem noch nicht aufgeklärt sind. Es gibt sicherlich noch viele andere Geheimnisse im Kosmos, die auf unserer Erde das Klima beeinflussen können. Was jedenfalls den Klimawandel und besonders seine Häufigkeit anbetrifft, lässt sich eindrucksvoll mit dem rhythmischen Herzschlag des Menschen vergleichen. Der Mensch stirbt irgendwann, wenn sein Herz aufhört zu schlagen und genauso ist es mit unserer Erde. Ihre erhaltenden Rhythmen sind ebenfalls begrenzt. Die Erde befindet sich zurzeit in einem Alter von über vier Milliarden Jahren. Das Leben auf ihr wird mit oder auch ohne Menschen nach Ansicht der Wissenschaftler noch etwa drei bis fünf Milliarden Jahre möglich sein. Die Sonne scheint dann immer heller und stärker und vernichtet alles Leben auf der Erde. In ihrer „Greisenphase", wird sie anfälliger gegen äußere Störungen, die sich in ausgeprägten Turbulenzen zeigen. Danach ist Schluss mit der Erde, wenn sich dann die absterbende Sonne in eine aufgeblähte Hitzeblase verwandelt und die Erde regelrecht verglühen lässt. Vielleicht kann die Menschheit doch überleben, wenn sie rechtzeitig Technologien entwickelt, mit deren Hilfe es möglich wird auf anderen Himmelskörpern im Universum zu (über-)leben. Aber das sind unausgereifte Zukunftsvisionen, die noch im Bereich der Science-Fiction liegen. Wissenschaftler haben herausgefunden, dass die Helligkeit der Sonne und damit die Intensität ihres Lichtes im Laufe ihres Bestehens zugenommen hat. Diesen langfristig erkennbaren Trend stützt auch die Theorie, dass das weit in der Zukunft liegende „Sterben" der Sonne, die Erde schon vorher zerstören würde. Aber bis es soweit ist, vergehen noch einige Milliarden Jahre. Obwohl sich die Sonne zurzeit in einer Phase geringer Aktivität befindet, verstärkt sie ihre wärmende Strahlung.

Dieses Klima-Paradoxon haben Forscher der US-Weltraumbehörde NASA durch Satellitenmessungen herausgefunden. Die Erde befindet sich, was ihren Abstand zur Sonne betrifft, in einer für das Leben idealen Lage innerhalb unseres Sonnensystems. Die von der Sonne auf die Erde abgestrahlte Wärmemenge ermöglicht Oberflächentemperaturen, die das Gedeihen der Lebewesen auf biochemischer Grundlage durch die Photosynthese bewirkt.

Die beiden renommierten Wissenschaftler WARD und KIRSCHVINK aus den USA sind der Ansicht, dass „die wegen der Sonne ansteigenden Temperaturen und die zunehmende Reduktion des atmosphärischen Kohlendioxids die beiden Prozesse sind, die durch ihr Zusammenwirken die größten Auswirkungen auf die zukünftige Evolution des Lebendigen haben werden" (WARD und KIRSCHVINK 2016, S. 482). Sie weisen auch darauf hin, dass sich der zukünftige Verlauf des Kohlendioxid- und Sauerstoffgehaltes voraussagen lässt, wenn man die Geschwindigkeit zugrunde legt, mit der sich die Sonne vergrößert und dadurch immer mehr Energie abstrahlt. Daher lautet ihre langfristige Aussage über den Kohlendioxidgehalt, dass dieser langsam, aber unaufhaltsam abnehmen wird. Als Gründe geben die beiden Wissenschaftler dafür die photosynthetische Aktivität der Lebewesen und die Plattentektonik auf der Erde an. Bei der Plattentektonik bewegen sich die Kontinentalplatten der Erde aufeinander zu, voneinander weg oder aneinander vorbei. Nun könnte man annehmen, dass es durch die Abnahme des Kohlendioxidgehaltes auf der Erde zu einer drastischen Abkühlung kommen würde. Aber das ist nicht der Fall, weil sich die Erde trotzdem durch die langfristig zunehmende Wärmemenge von der Sonne weiter erwärmt. Dieser Effekt wirkt stärker, als jener der Abkühlung durch den sinkenden Kohlendioxidgehalt. Die globalen Durchschnittstemperaturen werden also auf erdgeschichtlich lange Sicht betrachtet, immer weiter ansteigen. Eine drastische Abnahme des Kohlendioxidgehaltes in der Atmosphäre könnte langfristig gesehen zum Aussterben der Lebewesen führen. Für Mikroorganismen und Pflanzen ist es unmöglich mit einem Kohlendioxidgehalt, der weit unter 150 ppm liegt, zu überleben. Ohne die Pflanzen und Mikroorganismen gäbe es auch keinen Sauerstoff mehr, der dann auch das Leben von Tier und Mensch unmöglich machen würde. Aber wie bereits angedeutet, werden bis dahin noch Milliarden Jahre vergehen. Jedoch die Erkenntnis bleibt, dass Nichts von Dauer ist. Das gilt für die Sonne, die Planeten und natürlich auch für alle Lebewesen. Aber kehren wir wieder zum Klimageschehen und dessen Beeinflussung zurück.

Sonne als Einflussfaktor

Im Allgemeinen wird das Klima auf dem Planeten Erde von der Sonne bestimmt. Daher ist es für das Verständnis von Klimaerscheinungen notwendig, einige grundlegende Ausführungen über das Verhältnis von Sonne und Erde voranzustellen.

Die Sonne ist der Mittelpunkt unseres Planetensystems welches wiederum Bestandteil des Milchstraßensystems ist usw. Die Sonne bewegt sich mit unserem Planetensystem auf einer riesengroßen kreisähnlichen Bahn um die Mitte des Milchstraßensystems. Obwohl dies mit einer Geschwindigkeit von etwa 220 Kilometer pro Sekunde erfolgt, dauert ein kompletter Umlauf über 200 Millionen Jahre. Die Sonne ermöglicht auf unserer Erde Tag und Nacht, die Jahreszeiten und natürlich auch Millionen Jahre währende Eis- und Warmzeiten auf unserem Planeten. Letztere als globale, relativ längere Klimaschwankungen gehören in unserer Erdgeschichte zu den regelmäßigen und normalen Erscheinungen – sie prägen das Geschehen auf unserer Erde. Die Sonne ist eine riesige komplexe und dynamische Gaskugel und hat mehr als den hundertfachen Erddurchmesser.

Ihre Temperatur erreicht über 15 Millionen Grad und strahlt ihre Wärme in die Weite des Weltraumes. Die Sonne besteht hauptsächlich aus 75 Prozent

Wasserstoff, 23 Prozent Helium und aus zwei Prozent chemischer Elemente, die sich auch auf und in unserer Erde befinden. Das Magnetfeld, welches die Sonne umgibt, dehnt sich weit in den Weltraum aus und ändert aufgrund seiner Dynamik ständig nicht nur seine Form und Richtung, sondern auch seine Stärke. Riesige Eruptionen an der Sonnenoberfläche schleudern positiv und negativ geladene Plasmateilchen mit einer Geschwindigkeit von mehr als zehn Millionen Kilometer pro Stunde ins All. Es sind Sonnenstürme, die wie wir wissen, auf unserer Erde ein Chaos verursachen und unsere Infrastruktur zerstören können. So werden durch ihre verheerenden Wirkungen der Funkverkehr gestört, Computer, Stromnetze und Transformatoren fallen aus und haben dadurch fatale Auswirkungen auf unser Leben. Aber wie entstehen solche Sonnenstürme?

Alle elf Jahre ändert die Sonne ihren Zyklus, der sich zunächst in ansteigender und dann in absinkender Aktivität zeigt. Diese Aktivität wird von ihrem polaren Magnetfeld angetrieben, den man mit einem „Sonnenmotor" vergleichen könnte. Der unregelmäßige Lauf dieses „Sonnenmotors" hat Auswirkungen auf die Anzahl, der sich auf der Sonnenoberfläche bildenden zeitweiligen Sonnenflecken. Diese dunklen Flecken stellen kühle Regionen dar, die mit zunehmender Anzahl die Sonne trotzdem heller scheinen lassen. In der Nähe der Sonnenflecken sammelt sich magnetische Energie. Hat diese nämlich ihren Sättigungsgrad erreicht, wird sie dort blitzartig in Form heißer Gase als Eruption aus der Sonnenatmosphäre freigesetzt. Solche Eruptionen sind daher die Folge der Neuordnung magnetischer Felder. Als elektromagnetische Emissionen rasen sie mit Lichtgeschwindigkeit in Form eines gewaltigen Sonnensturms auf die Erde zu. Dort angekommen, beeinflussen sie das Magnetfeld der Erde und deformieren es. Das Erdmagnetfeld sieht dann einem Ei ähnlich, da es auf der Tagseite gedrückt und auf der Nachtseite gedehnt wird. Der im Erdinneren erzeugte magnetische Schutzschirm um den Erdball, der dem Magnetfeld eines Stabmagneten in gewisser Weise ähnelt, ist in der Lage, die vom Zentralgestirn Sonne kommenden heißen Gasmassen und schädlichen UV-Strahlen abzufangen. Aus den Tiefen des Weltalls gelangt aber auch noch kosmische Strahlung auf die Erde, die bei besonderer Sonnenaktivität mit dem einhergehenden Sonnenwind größtenteils abgewehrt wird. Da bei geringer Sonnenaktivität kaum Sonnenwind auftritt, werden Teilchen in der Lufthülle durch die Wirkung der kosmischen Strahlung elektrisch aufgeladen, die ihrerseits zu einer verstärkten Wolkenbildung führen.

Da die Wolken aber die auf die Erde einfallende Sonnenstrahlung wieder ins Weltall reflektieren, würde es auf der Erde kühler bleiben. Ist dagegen die Sonnenaktivität größer, wird auch der Sonnenwind stärker und wehrt teilweise die kosmische Strahlung ab. Das wirkt sich auf die Wolkenbildung verringernd aus – es wird auf der Erdoberfläche durch die ansteigenden Temperaturen wärmer. Weniger Wolken lassen ja mehr Sonnenstrahlung auf die Erde.

Überhaupt ist die Wolkenbildung ein äußerst komplizierter, von vielen Variablen (Variablen sind veränderliche Größen in der Zeit) beeinflusster Prozess. So reichen schon wenige Zehntelgrad Temperaturunterschiede in Erdbodennähe aus, die veranlassen können, dass es entweder den ganzen Tag wolkenlos bleibt oder sich die Sonne hinter einer dichten Wolkendecke verbirgt. In diesem Zusammenhang spricht man von einer sogenannten Nichtlinearität von Ursache und Wirkung. Es ist auch möglich, dass örtliche Erwärmungen der Erdoberfläche durch die Sonnenstrahlung zur Wolkenbildung führen kann, welche die Einstrahlung dann wieder vermindert oder sogar verhindert. Regnen die Wolken ab, wird der Erdoberfläche zusätzlich Verdunstungswärme entzogen.

Dabei ist es eine Tatsache, dass die von der Erdoberfläche absorbierte Strahlungsenergie vom Verdampfungsgehalt in der Erdatmosphäre und von der Temperatur beeinflusst wird. Über den Einfluss der Wolken auf das Erdklima wird im Abschnitt 5 noch ausführlicher berichtet. Bei allen Betrachtungen zur Temperaturbildung muss berücksichtigt werden, dass die Luft ja auch gewisse Anteile von Wasserdampf enthält, der in der Atmosphäre in allen drei möglichen Aggregatzuständen präsent sein kann, also auch noch in Form von Regen und in einer solchen von Schnee.

Das Magnetfeld umgibt die Erde wie ein großer Schutzschirm und bewahrt sie auch vor manchem Geschoss aus dem All. Trotzdem können solche Geschosse auch mal die Erde treffen – mit gewaltigen Folgen für das Leben.

Meteoriten- und Asteroideneinschläge

Meteoriten sind als auf die Erde fallende Himmelskörper steinerne Bruchstücke von Meteoriten oder auch von Asteroiden, die beim Eintritt in die Erdatmosphäre nicht vollständig verglühen und beim Bodenaufschlag Krater bilden. Meteoriten sind kleiner als Asteroiden.

30. Juni 1908: Das Gebiet um das sibirische Tunguska erschütterte eine unerklärliche und ziemlich gewaltige Explosion und zerstörte dabei im Umkreis von sechzig Kilometern alles, was im Wege stand. Man vermutet, dass diese Zerstörung die Folge eines Himmelskörper-Einschlages gewesen sei. Hinweise darauf fanden sich bis heute nicht. Aber als am 22. März 1989 ein Himmelskörper mit einem Durchmesser von 300 Metern in einer Entfernung von gerade mal 700 000 Kilometern die Erde streifte, hatte man die Gewissheit, dass es sich dabei um einen erdnahen Asteroiden handelte. Von einer Katastrophe wurden wir jedoch glücklicherweise verschont.

Anders sah es vor 50 000 Jahren im heutigen Arizona aus. Ein sechzig Meter Durchmesser großer Asteroid hinterließ dort beim Einschlag einen Krater von etwa zwei Kilometer Durchmesser und über 250 Meter Tiefe.

Eine Zerstörung noch gewaltigeren Ausmaßes richtete wahrscheinlich vor 65 Millionen Jahren ein großer Asteroid mit einem Durchmesser von über zehn Kilometern auf der Erde an. Er stammte aus dem Asteroidengürtel der Erde und raste mit einer Geschwindigkeit von über 72 000 Kilometern pro Stunde auf unseren Himmelskörper und verursachte dabei eine Zerstörung gewaltigen Ausmaßes. Bei dem Einschlag verdunkelte der aufgewirbelte Staub für lange Zeit das Himmelsgewölbe und kühlte dadurch die Erdoberfläche ab. Die Photosynthese konnte aufgrund des Lichtmangels nicht mehr stattfinden. Bei dieser globalen Öko-Katastrophe starben ja bekanntlich auch die Dinosaurier aus, die 150 Millionen Jahre lang die Erde beherrschten.

Doch die Erde hatte sich wieder erholt. Dieser Erholungsvorgang dauerte zwar Hunderttausende von Jahren, aber das Leben hatte sich wieder entwickelt.

Wissenschaftler haben herausgefunden, dass solche Himmelskörper-Einschläge selten sind. Sie ermittelten, dass nur etwa in einer Million Jahre Körper von einem Kilometer Durchmesser und alle zehn bis dreißig Millionen Jahre Körper von mehr als fünf Kilometer Durchmesser mit der Erde kollidieren. Die Wahrscheinlichkeit einer Kollision ist also ziemlich gering. Trotzdem treten solche Kollisionen auf und gehören zu den durchaus normalen Begleiterscheinungen unseres Sonnensystems. Maßgeblich für die Höhe der angerichteten Schäden auf der Erdoberfläche ist ihre kinetische Energie, die bekanntlich von Masse und Geschwindigkeit des Himmelskörpers abhängig ist. Diese Energie ist umso größer, je größer die Masse und auch dessen Geschwindigkeit ist. Wenn der Asteroid nicht schon vor dem Einschlag verglüht und auf das Festland trifft, dringt er tief in das Erdreich ein, explodiert regelrecht und bildet einen Krater.

Einschläge von Himmelskörpern lassen sich sehr gut mit einem Fernglas auf der Mondoberfläche betrachten, die sich dort als Krater unterschiedlicher Größe zeigen. Nach dem heutigen Stand der Technik ist es nicht möglich, die Erde vor Kollisionen mit Asteroiden und Meteoriten zu schützen.

Wissenschaftler aus der Raumfahrttechnik haben jedoch ein Konzept entwickelt, wie man Asteroiden von ihrer Kollisionsbahn ablenken kann, damit sie die Erde nicht treffen. Doch bis ein solches Abwehrsystem in Dienst gestellt wird, werden noch einige Jahre vergehen.

Die Verwirklichung dieses gewaltigen Projektes erfordert die internationale Zusammenarbeit aller Experten auf diesem Gebiet.

Asteroideneinschläge auf der Erde gehören zu den Naturkatastrophen, gegen die sich der Mensch mit seiner ausgeklügelten Technik in Zukunft abschirmen könnte. Mit der Verwirklichung solcher Abwehr-Lösungen sollten wir beginnen. Derzeit sind bei Wissenschaftlern Lösungen im Gespräch, die darauf gerichtet sind, Asteroiden von ihrer Bahn in Richtung Erde abzulenken. Eine Lösung besteht darin, die Asteroidenoberfläche mit Triebwerken zu bestücken. Eine andere ist der Einsatz von Sonden, die als Schlepper fungieren und den Asteroiden aus seiner Bahn ziehen. Das raffinierte an dieser Lösung ist die Nutzung der Gravitation, die wie ein unsichtbares Schleppseil zwischen Sonde und Asteroid wirkt – eine regelrecht geniale Einrichtung, die einer idealen Lösung entspricht. Sie wird von ihren Erfindern als „Gravitationstraktor" bezeichnet.

In der Erdgeschichte traten wiederholt Epochen erhöhter Aktivität katastrophenartiger Prozesse auf, zu denen auch gewaltige Vulkanausbrüche gehören. Asteroiden- und Meteoriteneinschläge sowie Vulkanausbrüche führten in der Vergangenheit zu klimatischen Veränderungen auf der Erde. Man sollte sich vergegenwärtigen, dass solche Ereignisse unterschiedlicher Intensität jederzeit wieder auftreten können. Dabei gilt es zu bedenken, dass größere Vulkane auch heute in der Lage sind, katastrophale Folgen auszulösen und die Erde in einen vulkanischen Winter versetzen.

Was die Sonne bewirkt

Die Sonne und die anderen Planeten unseres Sonnensystems beeinflussen mit ihrer Schwerkraft mehr oder weniger die ellipsenförmige Erdumlaufbahn um die Sonne.

Die Umlaufbahn wird dadurch etwas deformiert, wodurch sich der Abstand zur Sonne ändert und damit auch ihre Strahlungsintensität auf die Erde. Diese Dehnung und Stauchung der Umlaufbahn findet innerhalb eines regelmäßigen Intervalls von ungefähr 100 000 Jahren statt. Betrachten wir die Achsenlage der Erde, die für die Entstehung der Jahreszeiten von Belang ist. Diese sind abhängig davon, wie lange und in welchem Winkel die Sonnenstrahlung am Tag auf unseren Erdball auftrifft. Wir wissen, dass die Erdachse geneigt ist. Ihre Neigung, also die Senkrechte auf der Umlaufebene um die Sonne ist in einem Winkel von 23,5 Grad zur Ekliptik geneigt und weist stets in die gleiche Richtung. Die Anziehungskraft des Mondes ist dafür verantwortlich, dass die Erde in ihrem Neigungswinkel relativ konstant gehalten wird. Jedoch pendelt die Rotationsachse der Erde in einem Rhythmus von etwa 41 000 Jahren von einem Minimum von 22,5 Grad zu einem Maximum von 24,5 Grad hin und her. Diese Abstandsveränderungen haben einen geringfügigen Einfluss auf die Verteilung der von der Sonne eingestrahlten Energie auf die Erde. Sie führen zu Wintern mit unwesentlich höheren Temperaturen und zu Sommern mit niedrigeren Temperaturen.

Schwankungsänderungen der Exzentrizität der Umlaufbahn führen jedoch unausweichlich dazu, dass sich die auftreffende Energiemenge von der Sonne auf die Erde durch Veränderung ihrer Entfernung entweder vergrößert oder verringert.

Bei einer Verringerung der Entfernung ist der Energieeintrag auf der Erde demzufolge höher – es erhöht sich die Temperatur auf der Erde, was zu einem höheren Ausstoß von Kohlendioxid führt. Die zusätzliche Wärme von der Sonne bewirkt auch eine Temperaturerhöhung des Wassers der Meere und Ozeane auf der Erde, wobei auch mehr Kohlendioxid in der Luft freigesetzt wird. Wenn es auf der Erde wärmer wird, verdunstet mehr Wasserdampf in die Atmosphäre. Dadurch bilden sich mehr Wolken. Aus ihnen können tobende Gewitter entstehen, auch Tornados, Hurrikans, in deren Folge gewaltige Überschwemmungen ausgelöst werden. Die Sonnenenergie ist also ausschlaggebend für die

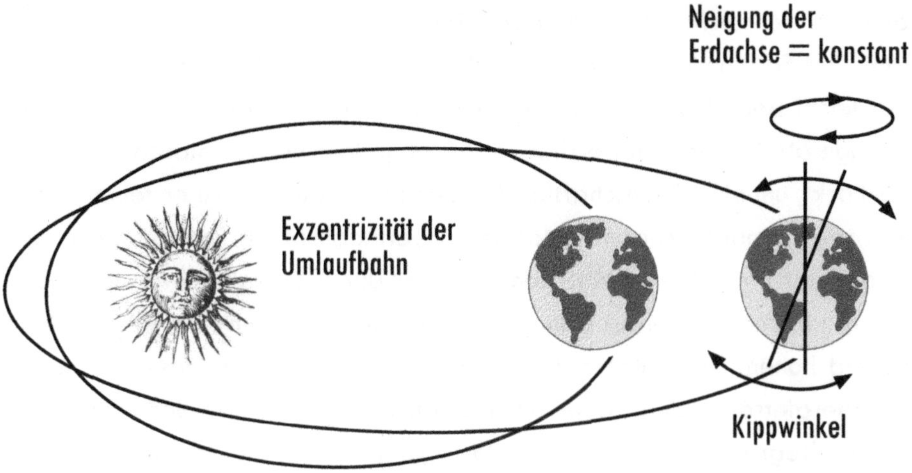

Abb. 18 Änderung von Umlaufbahn der Erde um die Sonne und Kippwinkel der Erdachse

Temperatur- und Niederschlagsverhältnisse, die das Klima und auch das Wetter auf der Erde bewirken. Eine zunehmende Sonnenaktivität scheint die Unwetterbildung auf der Erde zu verstärken, die sich letztlich in der Entstehung von Stürmen und Orkanen zeigen. Einige Wissenschaftler sind der Auffassung, dass sich geringe Abstandsveränderungen zwischen Sonne und Erde, die zu Schwankungen der Sonnenaktivität führen, keinen Einfluss auf das Erdklima haben, andere wiederum bejahen, dass sich solche Abstandsveränderungen darauf auswirken.

Es scheint jedoch plausibel, dass ein Zusammenhang zwischen der Sonnenaktivität, die sich in der Länge ihrer Zyklen ausdrückt und der Entwicklung der Temperatur auf der Erde, besteht. Diese Erscheinung wird an einem trivialen Beispiel zur Wärmestrahlung deutlich. Wenn wir vor einer Heizquelle sitzen, spüren wir die Wärme. Rücken wir näher an diese Quelle steigt die Temperatur und sie sinkt, wenn wir uns von ihr entfernen. Das Wärmeempfinden auf unserer Hautoberfläche ist somit Abhängig von unserem Abstand zur Heizquelle. Jedoch müssen wir bei solch einem komplizierten und komplexen Prozess, wie die Auswirkung des Einflusses der Sonnenaktivität auf das Geschehen der Erde bedenken, dass wir noch weit davon entfernt sind, alle diese Mechanismen und ihre Wechselwirkungen mit anderen Erscheinungen im Weltraum zu verstehen und zu kennen. Die gesamte Natur und der ganze Kosmos stellen nämlich ein gewaltiges Netzwerk untereinander verbundener Komplexitäten dar, die entweder noch nicht erforscht oder begriffen werden. Es existieren zwar viele Theorien und Forschungsansätze, aber diese sind zum Teil widersprüchlich und nicht so leicht belegbar. Deshalb hängt vom Verständnis dieser Mechanismen eine Menge ab. Mit Sonden werden der Sonne jedoch noch so manche Geheimnisse entlockt, um ein wissenschaftlich fundiertes Gesamtbild zu erstellen.

Die Sonne spendet Licht und Wärme und ermöglicht als Energiequelle das Leben auf der Erde. Sie verhilft den Pflanzen durch Energieumwandlung zum Aufbau von Biomasse, woraus dann im Verlauf der Erdgeschichte unter Luftabschluss und hohem Druck Kohle, Erdöl und Erdgas entstehen. Unsere heutigen fossilen Energieträger sind daher durch Pflanzen gespeicherte Sonnenenergie, die nur im begrenzten Umfang zur Verfügung stehen. Einmal aufgebraucht, können sie nicht mehr erneuert werden – die Quellen sind versiegt.

Die Sonneneinstrahlung auf der Erde kann man auch als „Motor“ und damit als Antriebsorgan für den Wasserkreislauf und die Zirkulation der Luft bezeichnen. Durch die Wirkung der Schwerkraft entsteht auf der Erde eine lebensmögliche Atmosphäre, die Licht und Wärme durchlässt, aber Wasserdampf und andere wichtige Gase, wie beispielsweise Kohlendioxid, festhält. Die aus ihnen bestehende Atmosphäre gleicht dabei einem Treibhaus, welches das Sonnenlicht durchlässt und das Entweichen der Wärme von der Erdoberfläche ins Weltall verhindert. Daher sprechen wir vom natürlichen „Treibhauseffekt“, ohne den die Erde ein ungemütlicher und lebensgefährlicher Eisball wäre. Der natürliche „Treibhauseffekt“ stabilisiert das Klima zwar auf der Erde, aber trotzdem war es im Laufe der Erdgeschichte ständigen Veränderungen unterworfen. Alle diese Phänomene sind in ihrem Zusammenwirken längst noch nicht hinreichend aufgeklärt.

Photosynthese und Leben

Die Sonneneinstrahlung hat für das Leben auf der Erde große Bedeutung. Die Strahlungsenergie der Sonne wird nämlich von den grünen Pflanzen in chemische Energie umgewandelt und in Form energiereicher Verbindungen gespeichert. Diesen Vorgang, den man Photosynthese nennt, kennen wir aus dem Biologieunterricht. Ausgangsstoffe dieses Vorgangs sind Kohlendioxid und Wasser, wobei sich die Endprodukte in Glukose (Traubenzucker) und Sauerstoff zeigen. Die Photosynthese ist also ein biochemischer Vorgang, in dessen Verlauf aus

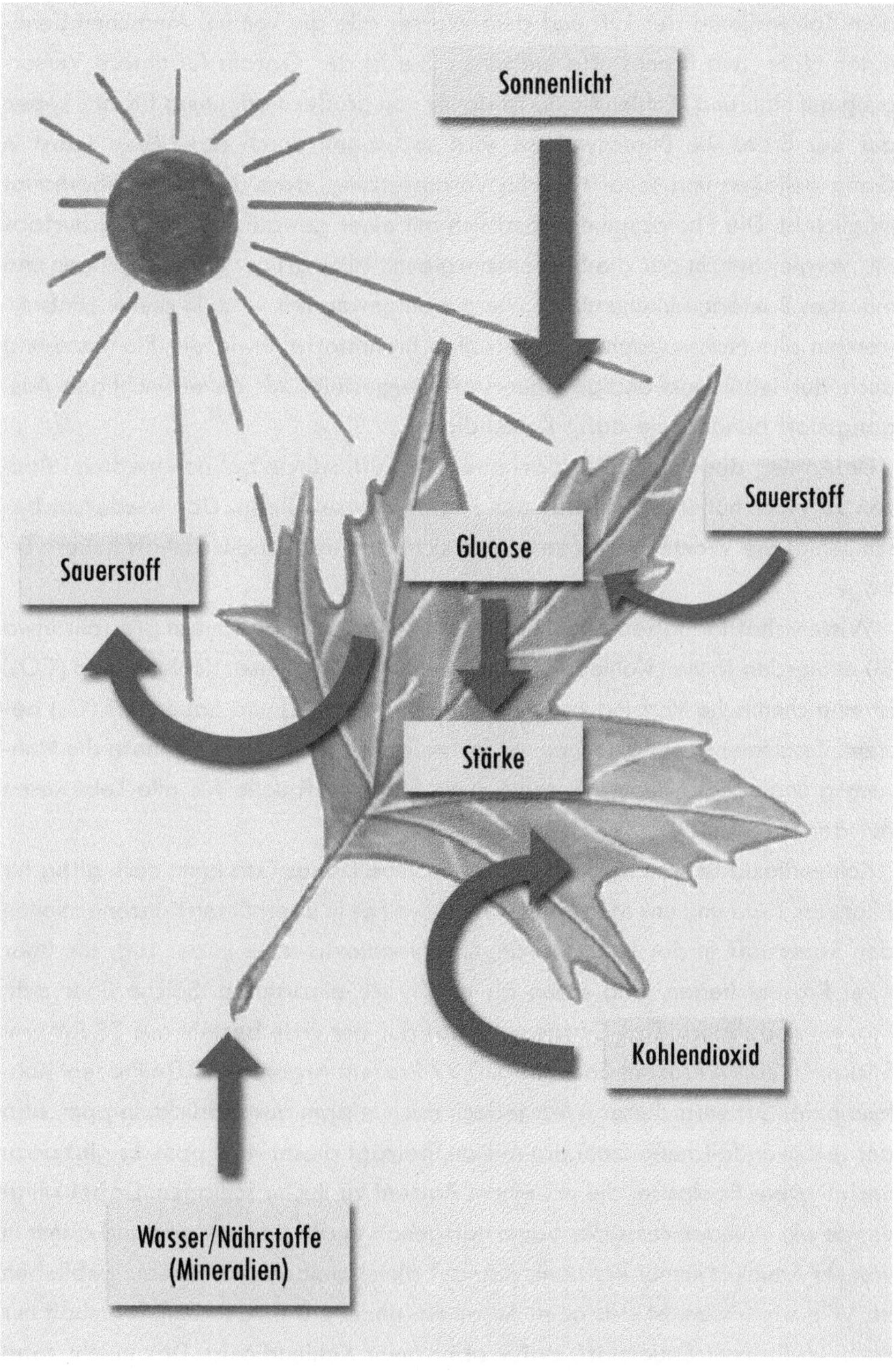

Abb. 19 Die Photosynthese

dem Kohlendioxid der Luft und dem Wasser alle die von uns Menschen benötigten Nähr- und Brennstoffe entstehen. Sie ist der Garant für unsere Versorgung mit Nahrung. Kohlendioxid ist daher von großer Bedeutung für das Leben auf der Erde. Die Photosynthese wird sozusagen durch das Leben selbst in Gang gehalten und schafft so die Voraussetzung, dass das Leben überhaupt möglich ist. Die Photosynthese lässt sich mit einer gewaltig großen „Naturfabrik“ vergleichen, in der die Sonnenenergie mit Hilfe grüner Pflanzen, Algen und mancher Bakterien in chemische Energie umgewandelt wird. In dieser „Fabrik“ werden alle Nahrungsmittel und fossilen Brennstoffe sowie die Biomasse und auch der lebensnotwendige Sauerstoff hergestellt. Als einen wichtigen Ausgangsstoff benötigt sie dafür Kohlendioxid.

Ein Anstieg des Kohlendioxidgehaltes der Luft, würde bei den meisten Pflanzen zu einer höheren Aktivität der Photosynthese führen. Das wiederum beschleunigt die Wachstumsprozesse und sichert in der Landwirtschaft höhere Erträge.

Wissenschaftler haben errechnet, dass allein die Landpflanzen pro Jahr etwa 80 Milliarden Tonnen Kohlendioxid aus der Luft aufnehmen. Kohlendioxid (CO_2) ist eine chemische Verbindung, die aus Kohlenstoff (C) und Sauerstoff (O_2) besteht. Zusammenfassend können wir feststellen, dass die Photosynthese die Nahrungsgrundlage sowie die Energie- und Sauerstoffquelle für alle Lebewesen auf der Erde bildet.

Kohlendioxid ist als Gas farb- und geruchlos. Dieses Gas kann auch giftig für Pflanzen, Tiere und uns Menschen wirken, weil es in überhöhten Konzentrationen den Sauerstoff in der Luft verdrängt. Kohlendioxidwerte in der Luft, die über zwei Prozent liegen, sind schon als gefährlich einzustufen. Solche über acht Prozent sind tödlich. Das Gasgemisch Luft auf der Erde besteht aus 78 Prozent Stickstoff, 20,94 Prozent Sauerstoff, 0,93 Prozent Argon und 0,04 Prozent Kohlendioxid. Oft wird dieser Wert jedoch auch in ppm ausgedrückt. In ppm, also der relativen Teilchenanzahl pro Million, beträgt dieser 400 ppm. Es gibt dazu noch weitere Edelgase, die mit einem Prozent zu Buche schlagen. Dabei klingt es wie ein Wunder, dass der Sauerstoffgehalt in der Atmosphäre und damit in unserer Atemluft immer konstant, also auf gleichbleibendem Niveau, geblieben ist. Wie wir wissen, ist das beim Ausatmen anders. Die Ausatemluft enthält nur noch 16 Prozent Sauerstoff, dafür aber mehr Kohlendioxid. Das macht satte vier Prozent aus. So müssten eigentlich mit der Zeit alle luftatmenden Lebewesen ersticken, wenn da nicht die Pflanzen wären, die den Ausgangszustand in aller Regelmäßigkeit wiederherstellen würden. Durch die Photosynthese entziehen sie der Luft das Kohlendioxid. Da nun Alles mit Allem zusammenhängt und sich gegenseitig beeinflusst, wären die Pflanzen natürlich auch in Bedrängnis. Sie müssten von dem als Abfallprodukt ihres Stoffwechsels hergestellten Sauerstoff absterben, wenn die luftatmenden Lebewesen ihn nicht laufend verbrauchen würden. Neben der Photosynthese gibt es noch weitere interessante Prozesse, die Kohlendioxid aus der Atmosphäre binden können. Einer davon ist beispielsweise die Verwitterung von Basaltgestein, die in der Natur ziemlich lange dauert. Mit der Initiative „Basaltstaub für den Klimaschutz" will eine britische Firma für die Landwirtschaft natürlichen Mineraldünger in Form von Basaltstaub herstellen. Der darin enthaltene Phosphor fördert die Bodenfruchtbarkeit und trägt dadurch zur Steigerung der Ernteerträge bei. Und das Wichtigste: Das bei der Verwitterung des Basaltstaubes entstehende Karbonat bindet dauerhaft das Kohlendioxid. Eine weitere Möglichkeit, dass in der Luft überschüssige Kohlendioxid zu beseitigen, besteht im Einsatz von sogenannten Absaugvorrichtungen. Diese funktionieren im Prinzip wie ein riesiger Staubsauger. Mit den „Riesensaugern" soll das abgesaugte Kohlendioxid mit Wasser vermischt, tief in die Erde gepumpt und dort gelagert werden. Andere technische Lösungen zielen dagegen darauf ab, das aus der Luft gefilterte Kohlendioxid für die Herstellung synthetischer Kraftstoffe und Dünger zu verwenden. Zurzeit entstehen viele technische Lösungen, um das klimaschädliche Kohlendioxid nicht nur aus der Atmosphäre zu beseitigen, sondern darüber hinaus auch noch sinnvoll zu nutzen.

Die Ambivalenz des Kohlendioxids

Kohlendioxid ist ein Molekül. Es besteht aus einem Atom Kohlenstoff und zwei Atomen Sauerstoff. Kohlendioxid entsteht bei der Verbrennung kohlenstoffhaltiger Substanzen. Es sind solche, die einerseits aus der Verbrennung von fossilen Energieträgern und anderseits auf natürlichem Wege entstehen. Zu den letzteren gehören bspw. Atmungsgase von Lebewesen und auch vulkanische Gase. Kohlendioxid ist notwendig für die Erdatmosphäre und für die Pflanzen, die es für die Photosynthese benötigen. In Verbindung mit dem natürlichen „Treibhauseffekt" hat es eine lebenserhaltende Funktion und schützt zudem die Erdatmosphäre. Doch diesen Tatsachen wird zu wenig Aufmerksamkeit im medialen Diskurs zum Klimawandel geschenkt. Stattdessen findet man oft eine Zuspitzung auf Kohlendioxid als schädliches Gas vor. Dabei wird oft der Eindruck erweckt, dass dessen Freisetzung zu vermeiden ist. Der natürlichen und lebensnotwendigen Funktion des Kohlendioxids fehlt daher die notwendige Aufmerksamkeit. Und es geht noch drastischer, da man auch eine Umkehrung der positiven Bedeutung des Kohlendioxids und sich das daraus ergebende Gefährdungspotenzial besonders hervorhebt. Dadurch wird proklamiert, dass Kohlendioxid ein „Klimakiller" darstellt. Medien, die solche Nachrichten verbreiten, wollen durch solche Dramatisierungen die Aufmerksamkeit steigern. Das durch den Menschen zusätzlich produzierte Kohlendioxid belastet außerdem die Atmosphäre, weil es in der Lage ist, Infrarotstrahlung, also Wärme, zu speichern und sich dadurch zum schädlichen Triebhausgas entwickelt.

Der Kohlendioxidgehalt in der Luft ist von der Höhe der Temperatur auf der Erde abhängig und gleicht sich durch globale Regelungsvorgänge aus. Steigt die Temperatur durch die Zunahme von Kohlendioxid an, verdunstet mehr Wasser und steigt als Wasserdampf auf. Da Wasserdampf auch ein Treibhausgas darstellt, würde durch seinen vermehrten Eintrag die Temperatur eigentlich weiter ansteigen. Aber das Gegenteil ist der Fall. Sind die Temperaturen nämlich hoch, kann die Verwitterung von Silikatgestein auf der Erde schneller ablaufen und dadurch mehr Kohlendioxid aus der Luft ziehen. Dabei wird Kohlendioxid aufgebraucht und die Temperatur sinkt wieder. Wir haben es hierbei mit einer negativen Rückkopplung zu tun – das System Biosphäre stabilisiert sich durch das Regelkreisprinzip selbst (Selbstregulationsvermögen). Das wird auch darin deutlich, dass bei einer immer heller werdenden Sonne, die Temperatur auf der Erde stetig ansteigen würde. Das geschieht aber nicht, da die verborgenen, ineinander geschachtelten Regelkreise die Temperatur zu regeln vermögen.

Der US-amerikanische Klimaforscher CHARLES KEELING (1928–2005) hat herausgefunden, dass das Kohlendioxid in der Erdatmosphäre im Tagesrhythmus zirkuliert. Aufgrund der Störung der Photosynthese in der Nacht nimmt natürlich der Kohlendioxidgehalt in der Luft zu. In den Nachmittagsstunden dagegen nimmt er stark ab, wenn die Pflanzen Biomasse produzieren. Durch weitere Beobachtungen hat KEELING auch noch einen jahreszeitlichen Zyklus des Kohledioxidgehaltes entdeckt. Er funktioniert wie der Tagesrhythmus. In den

Sommermonaten ist der Gehalt gering und in den Wintermonaten logischerweise hoch.

Wie in der Nachtzeit, als auch in der Winterzeit wächst kein Grünes, welches Kohlendioxid konsumieren würde. Was als Lebensquelle für die Pflanzen das Kohlendioxid darstellt, stellt der Sauerstoff für die luftatmenden Lebewesen dar. Pflanzen, Tiere und Menschen auf der Erde tragen in ihrem Zusammenwirken dazu bei, die Zusammensetzung der Luft in der Erdatmosphäre konstant zu halten – und das bisher über Jahrmillionen hinweg.

Von der Selbstregulation

Der Sauerstoffgehalt in der Atmosphäre weist bei aufgerundet 21 Prozent eine gewisse Stabilität auf und sichert damit die Erhaltung des Lebens. Würde dieser sich nur um einige Prozente erhöhen, würde die Brandgefahr auf der Erde drastisch steigen. Ein Blitzeinschlag würde dann schon ausreichen, große Teile der Vegetation auf der Erdoberfläche zu vernichten. Durch komplexe und komplizierte Prozesse der Selbstregulation wird diese Zusammensetzung stets aufrechterhalten. Auf unserer Erde wirken auch noch andere Mechanismen der Selbstregulation, wie beispielsweise die Konstanthaltung der Temperatur sowie die des Salzgehaltes der Meere und Ozeane. Betrachten wir diese Beispiele näher. Die Temperaturkonstanz für günstige Lebensbedingungen spielt sich im Bereich von ungefähr 15 bis 35 Grad Celsius ab. So hat sich die mittlere Erdtemperatur auf dem größten Teil der Erdoberfläche schon seit vielen Jahrmillionen innerhalb des genannten Bereiches nahezu konstant gehalten, obwohl sich die Zusammensetzung der Erdatmosphäre verändert hat und die Sonneneinstrahlung leicht zunahm.

Selbstregulation durch Temperaturregelung kennen wir bei der Aufrechterhaltung der Körpertemperatur, die bekanntlich bei 37 Grad Celsius liegt. Ob wir bei Kälte frieren oder bei Wärme schwitzen, unsere Körpertemperatur bleibt nahezu konstant. Fällt die Körpertemperatur ab, so bringt sie der Körper durch Bewegung und/oder Zittern wieder auf Normaltemperatur. Das gleiche geschieht, wenn es uns zu heiß wird – der Körper kühlt sich durch Schwitzen wieder ab. Die gleiche Erscheinung können wir bei der Selbstregulierung durch das Prinzip des Regelkreises bei der Konstanthaltung des Salzgehaltes der Meere und Ozeane feststellen. Deren Salzgehalt liegt zurzeit im Mittel bei etwa drei Prozent. Obwohl ständig Süßwasser aus Flüssen einläuft, ist er stets gleichgeblieben. Nehmen wir an, er würde sich verdoppeln, wäre ein Leben so gut wie unmöglich. Solche Selbstregulationsmechanismen sind auf unsrer Erde allgegenwärtig.

Der englische Naturwissenschaftler, Erfinder und Umweltschützer JAMES LOVELOCK (1919–2022) hat festgestellt, dass die Erde aufgrund ihres Selbstregulationsverhaltens einem lebenden Organismus gleicht. Dabei stützt sich seine Erkenntnis auf einen griechischen Göttermythos, in der die Erde ein lebendiger, sich selbst regulierender Organismus darstellt, der in der Lage ist, sich so zu regulieren, dass er die entstandenen Schäden durch Naturkatastrophen über „Selbstregulation" kompensiert. Der griechische Göttermythos fand in der Renaissance im sogenannten „Organischen Denken" seine Ausprägung. Hier stellte man sich den Kosmos als einen intelligenten Organismus vor, bei dem alle seine Bestandteile miteinander in Verbindung stehen und in ihrer lebendigen Einheit eine Wechselbeziehung miteinander bilden. Daher betrachtete auch LOVELOCK die Erde als ein lebendiges Wesen, welches in der Lage ist, sich selbst „zu heilen" und zu regulieren. LOVELOCK kam zur Erkenntnis, dass alle Lebensformen einem gemeinsamen Prinzip folgen. Es ist das Prinzip des sogenannten Fließgleichgewichtes. Hierbei nehmen die Lebewesen als offene Systeme aus ihrer Umgebung Materie (z. B. Nahrung), Energie (z. B. Sauerstoff) und Information (z. B. Kommunikationslaute) auf, verarbeiten diese und geben sie in umgewandelter Form wieder an die Umgebung ab. LOVELOCK wies unter anderem auch nach, dass Meeresalgen als Bestandteile eines globalen Regelungsprozesses mit negativer Rückkopplung die Wolkenbildung über den Meeren und Ozeanen beeinflussen und dadurch das Klima beeinträchtigen. Durch Stoffwechselprozesse sondern die Algen das Schwefelgas Dimethylsulfid ab, welches in einem komplizierten Prozess die Wolkenbildung anregt. So führen mehr Wolken zur Abkühlung des Wassers, weil sie das Sonnenlicht reflektieren und so die Lufttemperaturen sinken lassen. Das kalte Wasser verringert den Stoffwechsel, wodurch der Ausstoß von Schwefelgas wieder sinkt und sich daraufhin die Wolkenbildung reduziert. Weniger Wolken lassen nun wieder mehr Sonnenlicht auf das Wasser scheinen, welches sich dadurch erwärmt.

LOVELOCK ist daher der Ansicht, dass alle Pflanzen, Tiere, Viren und Pilze, gemeinsam mit der Luft, den Meeren und Ozeanen sowie der Landfläche ein gewaltig großes vernetztes System bilden, welches sich durch unermesslich viele ineinander verschachtelter Regelkreise so regulieren kann, dass die optimalen Bedingungen für die Erhaltung von Lebensprozessen stets aufrecht erhalten werden. Er bezeichnete diese bahnbrechende Erkenntnis als „Gaia-Hypothese", abgeleitet aus der griechischen Mythologie, was so viel wie „Erdmutter" bedeutet. „Gaia" ist für LOVELOCK die Bezeichnung für die Vernetzung von der Biosphäre unseres Planeten mit all ihren Lebensformen mit der Atmosphäre sowie den Meeren, Ozeanen und dem Festland. Es scheint, so konkretisiert LOVELOCK, „dass Gaia ein selbstregulierendes, selbsterhaltendes System ist, dass seine chemischen, physikalischen und biologischen Prozesse ständig justiert, um die optimalen Bedingungen für Leben und dessen weitere Evolution nicht schwinden zu lassen" (LOVELOCK 1992, S. 17). Hier muss aber eingewendet werden, dass „Gaia" nur bedingt einem Lebewesen gleicht, weil sie nicht über das wichtige Kennzeichen der Selbstreproduktion verfügt. Dank LOVELOCK und vieler anderer Wissenschaftler wissen wir, dass alles Leben und natürlich auch viele andere natürliche Prozesse auf der Erde, die wiederum in Beziehung zum Sonnensystem und letztlich auch zum Weltall stehen, auf miteinander verflochtenen Kreisläufen beruhen, die das Prinzip des Regelkreises verwirklichen. Man kann sich das gesamte Universum als ein riesiges, aus unendlich vielen Teilen zusammengesetztes Uhrwerk vorstellen, die alle miteinander so verbunden und zugleich so voneinander abhängig sind, dass bereits beim Ausfall nur eines Teils die zu erfüllende Funktion nicht mehr gewährleistet ist.

Kreisläufe sind überall präsent – im Großen wie im Kleinen. Beispielsweise solche, wie die Bewegung der Erde um die Sonne, der Kreislauf des Wassers und des Kohledioxids auf der Erde, der Zyklus der Jahreszeiten und der Blutkreislauf des Menschen. Kreisläufe in der Natur verursachen nicht wie die in unserer Technik ungenutzten Abfälle an Stoffen und Energien, die auch noch die Umwelt mit Schadstoffen belasten. Alles was die Natur „produziert", wird an irgendwelchen Stellen wiederverwendet. Daher funktioniert die Natur in immerwährender Weise seit Milliarden von Jahren. Ob sie weiter so einwandfrei funktionieren wird, wenn der Mensch in ihre Abläufe eingreift, ist die entscheidende Frage.

Bei der Betrachtung des natürlichen Klimawandels bleibt eine unumstößliche Tatsache bestehen, die sich darin zeigt, dass dieser Wandel auch ohne den Menschen stattfindet und in der weiteren Entwicklungsgeschichte der Erde auch immer wieder stattfinden wird – und das mit aller Regelmäßigkeit.

Unsere Erde funktionierte viele Millionen Jahre lang, bevor der Mensch die Weltbühne betrat und sie wird ihn sicherlich auch noch überdauern, wenn er nicht mehr da ist. Die Erde hat er zu seinen Zwecken verändert, weil sie der Umgestaltung zugänglich war – in positiver, wie auch in negativer Hinsicht seines Handelns.

Anthropogener Klimawandel und Technikfolgen

März 1524: Der Professor für Mathematik aus Tübingen namens JOHANNES STOFFLER zieht die Aufmerksamkeit der Menschen auf sich. Es ist die Ankündigung eines Naturereignisses, welches die Menschen erregt und in Panik versetzt – die bevorstehende Sintflut. STOFFLER hatte herausgefunden, dass sich in zwei Wochen zeitgleich drei Planeten durch das Sternbild der Fische hindurchbewegen und durch diese äußerst selten auftretende Konstellation eine gewaltige Sintflut ausgelöst würde. Er verbreitete diese Erscheinung so anschaulich und überzeugend, geschmückt mit Bildern und eindringlichen Worten, dass viele Menschen dies glaubten. Damals vertrauten die Menschen astrologischen Beobachtungen und den daraus gewonnenen Erkenntnissen. Das zeigte sich daran, dass Handwerker ihre Arbeiten einstellten, Krämer keine Warenvorräte mehr anlegten und Bauern aufhörten ihre Felder zu bestellen. Als die zwei Wochen verstrichen waren, blieb jedoch die Sintflut aus. Das war einer der ersten scheiternden Versuche, das Klima und Wetter vorherzusagen. Heutzutage ist die Klima- und Wetterforschung weit entwickelt und setzt zur Prognose vielfältige moderne technische Mittel ein, doch sichere und zuverlässige Aussagen sind nicht immer zu erreichen. Doch dazu folgen noch weitere Ausführungen an anderer Stelle. Weitaus gesicherte Aussagen gibt es jedoch über den Einfluss technologischer Entwicklungen des Menschen auf das globale Klima.

Die „technische Entwicklungsschuld“ am Klimawandel

Die technische Entwicklung begann, als der Mensch erste Werkzeuge zur Kraftverstärkung erfand und damit körperliche Unzulänglichkeiten ausgleichen konnte. Durch den Gebrauch einfacher Gegenstände, die er in der Natur vorfand, verbesserte er sein Dasein. Mit der Erfindung von Kleidung und Unterkunft sowie der Nutzung von Erkenntnissen über den Gebrauch des Feuers machte sich der

Mensch immer mehr von Wetter und Klima unabhängig. Seine aus Tierhäuten bestehende Kleidung ermöglichte ihm das Überleben bei extrem niedrigen Temperaturen in Nord- und Südpolnähe. Durch Entdeckungen und Erfindungen verändert der Mensch die Technik ständig weiter, wodurch sich der Mensch und auch seine Umwelt ebenfalls verändert. Durch die Weiterentwicklung der Technik macht sich der Mensch immer mehr von der Umwelt unabhängig. Er schafft sich eine künstliche Welt in Form der Technik innerhalb der natürlichen Welt. Der bedeutende Evolutionsbiologe JOSEF REICHHOLF hat dafür treffend den Begriff der Emanzipation vom Diktat der Umwelt geprägt. „Je weiter die Organismen entwickelt sind, umso weniger passen sie sich ihrer Umwelt an. Im Gegenteil, sie lösen sich immer mehr von ihren Zwängen und Bedingungen. Nicht Anpassung, sondern Emanzipation von der Umwelt ist das zentrale Kennzeichen der Evolution. Wir Menschen stehen an der Spitze, weil wir uns weit mehr als alle anderen Lebewesen vom Diktat der Umwelt freigemacht haben" (REICHHOLF 1992, S. 49).

Der Mensch mit seinen kreativen Fähigkeiten ist Bestandteil der biologischen Evolution. Er ist Schöpfer und Gestalter der technischen Evolution. Insofern kann man die technische Evolution als Fortsetzung der Evolution der natürlichen Welt in Form menschlicher Technik bezeichnen.

Ein Wissenschaftler hat einmal gesagt, dass die Steinzeit nicht aufgrund des Mangels an Steinen, die Eisenzeit nicht aufgrund des Mangels an Eisen und die Bronzezeit nicht aufgrund des Mangels an Bronze zu Ende gegangen seien, sondern einzig und allein deshalb, weil der Mensch etwas Neues, etwas Besseres entdeckt und erfunden habe. Durch seine Kreativität erschuf er auch Geräte, für die es in der Natur keine Vorbilder gab, wie beispielsweise Rad, Kurbeltrieb und Generator. Alle vom Menschen geschaffenen Techniken dienten dazu, die Mängel seiner Organe ausgleichen, damit er in der Natur überleben konnte. Mit der Erfindung des Faustkeils konnte die Wirkung der Hand verstärkt werden und mit jener des Speers sowie später von Pfeil und Bogen wurde auch die Reichweite der Arme enorm vergrößert. Ein anderes Beispiel für die technische Entwicklung ist die Tatsache der Erhöhung der sensorischen Leistungsfähigkeit des Menschen. Der Leistungsfähigkeit des Auges sind Grenzen gesetzt, wenn es darum geht, in den Makro- und Mikrokosmos vorzudringen. Die Evolution führte daher für das Erschließen des Makrokosmos vom Auge über das Fernrohr zum Teleskop. Für das Eindringen in den Mikrokosmos verlief die Evolution vom Auge zur Lupe und von da aus zum Mikroskop. Im Laufe der technischen Entwicklung wurden immer noch leistungsfähigere und noch weiter reichende Werkzeuge, Maschinen und Anlagen geschaffen, mit denen der Mensch sogar die Luft und schließlich auch den Weltraum erobern konnte.

Mit dem Menschen und seiner Kreativität schuf sich sozusagen das Leben selbst die Bedingungen für die technische Evolution. Die Technik ist also eine vom Menschen zur Befriedigung seiner Bedürfnisse genutzte, umgewandelte und veränderte Natur – im Guten, wie auch im Schlechten. Erfindungen dienen dem Menschen zur Erhaltung und Verbesserung seines Lebens. Technik ist daher ein immerwährender Veränderungsprozess in Richtung höherer Effizienz und Wirkmächtigkeit. Das wird am Beispiel der Erfindung der Dampfmaschine deutlich. Vor ihrer Erfindung durch JAMES WATT (1736–1819) war Muskel-, Wasser- und Windenergie die vorherrschende Antriebsenergie von Arbeitsmaschinen. Die Strömung des Wassers in Flüssen und Bächen nutzte man für den Antrieb von Wasserrädern und die des Windes für den von Windrädern, um damit Säge-, Walz- und Pochwerke sowie Mühlen, Förder- und Pumpanlagen zu betreiben.

Mit der Erfindung der doppeltwirkenden Dampfmaschine im Jahr 1786 schuf WATT jedoch eine universell einsetzbare Antriebsmaschine, die sowohl den Anforderungen im Bergbau, im Hüttenwesen, in der Textilindustrie als auch denen im Verkehrs- und Transportwesen gerecht wurde. Die Dampfmasche wurde zu einer der wichtigsten Erfindungen in dieser Zeit. Innerhalb weniger Jahrzehnte veränderte sie die Welt, indem viele Fabriken und auch große Industriezentren entstanden. Durch ihre universelle Einsetzbarkeit trieb sie nicht nur Arbeitsmaschinen an, sondern auch Dampfwagen, Lokomotiven und Schiffe, um Menschen und Güter in alle Welt zu transportieren. In dieser Zeit der Industrialisierung begann auch die Eisen- und Stahlproduktion im großen Stil. Sie ermöglichte den Bau von Maschinen, Brücken, Türmen, Waffen, wie z. B. Kanonen und Panzer sowie allerlei Alltagsprodukte.

Die Dampfmaschine leitete damals die industrielle Revolution ein und verdrängte die bislang gebräuchlichen erneuerbaren Energien Wind und Wasser. Sie wurden nun durch den fossilen Brennstoff Kohle ersetzt, den man zu ihrem Betrieb benötigte. Fossile Stoffe sind solche, die in erdgeschichtlich weit entfernten Zeiten aus Resten organischer Bestandteile entstanden sind. Die in diesen Brennstoffen über hunderte von Millionen Jahren vergegenständlichte Sonnenenergie hat die industrielle Revolution überhaupt erst ermöglicht.

Das war vor über 200 Jahren. Mit der industriellen Revolution begann nach Ansicht einiger Wissenschaftler ein neues Zeitalter in der Erdgeschichte, das sogenannte Anthropozän (abgeleitet von „anthropo", was so viel wie „menschlich" bedeutet). Je stärker der Mensch in die Natur eingriff und sie zu seinen Zwecken veränderte, umso größer wurden auch die von ihm angerichteten Schäden. Der Eintrag von Kohlendioxid in die Atmosphäre stieg ab dieser Zeit mehr oder weniger beständig an.

Analysen im arktischen Eis von vor 200 Jahren eingeschlossenen Luftblasen und deren Auswertung sowie die Beurteilung von Ergebnissen der Auswertung von Klimamodellen, dienen heute den Wissenschaftlern als Beweis für den Beginn einer anwachsenden globalen Konzentration von Kohlendioxid und damit einen kontinuierlichen Temperaturanstieg auf der Erde. Dabei gilt es jedoch zu bedenken, dass der Kohledioxidanstieg nur sehr langsam erfolgten konnte, weil sich die Industrien ja erst im Aufbau befanden und allmählich wuchsen. Stark vereinfacht betrachtet, hätten die Temperaturen seit dieser Zeit bis heute kontinuierlich leicht anstiegen müssen, jedoch stiegen sie zunächst an, fielen später wieder, um danach bis heute erneut anzusteigen. Temperaturschwankungen traten, wie bereits beschrieben, in der Erdgeschichte schon immer auf, auch extreme.

Globale Erwärmung

Für zahlreiche Wissenschaftler ist der vom Menschen verursachte Anstieg des Kohlendioxids in der Atmosphäre und eine dadurch hervorgerufene globale Erwärmung eine Tatsache. Mit anderen Worten: Das sich dort übermäßig angereicherte Kohlendioxid absorbiert die von der Erde abgestrahlte Wärme und führt zur Temperaturerhöhung. Kohlendioxidmoleküle wirken nämlich wie Wärmespeicher. Sie nehmen einen Teil der vom Erdboden reflektierten Sonnenstrahlen auf und erwärmen so die Lufthülle. Wir kennen das von den Schlagworten „Klimaerwärmung" und „Treibhauseffekt". Bei steigender Oberflächentemperatur verdunstet mehr Wasser auf der Erde, welches dadurch als „Treibhausgas" fungiert. Der Wasserdampf wirkt blockierend auf die von der Erde aufgenommene Solarstrahlung, die eigentlich als Wärmestrahlung wieder ins All durch Reflexion entweichen würde. Die Folge ist, dass sich die Temperatur weiter erhöht und dadurch immer mehr Wasser verdampft. Wissenschaftler bezeichnen diesen Effekt auch als „galoppierenden Treibhauseffekt“, weil dieser die globale Erwärmung stetig vorantreibt.

Daraus kann folgende Zusammenfassung abgeleitet werden, dass der Kohlendioxidanstieg zur Temperaturerhöhung führt, der den anthropogenen „Treibhauseffekt“ antreibt. Den Anstieg der Kohlendioxid-Konzentration wird hauptsächlich auf die Verbrennung des fossilen Kohlenstoffs und durch die Vernichtung der Wälder zurückgeführt. Es gibt aber auch Wissenschaftler, die eine andere Erklärung dafür haben. Diese Gruppe von Wissenschaftlern geht davon aus, dass Schwankungen der Erdtemperatur von der kosmischen Strahlung aus dem Weltraum beeinflusst werden. Verstärkte Strahlungsereignisse treten dann auf, wenn Sterne explodieren und dadurch gewaltige Energiemengen freigesetzt werden. Dabei fand man heraus, dass die kleinen Teilchen dieser Strahlung beim Auftreffen auf die Erdatmosphäre Kondensationskerne bilden und dadurch die Wolkenbildung beeinflussen. Die kosmischen Strahlungspartikel werden zwar zum großen Teil von der Erde abgeschirmt, aber ein Teil dringt trotzdem in die obere Atmosphäre ein. Der dänische Physiker und Klimaforscher HENRIK SVENSMARK hat die Bedeutung der Wolkenbildung bei der Temperaturregelung der Erde verdeutlicht. Von ihm stammt die Erkenntnis, dass Veränderungen in der Intensität der kosmischen Strahlen zu deutlichen Änderungen der Bewölkung führen. Damit wies er die tragende Rolle der Ionen in der Luft bei der Wolkenbildung nach. „Die Bestätigung, dass Wolken die Klimaveränderungen bewirken, scheint eine gute Nachricht für die Erdbewohner zu sein. Sie macht die Sonne zu einem mächtigen Motor des Klimawandels, und zwar durch ihr Einwirken auf die kosmischen Strahlen, die zu einem wesentlichen Teil für die Erwärmung im 20. Jahrhundert verantwortlich sind. Wenn dies der Fall ist, dann müssen die Auswirkungen von Kohlendioxid recht gering sein. Damit fällt die globale Erwärmung im 21. Jahrhundert wahrscheinlich wesentlich geringer aus, als die typischen Vorhersagen von drei oder vier Grad Celsius behaupten“ (CALDER und SVENSMARK 2008, S. 14).

Bei allen Betrachtungen zur Klimaproblematik ist daher der Einfluss der Wolkenbildung einzubeziehen, da diese in besonderem Maß ausschlaggebend ist. Wolken bilden sich, wenn Wasser aus den Meeren und Ozeanen und natürlich auch von der Landfläche in den gasförmigen Zustand durch Verdunstung übergeht. Diesen Übergang vom flüssigen in den gasförmigen Zustand bezeichnet man in der Meteorologie als Evaporation. Ab einer bestimmten Höhe in der

Atmosphäre kondensiert nämlich die aufwärtsströmende, feuchte Luft und bildet dort eine Wolkendecke. Dabei entstehen ganz bestimmte Strömungsmuster in Gestalt von Konvektionszellen, die sechseckigen Bienenwaben gleichen. In der Mitte solcher Strömungszellen gelangt die Warmluft nach oben und an ihren Rändern strömt die kalte Höhenluft abwärts. Diese Erscheinung hat der französische Physiker HENRI BÉNARD (1874–1959) mit dem im Jahr 1900 durchgeführten „Plattenexperiment" nachgewiesen.

Es besteht aus zwei Platten, zwischen denen eine Temperaturdifferenz besteht, weil die untere Platte warm und die obere Platte kalt ist. Zwischen beiden Platten befindet sich eine strömende Flüssigkeit, die die wärmeren Flüssigkeitsteilchen nach oben transportiert. An der oberen Platte kühlen sie ab und sinken infolge der Schwerkraft nach unten. An der oberen Platte herrscht eine hohe

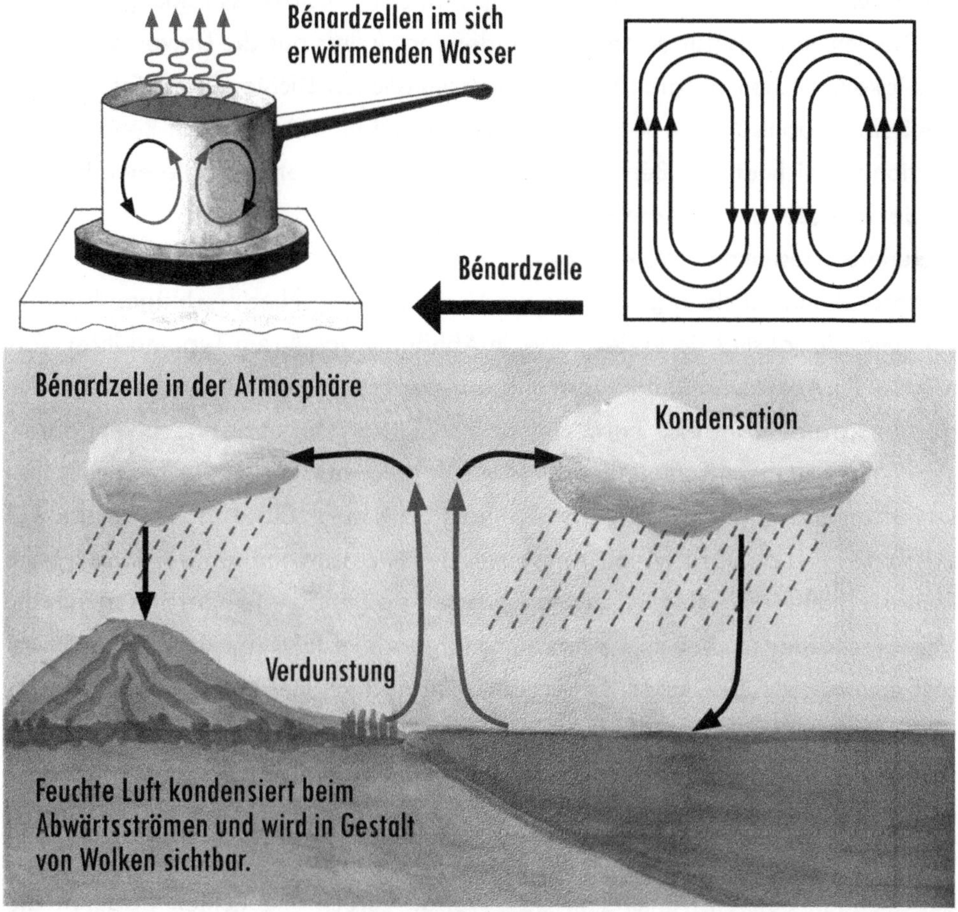

Abb. 20 Bénardzellen

und an der unteren Platte eine geringe Dichte der Flüssigkeitsteilchen. Nach einiger Zeit stellt sich das oben erwähnte sechseckige Strömungsmuster der Konvektionszellen ein. Nach ihrem Entdecker werden sie als Bénardzellen bezeichnet. Dieser Konvektionsvorgang findet auch statt, wenn man einen wassergefüllten Topf auf eine Herdplatte stellt und dieser erwärmt wird. Auch hier bilden sich nach einiger Zeit Bénardzellen aus. Oder nehmen wir als Beispiel das Magma im Erdinneren. Hier wird das flüssige Gestein fortwährend nach dem Wirkprinzip solcher Zellen umgewälzt. Ein Fachkollege von BÉNARD, der englische Physiker und Nobelpreisträger JOHN WILLIAM STRUTT (1842–1919), dritter Baron von Rayleigh, wies den Entstehungsvorgang der Bénardzellen mathematisch nach und deckte dessen Ursache auf. STRUTT fand heraus, dass die Überschreitung eines kritischen Wertes in der Flüssigkeit zu deren Selbstorganisation führt, deren Ursache in der Instabilität der Flüssigkeitsströmung zu finden ist. Die Schwerkraft hat dabei entscheidenden Einfluss auf die Umverteilung der Flüssigkeitsteilchen aufgrund ihrer unterschiedlichen Dichte. Diese Erscheinung der Selbstorganisation in den Bénardzellen wird daher als Rayleigh-Bénard-Konvektion bezeichnet. Die Bénardzellen spielen in der Meteorologie eine bedeutende Rolle bei der Wolkenbildung.

Generell bestimmen Wolken sowohl das Wetter, als auch das Klima. Im Wettergeschehen sind sie regional für die Verteilung von Niederschlägen bedeutsam und global sind sie in der Lage, in Abhängig von ihrem Typ und ihrer Verteilung, für Abkühlung und Erwärmung auf der Erde zu sorgen. Dadurch können sie den „Treibhauseffekt" entweder abschwächen oder sogar noch verstärken. Wenn nämlich mehr Kohlendioxid in die Luft gelangt, steigen die Temperaturen weiter an und folglich verdampft dadurch auch mehr Oberflächenwasser. Auf der Erde wird es wärmer und der Anteil des Wasserdampfes würde sich noch weiter erhöhen und folglich zu noch weiter steigenden Temperaturen führen. Wissenschaftler nennen diese Erscheinung „positive Rückkopplung". Das klingt erst einmal plausibel, aber die Abläufe sind jedoch viel komplizierter als gedacht. Das wird schon allein durch die Tatsache deutlich, dass das Wasser bei seiner Zirkulation auf der Erde einerseits unterschiedliche Aggregatzustände, wie flüssig und fest (Schnee und Eis), annehmen und anderseits durch Wolken Kühlung oder Erwärmung eintreten kann. Wolken reflektieren einen Teil der einfallenden Sonnenstrahlung in das Weltall zurück und kühlen dadurch die Erdoberfläche. Sie halten aber auch die Wärme auf der Erdoberfläche zurück.

Das geschieht, weil der Anteil der Sonnenstrahlung, der die Wolken durchdringt, nicht wieder ins Weltall entweichen kann. Man kann vermuten, dass sich hinter diesen Erscheinungen ein globales Regelsystem verbirgt, welches das Klima auf unserem Planeten in verträglichen Grenzen für alles Leben erhält. Das Prinzip der klimatischen Selbstregulation erfolgt vermutlich dadurch, dass der Eintritt der Sonnenstrahlung durch vermehrte Wolkenbildung vermindert wird, wenn sich die Temperaturen stark erhöhen.

Der Wasserdampf wirkt in diesem Regelsystem sicherlich als Stellglied. Wasserdampf ist der gasförmige Aggregatzustand des Wassers. Zusammen mit dem Kohlendioxid schafft er auf der Erde lebenserträgliche Temperaturen, weil diese Gase eine schützende Glocke über der Erde bilden. Sie hält die Sonnenwärme wirksam zurück. Würden diese beiden Gase nicht existieren, wäre es auf der Erde ziemlich ungemütlich. Die Jahresmitteltemperatur auf unserem Erdball könnte dadurch bei -15 bis -20 Grad Celsius liegen und alles mit Eis bedeckt sein.

Viele Wissenschaftler sind sich noch recht ungewiss über die Wirkung der Wolken als feine Klimaregulatoren. Dies ist auch ein weiterer Grund dafür, dass Vorhersagen zur Klimaentwicklung recht unsicher sind. Vielleicht reguliert sich die durchschnittliche Anzahl der Wolken auf der Erde von selbst durch die Wirkung globaler, miteinander verbundener Regelkreise. Es käme auch eine Veränderung von einer oder mehrerer Einflussgrößen in Betracht, die dann die Wind- und Wasserströmungen der Ozeane in Abhängigkeit von der Temperatur so beeinflussen, dass dies zur Verringerung oder Erhöhung der Wolkenbildung führen könnte. Sicherlich ist auch denkbar, dass eine vermehrte Wolkenbildung in unserer Atmosphäre ein Ergebnis des zunehmenden Eintrags von Schadstoffen darstellt, die das Klima wieder in eine kühlere Phase eintreten lassen. Der „Treibhauseffekt“ könnte neben dem Einfluss der Wolken mit ihren Wirkungen des Kühlens oder Erwärmens im Zusammenhang mit noch anderen natürlichen Regelprozessen eine so geringe Wirkung auf das Klima ausüben, sodass dieser nur zu einem Temperaturanstieg vom Bruchteil eines Grades führen würde. NIGEL CALDER nimmt in seinem oben genannten Buch Bezug zur Aussage des Wissenschaftlers RICHARD LINDSEN vom Massachusetts Institute of Technology, der davon ausgeht, dass der Wasserdampf, der nach Vorstellungen der Klimamodellierer die Wirkung von Kohlendioxid verstärken würde, in Wirklichkeit umgekehrt der Erderwärmung entgegenwirkt.

In der oberen Atmosphäre, der Thermosphäre, laufen Vorgänge ab, die dazu führen, dass sich in den unteren Schichten der Erdatmosphäre weniger „kühle Wolken“ bilden können. Weniger „kühle Wolken“ bedeuten, dass es auf der Erde wärmer wird, weil mehr Sonnenstrahlung zur Erdoberfläche gelangt. Hieraus kann geschlussfolgert werden, dass eine Erhöhung der Erdtemperatur auch zum vermehrten Ausstoß von Kohlendioxid führt. Dabei gelangten diese Wissenschaftler mit Hilfe der Modellbildung zur Erkenntnis, dass kleine Änderungen in der Wolkendecke der Atmosphäre erhebliche Auswirkungen auf das Erdklima hervorrufen können. Aber die Vorgänge in der oberen Atmosphäre sind noch wenig erforscht und daher gibt es bisher noch zu wenige gesicherte Erkenntnisse.

In der Zusammenfassung lässt sich hier die Erkenntnis ableiten, dass eine Temperaturerhöhung zum vermehrten Kohlendioxidanstieg führt, der den natürlichen „Treibhauseffekt“ hervorruft. Bei der Einbeziehung dieses Ansatzes in die Problematik der Erderwärmung ergibt sich, dass zunächst erst der natürliche Treibhauseffekt mit all seinen unterschiedlich wirkenden Einflussgrößen verstanden und berücksichtigt werden muss, bevor über den Einfluss menschlicher Aktivitäten und dem sich daraus ergebenden Handeln spekuliert wird. Bei dem zuletzt genannten Ansatz handelt es sich im Gegensatz zu den Aussagen der meisten anderen Wissenschaftler, um eine völlig andere Ursachenerklärung. Beide Aussagen führen zum gleichen Ergebnis: Sowohl steigende Temperaturen führen zu einem Kohlendioxidanstieg, als auch Kohlendioxidanstieg führt zur Temperaturerhöhung. Das steigende Temperaturen zum Kohlendioxidanstieg führen wird auch deutlich, wenn man die globale Temperaturentwicklung für die Zeit von den Jahren 1000 bis 2000 betrachtet. Es zeigt sich zwar bis zum Jahr 1900 ein leichter Abwärtstrend. Aber danach stieg die Temperatur wieder auf den heutigen Wert rasant an. Im gleichen Tempo des Temperaturanstieges erhöhten sich auch die Emissionen von Treibhausgasen, wie hauptsächlich die des Kohlendioxids. Letzterer stieg in unserer Erdatmosphäre in den oben genannten Zeitraum bekanntlich von 280 ppm auf ca. 400 ppm an.

Dieser Zusammenhang zwischen Temperaturanstieg und Kohlendioxidzunahme oder umgekehrt ist eine Tatsache. Es gibt Wissenschaftler, die behaupten, dass bei genauer Messung, nur etwa die Hälfte des heute auf der Erde verbrannten Kohlenstoffs als erhöhter Kohlendioxidgehalt in der Atmosphäre verbleiben würde. Die andere Hälfte wird von den Ozeanen aufgenommen.

Dazu passt auch die spektakuläre Theorie des Kohlendioxid-Absaugers, den der britische Wissenschaftsautor NIGEL CALDER (1931–2014) in seinem Buch „Die launische Sonne widerlegt Klimatheorien“ anführt. Darin berichtet er über eine Studie des Goddard-Instituts für Weltraumforschung in New York, die einen solchen Absauger auf Nordhalbkugel entdeckt hätten. In der Studie wird berichtet, dass auf der Nordhalbkugel der Erde die Kohlendioxidkonzentration in der Luft etwas höher ist als auf der Südhalbkugel. Auf der Nordhalbkugel würde das Meer wie ein Abzug für das Kohlendioxid dann funktionieren, wenn die Konzentration dieses Gases in der Luft höher ist als an der Oberfläche des Wassers. Dort würde das Kohlendioxid im Wasser gebunden. Steigt jedoch die Gaskonzentration im Wasser an, nimmt das Gas die entgegengesetzte Richtung ein und das Meer wird nun zur ausscheidenden Quelle. Doch weiterführende Informationen sind darüber nicht vermerkt, weil konkrete Forschungsergebnisse dazu noch ausstehen.

Andere Wissenschaftler kommen zu ähnlichen Ergebnissen. Bei ihnen fungieren Meere und Ozeane als „Löslichkeitspumpen“ für das Kohlendioxid in der Luft. Eine solche „Pumpe“, die in Wirklichkeit keine ist, aber ähnlich wie eine solche funktioniert, würde das Kohlendioxid aus der Atmosphäre im windaufgewirbelten Wasser auf den Wellenkämmen aufnehmen und ins Wasser einbringen. Wenn dann der Luft wieder große Mengen des Kohlendioxids entzogen werden, würde es auch wieder von dort herausströmen bis ein Gleichgewichtszustand hergestellt ist. Das ist dieselbe Funktion, wie der von CALDER angeführte Kohlendioxid-Absauger. Neben der „Löslichkeitspumpe“ existiert noch die sogenannte „geologische Kohlendioxidpumpe“, die ebenfalls dazu beiträgt, den Kohlendioxidausstoß auf der Erde zu begrenzen. Aufgrund der Plattentektonik, also beim Aneinanderstoßen von Erdplatten, werden riesige Mengen von Kohlendioxid über Vulkanausbrüche und zum Teil auch über Erdbeben aus der Erdkruste freigesetzt, die dann später bei Verwitterungsprozessen teilweise wieder im Gestein gebunden werden.

Heute gehen viele Klimatologen davon aus, dass der durch Temperaturerhöhung ansteigende Gehalt an Kohlendioxid in der Luft, grob gerechnet, mit der Menge des vom Menschen verbrannten Kohlenstoffs übereinstimmt. Das der Kohlendioxidausstoß von der Höhe der Temperatur abhängig ist, kann an einem kleinen einfachen Freihandexperiment durchgeführt werden. Wir brauchen dazu zwei Flaschen Mineralwasser. In den Flaschen liegt das Kohlendioxid im

Wasser unter hohem Druck im gelösten Zustand vor. Beide Flaschen stellen wir einige Zeit in den Kühlschrank und nehmen sie später wieder heraus. Eine Flasche wird sogleich geöffnet. Dabei entweicht nur wenig Kohlendioxid. Wird nun die andere Flasche eine Zeit lang in die wärmende Sonne gestellt und anschließend geöffnet, ist ein Zischen zu hören und das Wasser sprudelt nur so heraus und setzt dabei eine Menge Kohlendioxid frei. Beim Erwärmen dehnen sich bekanntlich Gase viel stärker aus als Flüssigkeiten. Ähnlich ist es auch bei den Meeren und Ozeanen der Fall, die infolge des Temperaturanstieges Kohlendioxid abgeben. Hierbei wird die Erwärmung verstärkt und über die gesamte Erde verteilt. Die steigenden Temperaturen lassen also den Kohlendioxidanteil in der Atmosphäre erhöhen, der wiederum zur weiteren Erwärmung beiträgt. Damit haben die Meere und Ozeane Einfluss auf die Erderwärmung. Sie können natürlich auch die Erwärmung der Erde reduzieren. Bekanntlich schwächen sie ja auch den Temperaturunterschied zwischen Sommer und Winter, weil sie sich aufgrund ihrer Trägheit nur langsam abkühlen oder logischerweise auch erwärmen. Aufgrund des hohen Wärmeaufnahmevermögens der Meere und Ozeane, können sie Temperaturschwankungen ziemlich gut ausgleichen und sind zudem effiziente „Luftreiniger" unserer Erde. Sie entfernen jedes Jahr ungeheuer viele Milliarden Tonnen überschüssiges Kohlendioxid aus der Luft. Doch auch zu diesem Phänomen gibt es heute noch keine aussagefähigen Erkenntnisse über das zeitliche Geschehen des Gasaustausches.

Meere und Ozeane als Klimaregulatoren

Überhaupt bewirken die Meere und Ozeane aufgrund der thermischen Eigenschaften ihres Wassers, wie beispielsweise große Wärmekapazität und niedrige Wärmeleitfähigkeit, ein verhältnismäßig stabiles Temperaturverhalten, welches das Temperaturgefälle mit jährlichen Schwankungen zwischen warm und kalt auf der Erdoberfläche in annehmbaren Grenzen hält. Die besonderen thermischen Eigenschaften des Wassers bestimmen auch seinen Kreislauf auf der Erde. Dabei kommt der sogenannten Anomalie des Wassers eine besondere Bedeutung zu. Es ist eine Tatsache, dass sich Wasser beim Gefrieren ausdehnt und dabei die Dichte abnimmt. Da Wasser im Vergleich zu Eis eine höhere Dichte besitzt, schwimmt das Eis auf dem Wasser. Die Veränderung der Dichte geschieht im Temperaturbereich von null Grad bis plus vier Grad Celsius

und bewirkt, dass selbsttätige Mischen des Wassers und verhindert dadurch das vollständige Durchfrieren von Gewässern. Die Gewässer gefrieren an der Oberfläche, während sich darunter das Wasser befindet. Würde es diese Anomalie nicht geben, wäre das Leben in den Gewässern kaum möglich. Sie würden vollkommen zufrieren und in den Sommermonaten würde vielleicht nur das Eis auf der Oberfläche tauen. Beziehen wir noch die Funktion des Golfstromes in die Betrachtungen zum „Treibhauseffekt“ ein. Seine drastische Verstärkung durch weiteren Temperaturanstieg würde den Golfstrom nicht mehr wie bisher abkühlen. Im Idealzustand hat das Golfstromwasser, wenn es im Norden die Wärme abgegeben hat und dadurch kühler geworden ist, eine höhere Dichte. Es ist schwerer, sinkt ab und fließt in südliche Richtung. Doch höhere Temperaturen könnten auch zu mehr Süßwasser durch Eisschmelze und verstärkte Regenfälle führen, die die Dichte des Wassers verändern. Sie nimmt ab und das Wasser kann nicht mehr so tief sinken. Das hat natürlich Auswirkungen auf die Wasserzirkulation, die sich daraufhin abschwächen könnte.
Aus diesem angenommenen Trend haben Klimahysteriker ja die völlige Versiegung des Golfstromes und damit das Einsetzen gewaltiger Kältezeiten vorausgesagt. Panik und Weltuntergangsstimmung ist auch hier nicht hilfreich. Nicht einmal die Wissenschaft kann darüber eindeutige Aussagen machen, weil auch hier die Einflussgrößen und ihre Wirkungen auf den Golfstrom einerseits viel zu komplex und anderseits noch nicht alle bekannt sind. Bisher jedoch konnte keine Abschwächung des Golfstromes verzeichnet werden.
Fakt ist jedoch, dass bei der durchschnittlichen Temperaturerhöhung auf der Erde auf lange Sicht das Meereis der Arktis immer weiter schmilzt. Diese Meereisschmelze führt aber nicht zum Anstieg des Meeresspiegels, weil es im sogenannten Schwimmgleichgewicht zum umgebenden Wasser steht. Was aber zum Ansteigen des Meeresspiegels auf lange Sicht führen würde, wäre das Schmelzen des Grönlandeises. Das hat dann natürlich auch Auswirkungen auf den Golfstrom. Aber wie stark sich die Auswirkung auf das Erdklima und damit auf das Leben auswirkt, kann nicht mit Sicherheit vorausgesagt werden. Auch bestehen erst recht Unsicherheiten in der Prognose zu den Reaktionszeiten, also wann das Geschehen eintritt. Es sind noch viele Erkenntnisse notwendig und noch so manches Geheimnis zu lüften, um die Rolle der Meere und Ozeane für den Kohlendioxidaustausch in Beziehung zur Klimaentwicklung im Detail zu verstehen.

Der „Schmetterlings-Effekt“

Überhaupt können im Klimageschehen kleine Ursachen große Wirkungen verursachen. Auf diese Tatsache hat der US-amerikanische Mathematiker und Meteorologe EDWARD LORENZ (1917–2008) mit dem sogenannten „Schmetterlingseffekt“ hingewiesen. Dieser Effekt besagt, dass der Flügelschlag eines Schmetterlings in Brasilien einen Tornado in Texas auslösen kann. Beispiele für den „Schmetterlingseffekt“ sind, dass Lawinen schon durch geringste Erschütterungen entstehen oder Waldbrände schon durch kleinste Funken hervorgerufen werden können oder eine Termite ein ganzes Haus zum Einsturz bringen kann.

Dabei muss man jedoch bedenken, dass die kleinen Ursachen nur dann wirken, wenn sich der betreffende Sachverhalt schon in einer kritischen bzw. sensiblen Situation befindet. Für die drei Beispiele bedeutet das, dass die Lawine schon ziemlich locker, der Wald sehr trocken und das Haus schon sehr marode war. Der „Schmetterlingseffekt“ ist Bestandteil der Chaostheorie. Sie basiert auf der Aussage, dass kleinste Veränderungen der Anfangsbedingungen große Auswirkungen auf das gesamte System bewirken können. Auf den Schmetterling bezogen, bedeutet das, dass durch die Flügelbewegung des Schmetterlings kleine Luftwirbel entstehen, die in der Folge immer wieder größere Wirbel entstehen lassen, die letztlich bis zu einem Tornado anwachsen können. Die entstehende Kettenreaktion schaukelt sich soweit auf, dass der am Anfang kleine Luftwirbel an einem Ort in der Lage ist, sich zu einem Tornado an einem weit entfernten Ort zu entwickeln.

In diesem Zusammenhang hat schon der französischen Mathematiker und Physiker HENRI POINCARÉ (1854–1912) hingewiesen: „Eine kleine Ursache, die für uns unbemerkbar bleibt, bewirkt einen beachtlichen Effekt.“ Damit stützte er seine Ansicht, dass stabile Systeme über lange Zeit auch ohne äußere Einwirkungen instabiles Verhalten zeigen können. Aus den Erkenntnissen von LORENZ und POINCARÉ geht hervor, dass der Vorhersagbarkeit dynamischer System Grenzen gesetzt sind. Selbst wenn alle Details solcher Systeme bekannt sind, bestehen Unsicherheiten in deren Verhalten in Abhängigkeit von der Zeit. Daher ist eine genaue Vorhersage über das Verhalten dynamischer Systeme so gut wie nicht möglich. Das trifft besonders für die komplexe Erscheinung des Klimas zu. Das heißt, dass Klimaprognosen kaum möglich sind, weil zu viele einzelne Faktoren berücksichtigt werden müssen, deren Verhalten kaum vorhersagbar ist. Oder anders ausgedrückt: Beim Klima als ein nichtlineares dynamisches System ist nicht vorhersehbar, wie sich beliebig kleine Änderungen der Anfangsbedingungen langfristig auf dessen Entwicklung auswirken. LORENZ gelangte in diesem Zusammenhang zu einer interessanten Erkenntnis: „Wenn der Flügelschlag eines Schmetterlings einen Tornado auslösen kann, so kann er auch den Effekt haben, ihn zu verhindern." Heute lassen sich zwar prinzipiell alle chaotischen Prozessabläufe berechnen, da auch ihnen bekannte physikalische Gesetze zugrunde liegen, aber trotzdem können durch die gegenseitige Beeinflussung der unterschiedlich wirkenden Faktoren im Zeitverlauf keine sicheren Prognosen über das Verhalten und die Entwicklung des Klimas getroffen werden. Das Klimageschehen zeigt ja bekanntlich chaotisches Verhalten, welches eine korrekte Modellierung erschwert. Das kennen wir ja auch von Wettervorhersagen.

Klimamodelle und ihre Spezifik

Wenn man von Klimamodellen spricht, meint man damit Computermodelle mit komplexen Programmen, die der Berechnung und Projektion des Klimas für bestimmte Zeiträume dienen. Bei solchen Klimamodellen unterscheidet man zwischen Modellen zur Klimaprojektion und solchen zu Klimavorhersagen. Während Klimaprojektionen die mögliche Entwicklung des Klimas in der Zukunft angeben, so gehen Klimavorhersagen von Schätzungen aus, wie sich das Klima in näherliegenden Zeiträumen, also in den folgenden Jahren bis hin in den nächsten Jahrzehnten entwickeln wird. Klimaprojektionen zeigen den langfristigen Einfluss, beispielsweise des steigenden Kohlendioxidgehaltes in der Atmosphäre, die unterschiedliche Sonnenaktivität, Vulkanausbrüche oder auch den Einfluss der Wolkenbildung, auf das Klima auf. Den Klimamodellierern bereitet die komplexe und komplizierte Wolkenproblematik und ihre Einbeziehung in Modelle ziemlich große Schwierigkeiten. Ihre Auswirkung auf das Klima wird daher eher geschätzt als berechnet. Die Fehlerquote ist dabei ziemlich hoch und die verwendeten Daten sind oft umstritten. Das liegt daran, dass es verschiedene Typen von Wolken gibt, die in Abhängigkeit von ihrer Dichte und Höhe über dem Meeresspiegel aufsteigende Wärme entweder zurückhalten oder speichern können. Es ist auch möglich, dass sie imstande sind, das Sonnenlicht abzuschirmen. Auch die Sonne stellt eine wichtige Komponente der natürlichen Klimavariabilität auf der Erde dar. Deren solare Zyklen haben ebenfalls deutliche Auswirkungen auf das Erdklima, die im Einzelnen noch nicht richtig in Klimamodellen erfasst werden können. Zufällige Erscheinungen in der Natur, die unabhängig von Eingriffen des Menschen wirken, verhindern, dass wir die Zukunft und damit auch die Klimaentwicklung auf der Erde nicht in allen Einzelheiten in perfekter Weise vorausberechnen können. Das trifft ja auch für das Wetter zu.

Aber trotzdem brauchen wir Menschen eine Orientierung, die uns hilft, das Klimageschehen im „Großen und Ganzen" zu verstehen, auch wenn dies ziemlich schwierig ist. Der Klimaexperte KONRAD BALZER trifft dazu folgende Aussage: „Die Klimamodellierung ist die einzige Methode, um den zukünftigen Kurs des Klimas unserer Erde vorsichtig abzuschätzen, wenngleich noch völlig ungeklärt ist, wie jemals die nicht zu vernachlässigenden Einflüsse ökonomischer Aktivitäten der Menschen und geologische Prozesse mit der erforderlichen Genauigkeit parametrisiert, geschweige denn modelliert werden sollen" (BALZER 1989, S. 120). Grundsätzlich hat die Modellbildung ihre Grenzen. Es existieren markante Unterschiede zwischen Modellen und der Realität. So wird bei einem Modell stets nur das Wesentliche dargestellt, welches im gegebenen Zusammenhang von Bedeutung ist. Die Auswahl der wesentlichen Merkmale für das Modell unterliegt subjektiven Einflüssen. So kann auch davon ausgegangen werden, dass im Allgemeinen nicht alle Modellmerkmale erfasst werden können, weil sie zum Zeitpunkt der Modellerstellung noch nicht bekannt sind. Zum anderen ist die Interpretation eines Systems stets vom Beobachter und seinen Fragestellungen abhängig. Da wird deutlich, dass ein System nicht die Wirklichkeit an sich widerspiegelt, sondern es ist immer nur die Sichtweise und Beschreibung des beobachtenden bzw. untersuchenden Subjektes. NIEMEYER formuliert dazu: „Modelle sind vom Menschen geschaffenen Konstrukte, die aus anderen Systemen hervorgegangen sind. Dabei werden die Systeme so dargestellt, dass eine experimentelle Manipulation der abgebildeten Strukturen und Zustände möglich wird" (NIEMEYER 1977, S. 57).

Exakte Klimaprojektionen und -vorhersagen sind sowieso kaum möglich, weil man nicht alle Einflussgrößen und ihre unterschiedlichen Wirkungen kennt und auch noch nicht richtig versteht. Einflussgrößen werden auch Variablen genannt, da sie sich zeitlich ändern können. Das ist besonders beim Klimageschehen der Fall, denn es reagiert mit beträchtlichen Zeitverzögerungen. Außerdem neigen

Klimaabläufe in der Realität oft zu unvorhersehbaren und daher chaotischen Verhalten, dass sich jedoch im Klimamodell ganz anders zeigen kann. Wenn nämlich aus dem hochkomplexen Klimagefüge einzelne Variablen betrachtet werden, muss man sich vergegenwärtigen, dass sie mit hunderten anderen Variablen in Wechselbeziehungen stehen und Veränderungen von nur einer dieser Variablen zu kolossalen Auswirkungen auf die Gesamtheit des Gefüges führen können. Klimamodelle lassen sich, was das Zusammenwirken der vielen Variablen betrifft, mit dynamischen Systemmodellen vergleichen. In solchen Systemmodellen gibt es unterschiedlich wirkende Variablen, wie aktive, passive, puffernde und kritische, die sich gegenseitig mehr oder weniger stark beeinflussen. Ohne an dieser Stelle auf die Merkmale von Wirkungen einzugehen, werden sie hier nur genannt. Es gibt gleichgerichtete und entgegengerichtete, also gegenteilige Wirkungen sowie positive und negative Rückkopplungen. Letztere sind für das Klimageschehen von besonderer Bedeutung. Bei allen Nachteilen die Klimamodelle besitzen, so sind sie doch unbedingt notwendig, weil sie das einzige Instrument für ein besseres Verständnis der komplizierten Klimaprozesse sind.

Positive und negative Rückkopplungen

Bei Systemen mit Rückkopplung wirkt sich der Prozessablauf auf diesen selbst zurück. Die Rückwirkung kann dabei zwei Zustände auslösen, die sich entweder in einer Verstärkung oder in einer Verhinderung zeigen. Bei einer Verstärkung sprechen wir von einer positiven Rückkopplung und bei einer Verhinderung, die den Prozessablauf in Grenzen hält, dagegen von einer negativen Rückkopplung. Beispielsweise verstärken sich bei einer positiven Rückkopplung Wirkung und Rückwirkung. Dabei schaukelt sich eine Variable auf „Kosten" einer anderen auf.

Einige Beispiele sollen das verdeutlichen. Je mehr Menschen sich auf der Erde befinden, desto mehr Kinder können geboren werden. Und je mehr Kinder geboren werden, desto mehr Menschen wird es geben. Oder je mehr Kohlendioxid in die Atmosphäre gelangt, desto höher steigt die Temperatur. Und je höher die Temperatur, desto mehr Kohlendioxid wird freigesetzt. Bei der negativen Rückkopplung verlaufen Wirkung und Rückwirkung entgegengesetzt. Negative Rückkopplungen haben eine Selbstregulationsfunktion. Mit anderen Worten:

Das System korrigiert sich selbst über eine Rückkopplung. Das kennen wir bei der Temperaturregelung der Wohnungs- und Aquariumheizung. Diese Tatsache trifft auch auf die globale Temperatur auf der Erde zu. Wie wir erfuhren, nimmt die Helligkeit der Sonne im Laufe der Zeit zu. Dadurch müsste sich eigentlich die Temperatur auf der Erde über lange geologische Zeiträume erhöhen, aber das geschieht nicht. Die Regelungsmechanismen auf der Erde haben die Temperatur angesichts der heller werden Sonne geregelt.

Andere Beispiele zur negativen Rückkopplung sind die genannten Phänomene auf der Erde, wie die der Konstanthaltung des Salzgehaltes der Meere und Ozeane und des Sauerstoffgehaltes in der Luft. Unsere komplex aufgebaute und kompliziert funktionierende Biosphäre stellt vereinfacht betrachtet, eine multivariable Größe dar, die hohe Interkorrelationen zwischen den einzelnen Variablen aufweist. Das hat auch zur Folge, dass eine Änderung an einer einzigen Variablen mit hoher Wahrscheinlichkeit das Verhalten einer oder auch mehrerer Variablen mit sich bringt, deren direkte Beeinflussung für uns nicht erkennbar sein muss. Das Klima auf unserer Erde ist daher eine dynamische Größer von riesengroßer Komplexität und über die Zeit instabil.

Es verändert seinen Zustand und die Art und Weise der Interaktion seiner Variablen. Durch die Komplexität der Klimaerscheinungen haben Eingriffe durch den Menschen nicht nur eine Hauptwirkung, sondern auch schädliche Neben- und Fernwirkungen, wie beispielsweise das unkontrollierbare Wachstum der Weltbevölkerung als Fernwirkung der humanitären Hilfe durch Nahrungslieferungen und medizinischer Versorgung. Dazu erfolgen noch genauere Ausführungen.

Klimamodelle werden ständig durch neue Erkenntnisse immer weiter verbessert. Zum einen können physikalische Prozesse wie beispielsweise die Sonnenaktivität, die Wolkenbildung, der Vulkanismus sowie Asteroideneinflüsse genauer erfasst werden und zum anderen gelangen dadurch die Wissenschaftler wieder zu neuen Variablen. Neue Erkenntnisse führen daher zu einem besseren Verständnis der Klimaprozesse. Dabei muss aber beachtet werden, dass bei der Auswahl der Daten subjektive Einflüsse nicht ganz auszuschließen sind und sich bei der Datenauswertung Spielräume für Interpretationsmöglichkeiten ergeben. Aufgrund dieser Tatsachen, gibt es in diesem Sinn keine Vorhersage des Klimas, sondern nur auf Modellen beruhende Projektionen. Allgemein betrachtet sind Modelle ja Vereinfachungen, und damit Transformationen der Wirklichkeit. Außerdem ist zu bedenken, dass die Beziehungen zwischen Modellvariablen ganz anders sein können, als jene zwischen den Variablen der realen Systeme.

Wie wir feststellen, ist die Komplexität der Datenmengen in Klimamodellen gewaltig. Zudem verändern sich diese Datenmengen ständig und müssen bei Modellrechnungen immer wieder angepasst werden. Sicherlich gelingt es zukünftig durch den Einsatz der Künstlichen Intelligenz (KI) zu sichereren Aussagen über die Entwicklung des Klimas auf der Erde zu gelangen.

Klimaforscher haben daher sehr schwierige und nahezu unlösbare Aufgaben zu bewältigen, weil sie neben den Variablen des Systems Erde auch die des Sonnensystems sowie die der Galaxis mit all ihren Wechselwirkungen betrachten müssen. Supercomputer und KI können dabei zwar helfen, aber dieser Bewältigungsprozess wird durch die ständige Zunahme des Wissens wohl niemals abgeschlossen sein. Die Weiterentwicklung der Klimawissenschaften und die Fortschritte in der Computertechnik ermöglichen heute schon relativ gesicherte Erkenntnisse über den Einfluss der Emissionen auf das globale Klima mit Hilfe statistischer Analysen und Klimamodellen, die jedoch den oben genannten Einschränkungen hinsichtlich ihrer Voraussagesicherheit unterliegen. Klimaforscher nutzen zur Erkenntnisgewinnung über die Entwicklung des Erdklimas vergangener Zeiten auch die „Klimaarchive" der Natur.

Klimaarchive der Natur

Klimaarchive stellen beispielsweise die oben beschriebenen Eis- und Erdbohrkerne sowie Fossilien, Pflanzenpollen und Wachstumsringe von Bäumen dar. In Bohrkernen vom Meeresgrund, kann man fossile Einzeller finden, die im Sediment eingeschlossen sind.

Mit solchen, bis zu mehreren Metern langen Kernen lässt sich die Geschichte des Klimas über viele Millionen Jahre hinweg verfolgen. Bohrkerne kann man als Zeitkapseln betrachten. Damit stellen sie ein Archiv der Erdgeschichte dar, von denen sich die Forschenden wichtige Antworten auf viele Fragen zum Klimageschehen erhoffen. In den Kernen werden verschiedene Arten solcher Einzeller gefunden. Da sind solche zu entdecken, die im wärmeren Wasser leben und wieder andere, deren Lebensraum das kältere Wasser ist. Bei der Untersuchung der einzelnen Schichten im Bohrkern auf das Vorhandensein der einen oder der anderen Art, lassen sich so die Wassertemperaturen der Vergangenheit rekonstruieren. Daraus kann dann abgeleitet werden, wann es Warm- und Kaltzeiten gab. Genauere Ergebnisse erzielen jedoch Analysen der Jahresringe von Bäumen. Es ist allgemein bekannt, dass aus dem Abstand der Jahresringe auf die Witterung im jeweiligen Wachstumsjahr geschlossen werden kann. Ein schmaler Ring, lässt auf langsames Wachstum durch kühleres Wetter schließen und ein breiter auf schnelles Wachstum infolge warmen Wetters. Für solche Bestimmungen lassen sich aber nur Bäume aus den Alpen verwenden, die sich in der oberen Waldgrenze befinden. Bei diesen Bäumen ist die Sommertemperatur diejenige Größe, die für das Wachstum sorgt. Alle anderen Bäume eignen sich nicht, da ihr Wachstum hauptsächlich durch Niederschläge erfolgt. Überhaupt sind Jahresringauswertungen zur Ermittlung des Klimas vergangener Zeiten ziemlich ungenau, weil die Bäume in ihren Wachstumsprozessen unterschiedliche klimatische Einflüsse auch ausgleichen können.

Menschen und ihre Umweltfolgen

Streng betrachtet besteht noch keine ausreichende Gewissheit, sondern vielmehr wissenschaftlich aufgestellte Vermutungen, die zu Aussagen über die Klimaentwicklung führen. Doch dabei ist es eine Tatsache, dass mit der industriellen Revolution der Mensch zur prägenden Kraft auf der Erde geworden ist. Das wird darin deutlich, dass die vom Menschen genutzte Energie nach den Gesetzen der Thermodynamik stets in Wärme umgewandelt wird. Ein Teil dieser freigesetzten Wärme trägt dann zur Erderwärmung bei, während der andere Teil ins Weltall abgestrahlt wird.

Viele Wissenschaftler sind sich im Wesentlichen darüber einig, dass die ansteigende Erderwärmung in den vergangenen Jahrzehnten im erheblichen Umfang durch den Menschen und seine Energieerzeugung hervorgerufen wurde. Der Lebensstandard ist eng mit dem Energieverbrauch verknüpft. So kann man sagen, dass alle Umweltprobleme aus der Verbrennung fossiler Brennstoffe herrühren. Dabei ist bekannt, dass die dadurch verursachte Kohlendioxidbelastung vorwiegend aus der Verbrennung fossiler Brennstoffe herrührt und zwar zu etwa 80 Prozent. Die übrigen 20 Prozent entfallen auf die Bodenerosion sowie die Abholzung und Vernichtung der Wälder. Die Waldflächen auf unserer Erde haben eine kühlende Wirkung auf das Klima. Sie werden im Lauf der Zeit immer kleiner, weil sie einer wärmespeichernden Infrastruktur mit versiegelten Flächen Platz machen müssen.

Der Prozess der großflächigen Waldrodungen begann vor etwa 8000 Jahren in Europa, um Ackerbau zu betreiben. Eigentlich begann schon damit jene Zeit, bei dem der Mensch durch sein Eingreifen in die Natur zum Klimafaktor wurde. Seit Bestehen der Wälder auf der Erde, gab es schon immer Brände, die durch Naturerscheinungen ausgelöst wurden. Sie sind daher eine ganz normale Erscheinung. Brände die jedoch durch Menschen absichtlich verursacht werden, wie etwa solche für das Schaffen von Viehweiden und Anlegen landwirtschaftlicher Nutzflächen in den Tropen, können neben der Vernichtung von Pflanzen und Tieren das Klima durch vermehrten Kohlendioxidausstoß deutlich erhöhen. Das liegt daran, dass dort der Anteil pflanzlicher Biomasse drastisch sinkt und dadurch nicht mehr so viel Kohlendioxid aufgenommen kann.

Waldbrände und Waldrodungen

Natürliche Wald-, Busch- und Steppenbrände zerstören zwar auch Biotope, doch sie können der Natur auch von Nutzen sein. Feuer sind imstande, ganze Lebensgemeinschaften zu erneuern. Beispielsweise verfügen die Mammutbäume *Sequoioideae* in Kalifornien über spezielle Anpassungen und überstehen damit unbeschadet Brände. Sie schützen sich mit einer mehrschichtigen Borke vor sengender Hitze. Ohne Feuer könnten sie sich nicht vermehren. Deren Zapfen geben ihre Samen nur nach dem Feuer frei. Die Samen keimen dann auf dem vom Feuer freigelegten Waldboden. Dort haben sie viel Licht und Platz, um sich zu entwickeln. Aber diese Tatsache trifft nicht nur für die Mammutbäume zu. Auch der Australische Grasbaum *Xanthorrhoea johnsonii* und der Hakea-Busch *Hakea laurina* öffnen durch Hitze ihre Samenkapseln, die im aschegedüngten Boden zur Keimung gelangen. Manche Bäume werden sogar zu regelrechten „Brandstiftern", die mit ihren flüchtigen Öl Feuer noch weiter entfachen können. Es sind die Eukalyptusbäume *Eukalypteae*, deren ätherisches Öl leicht entflammbar ist.

Auch diese Bäume brauchen die Brände, auch wenn es paradox klingt, zum Überleben. Kaum vorstellbar, dass es auch ein Tier gibt, welches Feuer zur Arterhaltung benötigt. Bei Waldbränden reagieren die Tiere des Waldes mit Panik und verlassen fluchtartig das immer näherkommende Flammenmeer. Nur ein Tier fühlt sich von Waldbränden regelrecht angezogen – es ist der Schwarze Kiefernprachtkäfer *Melanophila acuminata*. Dieser Käfer reagiert auf Infrarotstrahlung, die von Waldbränden ausgeht. So können sie Waldbrände aus Entfernungen von bis zu 50 Kilometern ausmachen. Wodurch sind diese kleinen Käfer für die Aufnahme der Infrarotstrahlung so empfänglich?

Bei diesen Käfern entwickelten sich dafür ganz spezielle Sinnesorgane zur Wahrnehmung von Infrarotstrahlung. Es sind Infrarot-Sinnesorgane, die sich in Gruben zu beiden Seiten des vorderen Brustabschnittes, Thorax genannt, befinden. Jedes dieser Organe besteht aus etwa 65 noppenförmige Infrarotrezeptoren. Das Besondere dieser Käferrezeptoren ist jedoch, dass sie die Wärmestrahlung in einen mechanischen Reiz umwandeln.

Wie ist nun ein solcher Rezeptor aufgebaut?

In den beiden Grubenorganen des Kiefernprachtkäfers sind die vielen noppenförmigen Infrarotrezeptoren eingebettet. Jeder dieser Rezeptoren enthält ein kleines zwiebelschalenartig aufgebautes Kügelchen, welches sich in einem flüssigkeitsgefüllten Hohlraum befindet. Unterhalb des Kügelchens sitzt mittig die auf mechanische Reize ansprechende Sinneszelle. Sie hat im oberen Teil eine Spitze, die auf die Unterseite des Kügelchens gerichtet ist. Wenn Infrarotstrahlung auf den Rezeptor einwirkt, wird diese von dem Kügelchen aufgenommen, also absorbiert. Das Kügelchen wird erwärmt und dehnt sich dabei leicht aus – das Volumen des Kügelchens vergrößert sich. Das ist bei einem Flüssigkeitsthermometer ähnlich, bei dem auch eine Volumenveränderung bei Erwärmung auftritt. Durch die Volumenvergrößerung wird auf die Spitze der unten befindlichen Sinneszelle ein Druckreiz ausgeübt. Diese Druckänderung löst einen Nervenimpuls in Form eines elektrischen Signals aus, der als Information zur Weiterverarbeitung an das Zentralnervensystem geleitet wird.

Nach dem Vorbild des Kiefernprachtkäfers und seines Sinnesorgans wurden fotomechanische Infrarotdetektoren entwickelt, die als miniaturisierte Brandmelder zur Früherkennung von Waldbränden einsetzbar sind.

Die genannten Beispiele vermitteln den Waldbränden so auch ein positives Bild, indem sie der Arterhaltung und -verbreitung dienen.

Bei der Regenwaldabholzung stehen kurzfristigen Vorteilen dauerhafte Schäden gegenüber. Das ist zweifellos eine bedrohliche Situation. Sicherlich kann der Mensch mit den Abgasen von Industrieanlagen, durch den Verkehr, durch von ihm verursachte Waldbrände und noch viele andere globale Eingriffe das

Selbstregulationsvermögen, welches auf der Erde und in der Atmosphäre herrscht, beeinträchtigen bzw. nachhaltig verändern. Das ist mit hoher Wahrscheinlichkeit auch der Grund dafür, dass beim übermäßigen Ansteigen von Kohlendioxid die Wärme nicht mehr so richtig in die Atmosphäre entweichen kann und seine Ansammlung die Erdtemperatur ansteigen lässt. Denkbar ist ja, wie wir erfuhren, dass der umgekehrte Fall auch möglich ist – dass eine Erhöhung der Temperatur zum vermehrten Kohlendioxidausstoß führt. Was hinter einer solchen Umkehr des Verhaltens von Ursache und Wirkung steckt, ist schwierig zu verstehen. Dabei ist auch noch der zeitliche Aspekt einzubeziehen, wann ein Ereignis erfolgt. Bekanntlich gibt es Verzögerungseffekte. Dazu passt das Zitat von GOTTFRIED WILHELM LEIBNITZ (1646–1716): „natura non facit saltus“ (die Natur macht keine Sprünge) zu. Mit dem Umgang von Zeitverzögerungen haben wir ziemliche Probleme. Unser Alltagshandeln funktioniert oftmals auf der Erwartung zeitlich unmittelbar eintretender Ereignisse. Dabei können wir bloß ein bis höchstens zwei Generationen voraussehen.

Wir erwarten oft, dass die Ergebnisse unseres Handelns sofort sichtbar und spürbar werden, damit sie zur Voraussetzung weiteren Handelns dienen. Mit anderen Worten, wir können die Zeit nicht abwarten. Das Gegenteil ist der Fall, wenn es um Ereignisse geht, die erst sehr spät eintreten bzw. in ferner Zukunft liegen. Das betrifft das Eintreten von Gefahren und Katastrophen, wie beispielsweise die Auswirkungen der Klimakrise oder ein Asteroideneinschlag. Dabei verstehen wir nicht, dass es sich um hochgradig vernetzte komplexe Systeme mit einer Vielzahl voneinander abhängiger Variablen mit Änderungen in der Zeit handelt, wobei die Auswirkungen der Änderungen oft erst viel später eintreten können. Hinzu kommt, dass wir noch weit davon entfernt sind, die Prozesse im Detail zu verstehen, die seit Jahrmillionen auf der Erde und im Universum ablaufen.

Vom Wachstumsmythos

Wir haben festgestellt, dass seit der industriellen Revolution der Mensch die Biosphäre unseres Planeten Erde stark verändert hat. Die technischen Errungenschaften haben tiefgreifende Veränderungen bewirkt – im positiven, wie auch im negativen Sinn. Dabei ist es eine Tatsache, dass mit der industriellen Revolution die menschliche Bevölkerung rapide zugenommen hat – es sind heute über acht Milliarden Menschen, die die Erde bevölkern. Jedes Jahr kommen geschätzt, einhundert Millionen Menschen dazu. Es ist kein Ende dieses Wachstums abzusehen. Dabei hat jeder dieser Menschen ein Anrecht auf Lebensraum, Nahrung, Trinkwasser und weitere Ressourcen, die in den verschiedensten Produkten, die der Mensch herstellt und nutzt, vergegenständlicht sind – und das ein ganzes Leben lang. Daraus ergibt sich schon für den Einzelnen ein enormer Rohstoff- und Energiebedarf, der mit beträchtlicher Umweltbelastung verbunden ist.

Das trifft auch für das steigende wirtschaftliche Wachstum zu, welches zu einem Mythos geworden ist und an unserer Lebensweise zweifeln lässt. Zum Beispiel produzieren wir immer mehr Konsumgüter – immer mehr Autos, Haushaltsgeräte u.v.m. Wir versiegeln immer weiter die Landschaft mit Infrastrukturen und legen Monokulturen an, um die Nahrungsgrundlagen zu sichern. Durch massive Herstellung technischer Mittel zur Bedürfnisbefriedigung und deren Nutzung, wie unersättliches Konsumieren, kommt die Erde an ihre Grenzen. Die Rohstoffe nehmen ab und versiegen in geraumer Zeit und der produzierte Abfall und Müll belastet die Biosphäre. Damit nimmt die Umweltzerstörung drastisch zu. Dabei muss man jedoch eine simpel anmutende Tatsache bedenken, dass es in einem endlichen System – wir betrachten die Erde als ein System – kein unendliches Wachstum geben kann. Der Glaube an unbegrenztes Wachstum ist daher ein Trugschluss und beruht auf falschen bzw. unbedachten ökologischen Voraussetzungen. Eine wachstumsgetriebene Wirtschaft zerstört langfristig gesehen unsere natürlichen Lebensgrundlagen. Die Erde ist ein räumlich begrenztes System und lässt daher das Produzieren und Konsumieren irgendwann nicht weiterwachsen. Dabei ist weiterhin zu beachten, dass beide Prozesse die Umwelt belasten. So werden beim Produzieren natürliche Rohstoffe abgebaut, wobei bei deren Umwandlung in Produkte Abfall, Müll und Schadstoffe entstehen. Und beim Konsumieren erzeugt die Verwertung dieser Produkte ebenfalls solche Umweltbelastungen. Bei allen diesen Betrachtungen zeigt sich ein globaler Widerspruch, den es von uns zu lösen gilt. Dieser besteht darin, dass die begrenzten materiellen Ressourcen, wie Bodenschätze, Nahrung, Lebensraum usw. im Gegensatz zu dem unbegrenzten Reproduktionsvermögen von Materie, wie beispielsweise die menschliche Gesellschaft und die Technik stehen. Diesen Widerspruch müssen wir dringend lösen, um unsere Zukunft zu sichern. Ein weiteres Anwachsen der Erdbevölkerung würde eine drastische Steigerung der Produktion von Nahrungsmitteln auf nicht mehr erweiterbaren landwirtschaftlichen Anbauflächen bedeuten. Für den in die Höhe schnellenden Energiebedarf durch immer mehr Menschen gibt es ebenfalls Probleme in der Versorgung. Unsere „Mutter Erde“ ist eigentlich heute schon überbevölkert. Zur jetzigen Zeit leben wir in diesem instabilen Zustand und erkennen, dass ungehemmtes Wachstum nicht aufrechterhalten werden kann. Es gilt als eine Tatsache, und da ist sich der größte Teil der Wissenschaftler einig, dass unsere Zivilisation auf der Erde irgendwann beendet sein wird.

Die Umstände sind dabei unbestimmt und was den Zeitpunkt betrifft, so kann früher oder später ein gewaltiger Asteroideneinschlag das Leben auslöschen. Und wir wissen auch, dass unsere Erde nicht in aller Ewigkeit existieren wird. Unsere „alte Mutter Erde“ hat schon mehr als die Hälfte ihres Lebens hinter sich. Auch sie „stirbt“, wie wir bereits erfuhren, wenn die Sonne sie dann „vertilgt“ hat. Aber bis es soweit ist, müssen wir das Leben auf der Erde sichern und die Grenzen unseres Wachstums beachten, die uns vom begrenzten System Erde auferlegt werden.

Wachsende Systeme und ihre Grenzen

Zunächst müssen wir erst einmal klären, was Wachstum überhaupt ist. Ganz allgemein betrachtet, ist Wachstum die Veränderung einer Größe oder eines Zustandes im Ablauf der Zeit. Dabei gibt es, wie bereits hervorgehoben, positives und negatives Wachstum. Wir wollen die Unterschiede beider Arten des Wachstums an einem Beispiel verdeutlichen. Von positivem Wachstum spricht man, wenn beispielsweise zu einer Demonstration immer mehr Menschen hinzukommen. Dabei wächst die Größe „Anzahl der Demonstranten“ an. Negatives Wachstum liegt dann vor, wenn sich von der Demonstration immer mehr Teilnehmer wieder entfernen, weil sie zum Beispiel Angst vor der Polizei haben, sie in Bedrängnis geraten oder sie es sich anders überlegt haben. Die Demonstration hat so negatives Wachstum und „wächst“ auf einen Minuswert herab. Man kann also sagen, dass hier schrumpfendes Wachstum vorliegt. Aber zum Verständnis wachsender Systeme reicht diese Erkenntnis noch nicht aus. Man muss auch noch zwischen linearem und exponentiellem Wachstum unterscheiden. „Bei linearem Wachstum erhöht sich die wachsende Größe in gleichen Zeitabständen immer um den gleichen Betrag. Beim exponentiellen Wachstum dagegen ist der jeweilige Zuwachsbetrag der schon vorhandenen Größe proportional" (MAEDOWS, 1974). Für das Beispiel Demonstration mit 120 Teilnehmern bedeutet das, dass beim Vorliegen von linearem Wachstum, alle fünf Minuten 100 neue Demonstranten hinzukämen. Natürlich ist das nur ein veranschaulichendes Beispiel, was bei einer realen Demonstration nicht so exakt geschieht. In einer Stunde wächst die Demonstration von 120 auf 1320 Demonstranten an. Wenn aber die Demonstration exponentiell anwächst, also wenn alle fünf Minuten zu jedem Demonstranten ein neuer Demonstrant hinzukommt, wäre die Demonstration nach einer Stunde auf 491.520 Demonstranten angewachsen.

Fazit: Eine schier große Anzahl von Demonstranten bei diesem exponentiellen Wachstum. Die Straßen wären schnell verstopft, der Verkehr würde erliegen und nicht auszudenken wäre, wenn in dieser Menschenmenge eine Panik ausbrechen würde. Das exponentielle Wachstum kann sehr gefährlich werden.

Es zeigt aber auch, dass es irgendwann einen Punkt erreicht, an dem es an eine Grenze gelangt, die als Grenze des Wachstums bezeichnet wird. Beim betrachteten Beispiel wird deutlich, dass es in einem begrenzten System, in diesem Fall die gegebene, zur Verfügung stehende räumlich begrenzte Infrastruktur, kein unbegrenztes Wachstum geben kann.

Diese unumstößliche Tatsache trifft auch auf das Bevölkerungswachstum auf der Erde zu. Hierbei ist die Menschheit ein schnell wachsendes System. In früheren Zeiten wuchs die Weltbevölkerung ziemlich langsam, sie verdoppelte sich alle 40 000 Jahre. Die Menschen konnten sich auf die damit einhergehenden Veränderungen langsam einstellen, was in heutiger Zeit kaum mehr möglich ist. Die früher lebenden Jäger- und Sammlergesellschaften hatten nur wenige Kinder. Diese Gesellschaften lebten „von der Hand in den Mund". Sie mussten sich tagtäglich neu mit Nahrung versorgen, die ihnen die Natur bot. Erst durch die Einführung von Ackerbau und Viehzucht, verbunden mit der sesshaften Lebensweise, konnte eine stabile Versorgung auf der Grundlage der Vorratshaltung und Lagerung von Lebensmitteln ermöglicht werden. In deren Folge wurden mehr Kinder als zuvor geboren. Mit der Zeit vervollkommnete sich auch die Technik des Menschen immer weiter. In späteren Zeiten konnten zudem neue medizinische Erkenntnisse gewonnen werden.

Diese Tatsache wurde besonders in der Entwicklung der Medizin deutlich. Die Erweiterung des Wissensstandes führte zu Fortschritten in der Bekämpfung der verschiedensten Krankheiten.

Seuchen und Epidemien konnten wirksam eingedämmt werden und viele Krankheiten wurden durch die Erfindung und den Einsatz von Antibiotika ausgemerzt und so die Sterblichkeit erheblich gesenkt. Dadurch stieg die Lebenserwartung, die in der Folge auch die Bevölkerungsexplosion auslöste. Zuerst nahm man an, dass die Ursache der Bevölkerungsexplosion eine gestiegene Geburtenrate sei. Es stellte sich aber heraus, dass es sich um die Abnahme der Sterblichkeit durch medizinische Erfolge bei gleichbleibender Geburtenrate handelte. Die vorher ausgeglichene Bevölkerungsanzahl hatte sich verändert, weil in das selbstregulierende Fließgleichgewicht eingegriffen wurde und dadurch den weiteren Bevölkerungsanstieg verursachte. Auch die vielen Maßnahmen der Entwicklungshilfe und der Weltgesundheitsorganisation trugen in der jüngeren Vergangenheit dazu bei, dass die hohe Sterblichkeit in den sogenannten Ländern der „dritten“ Welt schnell behoben werden konnte.

Auf eine interessante Tatsache macht der deutsche Biochemiker und Umweltexperte FREDERIC VESTER (1925–2023) im Zusammenhang mit dem Bevölkerungswachstum aufmerksam. Der durch sie ausgelöste Dichtestress würde das Bevölkerungswachstum bremsen und zwar lange bevor sich die Nahrungsvorräte auf der Erde aufzehren. Würde nämlich die Natur die Population weiter anwachsen lassen, bis die Nahrungsquellen verbraucht sind, müsste die Population auf einem Schlag aussterben. Wissenschaftler haben in verschiedenen Experimenten, wie beispielsweise mit dem „Rattenexperiment“, untersucht, was mit dem Anwachsen einer Population in einem begrenzten Gebiet geschieht. Dieses Experiment fand unter kontrollierten Bedingungen in einem abgegrenzten Experimentierraum statt. Die Forschenden stellten dabei fest, dass bei den Ratten ab einer bestimmten Populationsdichte ein völliger Verfall eintritt. So nimmt die Aggressivität der Ratten zu, ihr Brutpflegeinstinkt geht verloren, auch fressen sie häufig ihre Neugeborenen und viele Ratten werden mit der Zeit unfruchtbar. Das Nahrungsangebot versiegt auf der begrenzten Fläche, die Ratten hungern und manche sterben. Diese Mechanismen, wir nennen sie Regulationsmechanismen, vermögen es, die Rattenpopulation auf einen solchen Wert zu begrenzen, der ihnen das Überleben in diesem begrenzten Territorium ermöglicht. Die Populationsgröße nähert sich dabei einem „Sättigungswert“, den die Bedingungen der Umwelt diktieren und mit der Zeit pendelt sich die Rattenanzahl auf eine „umweltverträgliche“ Größe ein. Auch das weitere Bevölkerungswachstum kann irgendwann zu unvermeidlichen Konflikten um Land, Rohstoffe und Nahrungsmittel führen. Auch Kriege sind dabei nicht auszuschließen. So könnte der „Treibhauseffekt" letztlich auch in diesem Zusammenhang verstärkend wirken. Er steht nämlich im untrennbaren Zusammenhang mit dem Bevölkerungswachstum. Das wird dadurch deutlich, dass immer mehr Menschen auf der Erde und besonders jene in den Entwicklungsländern einen höheren Lebensstandard anstreben und als Folge davon auch mehr fossile Brennstoffe benötigen. Wie wir wissen, ist das Wirtschaftswachstum eng mit dem Energieverbrauch verbunden. Das bedeutet für diese Länder, dass nur durch das Bereitstellen großer Mengen preisgünstiger Energie ein Wirtschaftswachstum ermöglicht werden kann. In der heutigen Zeit stellt bezahlbare Energie jene dar, die aus Kohle, Erdöl, Erdgas und Uran gewonnen wird. Energie aus Wind und Sonne sind für die Länder der Dritten Welt im Moment noch unerschwinglich und werden deswegen auf fossile Energieträger setzen, die zum weiteren Anstieg der Kohlendioxidkonzentration in der Atmosphäre führen.

In diesen Ländern muss sinnvolle Familienpolitik und die daraus resultierende Familienplanung endlich durchgesetzt werden, um Katastrophen und Überbevölkerung abzuwenden. Hier sind solche Katastrophen, wie Hungersnöte, Epidemien und regionale Kriege gemeint, die große Teile der dritten Welt ins Elend stürzen können.

Der amerikanische Ökonom und Systemanalytiker DENNIS MAEDOWS hat in seinem Buch: „Die Grenzen des Wachstums" für das Bevölkerungswachstum deutlich gemacht, „... dass nur dann größere Katastrophen vermieden werden, wenn zu weiterer Geburtenkontrolle und zur Pflege (statt Raubbau) der Rohstoffquellen noch eine sofortige Reduzierung des Wirtschaftswachstums hinzukäme". Die Maedows-Studie wurde vom Club of Rome zur Lage der Menschheit im Jahre 1972 veröffentlicht und trifft auch Aussagen und Empfehlungen für die Zukunft der Weltwirtschaft. In ihr wird vor der Zerstörung der ökologischen Grundlagen gewarnt, die sich aus einer extensiven Nutzung der Technik ergeben. In dieser Studie werden auch Aussagen zu globalen Entwicklungstrends, wie Ausbeutung der Rohstoffquellen und Zerstörung der Lebensräume, rapides Wachstum der Bevölkerung und beschleunigte Industrialisierung sowie Zunahme der Hungerkatastrophen, gemacht. „Wenn die gegenwärtige Zunahme der Weltbevölkerung, der Industrialisierung, der Umweltverschmutzung, der Nahrungsmittelproduktion und der Ausbeutung von natürlichen Rohstoffen unverändert anhält, werden die absoluten Wachstumsgrenzen auf der Erde im Laufe der nächsten hundert Jahre erreicht. Mit großer Wahrscheinlichkeit führt dies zu einem ziemlich raschen und nicht aufhaltbaren Absinken der Bevölkerungszahl und industriellen Kapazität" (MAEDOWS u. a. 1992, S. 10).

Ein Eingreifen des Menschen in das ungehemmte Bevölkerungswachstum, das gilt natürlich auch für das Wirtschaftswachstum, kann nur auf der Grundlage der Kenntnis und Anwendung des Regelkreisprinzip erfolgen. In einem Regelkreis wirkt bekanntlich ein begonnener Ablauf auf sich selbst zurück. Das wird Rückwirkung, besser Rückkopplung, genannt. Wir haben kennengelernt, dass es dabei zwei Möglichkeiten des Verlaufes gibt. Entweder kann die Rückkopplung auf den ursprünglichen Prozessablauf verstärkend oder begrenzend wirken. Ein sich aufschaukelnder bzw. verstärkender Prozessablauf gehört, wie bereits ausgeführt, zur positiven Rückkopplung. Bei Abläufen, die der positiven Rückkopplung unterliegen, stellen sich mit der Zeit gefährliche und auch zerstörende Situationen ein, wenn nicht von außen Begrenzungsmechanismen eingreifen. Das haben wir am Beispiel des dynamischen Bevölkerungswachstums dargelegt. Auch hierbei wird deutlich, dass jedem exponentiellen Wachstum die Funktion eines positiv rückgekoppelten Regelkreises zugrunde liegt. Fassen wir zusammen: Regelkreise mit positiver Rückkopplung führen zu explosivem Wachstum und solche mit negativer Rückkopplung wirken regulierend. Letztere funktionieren ausgleichend und stabilisierend, wie wir es bei der Temperatur- oder Flüssigkeitsstands-Regelung kennen. Wenn wir die genannte negative Rückkopplung mit Selbstregulationsfunktion auf das Bevölkerungswachstum anwenden, muss die zunächst positive Rückkopplung durch eine entgegengesetzte Wirkung so beeinflusst werden, dass der Kollaps bzw. Zusammenbruch des Systems abgewendet werden kann. Wenn nun die Bevölkerung jedes Jahr durch die Gesamtzahl der Geburten anwächst und gleichzeitig durch die Gesamtzahl der Sterbefälle wieder abnimmt, käme das einer ausgleichenden Stabilisierung der Bevölkerungszahl gleich. Das trifft jedoch nur zu, wenn die Geburten- und Sterbeziffer ausbalanciert wäre. Da aber derzeit die Geburtenrate weltweit höher als die Sterberate ist, muss die Geburtenrate mit geeigneten Maßnahmen auf den Stand der Sterberate zurückgeführt werden. Die Anzahl der Menschen in dem begrenzten System Erde darf die gegebene Wachstumsgrenze nicht wesentlich überschreiten. In der Natur gibt es für begrenztes Wachstum viele Beispiele. Ein Beispiel soll das verdeutlichen. Betrachten wir einen Teich, in dem ein Schwarm Moderlieschen lebt. Aufgrund der hervorragenden Lebensbedingungen vermehren sich diese kleinen Fische stark, sodass der Schwarm anwächst. Durch den Nahrungsüberfluss vermehren sich auch ihre Fressfeinde, die Barsche in diesem Gewässer. Die vielen Barsche fressen sich an den Moderlieschen satt, wobei die Anzahl der Barsche rapide zunimmt. Irgendwann finden die Barsche nicht mehr genug Nahrung, sodass sich ihre Anzahl reduziert. Weniger Barsche bewirken nun wieder eine Erhöhung der Anzahl von Moderlieschen usw. Bei begrenzten Umweltressourcen ergibt sich daher ein logistisches Wachstum, welches einen „Sättigungswert“ zustrebt.

Die Natur mit all ihren Lebewesen funktioniert auf der Grundlage dieses universellen Prinzips. Es führt eben nicht, wie manche annehmen, zum ungehemmten Wachstum bei begrenzten Ressourcen, sondern es entwickelt und vervollkommnet sich in seiner Selbstregulation, in Kreisläufen und im Recycling sowie im Fließgleichgewicht und auch in negativer Rückkopplung. Nur durch ihr ständiges Wirken ist das Überleben einer Art, auch für uns Menschen, garantiert.

In ihrer instabilen Phase ist jedoch die positive Rückkopplung, was die Bevölkerungsexplosion betrifft, gegenwärtig vorherrschend.

Der „Albedo-Effekt“

Positive Rückkopplungen sind in den Erscheinungen der Natur kaum zu finden, ausgenommen im Krebswachstum, in Wald- und Steppenbränden oder bei der Entstehung von Naturkatastrophen. Diese Rückkopplung ist dabei eine Größe, die sich aufgrund ihrer Existenz sozusagen von selbst vermehrt. In diesem Sinne führt der anthropogene Klimawandel wahrscheinlich dazu, dass durch die Temperaturerhöhung das Eis an den Polen abschmilzt. Das betrifft in besonderem Maß das arktische Packeis. Durch das abnehmende, weiße Eis mit seinem Reflexionsvermögen für die Sonneneinstrahlung, wird die Erdoberfläche dunkel. Der freigewordene Erdboden und auch die nicht mehr eisbedeckten Teile der Ozeane absorbieren die Sonnenstrahlung und führen zur Aufheizung. Wenn nun die Erde und das Wasser wärmer werden, schmilzt in der Folge noch mehr Eis. Wie wir wissen, reflektieren weiße Oberflächen das Licht, während schwarze das Licht absorbieren, also aufnehmen. Diese Erscheinung wird als „Albedo-Effekt“ bezeichnet. Albedo kommt aus dem Lateinischen und bedeutet „Weiße“. Es steht daher mit weißen Flächen in Zusammenhang und kennzeichnet verallgemeinert die Anteile von reflektierender und einfallender Sonnenstrahlung.

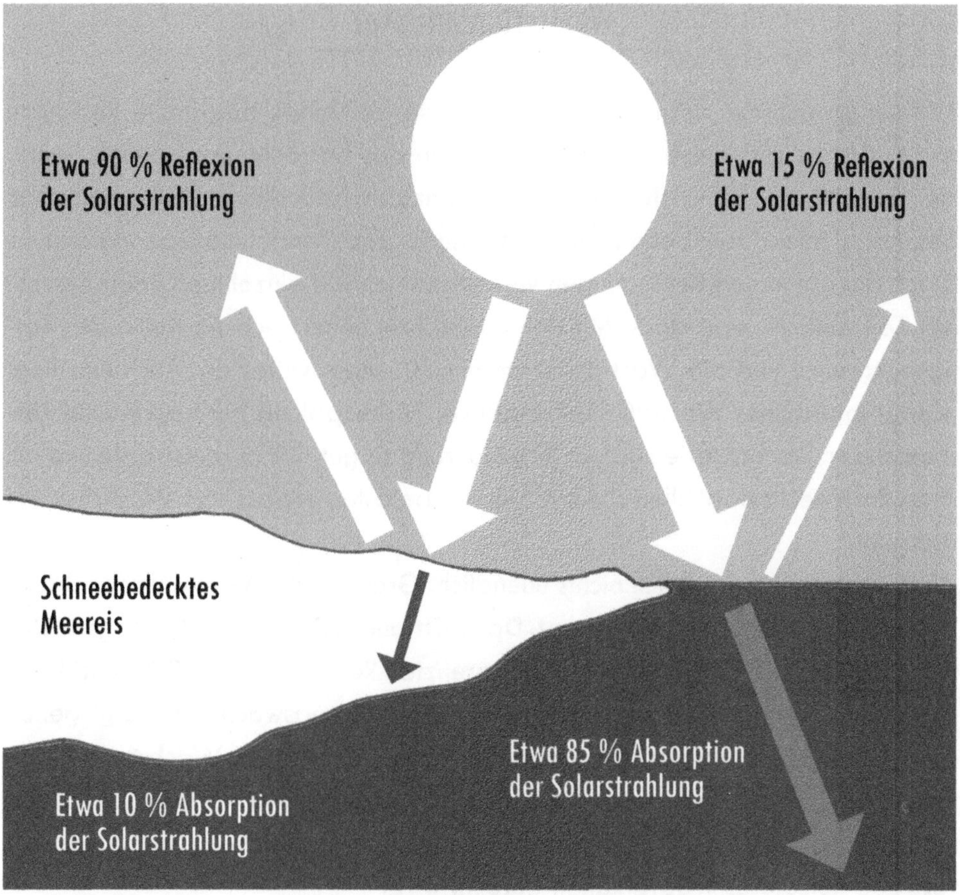

Abb. 21 „Albedo-Effekt" in der Arktis

Ganz besonders deutlich zeigt sich der Rückgang von Eis und Schnee bei den Gletschern, die auf der Erde schon ziemlich stark geschrumpft sind. Dieser einmal in Gang gekommene Kreislauf setzt sich so immer weiter fort. Er schaukelt sich regelrecht auf, sodass Erwärmung zu immer mehr Erwärmung führt. Diesen Prozessablauf bezeichnet man als positive Rückkopplung, der zum schon beschriebenen „Kipp-Punkt" führen kann. Eine Überschreitung eines solchen „Kipp-Punktes" kann durchaus ein Teilsystem aus dem Gleichgewicht bringen und es letztlich sogar zerstören. Wir müssen daher, wenn wir umweltgerecht Handeln wollen, zur negativen Rückkopplung übergehen, die sich regulierend auf das Wachstum auswirkt und wie ein stabilisierender Regelkreis funktioniert. Beispiel dafür ist das gesunde Zellwachstum und das Sättigungswachstum einer Bakterienkultur.

Wachstumsmuster

Sättigungswachstum liegt also vor, wenn eine bestimmte begrenzte Ressource vorhanden ist und diese mit dem Wachstum des betrachteten Systems immer kleiner wird. In einer sich in einem Reagenzglas befindlichen Bakterienkultur, begünstigt die darin befindliche Nährlösung das mengenmäßige Wachstum. Durch die optimalen Bedingungen vermehren sich die einzelligen Bakterien mit der Zeit zunächst sehr stark. Mit steigender Zahl nähert sich die Kultur der Sättigungsgrenze und die Wachstumsrate nimmt immer weiter ab. Auch hier liegt wieder logistisches Wachstum mit negativer Rückkopplung bei begrenzten Ressourcen vor. Die Bakterien haben ihre Nahrung so gut wie aufgebraucht und mit ihren Stoffwechselabfällen die Nährlösung belastet, sodass das Wachstum zurückgeht.

In der Natur ist eigentlich nichts unendlich. Grenzen des Wachstums sind dort immer vorhanden und stets präsent. Das trifft auch für das Bevölkerungswachstum zu, dass auch einmal durch die begrenzten Ressourcen zum Stillstand kommen muss. Auch die Wachstumskurve des Bevölkerungswachstums folgt genau wie die des Bakterienwachstums dem generellen natürlichen Wachstumsmuster, welches mit einem exponentiellen Wachstum beginnt und nach ungefähr der halben Tragfähigkeit der Umwelt abflacht und dann auf einen Sättigungswert zustrebt, der dieser Tragfähigkeit gerecht wird.

Das Bevölkerungswachstum lässt sich demnach auch nur als begrenztes, also als notwendiges Sättigungswachstum begreifen, obwohl es sich zurzeit in einer steilen exponentiellen Phase des logistischen Wachstums befindet. Insgesamt gesehen, kann es aber aufgrund der begrenzten Ressourcen, die irgendwann erschöpft sein werden, nur ein logistisches Wachstum geben. Wohin unbegrenztes, also exponentielles Wachstum führt, lasst sich beim Krebswachstum beobachten. Es ist allgemein bekannt, dass Krebs eine Erkrankung des Zellgewebes darstellt. Hierbei beginnen sich die Zellen durch Veränderungen im Erbgut ungehemmt zu teilen und gesundes Gewebe zu verdrängen und zu zerstören. Dabei zeigt sich, dass jegliches Fortsetzen der exponentiellen Wachstumsphase letztlich zur Zerstörung des Organismus führt. Auf das Bevölkerungswachstum bezogen, bedeutet diese Erkenntnis, dass es zur Auslöschung unserer Zivilisation durch ungehemmtes Wachstum kommen könnte. Für die Erde ist diese Tatsache jedoch unerheblich. Sie erholt sich von uns Menschen und deren technischen Er-

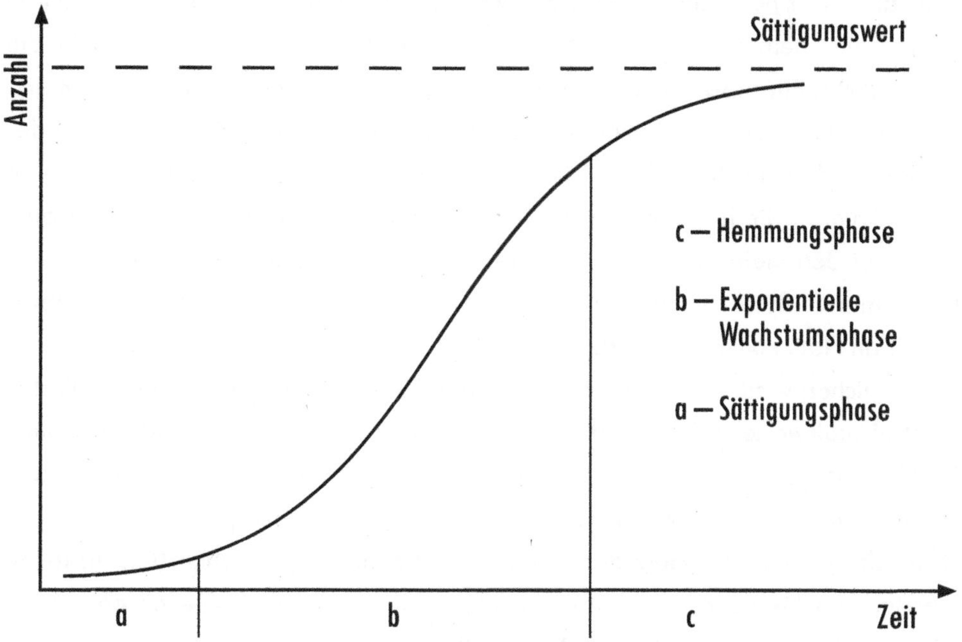

Abb. 22 Wachstumsmuster: Logistisches Wachstum

rungenschaften, existiert weiter und schafft dadurch Platz für neues und andersartiges Leben. Unsere Zivilisation muss daher in den stationären Zustand des logistischen Wachstums übertreten. Zum Verständnis kann logistisches Wachstum anschaulich in einer S-Kurve dargestellt werden. In dieser S-Kurve entspricht der mittlere Abschnitt dem exponentiellen Wachstum. Diese Kurve verläuft in Richtung eines Sättigungs- oder Grenzwertes, der der Populationsgröße entspricht, welche die Erde aufzunehmen in der Lage ist. Dabei strebt die Populationsgröße unweigerlich diesem Grenzwert zu. Das erfordert eine Regulation der Zuwachsrate, damit die Population in verträglichen Grenzen stabil gehalten werden kann. Wir wollen dazu zum Verständnis weitere Beispiele anführen. Sicherlich hat sich jeder von uns schon einmal die Fragen gestellt, warum beispielsweise Bäume nicht in den Himmel wachsen oder Schmetterlinge, Grashüpfer und Singvögel in ihrer Anzahl nicht durch ihre Vermehrung rapide zunehmen. All diese Lebewesen müssten sich doch in relativ kurzer Zeit explosionsartig vermehren und wir würden durch sie regelrecht erdrückt. Doch das geschieht keineswegs. Die Natur reguliert auch hier in wirkungsvoller Weise, sodass die Anzahl der Arten konstant bleibt. Beispiel Singvögel. Auch ihre Anzahl bleibt konstant, aber nur dann, wenn jedes Vogelpärchen das nach etwa drei Jahren stirbt, bei seinem Ableben zwei Nachkommen hinterlässt. Das ist die Anzahl, die den Tod des Elternpaares ausgleicht. Singvögel legen aber mehr Eier, weil erstens nicht aus allen Eiern Küken schlüpfen und zweitens, weil Küken während des Flüggewerdens noch sterben. Die Verlustquote ist beträchtlich. Dafür gibt es viele Gründe, die hier nicht aufgeführt werden. Ähnliche Erscheinungen treten auch bei den vielen anderen Tierarten auf – die Populationen werden durch bestimmte Einflüsse begrenzt. Es gibt dabei in jeder Generation einen Überschuss an Nachkommen, der durch eine entsprechend hohe Verlustquote wieder ausgeglichen wird. Einen schier gewaltigen Überschuss an Nachkommen finden wir beispielsweise beim Mondfisch-Weibchen. Dieses legt etwa 300 Millionen Eier und ist damit „Weltmeister" im Eierlegen. Von dieser immensen Anzahl wachsen nur wenige zu geschlechtsreifen Fischen heran, die jedoch den Fortbestand der Art sichern. Viele der Eier und auch zahlreiche geschlüpfte Jungfische werden von Meeresräubern vertilgt oder erliegen anderen Gefahren. Erzeugung von Überschuss und damit Arterhaltung angesichts knapper Ressourcen im Naturhaushalt, ist daher ein wichtiges Überlebensprinzip in der Natur. Das ist schon deshalb notwendig, weil von den mehr gezeugten Nachkommen grundsätzlich nur Wenige überleben. Es sind natürliche Prozesse der Begrenzung, die auf die Populationen wirken und so ihr Wachstum begrenzen. Das dabei ein Überlebenskampf in jeder Generation stattfindet, hat der Begründer der Evolutionstheorie CHARLES ROBERT DARWIN (1809–1882) im „Kampf ums Dasein" hingewiesen. Anfangs tat sich jedoch für DARWIN ein Widerspruch auf, den es zu lösen galt. Er bestand in der Produktion von Überschuss an Nachkommen trotz begrenzter Ressourcen. Diese Tatsache machte ihn stutzig. DARWIN bezog die Erkenntnisse des Ökonomen THOMAS ROBERT MALTHUS (1766–1834) über die Entwicklung des Bevölkerungswachstums in seine Beobachtungen ein. Der britische Ökonom stellte nämlich fest, dass die Anzahl der Menschen auf der Erde in einem geometrischen Verhältnis und das Angebot an Nahrung nur in einem arithmetischen Verhältnis zunimmt. Das bedeutet, wie bereits angedeutet, dass eine rasch wachsende Folge der Zahlen 1, 2, 4, 8 16 ... als geometrische Zahlenfolge und daher als exponentielles Wachstum bezeichnet wird (vgl. dazu auch S. 109) Bei einer arithmetischen Zahlenfolge dagegen ist die Differenz zweier benachbarter Folgeglieder stets konstant, also 1, 3, 5, 7, 9 ... Die Tatsache, dass bei den Tieren ja nur wenige der Nachkommen eines Elternpaares überleben, trifft nicht für den Menschen zu. Aufgrund seines durch Technik erreichten Entwicklungsstandes, seiner Fortschrittsgläubigkeit und seines humanen Wesens setzt er diese Erkenntnisse außeracht. Dabei ist es eine unumstößliche Tatsache, dass in der Natur jede Population nur begrenzt wachsen und sich vermehren kann. Dabei strebt jede Population eine Größe an, welche die Tragekapazität der Umwelt nicht überschreitet. Diese Erkenntnis trifft auch für die Population des Menschen zu. Die räumlich begrenzte Erde und die auf ihr begrenzten Nahrungsressourcen können nicht mit dem Bevölkerungswachstum Schritt halten. Das ist wie bei einem Glas, welches mit Wasser gefüllt wird. Es hat auch nur ein begrenztes Fassungsvermögen und läuft bei dessen Überschreitung über.

Dabei geht es nicht nach dem Prinzip des Überlebens des Stärksten, wie es einst DARWIN formulierte. Heute wissen wir, dass vielmehr Kooperation und Symbiose zu den Überlebensstrategien in der Natur zählen. Für die menschliche Gesellschaft gilt die Erscheinung des „Kampfes ums Dasein“ jedoch nur bedingt. Beispiel: Kommt ein behindertes Kind auf die Welt, so hat es im weiteren Leben weitaus geringere Chancen in der Entwicklung als ein gesundes. Das ist eine durchaus natürliche Erscheinung und ist evolutionskonform. In unserer modernen menschlichen Gesellschaft existiert jedoch die Chancengleichheit als humanitäres Prinzip, das Betroffene vor den Konsequenzen von Behinderungen schützt. In der Natur ist das dagegen anders. Im ständigen Kampf ums Dasein geht die Natur mit ihren Individuen nicht zimperlich um. In der lebenden Natur haben daher die Populationen in etwa eine konstante Populationsgröße, weil die zur Verfügung stehenden Ressourcen nur für eine bestimmte Anzahl von Individuen ausreichen. Das sind zum Beispiel solche Ressourcen, wie Lebensraum, Nahrung und Wasser, also jene Ressourcen, die endlich sind und das Wachstum begrenzen. An dieser Stelle bezeichnen wir dieses Wachstum in vereinfachter Form als begrenztes Wachstum. Die derzeitige Zunahme der Erdbevölkerung wird dagegen durch exponentielles Wachstum gekennzeichnet, weil der Sättigungsgrad“ derzeit noch nicht erreicht ist und die Ressourcen bisher noch ausreichen. Dafür wählen wir den vereinfachten Begriff des unbegrenzten Wachstums. Strenggenommen beinhaltet das begrenzte Wachstum in seinem Wachstumsverlauf ja auch eine frühe exponentielle Phase, die dem „Sättigungswert“ zustrebt. Die Abweichung vom exponentiellen Verlauf und der Übergang in die „Sättigungsphase“ erfolgt aufgrund der Verringerung der genannten Ressourcen durch die bisherige Generation. Diese Tatsache trifft für die derzeitige Erdbevölkerung zu, die bei der Überschreitung eines Grenzwertes durch das Wirken einer irgendwann ins Minimum geratenen Ressource erfolgt. Wir nähern uns in großen Schritten dieser „Sättigungsphase", weil immer mehr Menschen sich die immer weniger werden Ressourcen teilen werden müssen. Durch die anwachsende Bevölkerungszahl wird auch der „Energiehunger" immer größer. Dabei ist es zu bedenken, dass die Entstehung der Vorräte fossiler Energieträger Jahrmillionen gedauert hat und sich durch die menschliche Ausbeutung innerhalb kurzer Zeit erschöpft hat.

Unter solchen fatalen Bedingungen kann unser Leben auf der Erde aber nicht funktionieren. Es funktioniert nur dann, wenn es nach dem Prinzip des Regelkreises mit negativer Rückkopplung ausgerichtet ist.

Das Regelkreisprinzip

Beispiele für eine solche Regelung sind die des Blutzuckerspiegels und die der Körpertemperatur beim Menschen. In der Technik stehen dafür die Beispiele von der Regelung der Zimmertemperatur und des Wasserstandes in der Toilettenspülung. Am Beispiel der Regelung des Flüssigkeitsstandes wird das Regelkreisprinzip kurz erläutert. Dabei soll aber keineswegs der Eindruck erweckt werden, dass die Erdbevölkerung mit einer Toilettenspülung vergleichbar sei.

Die Analogiebildung bietet sich hier lediglich als universelle Verständnishilfe zum Sachverhalt der Regelkreisfunktion an, da diese ein wiederkehrendes und übertragbares Prinzip darstellt. Das Regelkreisprinzip ist allgemein betrachtet ein Kreisprozess mit negativer Rückkopplung, bei dem eine messbare Zustandsgröße gegen Störungen konstant gehalten wird. Je höher das Wasser im Spülkasten steigt, desto mehr wird der darin befindliche Schwimmer angehoben und drosselt letztlich beim erreichten Soll-Wasserstand die weitere Wasserzufuhr.

Dieser Regelkreis ist recht simpel. Bei einem Vergleich mit dem Bevölkerungswachstum muss aber darauf hingewiesen werden, dass dieses einen wesentlich komplizierteren und komplexeren Prozess darstellt, als jener der einfachen Regelung des Wasserstandes, denn wir haben es beim Bevölkerungswachstum mit vielen, miteinander verbundenen Regelkreisen zu tun. Die Reduktion der komplexen Realität auf nur einen einzigen Regelkreis, löst ihn aus der Vernetzung

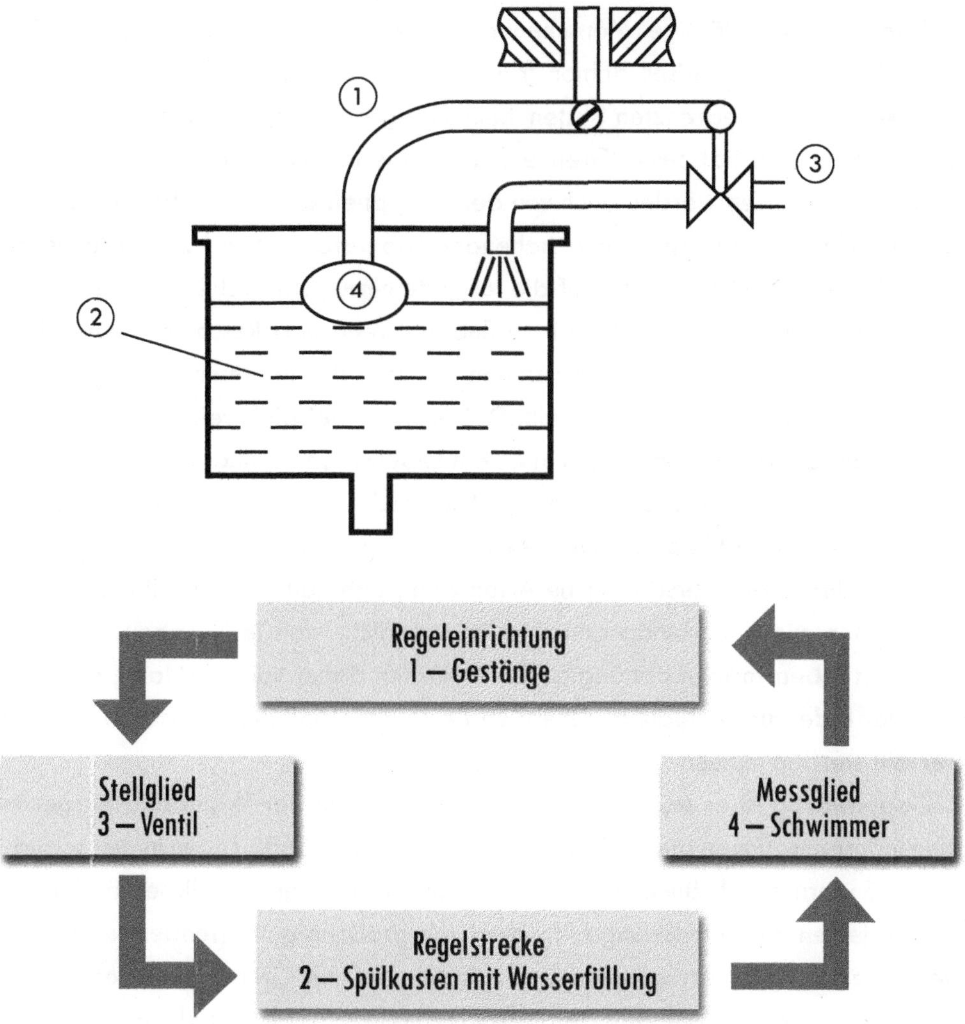

Abb. 23 Das Regelkreisprinzip am Beispiel der Wasserstandregelung

der miteinander verbundenen Regelkreise heraus. Aber für das Verständnis des Regelkreisprinzips ist diese Vereinfachung an dieser Stelle sinnvoll und notwendig. Man muss dabei nur beachten, dass eine solche „Verkürzung der Realität" die Gefahr von Fehlinterpretationen beinhalten kann. Der einfache Regelkreis zum Bevölkerungswachstum zeigt uns, dass im Regelsystem korrigierende Einflüsse durch Stellglieder (Maßnahmen zur Geburtenbegrenzung zum Ausgleich von Sterbe- und Geburtenrate u. a.) auf die Regelgröße (Menschenanzahl auf der Erde) durch den Regler (Mensch/Menschen) erfolgen müssen, damit der

Sollwert (Höchstzulässige Menschenanzahl) konstant bzw. stabil bleibt. Die Funktion des Regelkreises demonstriert uns auf verblüffend einfache Weise, dass es in einem begrenzten System kein unbegrenztes Wachstum geben kann. Jedes Wachstum hat seine Grenzen, auch das Bevölkerungswachstum. Diese Wachstumsgrenzen werden auch von der Knappheit der Rohstoffe und von der Begrenztheit des zur Verfügung stehenden Lebensraumes auf der Erde gezogen. Richten wir unseren Blick auf die lebende Natur, um nach Lösungen für das Problem der Ressourcenknappheit zu finden. Wenn dort Ressourcen nur in beschränkter Menge zur Verfügung stehen, werden der lebensnotwendige Raum und die anderen Ressourcen geteilt. Dabei ist es beispielsweise bei ähnlichen Arten üblich, die sich gemeinsam in einem Lebensraum befinden, dass dieser in sogenannte „Ökologische Nischen" aufgegliedert wird. Es bilden sich auch Partnerschaften und kooperative Vereinigungen, wie wir es von Symbiosen kennen, bei der zwei unterschiedliche Arten zum gegenseitigen Vorteil zusammenleben. Alle diese Verbindungen sind erforderlich, weil jede Lebensform von anderen Lebensformen abhängig ist. Wir lernen daher von der Natur, dass die auf der Erde zur Verfügung stehenden Ressourcen auf alle Menschen gerecht verteilt werden müssen.

Gegenwärtig ist es so, dass der vermehrte Konsum der Wohlstandsbürger in den Industrienationen die Entwicklungsspielräume der Bedürftigen in den schwachen Ländern einschränkt. Da reicht es heute nicht mehr aus, diese Länder nur mit Projekten zur Entwicklungshilfe oder mit großzügigen Spendengeldern zu versorgen. Jetzt ist vernunftgeleitetes Handeln auf der Grundlage eines globalen ökologischen Bewusstseins der Ressourcenteilung gefordert, denn die Aneignung der Naturschätze ist auf unserem Planeten bisher ungerecht verteilt.

Übergang vom quantitativen zum qualitativen Wachstum

An den Grenzen des Wachstums muss der Übergang vom bisher quantitativen zum qualitativen Wachstum vollzogen werden. In diesem Zusammenhang hat der Wirtschaftswissenschaftler GERHARD MENSCH darauf hingewiesen, dass eine Ignorierung dieser Tatsache dazu führen würde, dass die Erde an den Grenzen des Wachstums strandet. Diese unumstößliche Erkenntnis führt zugespitzt zur Schlussfolgerung: Ende der Zivilisation auf der Erde oder Stabilisie-

rung auf eine für die Erde noch zumutbare Größe. Auf das Regelkreisprinzip hat schon FREDERIC VESTER Anfang der 1970er-Jahre in seinem Buch: „Das kybernetische Zeitalter – Neue Dimensionen des Denkens“ aufmerksam gemacht. Darin formuliert er, dass ein System nur dann funktionieren kann, „wenn es die biokybernetischen Grundgesetze, die seit Jahrmillionen gelten, einhält. Es ist vor allem deren Nichtkenntnis bzw. Missachtung, die uns heute vor ökologische, soziologische, wirtschaftliche und politische Probleme stellt, wie sie die Menschheit bisher noch nicht kannte“ (VESTER 1974, S. 27).
Vom Überleben der Arten in der biologischen Evolution wissen wir, dass eine Population aussterben kann. So sind in den letzten 500 Millionen Jahren mehrmals 90 Prozent aller Lebewesen ausgestorben. Die Natur zeigt uns, dass dieses natürliche Artensterben ein üblicher Mechanismus der biologischen Evolution ist, der eigentlich jede Art betrifft.
Eine Garantie fürs Überleben gibt es in der Natur nicht. Auch die Menschheit muss aus Sicht der biologischen Evolution nicht unbedingt überlebensfähig sein. Doch bisher war sie es und hoffentlich wird das auch so bleiben, vielleicht auch dann, wenn die Erde nicht mehr existiert. Doch die biologische Evolution hat eine Überlebensmöglichkeit für ihre Arten geschaffen – die Veränderung. Alle Lebewesen, den Menschen eingeschlossen, haben nur Bestand im Wandel. Aufgrund der ständigen Erweiterung und Anwendung des Wissens konnte der Mensch mit dem damit erreichten wissenschaftlich-technischen Fortschritt sein Schicksal selbst bestimmen.

Das Streben des Menschen nach technischem Fortschritt ist somit Überlebensgrundlage und keine Arroganz, sich über der Natur zu erheben. Unsere Kreativität und unser Erfindungsreichtum wird uns sicherlich noch zu manchen Überlebensmöglichkeiten verhelfen, die uns aus heutiger Sicht utopisch erscheinen. Experimente gibt es dazu ja schon mit den Projekten „Biosphäre 1“ und „Biosphäre 2“ sowie mit dem sogenannten „Vertical Farming“. Bei diesem werden landwirtschaftliche Erzeugnisse in Hochdepots über viele Etagen kultiviert. Dadurch besteht die Möglichkeit, die bisher genutzten urbanen Landwirtschaftsflächen nachhaltig zu nutzen. Vielleicht haben sich die Entwickler solcher Hochdepots bei der Lösungsfindung an den Etagennestern von Wespen orientiert. Der Mensch ist heute Gestalter der technischen Evolution. Insofern kann man die technische Evolution als Fortsetzung der Evolution der natürlichen Welt in Form menschlicher Technik durch Erfindungen bezeichnen.

Fortführung der biologischen durch die technische Evolution

Durch Technik vermochte der Mensch die Umwelt mehr und mehr seinen Bedürfnissen anpassen. Voraussetzung dafür ist die hohe Komplexität des durch Evolution entstandenen Gehirns. Es ist nicht nur ein Organ zur Widerspiegelung der Welt, sondern vielmehr ein Organ zur Erzeugung neuer Realitäten in Form von Technik. Dieses Organ ist Voraussetzung für die Technikevolution, da es zur Antizipation (Vorausschau) fähig ist. Mit dieser Fähigkeit des Menschen zur Antizipation eröffnet sich die Erwartung zukünftiger Ereignisse in Form technischer Gebilde und Verfahren. Die Schnittstelle des Übergangs von der biologischen zur technischen Evolution ist dadurch gekennzeichnet, dass der Mensch mit zunehmender Loslösung von reaktiven Anpassungen hin zur Möglichkeit der aktiven Gestaltung der Umwelt gelangte.

Das Leben, zu dem der Mensch ja gehört, schuf sich so die Bedingungen für die weitere Evolution in Form der technischen Evolution. Die Umwelt wurde gestaltbar, veränderbar, aber auch manipulierbar. Technik kann daher als ein durch kreatives Denken und Handeln unaufhörlich vorangetriebener Evolutionsprozess bezeichnet werden. Da Technik in der Regel gegenläufigen Einflüssen unterworfen ist, lässt sie sich als Handeln im Zielkonflikt begreifen. Somit liegt der technischen Evolution zielorientiertes menschliches Handeln zugrunde, welches darauf ausgerichtet ist, dass naturgesetzlich Mögliche mit dem ökonomisch/ökologisch Vernünftigen und dem human/sozial Wünschenswerten zu vereinbaren. Daher führt ein solches Handeln zu einem Kompromiss gegenläufiger Aspekte, denn der Mensch ist dabei zahlreichen Einschränkungen unterworfen. Die technische Evolution beruht also auf der zweckmäßigen Veränderung bzw. Umgestaltung der Wirklichkeit nach den Bedürfnissen der Menschen. Dabei müssen ökonomische, ökologische und technologische Maßnahmen so aufeinander abgestimmt werden, dass sie in ihrem Zusammenwirken mit den Regelkreisen in der Natur funktionieren. Technik kann daher nur auf der Grundlage der Natur und der Wirkung ihrer Gesetze und Kreisläufe entwickelt werden. All das klingt ein wenig philosophisch, aber es verdeutlicht auch, dass es kein Zurück mehr in den „Schoß“ der Natur gibt. Wir müssen vielmehr von der Natur für unser „Überleben“ lernen und ihren Beispielen folgen, indem wir mit ihr eine inspirierende Symbiose eingehen. Doch das bisher schnelle Voranschreiten des

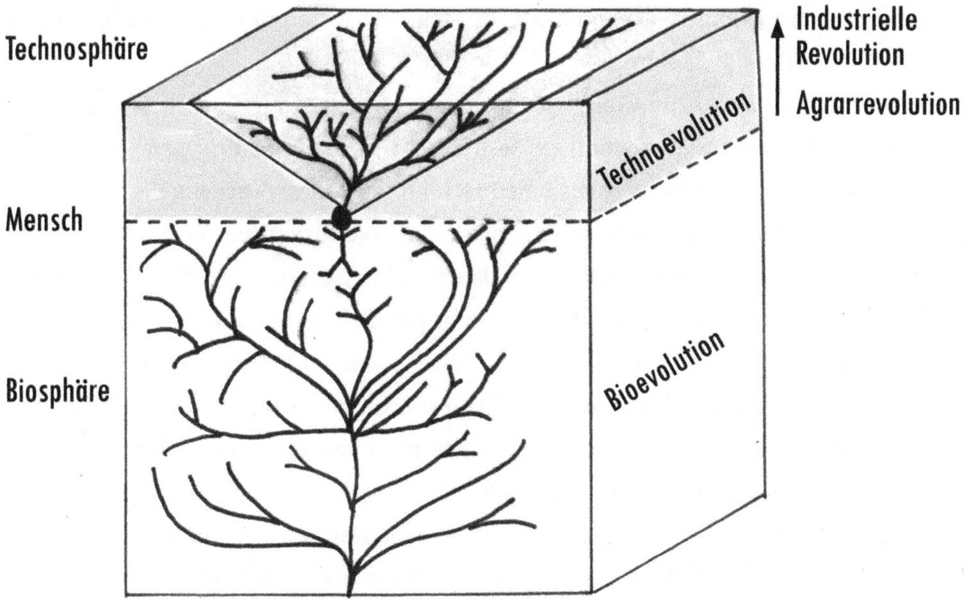

Abb. 24 Von der biologischen zur technischen Evolution

technischen Fortschritts zwingt uns daher zum Nachdenken über die Bedingungen menschenwürdiger Existenz und mahnt uns gleichzeitig zum sorgsamen Umgang mit den natürlichen Ressourcen. Daher spricht man auch vermehrt vom sogenannten Nullwachstum, ein Zustand, bei dem in einer bestimmten Zeit eben so viel produziert wie verbraucht wird. Somit kann das Nullwachstum als einen realen Endzustand in einem ausgeglichenen Wirtschaftssystem bezeichnet werden. Anders ausgedrückt, muss dabei das bisherige quantitative Wachstum in qualitatives Wachstum übergehen, welches sich u. a. auch in langlebigen technischen Produkten niederschlägt. Insgesamt gesehen, muss es darum gehen, mit den auf der Erde vorhandenen Ressourcen, allen Menschen ein Leben in Würde, Gesundheit und nachhaltigen Wohlstand zu sichern. Das muss aber erreicht werden, ohne die noch verbliebenen Naturräume, die für die Artenvielfalt überlebenswichtig sind, zu zerstören. Es ist, wie wir erfuhren, eine Tatsache, dass jegliches Wachstum, auch das wirtschaftliche, sich dem Sättigungs- bzw. Grenzwert nähert, dem es sich zwangsläufig anpassen muss. Dabei wird es immer, früher oder später, zum Stillstand führen, weil die Ressourcen in einem begrenzten System endlich sind. Beispiele aus der lebenden Natur haben wir bereits beschrieben, aber es gibt dazu noch viele weitere, wie Anzahl der Körperzellen in einem begrenzten Organismus, Anzahl der Algen in einem Teich, Anzahl der Nervenzellen im Gehirn usw.

Betrachten wir dazu die Gehirnentwicklung etwas näher. Zunächst wächst die Anzahl der Gehirnzellen schnell an (entspricht in der S-Kurve den steilen Anstieg eines exponentiellen Wachstumsabschnittes) – das Wachstum ist quantitativ, also mengenmäßig. Danach schwenkt das Wachstum um und strebt einen Endzustand an, der durch die Größe des Kopfes bestimmt wird. Ist dieser Zustand erreicht, nimmt das Gehirn nicht mehr an Größe zu, sondern die nun vorhandenen Nervenzellen vernetzen sich immer mehr und zeigen dadurch qualitatives Wachstumsverhalten. So besteht unser Gehirn aus etwa 15 Milliarden Nervenzellen, bei denen jede einzelne Zelle mit allen anderen Zellen verknüpft ist – eine hohe Komplexität in relativ kleinem Raum.

Ohne die technischen Errungenschaften wäre unser Leben nicht mehr denkbar. Wir Menschen haben mehr aus unserer Welt gemacht, als diese uns geboten hat. Nur dank unseres Wissens und unserer Technik vermieden wir bisher das Schicksal des Aussterbens, so wie es den 99 Prozent aller anderen Lebewesen auf der Erde gegangen ist. Wir müssen diesen Weg auch weitergehen, um durch mehr Wissen eine naturnahe, umwelt- und menschengerechte Technik zu entwickeln, die im Einklang mit den natürlichen Lebensgrundlagen steht. Sicherlich gibt es keine Garantie dafür, dass unsere Bemühungen ausreichen werden, die zukünftige technische Entwicklung in die von uns erstrebte Richtung zu drängen. Was uns aber ermutigt ist die Tatsache, dass wir Verstand und Kraft aufbringen, nach den richtigen Problemlösungen zu suchen, die in eine erfolgversprechende Richtung führen. Probleme zu lösen ist das immanente Überlebensprinzip von uns Menschen, auch wenn die Probleme zunächst als unlösbar erscheinen. Gerade in diesen schwierigen Zeiten wird unser Erfindergeist besonders herausgefordert.

Aller Erfindergeist und alle Kreativität muss sich jetzt darauf konzentrieren, Lösungen zu generieren, die bei konstantem Verbrauch von Naturressourcen eine wirtschaftliche Entwicklung ermöglichen. Dabei geht es auch um das intelligente Entwickeln, Produzieren, Nutzen und Recyclen von technischen Produkten, wobei die Produkt-Lebenszyklen an der Natur orientiert und diese auch in den Naturkreislauf direkt eingebunden sein müssen.

5

Die Energiewende – von fossilen zu erneuerbaren Energien

„Ich kann freilich nicht sagen, ob es besser wird, wenn es anders wird. Aber so viel kann ich sagen, es muss anders werden, wenn es gut werden soll!"
Georg Christoph Lichtenberg
(1742–1799)
Deutscher Physiker

Zukunft umweltgerecht gestalten

Wir müssen davon ausgehen, dass es heute noch keine gesicherten Aussagen zur Klimaproblematik gibt, weil einerseits immer mehr Klimafaktoren mit ihren noch kaum geklärten Wechselwirkungen hinzukommen und anderseits ihre möglichen Auswirkungen auf die Biosphäre zudem ungenügend erforscht sind. Es herrschen noch viele widersprüchliche Erkenntnisse von Wissenschaftlern auf diesem Gebiet, sodass daraus eindeutig ableitbare Handlungskonsequenzen ein Problem darstellen. Die Aussage von den alleinigen Wirkungen des anthropogenen Klimawandels auf das Leben der Erde ist nicht bewiesen und kann sich als „falscher Alarm" herausstellen. Vielleicht auch deshalb, weil die Erde Jahrmilliarden durch ihre Selbstregulationsmechanismen funktionierte bevor der Mensch die Weltbühne betrat, und sie wird ihn vermutlich auch um Jahrmilliarden überdauern. Klimaveränderungen haben, wie wir bereits erfuhren, schon immer auf der Erde stattgefunden. Freilich hat der Mensch in die natürlichen Abläufe eingegriffen und dabei seine Umwelt verändert, aber die Selbstregulationsmechanismen auf der Erde funktionieren nach wie vor. Fraglich ist dabei allerdings, ob sie weiterhin so funktionieren, wenn sich die Anzahl der Menschen weiter erhöht und wir dabei das wirtschaftliche Wachstum weiter so forcieren, wie bisher. Immer deutlicher merken wir, dass die Ressourcen der Natur weder unerschöpflich, noch unbegrenzt erneuerbar sind. Die Anzahl der Menschen hat sich in den vergangenen 10 000 Jahren auf unserem Planeten vergrößert, dabei Wälder für landwirtschaftliche Nutzflächen gerodet und die Umwelt so zu ihren Zwecken immer weiter umgestaltet. Anfangs war dieser Eingriff ziemlich unauffällig. In heutiger Zeit jedoch sind die vom Menschen verursachten Belastungen und Zerstörungen der Umwelt für uns alle sicht- und spürbar ist. Diese machen ein überlegtes Handeln erforderlich, um all die vielen ökologischen Probleme mit Bedacht und Sorgfalt zu lösen. Klimahysterie ist da fehl am Platz. Von Ausweglosigkeit kann nicht die Rede sein, weil tatsächlich das Gegenteil der Fall ist. Die Perspektiven für die unmittelbare Zukunft beinhalten schier unüberschaubar viele innovative Lösungsmöglichkeiten. In der Vergangenheit ist es stets gelungen, Krisen und andere scheinbar ausweglose Situationen durch zunehmende Erweiterung und Anwendung des Wissens, durch neue Entdeckungen und Erfindungen, zu bewältigen. Der Philosoph KARL POPPER (1902–1994) äußerte dazu: „Das Phänomen des menschlichen Wissens ist ohne Zweifel das größte Wunder in unserem Universum.“ Wissen gepaart mit Kreativität gibt uns die Hoffnung, durch die Weiterentwicklung der Technik die Klimakrise erfolgreich zu überwinden. Obwohl die heutige Technik ihr Mitverursacher ist, wird sie gleichzeitig auch unverzichtbarer Teil ihrer Bewältigung. Wir sind in allem was wir tun, nicht passive Beobachter des Umweltgeschehens, sondern vielmehr aktive Gestalter einer umweltgerechten und umweltfreundlichen Zukunft, die natürlich zuerst in unseren Köpfen beginnt. Die immer schnellere Entwicklung der Technik und die daraus resultierende Industrialisierung erfordert eine stabile ökonomische und ökologische Grundlage für die Sicherung des Wohlstandes einer immer anspruchsvolleren Menschheit.

Dabei muss aber beachtet werden, dass eigentlich nur so viel Technik und damit Energie nötig ist, um der heutigen ansteigenden Bevölkerungsdichte ein menschenwürdiges Leben zu gewährleisten. Dabei befinden wir uns schon jetzt in einer stark anwachsenden Energienachfrage. Diese erfordert die Entwicklung neuer Energietechnologien, die von der Natur abgeschaut oder ihr sogar nachempfunden sind und die sich, was besonders wichtig ist, in die natürlichen Energie- und Stoff-Umwandlungskreisläufe einbetten lassen. Kurzfristig gesehen, geht es darum, dass der Mensch auf der Erde im Einklang mit den natürlichen

Lebensgrundlagen wirtschaftet und langfristig geht es sicherlich in ferner Zukunft auch darum, mit dem Zulassen des ansteigenden Bevölkerungswachstums neue Zivilisationsmöglichkeiten auszuloten, wie die Besiedelung von Lebensraum über unseren Planeten hinaus. Die Chancen, in Zukunft andere Planeten zu besiedeln, stehen gar nicht so schlecht. Es gibt nämlich Bakterien, die Sauerstoff in Bioanlagen produzieren können. Diese Biotechnologie könnte künftige Raumfahrtmissionen sowie die Erforschung von Planeten ermöglichen und so auch die Grundlagen für ein Leben auf weiteren Planeten schaffen.

Zunächst aber müssen alle global ausgerichteten Maßnahmen darauf zielen, die Weltbevölkerung zu planen und dabei einen ausreichenden Lebensunterhalt für jeden Menschen zu sichern und die Natur vor weiterem Raubbau bewahren – eine ziemlich schwierige Aufgabe. Zu den vom Menschen verursachten Belastungen gehört zweifellos die Verbrennung von Kohle, Erdöl und Gas. Die dabei entstehenden Gase, wie z. B. Kohlendioxid, die sich in der Atmosphäre anreichern, tragen nach Meinung der Klimaforscher zum „Treibhauseffekt" bei. Obwohl sich mit der Zeit der Kohlendioxideintrag in die Atmosphäre durch die Verbrennung der fossilen Brennstoffe verdoppelt hat, funktionieren die Selbstregulationsmechanismen der Erde in perfekter Weise. Fakt ist, dass das Zunehmen der Treibhausgase den natürlichen „Treibhauseffekt" verstärkt und zur zusätzlichen Erwärmung auf der Erde beiträgt. Schließlich haben wir es mit dem Ansteigen des Kohlendioxids in der Atmosphäre mit einer positiven Rückkopplung zu tun. Daher ist der Ausstieg von fossilen Energieträgern bei der Energiewende eine dringende Notwendigkeit und bei der Energiegewinnung auf den Einsatz und verstärkten Ausbau erneuerbare Energien zu setzen. Dafür hat sich heute der Begriff der „Dekarbonisierung" durchgesetzt, also die Umstellung der Energiewirtschaft auf die drastische Reduzierung des Kohlenstoffumsatzes. Es geht um die Entwicklung einer kohlenstofffreien Wirtschaft, bei der die Emissionen weitgehend minimiert werden, um den künstlichen „Treibhauseffekt" und damit die globale Erderwärmung zu stoppen.

Erneuerbare Energien

Erneuerbare Energien sind solche, die unerschöpflich (gemeint im menschlichen Sinn), sich verhältnismäßig schnell wieder erneuern können und damit eine nachhaltige Versorgung von Energie darstellen. Eine der bedeutendsten erneuerbaren Energien ist die Sonnenenergie. Sie steht unbegrenzt zur Verfügung und belastet nicht die Umwelt. Sie ist eine der saubersten, größten und nachhaltigsten Energiequellen, die wir auf der Erde besitzen. Alle anderen erneuerbaren Energiequellen haben mehr oder weniger ihren Ursprung in der Sonne, ausgenommen die Geothermie.

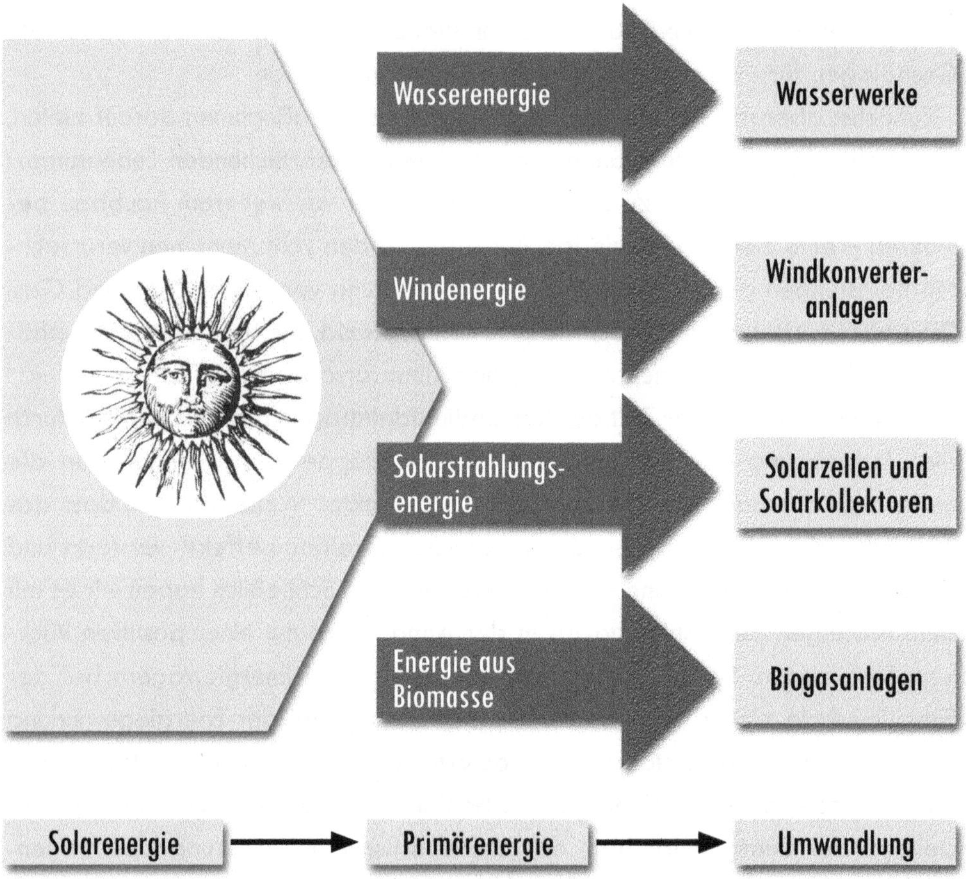

Abb. 25 Erneuerbare Energien

Von der Sonne erhalten wir alle Energie, die wir zum Leben auf der Erde brauchen. So stellt die größte und nachhaltigste Energiequelle für unsere Erde die Sonne dar. Betrachtet man die Sonneneinstrahlung auf unserer Erde, ergeben sich daraus mehrere nutzbare Wirkungen.

Da gibt es zunächst die Wärmewirkung. Sie entsteht, wenn sie als Strahlungsenergie einen Körper zugeführt wird. Das nennt man Absorption und kennzeich-

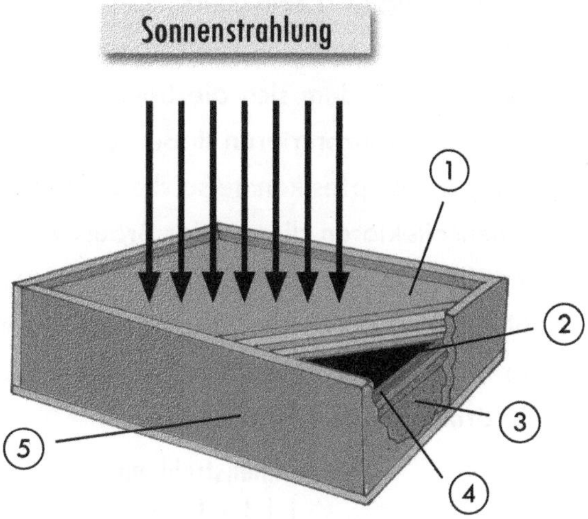

Abb. 26 Saussures „Hitzekiste“ als Vorläufer des modernen Sonnenkollektors (1 – Drei Glasscheiben, 2 – Hitzehohlraum, 3 – Korkisolation, 4 – innere Holzkiste, 5 – äußere Holzkiste)

net die „solarthermische Nutzung“. Sie dient der Wärmeerzeugung und Warmwasseraufbereitung. Anwendungsbeispiel dafür ist der Sonnenkollektor. Einen simplen Sonnenkollektor können wir aus einem zusammengerollten Gartenschlauch selbst herstellen. An die Wasserleitung angeschlossen, lässt sich an einem warmen Sommertag nach einiger Zeit heißes Wasser herstellen und so für das Duschen im Freien nutzen. Eine praktische und schlichte Lösung, die dazu noch gratis warmes Wasser bereitstellt. Sonnenkollektoren dienen der Brauchwassererwärmung. Sie funktionieren nach dem „Glashausprinzip“. Mit der Glasabdeckung wird die von der schwarzen Absorberplatte austretende Wärmestrahlung zurückgehalten. Die Auskleidung eines Kollektors mit einem isolierenden Dämmstoff begrenzt die Wärmeverluste.

Nachweislich hat der französische Naturforscher HORACE-BÉNÉDICT DE SAUSSURE (1779–1796) eine einfache Hitzekiste zur Warmwasserbereitung, der als Vorläufer des heutigen Sonnenkollektors gilt, erfunden.

Es war eine von Kork ummantelte Holzkiste, deren Inneres mit einem schwarzen Anstrich versehen war. Die Kistenoberseite schloss eine Glasscheibe ab. Die darauf fallende Sonnenstrahlung erhitzte das Kasteninnere auf etwa 90 Grad Celsius. Nach diesem Prinzip funktionieren alle modernen Sonnenkollektoren.

Diese Erfindung griff sein Landsmann AUGUSTIN MOUCHOT (1825–1912) auf und entwickelte eine solarbetriebene Dampfmaschine. Dazu erfand er einen Hohlspiegel, mit dem sich die Sonnenstrahlen auf einen mit Wasser gefüllten Glaszylinder konzentrieren ließen und so Wasserdampf erzeugten. Mit Hilfe des Wasserdampfes konnte so die Dampfmaschine angetrieben werden.

Sonnenkollektoren dienen der Brauchwassererwärmung und wirken wie Gewächs- bzw. Glashäuser. Die vom schwarzen Absorber austretende Wärmestrahlung wird durch die Glasabdeckung zurückgehalten und der mit einem isolierenden Dämmmaterial umgebene bzw. ausgekleidete Kollektor begrenzt die Wärmeverluste.

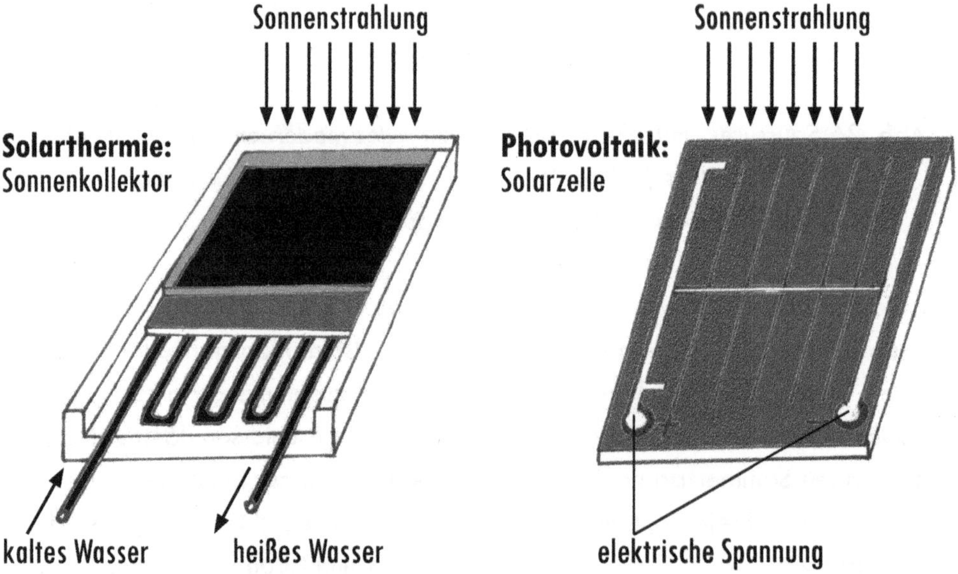

Abb. 27 Solarthermie und Photovoltaik

Und dann gibt es noch die photovaltaische Wirkung, die auf der Absorption von Lichtteilchen beruht und in speziellen Materialien (Halbleitern, z. B. Silizium) elektrische Energie erzeugen. Als Beispiel dient hier die Solarzelle. Die Grundlagen dafür schuf wiederum ein Franzose. Es war der Physiker ANTOINE HENRI BECQUEREL (1852–1908), der den Einfluss von Licht auf die elektrische Spannung entdeckte. Die Entdeckung, dass kurzwelliges Licht elektrische Ladungsträger freisetzt, wird daher zu Ehren seines Entdeckers als „Becquerel-Effekt“ bezeichnet. Wir kennen diesen auch unter den Namen „solarelektrischer Effekt“ oder auch „photovoltaischer Effekt“.

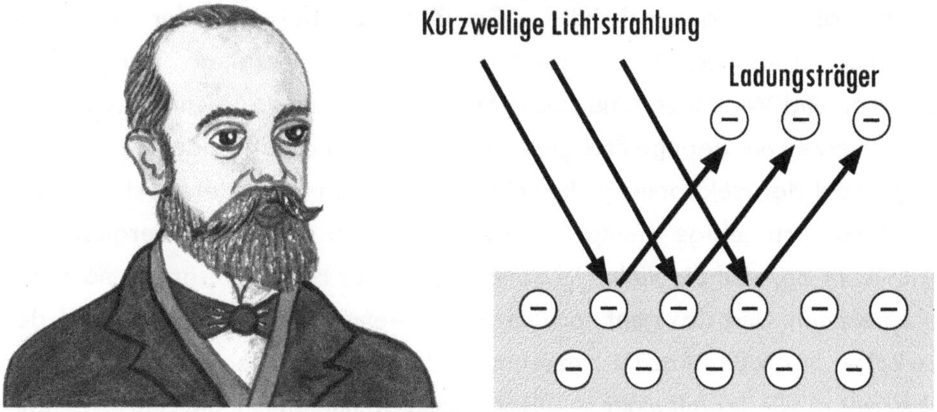

Abb. 28 Der „Becquerel-Effekt"

Eine weitere Wirkung ist die photochemische Wirkung, die durch die Einwirkung von Licht hervorgerufen wird, zu der die Photosynthese gehört.

Zu den erneuerbaren Energien gehören neben der Solarenergie, noch Wind- und Wasserenergie, Erdwärme, Meeresenergie und Bioenergie. Übrigens werden heute etwa sechs Prozent des Energiebedarfs in Deutschland mit Biogasanlagen gedeckt. Bei den erneuerbaren Energien gibt es solche, die den Nachteil haben, dass sie als Energiequellen nicht konstant „sprudeln". So dreht sich kein Windrad, wenn kein Wind weht, keine Wasserturbine bei Trockenheit, wenn das Wasser versiegt und die Solarzellen liefern keinen Strom, wenn es nachts dunkel ist. Auf diese Nachteile kommen wir noch an anderer Stelle zurück. Trotz all dieser Nachteile überwiegen doch viel stärker die Vorteile, sodass die Energiewende vor allem durch den Ausbau der erneuerbaren Energien vorangetrieben wird. Obwohl die erneuerbaren Energien noch nicht vollständig den Energiebedarf des Industriestandortes Deutschland absichern können, wird auf die herkömmlichen Kraftwerke, die bisher den Grundbedarf in der Stromsicherung gewährleisten, immer mehr verzichtet. Diese Tatsache wurde am totalen „Atomausstieg" deutlich. Deutschland hat damit die Zukunft der Kernenergie besiegelt. Es hat die einzige fast kohlendioxidfreie Energie, die unabhängig von Sonneneinstrahlung und Wind zur Verfügung steht, beseitigt. Dadurch gerät die gesamte Energieversorgung in Gefahr, weil in Spitzenbelastungszeiten, wie beispielsweise in den Wintermonaten bei der „Dunkelflaute", der erhöhte Energiebedarf nicht mehr ausgeglichen werden kann. Im Winter kann die Höchstbelastung unseres Stromnetzes, man nennt das Spitzenlast, über 80 Gigawatt betragen, wobei die durchschnittliche Grundlast nur bei etwa der Hälfte des Spitzenlastwertes liegt. Eine Dunkelflaute ist das gleichzeitige Auftreten von Dunkelheit und Windstille. Eine solche Flaute liegt dann vor, wenn besonders in der Winterzeit nur geringe Energieerträge aus Solar- und Windenergie entstehen, obwohl der Elektroenergiebedarf in dieser Zeit besonders hoch ist. Kommen dann noch „eisige" Temperaturen hinzu, dann steigt der Energiebedarf noch weiter an, weil die vielen Wärmepumpen der Häuser zusätzlich noch das Netz belasten. Und das geht noch so weiter, wenn wir den Energiebedarf der inzwischen in großer Anzahl hinzukommenden Elektroautos dazurechnen. Hier haben wir es wieder mit einer positiven Rückkopplung zu tun, die zum Aufschaukeln des Elektroenergieverbrauches führt. Das Energieversorgungssystem gelangt an seine Grenze und kann letztlich zusammenbrechen. Je mehr erneuerbare Energien in das Energienetz eingespeist werden, desto anfälliger und instabiler ist es für Dunkelflauten. Solange es nicht möglich ist, das Problem der Energiespeicherung in großem Umfang zu lösen, ist es unabdingbar, die Grundversorgung über das gesamte Jahr mit Kohle-, Gas- und Atomkraftwerken zu gewährleisten. Dieser unzureichende Zustand kann erst beseitigt werden, wenn wirksame Langzeitspeicher zur Verfügung stehen.

Beispiel: Solarenergie. Die Elektroenergiegewinnung aus Solarzellen ist bekanntlich in den Wintermonaten wesentlich niedriger als in den Sommermonaten. Dabei ist es eine Tatsache, dass die durchschnittliche Anzahl der Sonnentage in der Winterzeit wesentlich geringer ist, als in der Sommerzeit. Dazu kommt noch, dass die Tage im Winter kürzer sind und die kürzere Sonnenscheindauer lässt die Energieausbeute schrumpfen. Kernkraftwerke (AKW) stehen ja zum Ausgleich nicht mehr zur Verfügung, die diese Systeme durch ihre puffernde Wirkung die Energieversorgung „am Leben" erhalten hätten. Also was nun? Sind bei uns keine Kernkraftwerke mehr vorhanden, so müssen wieder verstärkt die Kohlekraftwerke herangezogen werden oder vielleicht auch der Atomstrom aus unseren Nachbarländern, um den durch blindes und übereiliges politisches Handeln verursachen Notstand in der Energieversorgung zu beseitigen. Klimaschädliches LNG (Liquefied Natural Gas= Flüssiggas) beziehen wir ja schon von dem Hauptlieferanten USA. Das wirft aber noch andere Probleme auf. Trotz „gut gemeinten" klimagerechten Handels hat dieses Vorgehen gravierende Folgen für die gesamte Klimabilanz. Durch das fehlerhafte Handeln der politischen Entscheidungsträger tritt nun das genaue Gegenteil ein – der Kohlendioxidausstoß steigt wieder an. Dieser ist zweifellos ein Spiegelbild des Energieverbrauches. An dieser Stelle muss auch noch auf den Sachverhalt der Kohlendioxidbilanz von Solar- und Windkonverteranlagen eingegangen werden. Solche Anlagen erzeugen zwar saubere elektrische Energie und damit kein Kohlendioxid. Das gilt jedoch nur für ihren Betrieb und nicht für die Herstellung. Die dafür verwendeten Materialien beeinflussen erheblich die Kohlendioxidbilanz. In diese Bilanz muss u. a. auch der Transport der Materialien mit Containerschiffen in Betracht gezogen werden, da bspw. der Großteil der Solarmodule aus China importiert werden muss, wo noch Kohlekraftwerke vorherrschen. Die Kohlendioxidbilanz liegt daher bei Solaranlagen zurzeit bei Werten zwischen 170 und 250 Gramm Kohlendioxid pro Kilowattstunde. Immerhin liegen diese Werte erheblich unter denen, die durch Braukohlekraftwerke erzeugt werden. Bei ihnen betragen sie um die 1150 Gramm Kohlendioxid pro Kilowattstunde. Die Kohlendioxidbilanz ist daher ein wichtiges und ganzheitliches Bewertungskriterium für die Entwicklung und Konstruktion von Anlagen zur Energieerzeugung.

Die Energiewende

In Deutschland geschieht die Energiewende zurzeit mit brachialem Diktat und freiheitseinschränkenden Kontrollmechanismen durch die Regierenden.

Fehlende Kenntnis der evolutionären Entwicklungsgesetzmäßigkeiten in Natur, Technik und Gesellschaft in ihrem Zusammenwirken sowie erfolgsgetriebenes Handeln bei der Durchsetzung von Maßnahmen zum Klimaschutz verhindern vernünftige Entscheidungen.

Dazu muss bedacht werden, dass politische Entscheidungen nur auf begründeten wissenschaftlichen Erkenntnissen im Einklang mit sozialen Maßnahmen stehen müssen. Aber viele unserer Politiker sind ja regelrechte Allrounder. Das sehen wir an der Besetzung von Ministerposten und besonders dann, wenn ein Minister von dem einen in das andere Ministerium wechselt und dort mit völlig anderen Problemen konfrontiert wird, die fachspezifische Lösungen erfordern. Mit der Vielzahl und Komplexität der zu bearbeitenden Themen und Sachverhalte, die der rasche Wandel mit sich bringt, sind manche Politiker in ihrer Arbeit überfordert. Aber ihnen wird ja ein kostenintensives Beratergremium zur Seite gestellt, welches ihnen bei der Entscheidungsfindung beisteht. Oft stehen hinter solchen Gremien einflussreiche Interessengruppen, die als „Souffleusen" im Hintergrund, meist für die Öffentlichkeit unbemerkt, die „Fäden spannen" und sich für das jeweilige Ministerium unentbehrlich machen. Für die Amtsausführung ist heute kaum noch ein akademischer Abschluss nötig. Charisma ist bei manchen Regierenden zudem auch noch verlorengegangen. Wenn gewählte Regierende dazu noch die Meinungen und Stimmungen der Mehrzahl ihrer Bürger überhören, geht ihre Akzeptanz durch einen begleitenden Wirklichkeitsverlust völlig verloren. Solche Politiker sind einerseits „blind", was ihre wenig durchdachten Entscheidungen bei ihrer Umsetzung anrichten, anderseits aber um Antworten nie verlegen, die zwar viel Inhalt, aber oft wenig Substanz bieten. Die unausgewogenen Ergebnisse ihres Handelns, werden zudem manchmal noch von Cliquenklüngel begleitet. Sie verlieren weiterhin die Empathie für das Allgemeinwohl, zu der sie eigentlich beitragen müssten. Andere flüchten sich anstelle der Durchsetzung einer lösungsgeleiten Politik in den ideologischen Diskurs und ignorieren die Interessen und Meinungen der Bevölkerung.

Beim Klimaschutz ist es jedenfalls eine Tatsache, dass politisches Handeln zu übereilten Entscheidungen führt, bei dem das Erkennen dem Verstehen vorauseilt. Mit anderen Worten, man setzt den zweiten Schritt vor den ersten. Konzepte zum Klimaschutz erweisen sich dann an verschiedenen Stellen für undurchsetzbar und sind, was ihre Umsetzung betrifft, unrealistisch. Da stimmt auch das Postulat von der Freiheit als Einsicht in die Notwendigkeit nicht mehr, wenn die Handlungen des Einsichtsfordernden auf wenig durchdachten sowie kaum umsetzbaren Konzepten beruhen, die an den gegebenen objektiven Möglichkeiten scheitern. Außerdem muss in diesem Zusammenhang beachtet werden, dass Maßnahmen zum Klimaschutz nicht vorrangig zu Lasten der Beschäftigten und Rentner gehen, sondern sie müssen sozial gestaltet, vernünftig gedacht und für jeden Bürger nachvollziehbar sein. Und was an dieser Stelle noch hinzugefügt werden muss, ist die Tatsache, dass die von den politischen Entscheidungen betroffenen Menschen mitdiskutieren können müssen, wenn die Entscheidungen massiv ihr Leben beeinflussen und damit ihre Freiheit bedrohen. Mit den notwendigen Veränderungen sollen die Menschen und auch künftige Generationen ein annehmbares Leben auf einer gesicherten Wohlstandsgrundlage führen können. Dazu ist eine Orientierung in eine sichere Zukunft für alle Menschen notwendig. Doch von Zukunftsorientierung ist nur wenig zu spüren. Die Politik fordert zwar von den Menschen die Bereitschaft zur Veränderung, aber es fehlen dazu machbare Visionen, die zum Motivieren veranlassen können. Machbar bedeutet in diesem Zusammenhang, dass der Wandel für die Menschen in erträglichen Grenzen erfolgen muss, ohne dabei ihre materielle Basis zusätzlich zu belasten.

Aber kommen wir zum Atomausstieg zurück. Das Abschalten der AKW belastet also das Klima durch den Ersatz bei der Bereitstellung von Elektroenergie aus wieder verstärkt genutzten Kohlekraftwerken und der Nutzung von Elektroenergie aus den Kernkraftwerken anderer Länder.

Wir schaffen es einfach jetzt noch nicht, unsere Stromversorgung ohne AKW, vor allem in den Wintermonaten, stabil zu halten. Das ergibt sich schon aus der Tatsache, dass die Solar- und Windenergieanlagen in unserem Land nur etwa 40 Prozent des erzeugten Stromes in das Netz, bei vernachlässigter Dunkelflaute, einspeisen. Um unseren „Energiehunger" auf elektrische Energie zu stillen, muss also viel mehr Sonnen- und Windstrom erzeugt werden. Das erfordert einen weiteren und schnellen Netzausbau und die forcierte Entwicklung von Langzeitspeichern. Kernkraftwerke als die wichtigsten kohlendioxidneutralen Energieerzeuger sollten daher, wenn überhaupt, nicht sofort abgeschaltet werden, bevor nicht eine gesicherte Energieversorgung aufgebaut ist. Ihr Abschalten ist daher viel zu früh und geht unwiderruflich zu Lasten des Klimaschutzes. Die Atomenergie könnte doch vorläufig ein Teil eines klimafreundlichen Energiemixes sein, da die alternativen Energien noch nicht ganz ausreichen, um den Strom aus Kohle, Öl oder Gas zu ersetzen. Viele andere Länder sehen die Kernenergie als Möglichkeit, den „Treibhauseffekt" zu vermindern, weil durch sie die Umwelt nicht mit Feinstaub und Kohlendioxid, wie es bei den Kohlekraftwerken der Fall ist, belastet wird. Es ist aus Sicherheitsgründen durchaus verständlich, AKW zu verbieten. Das haben die Auswirkungen der Reaktorunfälle von Tschernobyl und Fukushima deutlich und eindrücklich gezeigt. Die radioaktiven Partikel machen nicht an Ländergrenzen halt und verbreiten sich in der gesamten Atmosphäre. Dabei ist es eine Tatsache das die Technik und somit auch die AKW in Bezug auf ihre Sicherheit ständig weiterentwickelt werden. Länder, die ihre Energieversorgung zusätzlich noch auf die Kernkraft ausrichten, bauen heute Reaktoren moderneren Typs auf. Damit decken sie ihren weiterwachsenden Energiebedarf ab. Es werden zukünftig solche Reaktoren eingesetzt, die die Effizienz der Stromerzeugung, bei einer gleichzeitig höheren Sicherheit steigern können. Im Grunde genommen, funktioniert die Erzeugung von Elektroenergie in einem AKW auf die gleiche Art und Weise wie die in einem Wärmekraftwerk. Im AKW übernimmt die bei Wärmekraftwerken typische Kesselfeuerung der Kernreaktor. Die darin bei der Kernschmelze erzeugte Wärmeenergie wird an eine Flüssigkeit abgegeben und zu einem Wärmeaustauscher geleitet, der mit einem extra Wasserkreislauf gekoppelt ist. Der bei diesem Prozess erzeugte Dampf treibt Turbinen an, in denen die Umwandlung in elektrische Energie erfolgt. Die Sicherheit in AKWs hat hohe Priorität, damit die schädliche radioaktive Strahlung nicht nach außen treten kann.

An der Sicherheit von Atomreaktoren wird ohnehin ständig weitergearbeitet. Beispielsweise forschen Wissenschaftler an speziellen Verbundwerkstoffen, die im Havariefall die Kernschmelze unter kontrollierten Bedingungen absichern können oder an passiven, voneinander unabhängigen Kühlsystemen, die mehr Sicherheit als die traditionellen AKW liefern können. So arbeitet man an Reaktoren mit Selbstregulierungsfunktion. Wenn sich bei solchen Reaktoren die radioaktive Flüssigkeit zu stark erwärmt, dehnt sie sich aus und entfernt dadurch den Abstand der Atome. Die Folge davon ist, dass sich die Kettenreaktion verlangsamt. Außerdem werden beim Überschreiten der Sicherheitstemperatur in der Flüssigkeit enthaltene Schmelztropfen aufgelöst, die zum Abbruch der Reaktion führen.

Auch werden an Lösungen zum Problem der Atommüllnutzung und an solchen zur besseren Sicherungsverwahrung geforscht. Überhaupt gibt es international noch weitere interessante Konzepte zur Weiterentwicklung der Kernenergienutzung, wie solche von Flüssigsalz-, Laufwellen- und Minireaktoren. So wird beispielsweise an dezentralen Mini-Meilern in den USA geforscht. Solche „Small Modular Reactors", kurz SMR genannt, sind wassergekühlte 60-Megawatt Kleinkraftwerke, die angeblich sauberer und sicherer sind als die bisher eingesetzten AKW. Auch sogenannte Kernfusionskraftwerke gehören zu den modernen Entwicklungen der Elektroenergieerzeugung. Wie wir wissen, entstehen bei der Kernschmelze in herkömmlichen AKW radioaktive Abfälle. Die Kernfusion läuft dagegen in solchen modernen Kraftwerken sauberer, d. h. mit geringeren Mengen radioaktiven Abfalls und außerdem sicherer ab. Vielleicht ist diese Form der Energiegewinnung von der Sonne abgeschaut. Die Kernfusion ist nämlich ein natürlicher Prozess, der ständig in der Sonne abläuft, wie wir in den vorangegangenen Kapiteln erfuhren. Ein Kernfusionsreaktor funktioniert prinzipiell in umgekehrter Weise wie ein herkömmlicher Atomreaktor. Vereinfacht ausgedrückt, werden im herkömmlichen Atomreaktor die Atomkerne gespalten und im Fusionsreaktor verschmelzen sie miteinander, wobei in beiden Fällen Energie in Form von Hitze freigesetzt wird. Mit dieser Hitze lässt sich Dampf erzeugen, mit denen dann Turbinen angetrieben werden, die in Verbindung mit Generatoren stehen und elektrische Energie erzeugen können. Solche Kernfusionsreaktoren weisen eine relativ große Sicherheit auf, weil darin keine Kettenreaktion stattfindet, die zur Kernschmelze führen kann.

Auch entsteht durch die Kernverschmelzung, wie bereits erwähnt, kaum radioaktiver Abfall, der über lange Zeiträume deponiert werden muss. Aber bis solche Kernfusionsreaktoren in Betrieb gehen, dauert es noch geraume Zeit. Obwohl bei der Kernfusion Temperaturen von einigen Millionen Grad Celsius erreicht werden müssen und aus diesem Grund die technische Nutzung ziemlich aufwändig ist, gibt es bisher keinen Reaktor, bei dem mehr Energie gewonnen als hineingesteckt wurde. Der Wirkungsgrad ist bei solchen Reaktoren daher recht günstig. Die Kernfusion in ihrer Anwendung stellt eine fortschrittliche Technologie dar, die es zu nutzen gilt. Sie dient als grundlastfähige Erzeugung von elektrischer Energie, die unser Land dringend braucht. Wir benötigen daher die verschiedensten Lösungen zum Energieproblem. Diese Lösungen sind nicht alternativ, sondern gleichzeitig anzustreben und zu verwirklichen. Unsere Entscheidungsträger sollten sich daher nicht auf bestimmte Energieformen festlegen, wenn es darum geht, kohlendioxidneutral zu produzieren. Diese Forderung ergibt sich allein schon daraus, dass für die Speicherung der Elektroenergie, die von den Primärenergieträgern Sonne und Wind erzeugt werden, noch keine ausreichenden und vor allem kostengünstige Speichermöglichkeiten zur Verfügung stehen. Deutschland macht sich daher weiter abhängig von Energieimporten aus dem Ausland, um eine sichere Energieversorgung zu gewährleisten. Dabei ist es natürlich auch möglich, dass auf einem solchen Umweg wieder „Atomstrom“ zu uns gelangt. Kernfusionskraftwerke könnten also in der Zukunft den ständig steigenden Energiebedarf abfedern. Das erfordert jedoch, dass wir technologieoffen für die Stabilisierung unserer weiteren Energieversorgung sind. Kernfusionsreaktoren haben als klimaneutrale Lösung eine große Zukunft, weil sie den dringend notwendigen Energiebedarf absichern können. Auch die Sicherheit bei den herkömmlichen Atommeilern lässt sich noch weiter erhöhen. Das setzt aber voraus, dass die Forschung auf diesem Gebiet weiter betrieben wird. Denn es ist eine Tatsache, dass es für jedes technische Problem, sei es auch noch so schwierig, stets eine oder mehrere Lösungen gibt, die durch den aufgebauten Innovationsdruck in ihrem Entstehen beschleunigt werden. Das trifft auch für die Entwicklungen von Problemlösungen der Erhöhung der Reaktorsicherheit und zur sicheren Lagerung von Atommüll zu. Bei seiner Endlagerung besteht dringender Bedarf an neuen Lösungen, die dazu führen müssen, dass radioaktive Stoffe nicht ins Grundwasser und damit über die Stoffkreisläufe zu den Lebewesen gelangen. Vielleicht lassen sich Lösungen generieren, die die Halbwertszeit so beeinflussen können, dass eine vorzeitige Abschwächung bzw. teilweise Neutralisierung der schädlichen Strahlung ermöglicht wird. Im Gespräch sind sogenannte Transmutationsanlagen, bei denen langlebige radioaktive Atomkerne in kurzlebige umgewandelt werden. Durch den Erfindergeist lässt sich eigentlich jede Technik verbessern. Neue Ideen und Lösungen müssen sich dann auch trotz auftretender Schwierigkeiten durchsetzen, auch gegen die Meinung von Fachleuten. Obwohl zur Verwirklichung des Trends der Erhöhung des Sicherheitsbedürfnisses der Menschen an praktikablen Lösungen gearbeitet wird, treten Widerstände von Entscheidungsträgern auf, weil sie entweder bestimmte Entwicklungstrends selbst nicht erkennen oder vielleicht auch nicht wahrhaben wollen, weil eine solche Lösung ihren politischen Interessen entgegensteht. Beispiele aus der Geschichte von Erfindungen belegen diese Aussage. Es gibt Erfindungen, die sich im Laufe der Zeit zu einem Hit entwickelt haben, wie beispielsweise das Auto. Selbst Kaiser Wilhelm II. hielt das Auto für eine überflüssige Sache und hat es als vorübergehende Modeerscheinung abgetan. Er hat den Trend der Mobilitätserhöhung durch Verwirklichung neuer technischer Entwicklungen nicht erkannt und war vom Fortbestehen des Pferdefuhrwerkes als Transportmittel überzeugt. Da hatte es der Erfinder des Automobils CARL FRIEDRICH BENZ (1844–1929) anfangs ziemlich schwer, seine „Kutsche ohne Pferde" mit Explosionsmotor zu vermarkten. Von anderen einflussreichen Persönlichkeiten wurde sie damals als „Höllenkarren" abgetan. Oftmals werden so technische Entwicklungen unterschätzt und mit „Unmöglich" abgetan. Damit wird der technische Fortschritt regelrecht ausgebremst und die Erfinder werden in vielen Fällen verlacht und verspottet. Doch der technische Fortschritt lässt sich nicht aufhalten. Wenn die Zeit dafür reif ist und sich aus dem Verständnis für die jeweilige Erfindung ein Bedürfnis entwickelt, bricht die Erfindung hervor und findet ihre Verbreitung. Schon das Universalgenie LEONARDO DA VINCI (1452–1519) hatte sich mit der Entwicklung des Automobils beschäftigt. Seinen

Aufzeichnungen zufolge, entwickelte er einen vierädrigen Wagen mit einem Federantrieb, bei dem die Hinterräder mit einem Differenzialgetriebe ausgerüstet waren. Damit war er seiner Zeit weit voraus. Sicherlich haben Leonardos Zeitgenossen viele seiner phantastischen und visionären Erfindungen als Unsinn abgetan, weil sie sich damals kaum verwirklichen ließen. In der Geschichte der Erfindungen gibt es zahlreiche Beispiele dafür, dass Erfindungen sich zu Lebzeiten der Erfinder nicht durchsetzen konnten und erst viele Jahre später verwirklicht wurden. Dazu formulierte ALBERT EINSTEIN (1879–1955) sinngemäß: „Eine wirklich gute Idee erkennt man daran, dass ihre Verwirklichung von vornherein ausgeschlossen erschien."

Ein anderes Beispiel belegt die Tatsache, dass selbst gestandene Wissenschaftler nicht an eine Raumfahrt mit Raketen glaubten. So lehnte die Universität Heidelberg im Jahr 1922 die Doktorarbeit des jungen Physikers HERMANN OBERTH (1894–1989) mit dem Titel „Die Rakete zu den Planetenträumen" ab, weil diese ihnen zu phantastisch und damit unrealistisch war. OBERTH hatte die Flüssigkeitsrakete, welche den Prototyp des ersten Raumschiffes verkörperte, erfunden. In heutiger Zeit gilt OBERTH als „Vater der modernen Raumfahrt". Oder die Entdeckung des aerodynamischen Auftriebs und die daraus resultierende Erfindung des Gleitflugzeuges durch den Flugpionier OTTO LILIENTHAL (1848–1896). Viele Jahrtausende galt das Fliegen für die Menschen nur als ein unerfüllbarer Traum. Doch es gab schon immer Menschen, die sich damit nicht abfinden wollten und haben all ihr Wissen und ihre Kreativität eingesetzt, das Geheimnis des Fliegens zu lüften. Auch sie wurden anfangs als Phantasten und Spinner verlacht, weil Menschen eben nicht fliegen können, weil sie keine Flügel haben. Überhaupt wäre es völlig unmöglich, dass ein Flugapparat schwerer als Luft, sich gegen die Schwerkraft behaupten und nach oben in die Lüfte aufsteigen kann. LILIENTHAL hatte mit seiner Erfindung das scheinbar Unmögliche vollbracht – der Mensch flog trotzdem. Selbst der Physiker HERMANN VON HELMHOLTZ (1821–1894) hatte 1873 betont, dass die größten Vögel die äußerste Möglichkeit des Fliegens bereits erreicht hätten und es unmöglich sei, dass etwas noch Größeres überhaupt nicht imstande sei zu fliegen. Als einflussreicher und geachteter Wissenschaftler hatte sein Wort Gewicht. Würde man sich stets an das Urteil der Fachwelt „Unmöglich" halten, gäbe es sicherlich heute noch keine Flugzeuge. Diese Tatsache trifft natürlich auch auf alle anderen Artefakte der Technik zu, die unser Leben bereichern. Hier irrten selbst Forschende, wie wir erfuhren, die auf dem gleichen Fachgebiet arbeiteten. Dem Menschen ist es eigentlich eigen, dass er sich nicht dem Erreichten zufriedengibt. Er ist beständig auf der Suche nach dem Neuen, das sich durch technisch vollkommenere, ökonomisch effektivere und ökologisch vertretbarere Lösungen auszeichnet. In Zukunft geht es darum, die Solarenergie als natürliche und beständige Energiequelle noch besser zu nutzen. Der prominente französische Physiker FRÉDÉRIC JOLIOT-CURIE (1900–1958) hat einmal gesagt: „Obwohl ich auch an die Zukunft der Atomenergie glaube und von der Wichtigkeit dieser Erfindung überzeugt bin, meine ich doch, dass der wahre Umschwung in der Energetik erst dann eintritt, wenn wir die Massensynthese der Moleküle analog zum Chlorophyll oder zu qualitativ noch höheren Verbindungen verwirklichen können." Daher ist es ein dringendes Erfordernis, mit Energieformen und Energiewandlungen sowie ihrer technischen Nutzung anzufangen, die den natürlichen Kreisläufen mit ihren unvorstellbar großen Energieumsetzungen entlehnt sind. Dazu gehört auch die Photosynthese als Vorbild für die Energiegewinnung. Bei der Photosynthese hatten wir festgestellt, dass unter Einfluss des Sonnenlichts der grüne Farbstoff Chlorophyll, das Kohlendioxid aus der Luft mit Wasser zu Glukose verbindet, wobei auch Sauerstoff freigesetzt wird. Den Vorgang der Photosynthese will man nun in künstlichen Blättern nachahmen und diese zur Energiegewinnung einsetzen.

Künstliche Blätter

Schon 1991 entwickelte der Schweizer Chemiker MICHAEL GRÄTZEL die nach ihm benannte „Grätzel-Zelle", eine Farbstoff-Solarzelle. Im Gegensatz zu den konventionellen, auf hochreinem Silizium basierten Solarzellen laufen bei der „Grätzel-Zelle" die Prozesse der Lichtabsorption und des Ladungsträgertransports getrennt ab. Bei der „Grätzel-Zelle" wird nicht das teure Silizium verwendet, sondern als Halbleiterschicht dient hier das kostengünstigere Titanoxid.

Nun muss in diesem Zusammenhang darauf hingewiesen werden, dass Silizium zwar ein sehr häufig vorkommender Mineralstoff auf der Erde ist und Bestandteil jeden Sandkörnchens ist, jedoch seine Herstellung in hochreiner Konzentration ist ziemlich energieaufwändig und daher teuer. In ihrem Aufbau besteht die „Grätzel-Zelle" aus zwei leitfähigen Glasplatten, bei denen eine mit dem Titanoxid sowie einem Farbstoff und die andere mit dem Mineral Graphit beschichtet ist. Diese zwei beschichteten Glasplatten stellen die beiden Elektroden dar, zwischen denen Strom fließt. Wie beim grünen Farbstoff Chlorophyll der Pflanzen, nimmt bei der „Grätzel-Zelle“ der künstlich hergestellte Farbstoff das Sonnenlicht auf und wandelt es durch Leitungsvorgänge im Inneren der Zelle in elektrische Energie um. Der Wirkungsgrad der „Grätzel-Zelle“, also das Verhältnis zwischen der genutzten Energie und der zugeführten Energie, liegt bei sieben bis zwölf Prozent, abhängig von der einwirkenden Lichtstrahlung. Die Herausforderung für Forscher und Ingenieure besteht also darin, Solarzellen direkt nach dem Vorbild von Blättern zu entwickeln, deren Herstellung umweltfreundlich und kostengünstig erfolgt und eine vielseitige Anwendung in der Praxis ermöglicht. Auch der Wirkungsgrad muss dabei immer weiter erhöht werden. Inzwischen ist die Entwicklung der künstlichen Blätter weiter fortgeschritten. Kürzlich hat das Forschungsteam um den Wissenschaftler THOMAS HANNAPEL von der Universität Ilmenau künstliche Blätter entwickelt, die aus komplexen mehrlagigen Strukturen bestehen, die Licht in energiereiche chemische Verbindungen umwandeln können, aus denen sich beispielsweise auch Treibstoff herstellen ließe. Bei dieser Art von künstlichen Blättern wird nicht nur der Prozess der Photosynthese nachgeahmt, sondern sogar noch wesentlich verbessert. In den künstlichen Blättern spalten Solarzellen und Katalysatoren, letztere sind Reaktionsbeschleuniger, das Wasser in Wasserstoff und Sauerstoff und wandeln das Kohlendioxid in Brennstoffe um. Die Funktion des Chlorophylls wird hierbei von einer Solarzelle übernommen, die durch den Einfluss des eingestrahlten Sonnenlichtes Elektronen freisetzt und diese anschließend in eine wässrige Lösung transportiert. Hier setzen die Ladungsträger eine chemische Reaktion in Gang, bei der zunächst Wasserstoff und als Endprodukt der Brenn- oder Treibstoff entsteht. So kann das Sonnenlicht in den künstlichen Blättern auf nahezu direktem Wege Brennstoffe klimaneutral und vor allem unerschöpflich produzieren. Prototypen solcher künstlichen Blätter haben traumhafte Wirkungsgrade von fast 20 Prozent. Im Moment funktionieren die Blätter vorerst noch unter Laborbedingungen, weil sie einerseits nicht lang genug halten und anderseits aus kostenintensiven Stoffen und Materialien bestehen. Für ihre industrielle Anwendung im großen Stil sind langlebigere und billigere Materialien erforderlich. Die Forscher werden auch diese Probleme mit Kreativität und Erfindungsreichtum erfolgreich lösen. Denn die Ressource „Kreativität“ steht in unbegrenzten Umfang zur Meisterung der Energiewende zur Verfügung.

Kreativität als Ressource

Kreative Menschen haben den technischen Fortschritt schon immer durch Erfindungen vorangetrieben. Manche Erfindungen waren kurios, andere verrückt und die meisten aber waren nützlich. Manche Erfindungen sind wieder verschwunden und viele von ihnen haben sich stürmisch weiterentwickelt. Und wer weiß schon, welche Erfindungen noch entstehen und die technische Entwicklung bestimmen werden, wie beispielsweise solche, die heute aufgrund ihres noch nicht vollständig ausgeschöpften Entwicklungspotenzials trotzdem verworfen werden. Dazu gehören Verbrennungsmotoren, Heizungen und natürlich auch die Nukleartechnik. Auch auf diesen Gebieten sollten Forschung und Weiterentwicklung vorangetrieben werden, damit der internationale Anschluss erhalten bleibt. Die ökologischen Herausforderungen sind Treiber der technischen Entwicklung in Richtung Nachhaltigkeit. Wir können diese zukunftsorientierten Herausforderungen bewältigen. Deutschland als rohstoffarmes Land, verfügt jedoch über die gewaltige Ressource der Kreativität ihrer Menschen. Nicht umsonst gilt Deutschland als das Land der Erfinder, Tüftler und Entdecker. Davon zeugen beispielsweise Erfindungen, die die Welt entscheidend veränderten. Dazu zählen der Buchdruck, der Röntgenapparat, die Kleinbildkamera, der Universaldübel, der CD-Player, das Telefax, der Transrapid, die Compact-Disc. Die Reihe ließe sich noch ausgiebig weiterführen.

Wir exportierten als Globalplayer viele begehrte Produkte und Verfahren mit dem Siegel „Made in Germany“ in die ganze Welt. Wir bauen die besten Autos der Welt, sind immer noch führend im Maschinen- und Anlagenbau und haben eine innovative chemische Industrie vorzuweisen. Doch in heutiger Zeit beginnt dieses Bild vom strahlenden Innovationsstandort immer mehr zu verblassen. Wir verlieren immer weiter den Anschluss im internationalen Wettbewerb. Diese Tatsache wird noch durch die Abwanderung von wichtigen Unternehmen verstärkt, die ihre Produktion ins Ausland verlagern. Gestiegene Lohnkosten, unnötige Bürokratie und hohe Energiepreise sind das eine und fehlende Fachkräfte das andere Problem für viele Unternehmen in Deutschland. Durch die Investitionen, die ins Ausland fließen, gehen dem Staat auch die Steuereinnahmen verloren und fehlen beim Ausbau der Energiewende. Wir befinden uns tatsächlich in einer fatalen Situation. Auch hier haben wir es wieder mit einem sich immer weiter aufschaukelnden Prozess, also einer positiven Rückkopplung zu tun, deren schädliche Auswirkungen nur durch die politischen Entscheidungsträger abgemildert bzw. behoben werden können. Ein anderes Problem besteht darin, dass die Wirtschaft unseres Landes mit anderen Ländern mehr oder weniger stark verflochten ist. Wir produzieren viele Produkte und Dienstleistungen nicht mehr selbst und haben uns vom Ausland in starke Abhängigkeit begeben. In diesem Zusammenhang ist es eine Tatsache, dass kaum noch ein Industriezweig existiert, der nicht von Zulieferungen aus dem Ausland abhängig ist. Es ist eine beängstigende Situation, wenn man bedenkt, dass wichtige Handelspartner schlagartig ihren Handel, beispielsweise aufgrund unterschiedlicher politischer Haltungen, mit uns abbrechen. Dadurch würde ein solcher Abbruch von Importen uns ziemlich großen Schaden zufügen. Eine solche Entkopplung der Wertschöpfungsketten könnte dann zum Lahmlegen unserer Wirtschaft führen. Neben der Bewältigung der Umweltkrise, muss zusätzlich dann auch noch die Krise in der Wirtschaft gemeistert werden. Es ist daher fraglich, ob unsere jetzigen Regierenden in der Lage sind, diese Krisensituation erfolgreich zu überwinden. Es ist jedoch zu hoffen, dass mit Weitsicht und Verstand die richtigen Lösungen gefunden werden. Die Rahmenbedingungen müssen dafür schnellstens geschaffen werden. Bei richtigen Lösungen geht es nicht nur um die Entwicklung neuer Produktinnovationen, sondern vielmehr um die Neugestaltung der Wirtschaftsentwicklung in Richtung der Verknüpfung von Ökonomie und Ökologie, die zu einer Neubewertung der Natur führen muss. Eine davon abgeleitete Entwicklungsrichtung führt zu einer umweltgerechten Wirtschaft mit einem umweltverträglichen Wachstum auf der Grundlage der „Öko-Effizienz", also zur Entwicklung ressourcenschonender und damit nachhaltiger Lösungen. Dazu gehören auch Lösungen zur Energiegewinnung.

Neue Entwicklungsrichtungen und Alternativen der Energiegewinnung

Wissenschaftler und Ingenieure arbeiten in unserem Land emsig an neuen nachhaltigen Konzepten zur Energiegewinnung, wie beispielsweise die Erzeugung elektrischer Energie mit Windenergie-Anlagen. Ihr „Treibstoff" ist der gratis zur Verfügung stehende Wind, der nahezu unbegrenzt verfügbar steht und beim Betrieb solcher Anlagen keine Emissionen freisetzt. Windenergie-Anlagen mit einem Durchmesser von fünf Metern erzeugen etwa ein Kilowatt Leistung. Solche

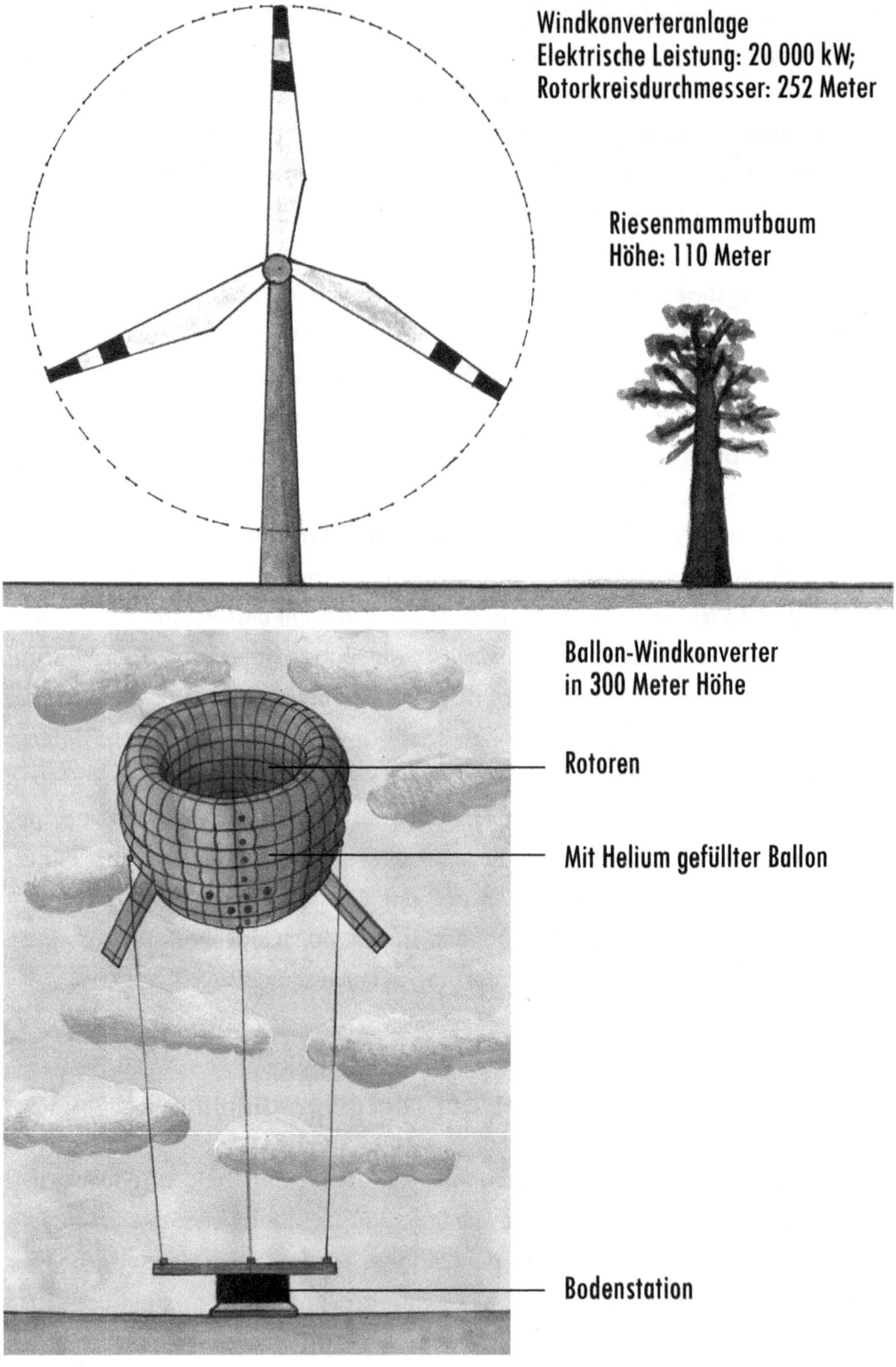

Abb. 29 Windenergie-Anlagen

mit 50 Meter Durchmesser eine solche von einem Megawatt und die großen Windräder mit über 120 Metern Durchmesser, die sich auf den Meeren befinden und als „Off Shore“ bezeichnet werden kommen schon auf eine Leistung von fünf Megawatt. Neuerdings werden auch schwimmende Windräder auf Stahlbojen gebaut und weit draußen auf hoher See verankert, weil dort der Wind besonders stark weht. Die Größe der Windkonverter-Anlagen nimmt auch an Land zu. Je größer solche Windkonverter sind, umso mehr elektrische Leistung können sie erzielen. Diese Anlagen sollen hoch in den Himmel reichen, weil dort oben der Wind meist noch stärker bläst als in den unteren Luftschichten.

Geplant ist auch ein gigantischer Windpark im Süden von Marokko, weil dort stetige Windströmungen vom Atlantik eintreffen. Der damit erzeugte Strom soll dann über Starkstromleitungen bis nach Europa fließen. In den USA hat man eine regelrechte „Monsteranlage“ mit gewaltig großen Turbinen installiert. Diese Off Shore-Anlage hat eine Höhe von 260 Metern. Allein ihre Rotorblätter haben die beträchtliche Länge von 107 Metern. Sie bilden bei ihrer Drehung einen Kreis von 220 Metern Durchmesser. Mit dieser Anlage werden 12 Megawatt erzeugt, die bis zu 16 000 Haushalte mit Strom versorgen können. Auch die Onshore-Anlagen haben im Laufe ihrer Entwicklung ziemlich große Ausmaße erreicht. Das ist kein Wunder, denn mehrere kleine Windenergie-Anlagen werden im Zuge des sogenannten „Repowering“ durch größere Anlagen höherer Leistung ersetzt. Mittlerweile bestimmen solche „Monsteranlagen“ zunehmend das Landschaftsbild. Die Zeit der Riesen unter den Onshore-Anlagen wird ziemlich schnell zu Ende sein. Sie erleiden als eine Brückentechnologie dasselbe Schicksal wie die Dinosaurier im Erdmittelalter vor etwa 65 Millionen Jahren. Gigantismus führt sowohl in der biologischen, also auch in der technischen Evolution zum „Aussterben“. In der technischen Evolution konnten auch die riesigen Dampfmaschinen durch kleinere, leistungsfähigere Elektromotoren ersetzt werden. Der Erfindungsreichtum der Menschen hat diesen Evolutionssprung in der Technik möglich gemacht. Bei den Windenergieanlagen verläuft die Entwicklung immer weiter. Auch bei ihnen zeichnet sich der Trend zur Dezentralisierung hin zu einer neuen Generation von Windenergieanlagen ab, der sich in Richtung zu wieder kleineren, aber leistungsfähigeren und autarken Einheiten in der regionalen Versorgung von Gemeinden und Kommunen entwickelt. Dazu gehören die Windkonzentrations-Anlagen. Will man nämlich aus kleineren

Windturbinen eine größere Leistung erzielen, so müssen sie eine höhere Drehzahl erreichen. Das Entwicklungsziel von Windenergieanlagen besteht darin, die Windenergie zu konzentrieren bevor sie eine Turbine antreibt. Die Verwirklichung dieser Zielstellung führte zur Erfindung von Windkonzentrations-Anlagen. Sie sehen auf den ersten Blick zwar wie herkömmliche Windenergieanlagen aus, jedoch die Rotationsbewegung der Blätter ist im Gegensatz zu diesen nicht zu finden. Eine solche Anlage besteht folglich aus einer feststehenden Rosette mit acht konzentrisch angeordneten Leitschaufeln, die die Gestalt eines Trichters bilden und in diesem Fall als Stator bezeichnet werden. Die einwärts gebogenen Schaufeln sind wie die Profile eines Vogelflügels geformt. Die trichterförmige Rosette kann sich in den Wind drehen, wobei der Anstellwinkel der einzelnen Flächen vom Wind selbst reguliert wird. Im hinteren Zentrum der Anlage befindet sich die Gondel, die mit einer kleinen, leistungsfähigen Windturbine versehen ist.

Bei ihr trifft der Wind auf die Flächen auf und bildet einen großen zentralen Wirbel in Gestalt einer Wirbelspule. In deren Mitte besitzt die Luft eine hohe Strömungsgeschwindigkeit und daher eine hohe Energiedichte. Die beschleunigte Luft treibt das am Hinterende der trichterförmigen Rosette befindliche kleine Windrad an. Dieses steht wie bei allen anderen Windenergieanlagen über eine Welle mit einem Generator in Verbindung, der die elektrische Energie erzeugt. Dabei können elektrische Leistungen von fünf bis zehn Kilowatt erzeugt werden. Wesentlicher Vorteil einer solchen Anlage ist, dass durch ihren Betrieb hohe Drehzahlen bei kleinen Rotordurchmessern zu erzielen sind. Durch die Ausnutzung der Windverdichtung wird so gegenüber herkömmlichen Windenergieanlagen gleicher Größe eine sechs bis achtfache Leistungssteigerung erreicht. Der hohe technologische Aufwand und die sich daraus ergebenden Kosten stehen jedoch einer allgemeinen Verbreitung dieser Anlagen derzeit noch im Wege. Dieser wirbelspulenbildende Windkonzentrator wurde nach dem Vorbild der aufgespreizten Vogelflügelenden entwickelt.

Gegenwärtig zeichnen sich weitere Neuentwicklungen, wie beispielsweise „fliegende Turbinen“ als Windkraftwerke, ab. Diese können wie Ballone in den Himmel aufsteigen. Sie sind nicht so materialintensiv wie die herkömmlichen Windkonverter, die sich auf dem Land und Wasser befinden. Sie bestehen aus einer äußeren, mit Helium gefüllten Schlauchhülle, in deren Mitte sich die eine oder mehrere Windturbinen befinden. Die Anlage ist auf dem Erdboden mit

Seilen gesichert. Die erzeugte elektrische Energie wird über Kabel zur Erde geführt. Eine ähnliche Lösung ist die Nutzung der Windenergie zur elektrischen Energieerzeugung mit Fallschirmen in großen Höhen. Dieses Windenergiesystem namens „Skysail" benötigt wesentlich weniger Materialaufwand als herkömmliche Windenergieanalgen. Die beim Aufsteigen des Fallschirms erzeugte Widerstandskraft dient über eine Seilrolle zum Antrieb der Rotorwelle eines Generators, der die mechanische in elektrische Energie umwandelt. In einer Höhe von 200 bis 300 Metern angekommen, fliegt der Fallschirm eine kreisförmige Bahn, in der sich Figuren in Form von Achten bilden. Danach wird das Seil wieder von der Anlage am Boden eingeholt und der Ablauf beginnt von neuem. Beim Einholen des Schirmes wird jedoch nur maximal zehn Prozent der Energie benötigt, die der Fallschirm beim Aufsteigen bereits erzeugt hat. Mit einem solchen „Skysail" können etwa 200 Haushalte mit elektrischer Energie versorgt werden.

Die verstärkte Nutzung der Windenergie erfordert den Aufbau vieler Windparks. Dabei geschieht es auch, dass die Windkraftanlagen in der Nähe von Wohngebieten positioniert werden. Damit ist auch eine Geräuschbelastung der Anwohner durch die rotierenden Rotorblätter verbunden. Es ist der turbulente Hinterkantenschall, der entsteht, wenn die am Flügelprofil des Rotorblattes entstehende laminare Luftströmung in eine turbulente Strömung umschlägt und sich an der Hinterkante des Rotorblattes bricht. In diesem Zusammenhang sei erklärt, dass eine laminare Strömung durch einen geordneten Verlauf der Stromlinien gekennzeichnet ist, die zudem auch parallel verlaufen.

Bei einer turbulenten Strömung dagegen, verlaufen die Stromlinien ungeordnet durcheinander und bilden zahlreiche Wirbel. Eine solche Erscheinung kennen wir beim Öffnen eines Wasserhahnes. Das Leitungswasser geht beim weiteren Aufdrehen des Hahnes von einer laminaren Strömung in eine turbulente Strömung über. Das liegt daran, dass sich dadurch die Geschwindigkeit des fließenden Wassers erhöht. Aber wieder zurück zur Geräuschbelastung. Dieses Problem konnte inzwischen dank der Bionik gelöst werden. Als biologisches Vorbild diente das Federkleid von Schleiereulen *Tyto alba*, welches diesen Vögeln einen leisen Flug ermöglicht. Die Fluggeräusche werden durch den luftdurchlässigen Flaum auf der Flügeloberseite, durch die Fransen an der Hinterkante und die kammartige Struktur an der Vorderkante der Schwungfedern unterdrückt.

Die kammartige Struktur vermindert den starken Schall und die Fransen an der Hinterkante tragen ebenfalls zusammen mit dem Gefiederflaum zur Schallreduktion bei.

Rotorblätter, deren Hinterkanten mit gezackten Bauelementen, den sogenannten Serrations, ausgestattet sind, reduzieren den Geräuschpegel beträchtlich. Anstatt eines großen Einzelrandwirbels entstehen an den Serrations viele kleine Wirbel, die einen beträchtlich geringeren Widerstand aufweisen, als ein großer Wirbel.

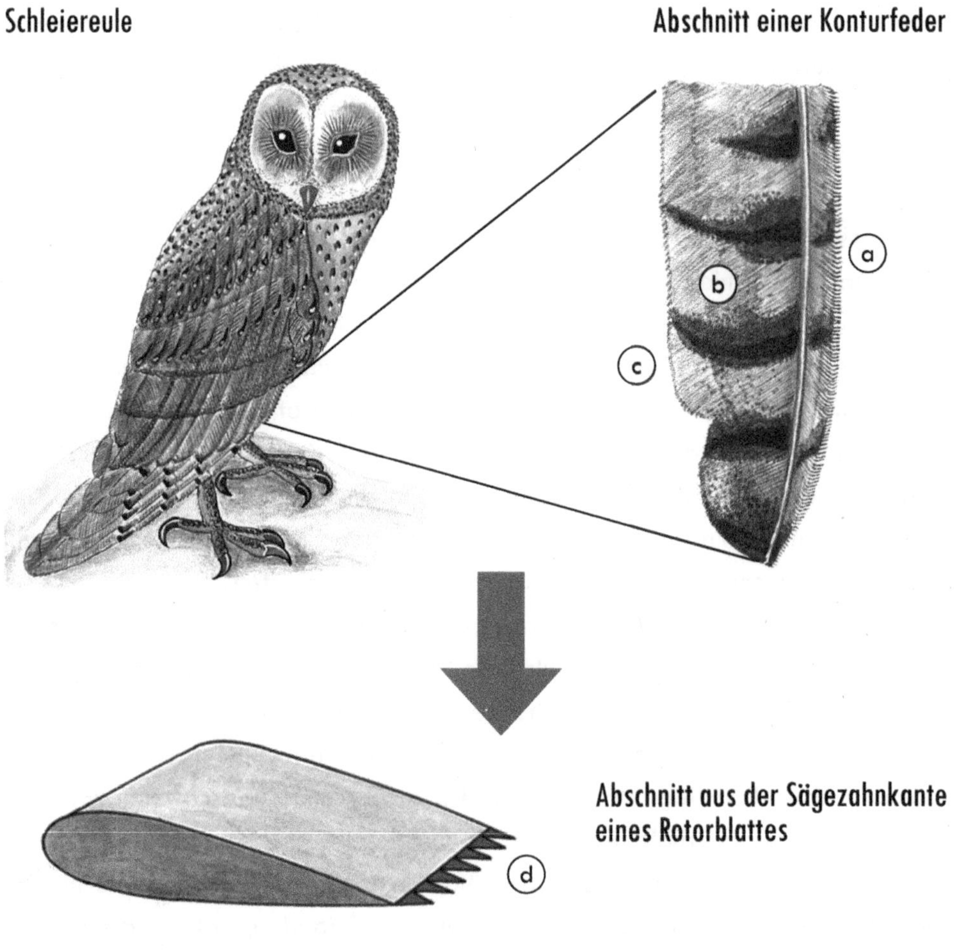

Abb. 30 Vom Federkamm der Schleiereule
zur Sägezahnkante (Serrations) von Rotorblättern
(a – Federkamm, b – Flaumbedeckung, c – Fransensaum, d – Serrations)

Eine weitere Möglichkeit der „sauberen Energieerzeugung“ bietet die Solarthermie. Durch sie wird der Übergang von den endlichen fossilen Energiequellen zu der unendlich verfügbaren Sonnenenergie und ihrer Nutzung beschritten. Dazu sind schon einige bemerkenswerte Projekte in der Diskussion. Beispielsweise sind für ausgewiesene Teile der Sahara große solarthermische Kraftwerke vorgesehen, deren erzeugte elektrische Energie dann ebenfalls in Stromleitungen eingespeist werden soll. Solche Kraftwerke sind mit einer Vielzahl von Spiegeln ausgestattet, die das Sonnenlicht bündeln. Das ist wie bei einem Brennglas, welches mit der Sonnenenergie Hitze erzeugt. In diesen Kraftwerken wird die Hitze der Wüstensonne zur elektrischen Energieerzeugung genutzt. Genauer ausgedrückt, dient die erzeugte Wärmeenergie dem Zweck der Dampferzeugung dem Antrieb einer Dampfturbine, die ihre Bewegungsenergie in elektrische Energie umwandelt. So soll auch in den Vereinigten Arabischen Emiraten ein gigantischer Solarpark mit einer Grundfläche von fast 80 Quadratkilometern entstehen, der die Solarenergie vielseitig nutzt. Diese Form der Solarenergienutzung wird als Konzentrierte Solarstromtechnologie bezeichnet, weil dabei das Sonnenlicht effizient in elektrische Energie, Wärme und auch Wasserstoff umgewandelt wird. Auch soll dort eine mit Solarenergie betriebene Meerwasser-Entsalzungsanlage entstehen, die der Trinkwassergewinnung dient. Jetzt gibt es auch schon die „Offshore-Wind-Solarkombination auf Meeren, bei der schwimmende Solarpanel-Inseln mit Windenergie-Anlagen gekoppelt sind.

Neben der direkten Nutzung der Solarenergie gibt es deren indirekte Nutzung. Dazu gehört das Aufwindkraftwerk, welches auf der Grundlage der von der Sonne ausgelösten Thermik funktioniert. Vögel nutzen ja auch die Thermik, um beim Fliegen ohne Flügelschlag Energie zu sparen. So können sie lange, auch ohne an Höhe zu verlieren, der Schwerkraft trotzen. Als Thermik bezeichnet man die Aufwärtsbewegung von Luftmassen. Sie entsteht, wenn durch Sonneneinstrahlung die Erdoberfläche erwärmt wird und dadurch auch die darüber befindliche Luft. Diese steigt auf, weil die sie umgebenden Luftmassen kühler sind. Dabei bildet sich ein so genannter Thermikschlauch. Auch bei Segelflugzeugen, Hängegleitern und Gleitschirmen wird die Thermik genutzt, um in die Höhe aufzusteigen. Die Thermik liefert die notwendige Auftriebsenergie.

Diese aufsteigende Warmluftströmung wird auch „Kamineffekt“ genannt. Diese Erscheinung kennen wir vom Flügelrad der Weihnachtspyramide. In solcher Weise funktioniert auch das Aufwindkraftwerk. Bei Aufwindkraftwerk bewegt der aufsteigende Warmluftstrom das Schaufelrad einer Turbine, die mit einem Generator verbunden ist. Das Aufwindkraftwerk besteht aus einem riesengroßen Dach aus Glas, welches Kollektordach genannt wird. Es wirkt wie ein Treibhaus, unter dem sich die Sonnenwärme sammelt. Aus der Mitte dieses Daches ragt ein hohes Kaminrohr. Unterhalb dieses Rohres befinden sich Turbine und Generator. Der „leichtere" Warmluftstrom steigt im Kaminrohr auf und versetzt das Turbinenrad in drehende Bewegung.

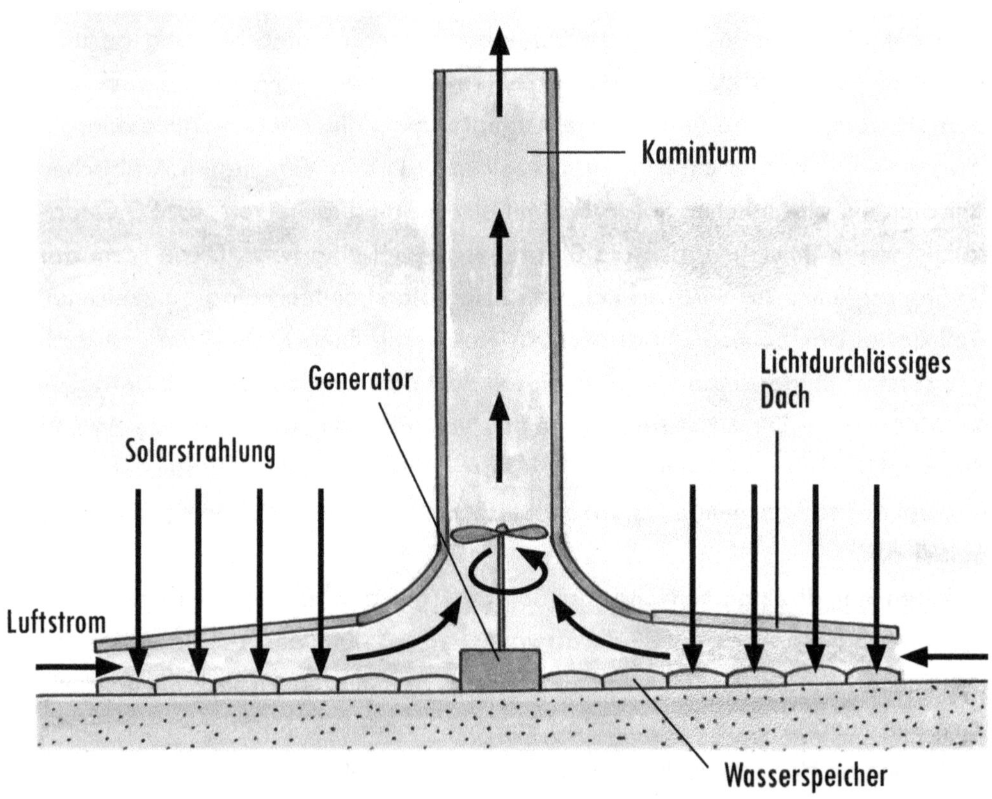

Abb. 31 Aufwindkraftwerk

Das Turbinenrad hat wie das Flügelrad der Weihnachtspyramide schräggestellte Schaufeln. Der Warmluftstrom strömt dagegen, drückt die Schaufeln seitlich weg und versetzt so das Turbinenrad in drehende Bewegung. Mit dieser Drehbewegung wird nun der Generator angetrieben, der die elektrische Energie erzeugt. Dieses Kraftwerk funktioniert nicht nur am Tag, wenn die Sonne scheint. Auch in der Nacht kann elektrische Energie erzeugt werden, da der

Boden unter dem Kollektordach die tagsüber gespeicherte Wärme wieder abgibt. Im Boden ausgelegte Schläuche, die mit Wasser gefüllt sind und die Wärme nachts abgeben, sind noch wirksamer. Solche Kraftwerke brauchen große Aufstellflächen und viel Sonne. Deshalb lohnt sich ihr Betrieb in Gebieten mit hoher Sonneneinstrahlung und genügend vorhandenem Platz. In den 1980er-Jahren wurde in Manzanares, das ist in Spanien, das erste Aufwindkraftwerk in Betrieb genommen. In Arizona/USA geht bald ein weiteres Aufwindkraftwerk ans Netz. Das „Solar Tower-Aufwindkraftwerk" hat eine 800 Meter hohe Kaminröhre und ist dadurch das zweithöchste Gebäude der Welt. Sein gläsernes Kollektordach hat einen gewaltig großen Durchmesser von sieben Kilometern. Ebenfalls gewaltige Ausmaße müssen orbitale Solarkraftwerke zur elektrischen Energieerzeugung im All aufweisen.

Solarkraftwerke im Weltraum

Der österreichische Astrophysiker und Mitbegründer des Club of Rome ERICH JANTSCH (1929–1980) machte zur Nutzung der Sonnenenergie eine interessante Aussage: „Nur jener Teil der Sonnenstrahlung, der normalerweise in Wärme umgewandelt wird, und auch davon nur jener Teil, der auf die feste Erdoberfläche gelangt, kann im Maximum genutzt werden, d. h. etwa 28 000 TW (Terrawatt). Rechnet man mit einem zehnprozentigen Umwandlungs-Wirkungsgrad, so müssten beim heutigen Energiekonsum schon ein Drittelprozent der Landflächen weltweit mit Sonnenkollektoren belegt sein, und in Zukunft noch mehr. Es sei denn, es ließen sich Pläne für außerirdische Sonnenkollektoren verwirklichen, die die umgewandelte Energie in Mikrowellenbündeln zur Erde übertragen" (JANTSCH, S. 375). An gigantischen Weltraum-Kraftwerken, die sich auf Erdumlaufbahnen bewegen sollen, wird schon emsig von der NASA geforscht. Diese Kraftwerke stehen im sogenannten geostationären Orbit stets am selben Punkt über der Erde, wobei die Geschwindigkeit der Erdrotation, jener des satellitenähnlichen Solarkraftwerkes entspricht. Die Notwendigkeit der Entwicklung solcher Kraftwerke ergibt sich aus der Tatsache, dass im Weltraum die Energieausbeute bei der Nutzung der Solarenergie acht Mal größer ist als auf der Erde. Das liegt daran, dass auf der Erde die Solarzellen nur dann elektrische Energie liefern, wenn die Sonne scheint. Die Sonneneinstrahlung wird hierbei durch die Erdatmosphäre, wie beispielsweise durch Wolken behindert.

Außerdem wirken sich die Rhythmen von Tag und Nacht sowie die der Jahreszeiten auf der Erde vermindernd auf die Dauer der Sonneneinstrahlung aus. Solche Kraftwerke, die in 36 000 Kilometern Höhe stationiert werden sollen, nutzen das Sonnenlicht und wandeln es in elektrische Energie um. Die Umwandlung der elektrischen Energie soll dann mit Hilfe von Mikrowellengeneratoren in Mikrowellen erfolgen und so eine drahtlose Übertragung ermöglichen. Die Mikrowellen werden auf der Erde von einem Antennenfeld aufgefangen, dort wieder in elektrische Energie umgewandelt und im Netz verteilt. Übrigens ist es der Mikrowellenstrahlung möglich, eine sich im Weg befindliche Wolkendecke über der Auffangstation zu durchdringen. Bei diesen Kraftwerken handelt es sich um mit Solarzellen bestückte Sonnensegel mit einem Durchmesser von zehn Kilometern, die in ihrem Aussehen riesigen Blüten gleichen. Auf ein Problem der Umwandlung von elektrischer Energie in Mikrowellen sei an dieser Stelle noch hingewiesen.

Die dafür genutzten speziellen Generatoren haben im Orbit den Nachteil, dass sie sich stark erhitzen. Bei der Lösung dieses Problems wurden die Wissenschaftler vom Kühlprinzip der Schmetterlingsflügel inspiriert. Bei den „Absorptionssonnern" unter den Schmetterlingen, heizen sich die hauchdünnen Flügel ebenfalls auf (vgl. dazu S. 180). Ein zu starkes Aufheizen beeinträchtigt die Funktion spezieller Duftschuppen auf den Flügeln bei der Pheromonabsonderung. Dabei muss man bedenken, dass die Schmetterlingsflügel einerseits aus toten Schuppen und anderseits auch aus lebendigen Duftschuppen bestehen. Letztere werden durch Lymphflüssigkeit, dem „Blut" der Insekten, versorgt. Besonders dieser Flügelbereich erfordert Kühlung. Mit einer speziellen Oberflächenstruktur ausgestattet, die aus vielen Nanoröhrchen besteht, wird die überschüssige Wärme abgeleitet. Die Kühlung des Generators funktioniert ähnlich dem Kühlprinzip dieser Schmetterlingsflügel. Dieses Projekt befindet sich noch im Entwicklungsstadium. Es verursacht ziemlich hohe Kosten und der Schutz vor der schädlichen Mikrowellenstrahlung bedarf noch Verbesserung. Bis die elektrische Energie aus dem All genutzt werden kann, vergeht sicherlich noch einige Zeit.

Auch andere technischen Probleme bei der Entwicklung von Solarsegeln konnten durch Analyse von Vorbildern aus der Natur erfolgreich gelöst werden. Auch Satelliten und Weltraumstationen benötigen für ihren Betrieb elektrische Energie. Diese wird, wie wir wissen, mit Hilfe von auf großflächigen Solarsegeln angebrachten Solarmodulen erzeugt. Je größer nun die Solarsegel ausgelegt sind, umso höher ist die Energieausbeute. Riesige Solarsegel sind aber durch Trägerraketen so nicht zu transportieren. Daher müssten sie für den Transport zerlegbar und zur Funktionsrealisierung wieder zusammengebaut werden. Der Aufwand wäre dafür unvertretbar hoch und nicht zu verantworten. Das Solarsegel muss nämlich zwei Anforderungen erfüllen. Dessen Fläche muss möglichst groß sein, um viele Solarzellen darauf unterzubringen. Jedoch für den Transport mit Trägerrakete oder Raumfähre sollten die Ausmaße gering sein, damit es sich überhaupt transportieren ließe. Hierin zeigt sich der technische Widerspruch, den es zu lösen gilt.

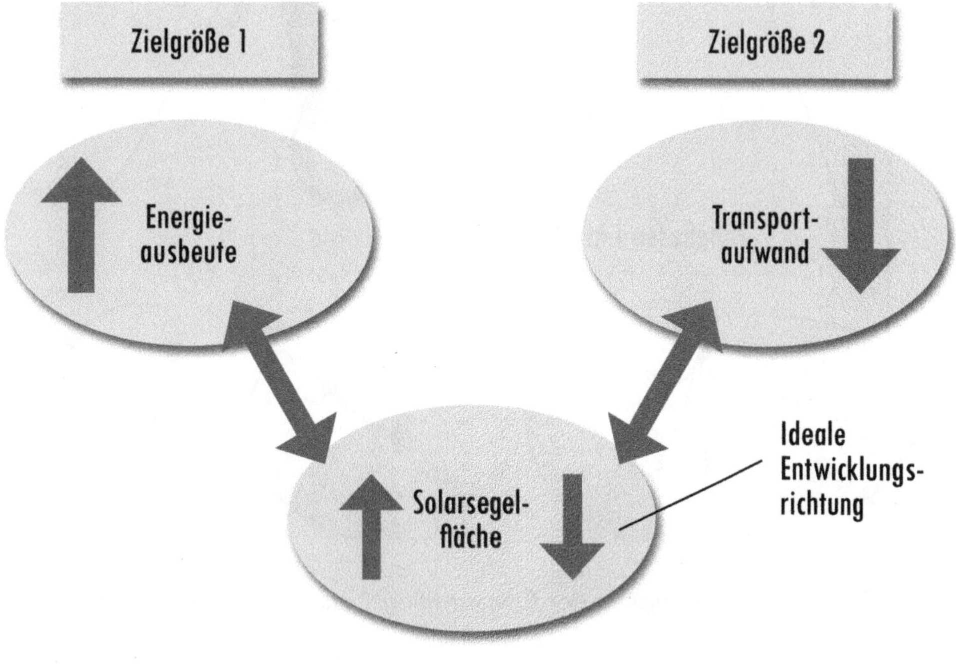

Abb. 32 Widerspruch bei der Entwicklung von Solarsegeln

Die beiden Zielgrößen dienen als Anforderungen an die neu zu entwickelnde technische Lösung. Daher müssen beide Anforderungen, wie Erhöhung der Energieausbeute und Reduzierung des Transportaufwandes in einer technischen Lösung gleichzeitig vereint werden. Das erfordert das Entwickeln einer technischen Lösung, die durch die zwei Funktionen Vergrößern und Verkleinern einer Fläche gekennzeichnet ist. Bekanntes Beispiel ist dafür das Öffnen und Schließen des Regenschirmes in Bezug auf die Regenmembran.

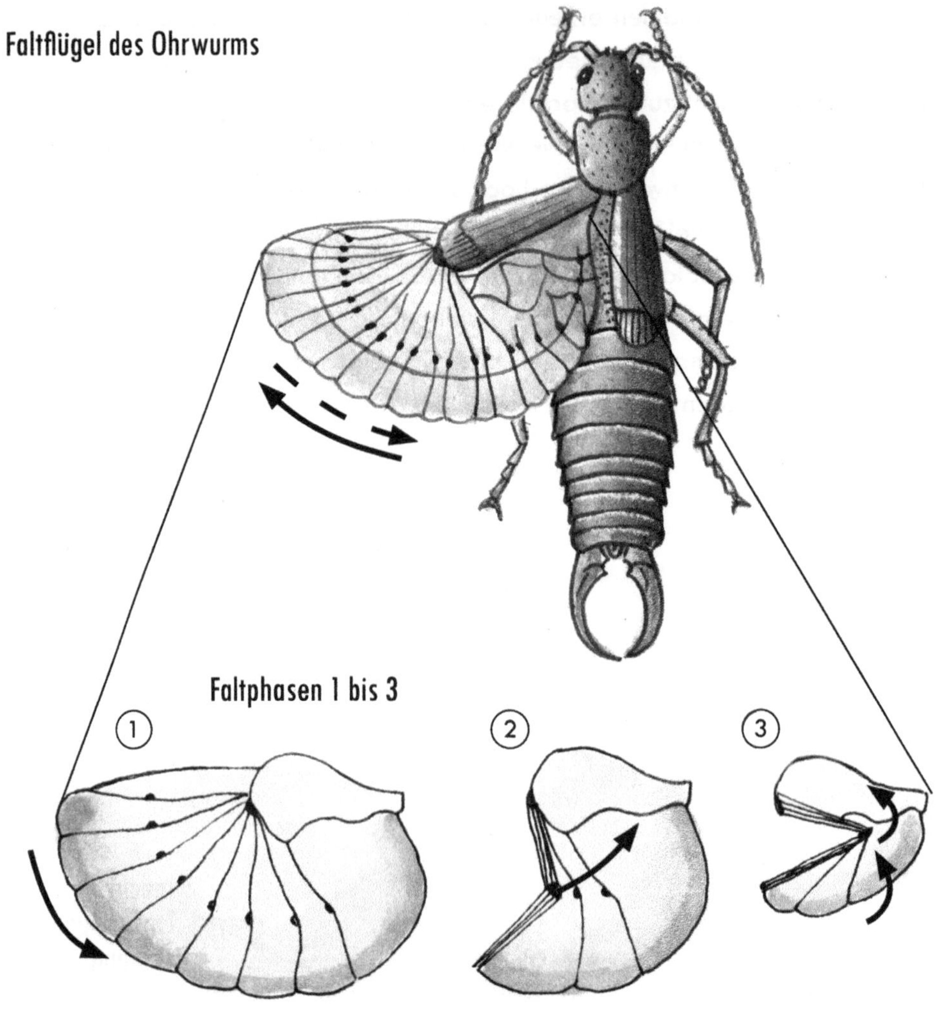

Abb. 33 Faltmechanismus der Ohrwurmflügel als Vorbild für Solarsegel

In der lebenden Natur sind ähnliche Prinzipien des Faltens zu finden, die bereits schon seit Jahrmillionen dort existieren. So sind dort Insektenflügel zu finden, die platzsparend unter kleinen Deckflügeln verborgen sind oder Blüten und Blätter, die sich aus kleinen Knospen entfalten bzw. ausrollen. Bei Insekten haben sich komplizierte Faltmechanismen im Laufe der Evolution entwickelt, die es ermöglichen, ihre feinen Flügel platzsparend und schützend am Körper unter Deckflügeln unterzubringen. Das zeigt sich eindrucksvoll beim Gemeinen Ohrwurm *Forficula auricularia*. Der Prozess des Entfaltens der Flügel beruht einerseits auf der speziellen Anordnung zweier Biomaterialien unterschiedlicher

Elastizität und anderseits auf der Flügelform, die der eines menschlichen Ohres ziemlich ähnlich ist. Die beiden Flügel sind fächerartig aufgebaut und bilden im geöffneten Zustand halbkreisförmige Flächen, die mit einem regelmäßigen Speichenmuster von Radialadern versehen sind. Außerdem befinden sich auf beiden Flügelflächen jeweils noch eine Querader. Die Radialadern versteifen die sich nach außen verbreiternden Flügelfelder. In der Mitte des „Fächers" befinden sich Scharniergelenke, die das Ein- und Ausklappen ermöglichen.

Die Entfaltung der Flügel wird durch die Zange am Hinterleib unterstützt. Der entfaltete Flügel bleibt nur dann ausgebreitet, wenn das Hauptgelenk durchgedrückt und dadurch arretiert ist. Beim Zusammenklappen legt sich der Flügel schlagartig zu einem kleinen Paket zusammen.

Auch die Faltmechanismen von Blüten und Blättern bilden eine wahre „Fundgrube" für die Entwicklung von Solarsegeln.

Wenn sich im Frühling die kleinen Knospen öffnen, ist man erstaunt, welch große Ausmaße die sich entfalteten Blüten und Blätter annehmen. Um den Inhalt platzsparend in der Knospe unterzubringen, bietet sich geradezu das Falt- und Rollprinzip an.

Überhaupt sind die Öffnungsmechanismen von Blüten für Übertragungen in die Technik interessant. Beispielsweise verfügen die weißen Blüten des Kanadischen Hartriegels (*Cornus canadensis*) über einen raffinierten Öffnungsmechanismus, um ihre Pollen zu verteilen. Wenn sich ein Bestäuber auf die noch geschlossene Blütenknospe niederlässt, öffnet sich diese explosionsartig und schleudert ihren Pollen auf das Insekt. Die Blüte samt Knospe öffnet sich dabei innerhalb von nur 0,5 Millisekunden und vollführt damit die schnellste Bewegung ihrer Blütenblätter innerhalb der gesamten Blütenpflanzen. Auslöser der rasant schnellen Blütenöffnung ist die in elastischen Pflanzenteilen gespeicherte Energie. Falt- und Rollprinzipien, die wir bei Ohrwürmern und bei Blütenknospen finden, eignen sich so als Vorbilder für das Design von Solarsegeln für Satelliten, Weltraumstationen und Raumsonden, die sich auf kleinstem Raum transportieren und sich am Einsatzort schnell wieder großflächig entfalten lassen. An der Verwirklichung der Projekte zur Solarenergiegewinnung im Weltraum wird emsig gearbeitet. Überträgt man übrigens das Erfindungsprinzip „Mehrfach-Funktionserfüllung" auf die Entwicklung von Solarkraftwerken im Orbit, so könnte sich für sie eine weitere Funktion ergeben. Neben der Erzeugung elektrischer Energie würden sich die großflächigen Solarsegel auch als Schattenspender für

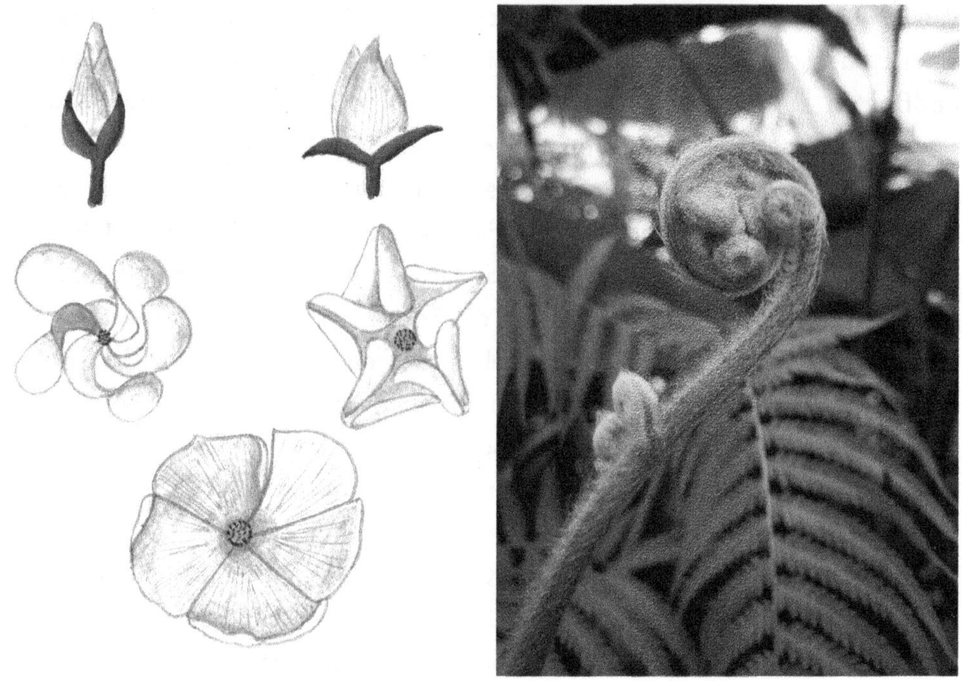

Abb. 34 Rollprinzip bei der Blüten- und Blattentfaltung

die erhöhte Sonneneinstrahlung auf die Erde eignen. So ließe sich durch eine kontrollierte Strahlungsbeeinflussung eine weitere Erderwärmung stoppen.

Die Solarsegel sind dadurch mit einem riesigen Sonnenschirm vergleichbar. Zur Umsetzung dieser Vision ist noch erheblicher Forschungs- und Entwicklungsaufwand notwendig.

Die Wasserstofftechnologie ist dagegen schon weiter ausgereift. Sie stellt zweifellos eine zukunftsorientierte Form der alternativen Energieerzeugung dar.

Wasserstoff

Manche bezeichnen den Wasserstoff als das „Erdöl von Morgen". Als erneuerbare Energie kann seine Quelle eigentlich nie versiegen, wenn als Ausgangsstoff Wasser verwendet wird, an das er gebunden ist. Wasserstoff als flüchtiges und farbloses Gas kommt daher nicht frei in der Natur vor. Aufgrund seiner allgemeinen Verfügbarkeit ist er eine besonders interessante Ressource für die Energiewende. Wasserstoff kann nachhaltig erzeugt werden.

Man kann ihn gut als komprimiertes Gas, als sogenanntes Erdgas-Ersatzprodukt speichern, wenn er mit Kohlendioxid verbunden wird. So lässt es sich dort nutzen, wo es unmittelbar gebraucht wird. Die Infrastruktur für die Speicherung und den Transport dieses erneuerbaren Gases ist ja durch das bestehende Erdgassystem bereits vorhanden. Da Wasserstoff an Wasser gebunden ist, muss er zunächst davon gelöst werden. Dazu kommt das Verfahren der Elektrolyse zur Anwendung. Es ist ein Verfahren, bei dem durch elektrischen Strom eine Aufspaltung bzw. Trennung des Wassers in Sauerstoff und Wasserstoff erfolgt. Käme dieser Strom aus herkömmlichen Kraftwerken, wie beispielsweise Kohlekraftwerken, wäre der positive Effekt dahin. Es ist daher besser, ihn mit Strom aus erneuerbaren Energiequellen herzustellen. Dadurch kann er mit Recht als klimaneutraler „Grüner Wasserstoff" bezeichnet werden. Sein Vorteil: Er erzeugt als vielseitig verwendbarer Energieträger keine umweltschädlichen Kohlendioxid-Emissionen und als Nebenprodukte gibt es nur Wärme und Wasser. Mit Wasserstoff können wir nicht nur umweltfreundlich Auto fahren, sondern auch unsere Wohnungen heizen und wenn nötig, mit ihm auch wieder elektrischen Strom erzeugen. Für das Heizen von Wohnungen ließe sich der Wasserstoff wie Erdgas in Leitungen einspeisen und zur Gewinnung von Wärmeenergie verbrennen. Soll aber elektrische Energie aus dem Wasserstoff gewonnen werden, kann das entweder durch die umgekehrte Elektrolyse mit Hilfe von Brennstoffzellen geschehen, oder er wird in einem Gaskraftwerk verbrannt und der daraus entstehende Dampf wird dort zum Antrieb von Turbinen genutzt. Da die Turbinen mit Generatoren gekoppelt sind, wird die mechanische Energie in elektrische Energie umgewandelt. Wie funktioniert aber die Brennstoffzelle? Bei ihr wird die chemische Energie in elektrische Energie umgewandelt. Mit solchen „Minikraftwerken" sind Autos mit Wasserstoffantrieb ausgestattet. Dort verbindet sich der im Tank gespeicherte Wasserstoff mit dem Sauerstoff aus der Luft zu Wasser. Dabei wird dann elektrische Energie frei. Aus den Auspuffen solcher Autos kommen keine schädlichen Abgase mehr. Aber als Treibstoff kann der Wasserstoff nicht nur für Autos eingesetzt werden. Mit ihm lassen sich auch Schiffe und Flugzeuge betreiben. Beispielsweise sind schon „Öko-Flugzeuge" in Drohnengestalt in Entwicklung, die mit Brennstoffzellen ausgerüstet sind. In der Brennstoffzelle wird mit Sauerstoff und Wasserstoff, die sich in jeweils zwei getrennten Behältern befinden, elektrische Energie zum Antrieb eines Propellers erzeugt.

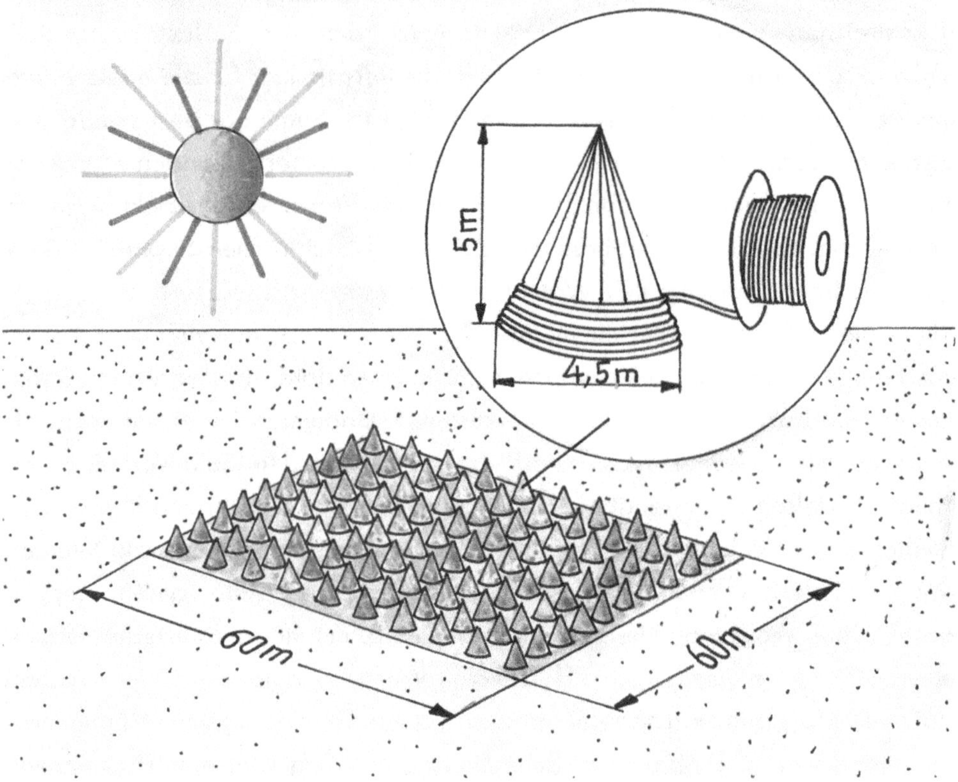

Abb. 35 „Heliomiten"-Farm (nach RECHENBERG 1994)

„Grüner Wasserstoff" könnte auch bei Überschuss von Elektroenergie erzeugt und anschließend gespeichert werden. Bei Dunkelflauten ließe sich dann aus diesem Gas wieder elektrische Energie gewinnen, um damit Schwankungen im Netz auszugleichen. Der klimaneutrale Wasserstoff kann damit zu einer stabilen Energieversorgung beitragen.

Wasserstoff lässt sich, wie wir erfuhren, einfach in großen Mengen über längere Zeiträume, so wie Erdgas, ganz gut speichern, was bei Wärmespeichern nicht so einfach ist. Aber noch ein anderer Weg ist denk- und machbar.

Dieser führt wieder zum biologischen Vorbild Photosynthese und stellt ein biotechnisches Verfahren zur sonnengetriebenen Wasserstoffproduktion dar.

So gibt es in den Zellen von Cyanobakterien, so wie bei den Pflanzen, „biologische Minikraftwerke", mit denen die Bakterien mit Hilfe der Photosynthese die Sonnenenergie in elektrische Energie umwandeln können und dabei Wasserstoff erzeugen. Dazu brauchen sie nur nährstoffreiches Wasser und müssen nicht mit einer extra angefertigten Nährlösung „gefüttert“ werden, weil diese fleißigen Winzlinge durch die Photosynthese mit dem Kohlendioxid aus der Atmosphäre ihr Zuckerfutter selbst produzieren können, mit dem sie ihren Energiebedarf decken. Sie entziehen der Atmosphäre das überschüssige Treibhausgas Kohlendioxid und verrichten dadurch für uns noch nützliche, klimafreundliche Arbeit. Auch die Vision einer futuristischen Wasserstoff-Farm des Bionikers INGO RECHENBERG (1934–2021) ist eine interessante Lösung. Hierbei werden Grünalgen in Reaktoren mit Nährlösungen kultiviert, in denen sich neben deren Ausscheidungsprodukten auch noch Purpurbakterien befinden. Die Grünalgen produzieren hier auch mit Hilfe des Sonnenlichtes den Wasserstoff. Als Reaktoren dienen viele, ca. fünf Meter hohe kegelförmige Gebilde, die aus umwickelten durchsichtigen Schläuchen, den sogenannten „Heliomiten“, bestehen und in ihrer Anordnung so die Wasserstoff-Farm bilden.

Der auf die Oberfläche bezogene Wirkungsgrad einer 10 MW-Anlage, zu der 10 000 solcher „Heliomiten“ notwendig wären, würde bei optimalen Licht- und Abstandsverhältnissen bei etwa fünf Prozent liegen.

Energiespeicherung

Derzeit benötigt Deutschland die Hälfte seiner insgesamt erzeugten Energie für die Versorgung mit Wärme. Aber die in den Industrieanlagen erzeugte Abwärme wird noch relativ wenig genutzt, weil es bisher billiger war, in der Winterzeit auf fossile Brennstoffe zu setzen.

Aufgrund gestiegener Umweltbelastungen und natürlich auch der gestiegenen Preise für Energie können wir uns das nicht mehr leisten. Der sparsame Umgang mit Energie erfordert in verstärktem Maße den Ausbau des Wärmerecyclings. Deshalb bilden thermische Speichermöglichkeiten ein ergiebiges Forschungsfeld. Dabei muss beachtet werden, dass die Wärmeerzeugung und ihr Verbrauch zeitlich voneinander getrennt sein müssen. Das bedeutet, dass die Sommerhitze oder die Abwärme aus Industrieanlagen für ihren Heizbedarf in der Winterzeit zwischengelagert werden muss. Es sollten daher Materialien gefunden oder erfunden werden, die hohe Temperaturen über einen möglichst längeren Zeitraum imstande sind zu halten. Da solche Wärmespeicher breite Anwendungsmöglichkeiten bieten sollen, müssen sie nicht nur kostengünstig sein, sondern sich auch mit geringem Aufwand umweltgerecht herstellen lassen. Materialien, die in der Natur häufig vorkommen und sich ohne weiteres direkt technisch verwenden lassen, spielen dabei eine bedeutende Rolle. So wird derzeitig an Wasser-, Stein-, Salz-, Paraffin- und anderen natürlichen Speichermedien intensiv geforscht. Beispielsweise können Grundwasserspeicher die im Sommer erzeugte Wärme oder Steinspeicher die zeitweiligen Überschüsse an elektrischer Energie aus Windkonverteranlagen über Widerstandserwärmung in Lavagestein zwischenlagern. Speicher aus Lavagestein besitzen einen äußeren Mantel aus Beton. Das darin befindliche Gestein wird mit einem Gebläse auf ca. 750 Grad Celsius erhitzt.

Diese Erscheinung lässt sich mit einem Haarföhn anschaulich vergleichen. Bei Bedarf wird die gespeicherte Wärme über einem mit einer Turbine gekoppelten Generator, wie es auch in Kohle- und Gaskraftwerken üblich ist, wieder in elektrische Energie umgewandelt. Der Wirkungsgrad ist dabei ziemlich gering. Entwicklungspotenziale für Wärmespeicher weisen auch Beton, Stahl, Kalk und sicherlich noch viele andere Werkstoffe und Materialien auf. Die Forschung entwickelt sich in letzter Zeit auf diesem wichtigen Gebiet ziemlich stürmisch weiter.

Ein weiterer Forschungsschwerpunkt ist die Entwicklung von großräumigen Speicheranlagen für elektrische Energie. Mit solchen Anlagen lassen sich Überschüsse, die in den wind- und sonnenreichen Zeiten produziert werden, speichern um dann bei Engpässen bzw. Spitzenzeiten wieder zur Verfügung zu stehen. Das alles erfordert auch den weiteren Ausbau der Energienetze zum Transport der elektrischen Energie und damit zur Stabilisierung der Energieversorgung. Wir benötigen daher leistungsfähige Energietrassen, um elektrische Energie aus dem windreichen Norden in den Süden unseres Landes zu transportieren. Auch in den städtischen Ballungsräumen muss der weitere Ausbau von elektrischen Energie-Verteilungssystemen erfolgen, um den Besitzern von Wärmepumpen und Elektroautos die Furcht vor Netzüberlastung und den damit verbundenen Folgen von Notabschaltungen zu nehmen.

Latentwärmespeicher und Wärmepumpen

Wärmekonserven als aufwändig gedämmte Grundwasser-Wärmespeicher und unterirdische Heißwassertanks sind jedoch nicht wirtschaftlich sinnvoll. Anders sieht es dagegen bei den sogenannten Latentwärmespeichern aus. Sie können auf verhältnismäßig kleinem Raum große Wärmemengen speichern. Die Funktion eines solchen Wärmespeichers gleicht im Prinzip dem eines Eisschmelzvorganges, weil er die Phasenübergange des Speichermediums von fest zu flüssig und wiederum von flüssig zu fest nutzt, um damit möglichst viel Wärmeenergie auf begrenzten Raum zu speichern. Der Phasenübergang von Eis (fest) zu Wasser (flüssig) findet bei Temperaturen von Null Grad Celsius statt. Dabei nimmt das Eis pro Tonne etwa 100 Kilowattstunden auf, um vollständig zu schmelzen ohne dass sich dabei die Temperatur des Wassers erhöht.

Wenn die Umgebungstemperatur nach einiger Zeit wieder sinkt, gefriert das Wasser erneut und gibt dabei die vorher gespeicherte Wärmeenergie wieder ab. Solche Eisspeicher werden häufig in Verbindung mit einer Solarthermie-Anlage (Sonnenkollektor) und einer Wärmepumpe eingesetzt. Aufgrund des hohen Dämmaufwandes haben sie jedoch nur begrenzte Anwendung. Heutige moderne Wärmepumpen der neuen Generation sind da schon viel besser. Sie gewinnen ihre Energie zum Heizen aus der unmittelbaren Umgebung. Daher wird sie auch Umweltheizung genannt. Sie wandelt die gratis zur Verfügung stehende Umgebungswärme der Luft, des Erdbodens oder des Grundwassers in Wärmeenergie zum Heizen um. Sie gilt als „die Lösung" der Energiewende und stellt eine klimaschonende Heizlösung der Zukunft dar. Wärmepumpen bestehen aus Bauteilen, die zu ihrem Betrieb elektrische Energie benötigen. Wenn sie mit Ökostrom, also mit solchem aus erneuerbaren Energien, betrieben werden, sind die Wärmepumpen klimaneutral. Die Funktion der Wärmepumpe lässt sich im Prinzip mit der des Kühlschrankes vergleichen. Allerdings nicht ganz. Während der Kühlschrank die Wärme aus seinem Innenraum entzieht und an die Umgebung abgibt, nimmt die Wärmepumpe aus ihrer Umgebung die Wärme und gibt sie dann als Heizenergie über die Heizkörper an die Zimmerräume im Haus ab. Eine Wärmepumpe kann aus diesem Latentspeicher der Umgebung dann recht viel Wärme entziehen, und das bei gleichbleibender Temperatur.

Physikalisch betrachtet, überträgt eine Wärmepumpe die thermische Energie von Stoffen mit niedrigen Temperaturen auf Stoffe mit höheren Temperaturen. Ein Verdampfer, der sich außerhalb des zu erwärmenden Raumes befindet, entzieht der Umgebung mit niedrigen Temperaturen thermische Energie. Die Umgebung kann Luft, Erde oder Grundwasser sein. Von einem Verflüssiger wird dann die Kondensationswärme an die Luft im Raum oder an eine Warmwasser-Aufbereitungsanlage abgegeben. So wir die thermische Umgebungsener-

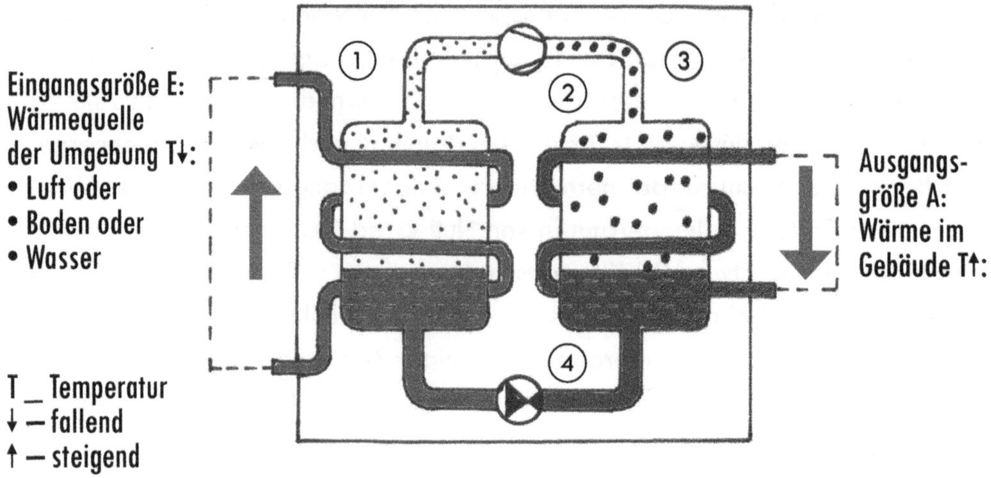

Abb. 36 Prinzip der Wärmepumpe (1 – Verdampfer, 2 – Verdichten, 3 – Verflüssiger, 4 – Entspannen)

gie mit niedriger Temperatur auf warmes Wasser oder erwärmte Luft mit höherer Temperatur übertragen.

Moderne Heizanlagen arbeiten mit gleich zwei Speichersystemen, um einen maximalen Wirkungsgrad zu erzielen. Diese Anlagen funktionieren so: Wenn die Sonne scheint, wird wie bei herkömmlichen Solaranlagen durch einen Kombispeicher, die für Heizung und Warmwasserbereitung notwendige Wärmeenergie bereitgestellt. Scheint die Sonne dagegen nur sehr schwach, wird der Solarkreis durch einen Latentwärmespeicher geleitet, der auf Wasser-Eis-Basis nach der oben angeführten Bauart funktioniert und der Wärmepumpe als notwendige Wärmequelle dient. Vereinfacht ausgedrückt, befördern Wärmepumpen die Wärme aus der Außenluft, dem Erdreich oder dem Grundwasser in die Häuser. Bei herkömmlichen Wärmepumpen, wie beispielsweise Erdwärme- und Luft/Wasserwärmepumpen, zirkuliert ein Kältemittel im Kreislauf. In diesem Kältekreislauf wird es mit Hilfe elektrischer Energie verdichtet und bei der Wärmeabgabe wieder entspannt, sodass dadurch das Temperaturniveau ansteigt. In der kalten Jahreszeit, wenn mehr Wärme gebraucht wird, schaltet sich ein Heizelement ein. Dieses erwärmt das sich im Heizkreislauf befindliche Wasser und steht dann als Wärmeenergie zur Verfügung. Diese zusätzliche Erwärmung verbraucht viel elektrische Energie aus dem Netz. Da die elektrische Energie meist noch mehrheitlich aus klimaschädlichen Kohlekraftwerken stammt, ist der Einsatz von Wärmepumpen nicht automatisch umweltfreundlich. Sie wird erst dann zu einer umweltfreundlichen Wärmequelle, wenn mit den erneuerbaren Energien der größte Teil des Gesamtbedarfs an Elektroenergie abgedeckt werden kann. Auch muss beim Einsatz von Wärmepumpen beachtet werden, dass die verwendeten Kühlmittel mitunter Frostschutzmittel enthalten, die umweltschädliche Wirkungen zeigen. Aus dieser Sicht ist der Einsatz von Wärmepumpen mit solchen Frostschutzmitteln als kritisch zu betrachten.

Climate Engineering

Heute verzeichnen Klimaforscher, dass sich die Arktis deutlich stärker erwärmt als alle anderen Regionen der Erde. Die Eisschmelze geht voran. Das vorher reichlich vorhandene Eis hatte die Sonnenstrahlen reflektiert, aber ohne Eispanzer nimmt die nunmehr dunkle Wasseroberfläche im Nordpolarmeer die Sonnenstrahlen auf, wodurch sich das Wasser immer stärker erwärmt. Klimaforscher wollen nun das Eis in der Arktis durch ein gewaltiges Projekt bewahren und haben Möglichkeiten gefunden, die bereits geschmolzenen Eisflächen wiederherzustellen. Mit den „Climate Engineering" wollen sie die Erwärmung in der Arktis drastisch verlangsamen. Die Lösung sind winzige, aus Siliziumoxid bestehende, hohle Glasperlen mit einem Durchmesser von 0,06 Millimetern.

Sie sehen aus wie Schnee, können dadurch das Sonnenlicht reflektieren, sind schwimmfähig und in der Lage an Eisschollen anzudocken und folglich großflächige Eispanzer bilden. Tests mit den Wunderperlen sind bisher erfolgreich abgelaufen.

Mit Geo- bzw. Climate-Engineering ist man dabei, technische Lösungen zu entwickeln, die zum einen das Kohlendioxid aus der Atmosphäre entfernen oder die verhindern, dass es dort eintreten kann. Beispiele dafür sind riesige Kohlendioxid-Absauger, die das Kohlendioxid aus der Luft filtern und es anschließend in Lagerstätten pumpen. Eine weitere Möglichkeit bietet die Verpressung von Kohlendioxid im Meeresboden. Dazu wird das Kohlendioxid zunächst verflüssigt und anschließend bis zum Transport durch Tanker zwischengelagert. Nach dem Transport zum Bestimmungsort wird es auf einem Terminal im Meer geordert und dann tief in den Meeresboden zur dauerhaften Lagerung gepresst. Um die Klimaneutralität rasch zu erreichen, macht sich für eine kurze Übergangsphase die Abscheidung und Speicherung von Kohlendioxid nach der Devise „Kohlendioxid im Boden ist stets besser, als solches in der Luft", dringend erforderlich.

Zum genannten Geo- bzw. Climate-Engineering gehören auch die massive Aufforstung und die Installation von gigantischen Spiegelanlagen im All, die die Solarstrahlung mildern sollen. Diese Lösungen hören sich utopisch an und besitzen so manche Mängel, wie unvorhersehbare ökologische Folgen, hohe Kosten und ungewisse Wirkungsgrade. Daher mehren sich die Stimmen der Kritiker. Dabei gilt es jedoch zu bedenken, dass Technik ein Entwicklungsprozess darstellt, der stets in Richtung der Erhöhung der Effektivität erfolgt. Tatsache ist, dass jegliche Technik bei ihrer Entstehung zunächst mit Mängeln behaftet ist, die in ihrer Weiterentwicklung durch neue Erkenntnisse beseitigt werden. Auch hierbei ist es eine Tatsache, dass technische Neuerungen oftmals unterschätzt und als unrealistisch abgetan werden. Mit solchen voreiligen Einschätzungen wird der technische Fortschritt ausgebremst, denn was heute noch phantastisch erscheint, wird Jahre später in irgendeiner Form verwirklicht. Daher sollte man beim Geo- bzw. Climate-Engineering gespannt sein, wie sich die Weiterentwicklung und Optimierung deren umweltgerechten Lösungen abzeichnen wird. Alle diese Lösungen gehen davon aus, dass in der Luft überschüssig vorhandene Kohlendioxid zu entfernen. Damit gehören sie zu der sogenannten „End-of-Pipe-Technologie". Sie stellt eine nachträglich hinzugefügte Maßnahme zum Umweltschutz dar, die die Umweltbelastung durch Schadstoffe verringert.

In dieser Technologie nimmt Deutschland übrigens weltweit mit ihren Anlagen zur Filter- und Absaugtechnik eine führende Stellung ein. Effizienter und umweltgerechter sind jedoch Energielösungen, die erst gar keinen Kohlendioxid-Ausstoß verursachen.

Global denken – lokal handeln

Handeln auf lokaler Ebene muss in unserer Gesellschaft zu einen umsetzbaren und allgemeingültigen Handlungsprinzip werden. Das bedeutet, dass den Menschen jene Freiheit zugestanden wird, auf lokaler Ebene an der Gestaltung der Energieversorgung mitzuwirken und dabei durch Selbstbestimmung auch Entscheidungen zu treffen. Gemeinden und Kommunen sollten daher mit mehr Handlungsfreiheiten ausgestattet werden, um in Selbstverantwortung ihre eigene Energieerzeugung vorzunehmen. Das liegt im Trend der Dezentralisierung, hin zu kleineren autarken Einheiten in der regionalen Versorgung, statt zu zentralen Kraftwerkskomplexen. Es geht darum, die örtlich vorhandenen Gegebenheiten stärker zu nutzen und diese an die notwendigen Bedürfnisse der Energiegewinnung und -bereitstellung auszurichten.

Welche Art der erneuerbaren Energien dabei zur Anwendung kommt, sei es nun Solar-, Wind- und/oder Wasserenergie oder Biomasse und Geothermie, obliegt der Entscheidung der Gemeinden und Kommunen. Das verlangt natürlich einen drastischen Abbau der Verwaltungsbürokratie. Lokales Handeln erfordert geradezu die aktive Gestaltungsfreiheit der Bürger heraus und ist als gelebte Demokratie für eine funktionierende Gesellschaft besonders wichtig.

Für die Bewältigung der Klimakrise muss ein breites Angebot von Innovationsprojekten zur Verfügung stehen, um weitere zukunftsorientierte technische Lösungen zur Nutzung erneuerbarer Energien zu forcieren. Das bedeutet auch, dass wir die bestehenden Lösungen ständig weiterentwickeln und verbessern. Mit Erfindungsreichtum, Wissenserweiterung und Kreativität können wir eine klimagerechte Welt gestalten. Daher brauchen wir nicht nur innovative Lösungen für heute, sondern wir benötigen auch Visionen für das Morgen. Dazu sind neue Denk- und Handlungsweisen erforderlich, denn die Zukunft beginnt zuerst in unseren Köpfen.

Neues Denken erforderlich

Wie wir wissen, geht dem Handeln das Denken und Verstehen voraus. Umweltprobleme sind in der Regel das Ergebnis linearer Denkweisen und den daraus entwickelten unzureichenden Lösungen. Der schweizerisch-US-amerikanische Physiker und Nobelpreisträger ALBERT EINSTEIN (1879–1955) formulierte in diesem Zusammenhang: „Wenn wir die Probleme, die uns quälen, lösen wollen, dann muss sich unser Denken über die Stufe hinausentwickeln, die wir erreicht hatten, als wir diese Probleme schufen." Der Klimakrise und deren Auswirkungen liegt offensichtlich ein mangelndes Verständnis der Zusammenhänge der Wirklichkeit zugrunde. Unsere Wirklichkeit, die uns umgibt, ist ein komplexes, kompliziertes, ständig veränderliches und hochgradig vernetztes Gebilde. Alles steht mit Allem zueinander in mehr oder weniger starker Beziehung. Das wird allein schon aus der Tatsache erkennbar, dass der Mensch Teil der Biosphäre unserer Erde ist und sie sich durch sein Wirken zu seinen Zwecken verändert hat.

Die Erde ist wiederum Bestandteil des Sonnensystems, wobei dieses wieder zur Milchstraße gehört. Die Milchstraße ist wiederum nur eine der zahlreichen vielen anderen Galaxien im Universum. Unsere Wirklichkeit ist hierarchisch aufgebaut und alle ihre Bestandteile sind wie durch ein unsichtbares Netz miteinander verwoben und beeinflussen sich gegenseitig mehr oder weniger stark. In der Natur hängt also alles mit allem zusammen.

Aus dieser alles umfassenden Verbundenheit ergibt sich das Erfordernis auch so zu denken und zu handeln. Bestandteile der Wirklichkeit können wir, wie wir erfuhren, unabhängig von ihrer Komplexität und Kompliziertheit als Systeme betrachten. So können wir den Menschen, ein Smartphone, eine Heuschrecke, ein Unternehmen oder auch das Klima als ein System betrachten.

Werden die genannten Systeme analysiert, so stellt man fest, dass sie von unterschiedlicher Komplexität und Kompliziertheit sind. Dabei ist ein System ganz allgemein formuliert eine Menge von Elementen, die zueinander in Beziehung und Wechselwirkung stehen. Hier trifft die Aussage von ARISTOTELES zu: Ein System als Ganzes ist mehr ist mehr als die Summe seiner Teile. Beispielsweise grenzt sich ein lebendes System zwar von seiner Umwelt ab, steht aber mit ihr im ständigen Austausch von Stoffen, Energien und Informationen. Man bezeichnet ein solches System als offen, weil der Austausch mit der Umwelt nur gewährleistet werden kann, wenn ein innerer Zustand des Fließgleichgewichtes aufrechterhalten wird. Das Fließgleichgewicht ist daher ein dynamischer Systemzustand, in dem sich Aufbau und Abbau, Leben und Tod sowie Zufluss und Abfluss, wie wir es bei der Toilettenspülung sahen, die Waage halten.

Dazu einige Beispiele. Ein Mensch muss sich ständig mit Nahrung versorgen, damit er am Leben bleibt. Einer Maschine muss immer Energie zugeführt werden, damit sie ihre Funktion erfüllen kann und wir Menschen müssen immer mehr Wissen aufnehmen, damit wir unsere Welt immer besser verstehen und zum positiven hin verändern können.

Mit Hilfe der Systemtheorie wird nun untersucht, wie ein System aufgebaut ist, wie seine Dynamik funktioniert und wie sein Verhalten im Zeitablauf wirkt. Die Systemtheorie füllt ganze Bücher, daher sollen die wenigen allgemeinen Ausführungen genügen. Die hier kurz dargestellten systemtheoretischen Betrachtungen stellen auch invariante Merkmale für Denkprozesse dar. Wenn wir in einer hochgradig vernetzten dynamischen und sich ständig verändernden Welt leben, besteht die Notwendigkeit „in Systemen zu denken“. Das bedeutet, dass wir unser Denken zu einem entwicklungsorientierten Systemdenken hinführen müssen. Dieser Denkansatz ermöglicht ein umfassendes Verständnis der Wirklichkeit und ist gleichzeitig auch Voraussetzung zur notwendigen Umgestaltungsfähigkeit unserer Umwelt. Gerade die Orientierung in und die Gestaltung einer von Technik geprägten Welt, setzen den Aspekt ihrer Veränderbarkeit voraus. Soll Technik als lebensnotwendige Zwischenwelt verstanden werden, die sich der Mensch zwischen sich selbst und der Natur geschaffen hat, dann muss diese Zwischenwelt auf ständige Anpassung und Beeinflussung reagieren: Sie verlangt im Sinne der Koevolution von Mensch und Natur ihre Weiterentwicklung in Richtung Umweltverträglichkeit bzw. Umweltfreundlichkeit. Eine solche Technikentwicklung erfordert geradezu ein entwicklungsorientiertes Systemdenken. Aber noch viel zu oft verhaften wir in traditionellen Denkweisen, die vorrangig auf linearem Denken basieren. Die bisherigen linearen Betrachtungsweisen technischer, technologischer, ökonomischer, ökologischer und energetischer Art sind zum Verständnis und zur Gestaltung der heutigen Realität völlig untauglich.

Lernen in einer vernetzten Welt

Lineares Denken nach dem Usache-Wirkungsprinzip berücksichtigt nicht die Vernetzungen und Wechselwirkungen der Dinge und Erscheinungen. Mensch, Technik und Natur als Umwelt stellen ein äußerst komplexes Netzwerk mit mannigfachen Wechselbeziehungen dar, die es bei Eingriffen zu dessen Beeinflussung zu beachten gilt. Durch Technik gestaltet der Mensch zielgerichtet und systematisch seine Umwelt.

Als technikentwickelndes, technikproduzierendes und techniknutzenden Individuum muss er die Entwicklungsmuster der lebenden Natur verstehen und in die Technik übertragen, um sein Überleben langfristig zu sichern. Das daraus entstehende vernetzte Denken zwischen den Realitätsbereichen Natur und Technik ist daher evolutionär geprägt und setzt die Evolutionsgesetzmäßigkeiten der Natur und die daraus abgeleiteten Prinzipien in kreativer Weise in neue material- und energiesparende technische Lösungen um. Dieses vernetzende Denken, orientiert an natürlichen Systemen und ihrem in Milliarden Jahren angehäuften „Know-how“, bietet uns neue Möglichkeiten zur Lösung der verschiedensten Umweltprobleme.

Dieses Denken ist ebenfalls einem Evolutionsprozess unterworfen. So war vom Altertum bis ins Mittelalter aus philosophischer Sicht das Ganzheitsdenken charakteristisch. Der griechische Philosoph DEMOKRIT (460 v. Chr. bis 370 v. Chr.) beispielsweise ging von der These aus, dass der Mensch bei der Entwicklung der Technik die Natur nachahme. Zweifellos wollte er damit ausdrücken, dass die Technik anfänglich in direkter Analogie zur Natur stand.

Beispiele dafür sind Hebelgestänge zum Fördern von Lasten in Analogie zum Menschenarm oder keilförmige Schneiden von Trennwerkzeugen in Analogie zu Zähnen. Eine neue Qualität in der Naturbetrachtung wird dann bei HERAKLIT (520 v. Chr. bis 460 v. Chr.) erkennbar. Er stellt dar, dass der Mensch schöpferisch gestalten kann, indem er „hinhört auf die Natur". Hier geht es nicht mehr um das bloße Nachahmen ihrer Erscheinungen, sondern um deren schöpferische Übertragung auf technische Sachverhalte. Diese Denkweise entspricht geradezu in ausgeprägter Form der neuen Wissenschaftsdisziplin Bionik. Bei den griechischen Philosophen wird deutlich, dass Technik nicht nur auf Naturnachahmung beruht, sondern auch in ihrer schöpferischen Umsetzung natürlicher Phänomene besteht. Die Natur-Mensch-Technik-Beziehung war ganzheitlich ausgerichtet, obwohl Technik erst in ihren Anfängen bestand.

Im Mittelalter war das ganzheitliche Weltbild stark religiös geprägt. Alles, auch die erst im Entstehen befindlichen Naturwissenschaften hatten sich diesem Ganzheitsbild unterzuordnen. Wo diese Unterordnung nicht zustande kam, waren Konflikte mit der Kirche nicht auszuschließen. Erst in der Epoche der Renaissance wurde ein Paradigmenwechsel im Denken eingeleitet, der durch die gedankliche Zerlegung des Ganzen in einzelne Teile (Analyse) zur Grundlage hatte.

In der Epoche der Renaissance war das analytische Denken verbreitet, welches durch die gedankliche Zerlegung des Ganzen in einzelne Teile gekennzeichnet war. Mit diesem analytischen Denken versuchte man ein allgemeines Weltverständnis auf der Grundlage von Ursache-Wirkung zu erlangen. Durch dieses Denken wird die Umwelt aus ihrem natürlichen Zusammenhang heraus in monokausalen eindimensionalen Ursache-Wirkungsketten ergründet. Dieses lineare Ursache-Wirkungsdenken ist zwar bei Systembetrachtungen wichtig, ist aber kaum auf eine komplexe Systembetrachtung, sondern nur auf einzelne Teile des betrachteten Systems ausgerichtet. Damit wird jedoch nur ein kleiner Teil der objektiven Realität erfassbar, ohne deren komplex wirkenden Kopplungen, Rückwirkungen, Zeitverzögerungen und noch weitere andere Effekte in ihrem Zusammenhang zu berücksichtigen. Nach einiger Zeit erkannte man, dass man mit der isolierten Betrachtung einzelner Teile nicht weiterkommt. Die Betrachtung des Ganzen rückte stärker in den Mittelpunkt von Denkweisen und die Weisheit, dass das Ganze mehr als die Summe seiner Teile ist, wurde zunehmend in das Denken einbezogen. Beispielsweise ist der Wald mehr als eine Ansammlung von Bäumen und ein Auto ist mehr als nur eine Anzahl zusammengesetzter Teile bzw. Baugruppen. Erst durch das geordnete bzw. abgestimmte Zusammenwirken der Teile bzw. Organe entsteht ein funktionierendes Ganzes.

Oder anders ausgedrückt, das Ganze besitzt Eigenschaften oder ein Verhalten, welches die Teile bzw. Organe nicht haben. Durch ein „Denken in Systemen" erkennen wir, dass die Eigenschaften der Teile davon abhängen, in welcher Beziehung sie zueinander und natürlich auch wie sie zum größeren Ganzen stehen, die die Teile in ihrer Einheit bilden. Die heutigen Umweltschäden zeigen die Auswirkungen des eindimensionalen Denkens, denn es lässt die vielfältigen Vernetzungen und Wechselwirkungen von natürlichen und künstlichen Systemen außer Acht. Aufgrund dieser Tatsachen, stehen wir heute vor einem Paradigmenwechsel im Denken. Er scheint sich in Richtung eines entwicklungsorientierten Systemdenkens zu vollziehen. Das unterstreicht die bereits genannte Tatsache, dass unsere Welt mit all ihren Bestandteilen ein vernetztes und ständig veränderndes System darstellt. Daher ist auch eine Denkweise auf einer solchen Grundlage erforderlich. Mit den Denkweisen aus der Vergangenheit lassen sich die Probleme von heute nicht mehr lösen. Entwicklungsorientiertes Systemdenken als neues Denken erfordert auch neuartige Denkinhalte als Orientierungshilfen.

Dazu könnten auch die von FREDERIK VESTER aufgestellten biokybernetischen Grundregeln gehören. Für VESTER dienen diese Regeln als innere Führungsgrößen überlebensfähiger Systeme und Subsysteme. Sie bilden eine Art Checkliste, um mögliche technische Entwicklungsrichtungen nach diesen Prinzipien auszurichten bzw. an diese anzugleichen. Wir sollten daher in technischen Entwicklungsprozessen diese wichtigen Prinzipien beachten und sie zur Richtschnur unseres Denkens machen. „Zu ihnen gehört das Einschaukeln in ein stabiles Gleichgewicht, genannt negative Rückkopplung, gehören Kreisprozesse wie das Recycling, die Wiederverwertung alles Produzierten, gehört weiterhin der sparsamste und effektivste Umgang mit Energie – vor allem, wenn es um andere als die Sonnenenergie geht, zu ihnen gehört das Prinzip „Jiu-Jitsu" (der asiatischen Selbstverteidigung), wo nicht Kraft mit Gegenkraft bekämpft wird, sondern wo des Gegners Kraft lediglich umgelenkt und gesteuert (*kybernetes* ist das griechische Wort für Steuermann) und so für die eigenen Zwecke genutzt wird. Es gehört dazu das Zusammenleben auch grundverschiedener Lebensformen zum gegenseitigen Profit, genannt Symbiose, und andere Regeln" (VESTER 1983, S. 66). Diese Grundregeln sollten in die Bestimmung technischer Entwicklungsrichtungen einbezogen werden und bei der Weiterentwicklung von Technik Berücksichtigung finden. Auch für den Übergang von der linearen Durchflusswirtschaft zur abfallarmen Kreislaufwirtschaft und generell zu einer nachhaltigen Wirtschaftsweise bilden diese Regeln nutzbare Innovationspotenziale.

Grundsätzlich muss sich die Technik des Menschen zu einer funktionierenden Symbiose mit der Biosphäre entwickeln und die genannten kybernetischen Prinzipien in Zukunftskonzepten Eingang finden. An dieser Stelle soll noch auf eine weitere Quelle für Innovationspotenziale aufmerksam gemacht werden. Es ist die lebende Natur, von der wir hinsichtlich der effizienten Nutzung von Energien, Stoffen und noch vielen anderen Erscheinungen eine Menge lernen können. FREDERIC VESTER bemerkt dazu treffend: „Biosysteme mit ihrer Milliarden Jahre langen Erprobungszeit in Struktur, Funktion und Organisation bieten sich daher zwingend als Vorbilder für eine zukünftige Technik des Überlebens an."

Kreisläufe und Recycling

Beim Kreisprozess und Recycling setzt die Natur seit über drei Milliarden Jahren ungeheuer große Stoff- und Energieströme fast rückstands- und schadstofffrei um. Dabei werden durch die Photosynthese etwa 10^{20} Tonnen Biomasse produziert. Die Produktionsleistungen der Bäume hat der Ökologe BERNDT HEYDEMANN (1930–2017) anschaulich beschrieben.

„Eine hundertjährige Buche, 25 Meter (m) hoch und mit einem Kronendurchmesser von 12 m, diene hier als Beispiel. Durch ihre ca. 600 000 Blätter verzehnfacht sich die Oberfläche von 120 Quadratmetern (m^2) Boden, die die Krone überdeckt, auf etwa 1.200 m^2 Blattfläche. Durch die Lufträume des Schwammgewebes entsteht eine Zelloberfläche für den Gasaustausch von etwa zwei Fußballfeldern. An einem Sonnentag werden 9,4 Kubikmeter (m^3) Kohlendioxid (CO_2) vom Baum aufgenommen. Das ist der durchschnittliche, tägliche

Kohlendioxidabfall von zweieinhalb Einfamilienhäusern. Bei einem Gehalt von 0,03 % Kohlendioxid in der Luft müssen also etwa 36 000 m^3 Luft durch die Blätter des Baumes strömen, mitsamt den enthaltenen Bakterien, Pilzsporen, Staub und anderen schädlichen Stoffen, die dabei größtenteils im Blattwerk hängenbleiben. Gleichzeitig wird die Luft angefeuchtet, denn etwa 400 Liter Wasser verbraucht und verdunstet der Baum an demselben Tag. Die 18,7 m^3 Sauerstoff, die dabei vom Baum durch die Photosynthese als Abfallprodukt gebildet werden, decken den täglichen Bedarf von etwa zehn Menschen.

Für sich produziert der Baum an diesem Tag zwölf Kilogramm (kg) Zucker, aus dem er alle seine organischen Stoffe aufbaut. Einen großen Teil der produzierten Stoffe speichert es als Stärke, aus einem anderen baut er sein neues Holz. Jährlich produziert der Baum etwa 100 kg Biomasse, davon etwa 55 kg organische Stoffe, die auf den Boden fallen (Früchte, Laub), sowie 40 kg Holz und 5 kg Wurzeln“ (HEYDEMANN 1995, S. 8).

Überhaupt kann man die sauerstofferzeugenden Wälder als die Lungen unseres Planeten bezeichnen. Außerdem sind sie in der Lage, gewaltige Mengen von Wasser zu verdunsten. Dabei bilden sich Wolkenformationen, die insgesamt einen riesigen Sonnenschirm bilden, der die Sonnenstrahlen reflektiert, sodass es auf der Erde zu erträglichen Temperaturen für die Lebewesen führt.

Weiterhin macht HEYDEMANN deutlich, dass beim Fällen dieses Baumes etwa zwei- bis zweieinhalbtausend junge Bäume mit einem Kronenvolumen von einem Kubikmeter gepflanzt werden müssten, um ihn vollständig zu ersetzen. In gesunden Waldökosystemen entspricht die Aufnahme von Kohlendioxid in etwa der Abgabe durch Atmung und Zersetzung von Biomasse. Durch menschliche Aktivitäten, wie beispielsweise die Abholzung und Brandrodung der Regenwälder, nimmt der Kohlendioxidgehalt in der Luft immer weiter zu. Selbst ein äußerlich intakt erscheinender Regenwald hat so seine Probleme, wenn er tagsüber Kohlendioxid aus der Luft zieht und Wasser verdampfen lässt. Bei weiter ansteigenden Temperaturen nimmt die Kohlendioxidkonzentration in der Luft zu, sodass sie mehr davon aufnehmen können. Das mehr an Kohlendioxid wirkt wie Dünger und beschleunigt zwar das Pflanzenwachstum, aber noch höhere Temperaturen verursachen den Pflanzen ziemlichen Stress, weil sie dabei viel mehr Wasser verdampfen. Dadurch besteht die Gefahr des Austrocknens und die Pflanzen könnten absterben. Das ist allerdings eine Hypothese, die noch durch weitere Messungen untersucht werden muss.

Pflanzen können sich jedoch vor dem Austrocknen schützen, indem sie ihre Spaltöffnungen, Stomata genannt, schließen können. Das führt aber dazu, dass weniger Kohlendioxid von den Blättern aufgenommen werden kann, was sich in der Verringerung der Photosyntheserate niederschlägt. Aber kommen wir auf unsere Wälder in Deutschland zurück. Hier werden in den Forst-Monokulturen geschädigte oder gefällte Bäume ersetzt. Das verursacht ziemlich hohe Kosten, weil der Waldboden zunächst aufgeräumt und für den Säureausgleich gekalkt werden muss. Außerdem besteht die Notwendigkeit, die Setzlinge gegen Wildverbiss zu schützen. Ein gesunder Wald kann jedoch auch ohne kostenaufwändige Maßnahmen der Wiederaufforstung entstehen.

Diese Erkenntnis gewinnt in der Forstwirtschaft immer mehr an Bedeutung und zeigt sich bei der Gestaltung naturnaher Mischwälder, die eine geringere Anfälligkeit gegen Störungen aufweisen. Solche Wälder verjüngen sich immer wieder selbst und sind weniger anfällig für Schadstoffe, Schädlinge und Sturm. In diesem Zusammenhang muss man auch bedenken, dass Wälder zwar nach Stürmen, Attacken von Borkenkäfern und Bränden zerstört sind, aber diese dadurch verursachten Schäden haben keine bleibende Vernichtungswirkung. Sie besitzen vielmehr Erneuerungspotenzial und es wächst danach ein vielfältigerer Wald heran, der zudem noch gegenüber Klimaschwankungen unempfindlicher ist. Die Effektivierung der Kohlendioxidaufnahme von Bäumen beschäftigt Wissenschaftler von „Living Carbon" aus den USA. Sie wollen den Ablauf der Photosynthese beim Baumwachstum so beeinflussen, dass Bäume schneller wachsen, um dadurch mehr Kohlendioxid aufnehmen können. Trotz der relativen Geschlossenheit von stabilen Ökosystemen, ist jedes Ökosystem an einem Stoffkreislauf seiner Umgebung und mit diesem wiederum in den Stoffkreislauf der gesamten Biosphäre integriert. Geschlossene Prozessabläufe sind auf die Wiedereingliederung von Zwischen-, End- und Abfallprodukten gerichtet, also auf Recycling. In der Natur haben wir es mit einem Stoff- und Energieumsatz gewaltigen Ausmaßes zu tun. Für jedes Abfallprodukt stehen Organismen und Enzyme bereit, die es gleich wieder in ein neues Ausgangsprodukt umwandeln. Von der Natur als Erfinderin des Stoffrecyclings kann manches abgeschaut werden, denn diese geschlossenen Kreisläufe sind eine Fundgrube an technischen Raffinessen, energiesparenden Tricks und wirksamen Kombinationen der verschiedenartigsten „Technologien". Gerade die Lebenswelt der tropischen Regenwälder ist dafür ein hervorragendes Beispiel. Ist nämlich totes Pflanzen- und/oder

Tiergewebe genügend zersetzt, um Nährstoffe in pflanzenverdaulicher Form freizugeben, werden diese von den Wurzeln der Bäume als Mineralien aufgesogen und umgesetzt. Dabei funktioniert der Regenwald in einem kurzgeschlossenen Nährstoffkreislauf. Dünne Tastwurzeln der Bäume „kriechen" über den Regenwaldboden und saugen die Nähstoffe direkt aus der verrotteten Biomasse. Wiederum andere Wurzelsysteme, die fein ausgefranst sind, filtern Nährstoffe aus dem Regenwasser. Die Wurzeln bilden Symbiosen mit Pilzfäden, die ihnen die Nährstoffe aufspalten, also „mundgerecht" aufbereiten.

Der Mensch als technikentwickelndes, technikproduzierendes und techniknutzendes Individuum muss die Strukturen, Funktionen und Organisationsprinzipien der lebenden Natur auf die Technik übertragen, um letztlich Technik und Natur in Einklang zu bringen. Die Orientierung an der lebenden Natur kann zu einer Vielzahl innovativer Lösungen führen, die sich aber nur aus der Kenntnis und Beachtung der vernetzten Zusammenhänge von Natur und Technik ergeben.

Die Wiederentdeckung der Weisheit der Natur

Der Weg von der naturverbrauchenden und naturzerstörenden Technik muss über umweltgerechten Denken und Handeln zur umweltschonenden Technik führen. Daher bedarf es der Beantwortung der Frage, wie eine Technik konzipiert werden kann, die im Einklang mit der lebenden Natur steht. Der Ausweg aus der Umweltkrise ist in der Natur und ihren dynamischen Systemen selbst zu finden. Das Verbinden von Technik und Natur ist kein passiver Prozess und auch kein „Zurück zur Natur", sondern eine Strategie, deren Verwirklichung zur Koevolution von menschlicher Gesellschaft und ihrer soziotechnischen Systeme sowie mit der Natur innerhalb der globalen Biosphäre führen kann. VESTER vermerkt dazu: „Es braucht nicht betont zu werden, dass gerade für die Umweltproblematik gezeigt wurde, dass hier interessante Lösungsmöglichkeiten zu holen wären, indem man untersucht, wo in biologischen Bereichen ähnliche Probleme auftauchen, wie wir sie heute in der Umweltproblematik vorfinden: Abfallbeseitigung, Nahrungszufuhr, Kommunikation usw., und wie solche Probleme dort, z. B. auf dem Niveau der Zelle, der Organe oder des Nervensystems, gelöst werden" (VESTER 1972, S. 186).

Die notwendige Umgestaltung und Anpassung der Technosphäre an die objektiv wirkenden Gesetzmäßigkeiten der Biosphäre und ihrer Systeme kann dadurch erreicht werden, wenn wir unsere technische Umwelt nach biologischen Erfordernissen konzipieren und ausrichten. Dabei bedarf Technik einer erweiterten Betrachtung unter folgenden Aspekten:

1. Der Mensch und seine technischen Systeme müssen sich den Ökosystemen anpassen, in die sie eingebettet sind.
2. Technik darf nicht mehr gegen die Natur, sondern muss sich aus der ökologischen Eingebundenheit in sie begründen.
3. Technik steht mit dem ökologischen und sozialen Umfeld in komplexen Wechselbeziehungen. Systementwicklung kann deshalb nur auf Koevolution beruhen, d. h. auf gegenseitiger Anpassung und Beeinflussung.
4. Technik erfordert kreatives Übertragen von Erkenntnissen über biologische Systeme auf technische Problemlösungen.

Eine Überwindung der derzeitigen Betrachtung: "hier Technik, dort Natur", kann nur in der Erweiterung eines Technikverständnisses begründet sein, welches eine vernetzende Betrachtung biologischer und technischer Systeme einschließt. Für technische Entwicklungen ist die Innovationsquelle Natur u. a. aus folgenden Gründen bedeutsam:

1. Der Natur stand ein Entwicklungszeitraum von Milliarden Jahren zur Verfügung, um eine unübersehbare Vielfalt an funktionellen Strukturen hervorzubringen.
2. In der Natur existieren geschlossene Stoffkreisläufe, denen das Grundprinzip des Regelkreises zugrunde liegt (Prinzip der Selbstregulation).
3. Die in der lebenden Natur existierenden Systeme
   - funktionieren mit minimalen Energieaufwand;
   - besitzen die Fähigkeit, ihre Bestandteile zu erneuern bzw. auszutauschen, ohne ihre Grundstruktur zu verändern (Prinzip der Selbstregeneration);
   - bestehen aus einem Minimum an Grundelementen, die so miteinander kombiniert sind, dass sie ein Maximum an Lebensfunktionen ermöglichen. Durch die relativ labilen, in technologischem Sinne billigen Bauelemente wird eine hohe Funktionszuverlässigkeit und Systemstabilität erreicht (Prinzip des geringsten Aufwandes);

- werden durch Selbstoptimierung auf der Grundlage des Wirkens der Evolutionsfaktoren hervorgebracht und entwickeln sich in Richtung der Steigerung des Nutzeffektes, wie beispielsweise geringerer Wasserbedarf, bessere Wasserversorgung, bessere Lichtausnutzung, geringere Störanfälligkeit bei Pflanzen usw. (Prinzip der Selbstoptimierung).

Unter Einbeziehung dieser Tatsachen wird die neue Orientierungsfunktion des Menschen deutlich: das biologische Geschehen auf technische Sachverhalte und Entwicklungen zu übertragen, um technische Systeme vollkommener, effizienter und ökologisch wirksamer zu gestalten. Die kreative Umsetzung dieser Orientierungsfunktion in technische Systeme ermöglicht es, die Technik nach biologischen Evolutionsgesetzmäßigkeiten und Prinzipien auszurichten, sodass ihre Harmonie mit der Biosphäre gewährleistet werden kann. Die bisher nur einseitige Nutzung der Natur als Produktionsfaktor wird um die Orientierungsfunktion dieser effizienten, in Jahrmillionen herausgebildeten und optimierten Strukturen biologischer Systeme im Zusammenhang mit den wirkenden Umweltbedingungen erweitert.

Technik naturorientiert gestalten

Der menschliche Erfindergeist hat in vielen Fällen technische Lösungen hervorgebracht, die, wie es sich herausstellte, in der Natur schon seit Jahrmillionen existierten.
Bevor der Mensch auf die Idee kam, Solarzellen zu entwickeln, existierten diese schon im Außenskelett von Orientalischen Wespen. Bevor der Mensch Badhaken mit Saugtellern zum besseren Haften für Handtücher und Waschlappen an Fließen erfand, gab es diese Haftlösung auch schon beim Schiffshalter, Gelbrandkäfer und Kopffüßer. Es ist wie beim Wettrennen zwischen Hase und Igel: Wo immer der Mensch sich entschloss, den Luftraum und die Meere zu erobern, die lebende Natur war schon da, hatte lange vorher die dazu notwendigen Strukturen geschaffen. Das ist keineswegs ein Wunder, denn die Natur hatte durch das Wirken der Evolutionsmechanismen viele Millionen Jahre Zeit, bestmögliche Lösungen des Lebens zu entwickeln.

Der Mensch hat sich bei der Lösungsfindung schon immer an der Natur orientiert.

So gäbe es ohne Vögel wohl kaum Flugzeuge, ohne Fische keine Unterseeboote, auch manches andere nicht, wäre da nicht das Vorbild in der Natur. Anderseits war die lebende Natur für den Menschen schon immer Vorbild für die Lösung technischer Probleme. So entwarf um 1500 das Universalgenie LEONARDO DA VINCI (1452–1519) Fallschirme und Flugapparate nach Naturvorbildern. Er skizzierte nach dem Vorbild der Forellengestalt strömungsgünstige Schiffskörper, da er die widerstandsmindernden Eigenschaften dieses biologischen Vorbildes erkannte. Es mussten allerdings über 450 Jahre vergehen, bis der Wulstbug, bei anderen Wassertieren wieder neu entdeckt, erfolgreich im Schiffsbau angewendet wurde. Der Wulstbug ist ein birnenförmiger Vorderteil des Schiffsrumpfes und wurde 1929 vom US-amerikanischen Schiffbauingenieur DAVID WATSON TAYLOR (1864–1940) erfunden. Durch den Wulstbug wird der Wasserwiderstand erheblich gesenkt und dadurch die Geschwindigkeit des Schiffes erhöht. Das geschieht, weil sich durch den Wulstbug eine Unterwasserwelle bildet, die die am Bug entstehende Oberflächenwelle auslöscht.

Jedes fahrende Schiff schiebt eine Bugwelle vor sich her, die den Strömungs- bzw. Wasserwiderstand erhöht und dadurch Energie kostet. Der Wulstbug erzeugt eine eigene Welle, die die Oberflächenwelle vom Bug so beeinflusst, dass diese fast völlig aufgelöst wird. Durch den dadurch gesenkten Wasserwiderstand um bis zu zehn Prozent kann eine beachtliche Menge Treibstoff eingespart werden. Übrigens waren die ersten mit einem Wulstbug versehenen Schiffe die beiden Ozeandampfer „Europa“ und „Bremen“, die gegen Ende der 1920er-Jahre in den Dienst gestellt wurden. In heutiger Zeit fahren fast alle größeren Schiffe und Frachter mit einem Wulstbug ausgestattet über die Meere.

Auch als der Mensch Profile für den Leichtbau erfand, existierten diese schon seit Jahrmillionen in Form von Röhrenknochen, Pflanzenstängeln, Halmkonstruktionen u. a. in der belebten Natur. Echolot und Radar gab es seit dieser Zeit bei Fledermäusen, doch erst seit ein paar Jahrzehnten in der Technik. Millionen Jahre evolutionärer Naturprozesse bringen biologische Strukturen von überströmender Fülle und Vielfalt hervor, die sich als Gestaltungsanregungen für die Technik geradezu anbieten.

Viele Probleme, an denen Ingenieure aus den verschiedensten Bereichen arbeiten und nach Lösungen suchen, hat die biologische Evolution in ihren Syste-

Abb. 37 Von der Delfinschnauze zum Wulstbug

men längst mit Erfolg auf ihre Weise gelöst. Die biologische Evolution bringt Innovationen durch das Wirken der Evolutionsmechanismen hervor. Sie zeigt uns, dass dieses Wirken der Mechanismen unter freien Wettbewerb um knappe Güter ein beeindruckender Mechanismus zur Steigerung der Effizienz von Produkten darstellt. Jeder Konstrukteur, Ingenieur oder Designer sollte deshalb von vornherein die Natur nach ihren Lösungen befragen, wenn es um die Lösung eines vergleichbaren technischen Problems geht. Für jede zu realisierende technische Funktion gibt es in der Natur eine Vielzahl unterschiedlicher Lösungen. Man sollte sich deshalb immer fragen, ob sich eine bestehende technische Lösung noch weiter verbessern und ob sich dazu im Bereich der lebenden Natur Anregungen finden lassen. Stets ist aber immer zu prüfen, unter welchen Bedingungen biologische Systeme durch das Wirken der Evolutionsmechanismen eine bessere Angepasstheit an ihre Umwelt erreicht haben. Bei Lebewesen geht es in der Evolution immer um die Erhaltung der Art und die bestmögliche Anpassung an die wirkenden Umweltbedingungen. Das Bedingungsgefüge ist bei der Entwicklung technischer Systeme oft ganz anders.

Deshalb geht es nicht um den bloßen Nachbau biologischer Strukturen, sondern um die kreative Übertragung der von den biologischen Vorbildern abgeleiteten Prinzipien. Dieser Vorgehensweise liegt die notwendige Erkenntnisgewinnung für die Gestaltbarkeit der Technik zugrunde. Die Natur steckt voller Wunder und gibt eine Menge Anregungen zur Lösung technischer Probleme.

Dazu einige Ausführungen: Befassen wir uns zunächst mit der Solarenergie, deren Nutzung wir auch in der lebenden Natur beobachten können. Schlangen und Eidechsen beispielsweise legen sich als wechselwarme Reptilien auf einen warmen Untergrund in die Sonne. Da sie ihre Körpertemperatur nicht selbst regulieren können, benötigen sie die Energie der Sonne, um ihren Körper mit Wärme von außen aufzutanken. Das „kurbelt" ihren Stoffwechsel an und macht diese Reptilien flink. Auch Schmetterlinge brauchen Sonnenbäder. Das kann man morgens beobachten, wenn die Falter erst mit geöffneten Flügeln Sonnenwärme tanken, ehe sie zu fliegen beginnen. Um fliegen zu können, brauchen sie für ihren „Muskelmotor" als Flügelantrieb eine Körpertemperatur von etwa 40 Grad Celsius. Dazu ist ein Sonnenbad erforderlich. Da der „Muskelmotor" im Vorderleib untergebracht ist, muss die von den Flügeln erzeugte Wärme rasch dorthin gelangen. Je nach Falterart gibt es dazu zwei grundlegende Möglichkeiten, die Wärmeenergie zum Körper zu übertragen. Die erste Möglichkeit besteht darin, die Wärme über die Flügelflächen zum Körper zu leiten. Das haben wir beim „Absorptionssonnen" kennengelernt. Die zweite Möglichkeit stellt das „Reflexionssonnen" dar. Hierbei wird die Sonnenstrahlung von den Flügeln auf den Körper des Falters reflektiert. Die Färbung der Flügel spielt bei der Wärmegewinnung ebenfalls eine wichtige Rolle. Die Flügelschuppen der „Absorptionssonner" weisen in der Regel viele dunkle Pigmente auf. Genau umgekehrt ist es bei den „Reflexionssonnern".

Abb. 38 Absorptions- und Reflexionssonnen

Die Flügel dieser Schmetterlinge sind daher hell und werfen das Licht zurück. Besonders gut geht das bei weißer oder silbriger Flügeloberseite. Solche Schmetterlinge bringen beim Sonnenbaden ihre Flügel in V-Stellung. Durch Veränderung der V-Stellung kann die Menge des reflektierten Lichtes, welches auf den Körper auftrifft und dort absorbiert wird, verändert werden. Damit die so erzeugte Wärme vom Schmetterlingskörper nicht so schnell entweichen kann, ist dieser mit feinen Härchen besetzt und wirkt als gut isolierendes Luftpolster. Die zwischen den Flügeln auftreffenden Sonnenstrahlen werden innerhalb der Flügel so lange hin und her geworfen, bis sie den dunklen Flügelansatz erreicht haben. Erst hier werden sie in Wärme umgewandelt. Die hellen Flügelabschnitte lenken dabei mehr Energie auf den Körper als dunkle Abschnitte. Entomologen haben entdeckt, dass es auch Schmetterlinge gibt, welche die Sonnenstrahlen auf den Flügeloberflächen sowohl reflektieren als auch absorbieren können.

Eine geniale Lösung, welche sich bei der Evolution dieser Schmetterlinge herausgebildet hat. Angesichts der Umweltverschmutzung durch fossile Brennstoffe setzen die Ingenieure darauf, Sonnenkollektoren und Solarzellen nach Schmetterlingsart zu entwickeln, die Licht wirkungsvoller sammeln und bündeln können. Solarzellen reflektieren etwa fünf bis sieben Prozent des auftreffenden Sonnenlichtes. Dabei geht es als ungenutzte Energie verloren und kann nicht in elektrische Energie umgewandelt werden. Die Vermeidung von Reflexionsverlusten erfordert die Verbesserung der Oberflächeneigenschaften von Solarzellen. Zur Lösung dieses Problems orientieren sich die Wissenschaftler am Reflexionsverhalten von Flügelschuppen bestimmter Schmetterlingsarten und wurden bei der Art *Pachliopta aristolochiae* fündig.

Ihre Schuppen besitzen Nanostrukturen, also winzige Löcher, die das Sonnenlicht viel besser absorbieren als glatte Schuppen. Dabei stellte sich heraus, dass die Löcher ein unregelmäßig angeordnetes Lochmuster bildeten, bei denen die einzelnen Löcher unterschiedliche Durchmesser besaßen. Durch die Übertragung dieser Erkenntnisse auf neu entwickelte Oberflächen für Solarzellen konnten die Reflexionsverluste deutlich gesenkt und die Lichtausbeute vergrößert werden.

Die Reflexions- und Absorptionseigenschaften von Schmetterlingsflügeln könnten auch als Vorbilder für Solarfassaden dienen, die Wärme in den Wintermonaten erzeugen oder aber die Sonnenstrahlen im Sommer reflektieren würden. Fassadenelemente lassen sich auch so konstruieren, dass sie das Sonnenlicht direkt in Wohn- bzw. Arbeitsräume lenken. Das wird erreicht, wenn die einzelnen Lamellen oder Paneelen reflektierende Eigenschaften besitzen. Im Winter ließe sich das Tageslicht in die Räume lenken und so zu einem Lichtleitsystem werden.

Aber kommen wir wieder auf die Sonnenkollektoren zurück. Als Flachkollektoren sind nicht nur von der Sonneneinstrahlung richtungsabhängig, sondern benötigen relativ große Aufstellflächen. Daher werden Sonnenkollektoren mit kleineren Aufstellflächen und höherem Speichervolumen für die zu erwärmende Flüssigkeit und einer besseren Nutzung der Sonneneinstrahlung entwickelt. Auch hier lassen sich Lösungsansätze aus der lebenden Natur nutzen. Von Blütenständen, Früchten und Pflanzen in Kugel- bzw. Halbkugelform findet man vielfältige Anregungen für neuartige Kollektorformen. Davon abgeleitete kugel- bzw. halbkugelförmige Sonnenkollektoren benötigen wesentlich geringere Aufstellflächen und fassen größere Flüssigkeitsmengen. Solche Kollektoren bestehen im Prinzip aus einem schwarzen Gewebeschlauch, der als Absorber dient. Dieser ist platzsparend je nach Ausführung zu einer Kugel oder Halbkugel gewickelt, worüber eine Plexiglashaube gestülpt ist. Kollektoren in dieser Bauweise nutzen optimal die Sonnenstrahlung. Weil die Sonne über den Tag wandert, ist ihr ein großer Teil der Absorber-Oberfläche zugewandt. Da die zu erwärmende Flüssigkeit durch den schwarzen Schlauch fließt, ist eine ständig umlaufende Wärmeströmung gesichert. Der Hersteller von Kugel- und Halbkugel-Kollektoren entwickelte auch frei stehende Kollektorbäume, die aussehen wie große Bäume mit Früchten. Durch ihre baumähnliche Gestalt fügen sie sich recht gut in unsere Umwelt ein.

Auch Solarzellen lassen sich nach biologischen Vorbildern weiterentwickeln, konkret Bio-Solarzellen nach Hornissenart. Es ist kaum zu glauben, dass die Natur im Verlauf der Evolution bei dieser Hornissenart Solarzellen in Form von organischen photoelektrischen Halbleitern hervorgebracht hat. Wissenschaftler haben nämlich im Hinterleib von Orientalischen Hornissen *Vespa orientalis* Pigmente entdeckt, mit denen sie aus Sonnenlicht elektrische Energie erzeugen können.

Man kann also sagen, dass diese Hornissen in ihrem Panzer über ein eingebautes Solarkraftwerk verfügen. Die gewonnene elektrische Energie kann von den Hornissen auch in chemisch gebundener Weise gespeichert werden. Das ist nötig, um entweder in der Morgenkälte die Flugmuskulatur auf „Betriebstempe-

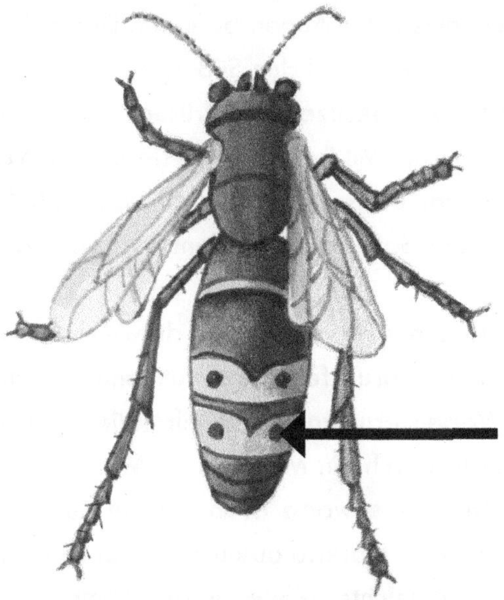

Abb. 39 Orientalische Hornisse

ratur" einzustellen oder bei Hitze in der Mittagszeit ihren Körper zu kühlen. So besitzt die Hornisse noch eine hervorragend funktionierende „Klimaanlage". Der photovoltaische Effekt, bei dem diese Hornissen das Sonnenlicht in elektrische Energie umwandeln, beruht auf dem Pigment Xanthopterin. Den Wissenschaftlern ist es gelungen, mit Hilfe dieses Pigmentes neuartige Solarzellen zu entwickeln. Ihr Wirkungsgrad ist derzeitig noch gering.

Die Wissenschaftler sind jedoch dabei, die Solarzellen nach Hornissenart weiter zu verbessern. Generell würden sich für Solarzellen viele Einsatzbereiche anbieten. So auch in der Luftfahrt, wenn Flugzeugtragflächen mit Solarzellen bestückt werden. Das in elektrische Energie umgewandelte Sonnenlicht wird zum Antrieb von Flugzeugen genutzt.

Weiteres Beispiel: Energiearme Meerwasserentsalzung. Der Süßwasserbedarf auf unserem Planeten wird durch die wachsende Bevölkerungszahl drastisch ansteigen. Süßwasser wird nicht nur als Trinkwasser benötigt, sondern wird auch gebraucht, um zusätzliche Ackerkulturen zu bewässern und genügend Nahrungsmittel zu produzieren. Eine Lösung wäre die energiearme Meerwasserentsalzung. Heringsmöwen zeigen, wie dies bei minimalem Energieaufwand, nämlich bei Körpertemperatur, geschieht. Das salzhaltige Meerwasser wird durch besondere Drüsen geleitet. Diese bestehen aus einem Röhrenbündel, welches sich auf dem Schnabel unweit der Augen befindet. Das Salz wird absorbiert und wieder ausgeschieden, während das Süßwasser im Körper verbleibt. Auch manche sukkulenten Pflanzen besitzen Salzdrüsen, besonders solche, die in Wüstenregionen beheimatet sind. Mit ihnen können sie das im Wasser befindliche Salz ausscheiden. Genauer ausgedrückt, werden die Salzdrüsen als Ionenpumpen bezeichnet, die die Salzionen aus dem Zytoplasma nach außen abstoßen.

Oder die Struktur der Wabennester von Bienen, die perfekte Vorlagen für leichte, aber trotzdem stabile und druckfeste Konstruktionen für Flugzeugtragflächen, Flugzeugrümpfe, Wabenkernwände und -türen liefert. Hier wird eine funktionell notwendige Struktur durch ein Minimum an Material und ein Maximum an Stabilität erzielt. Die Bienenwabe ist in diesem Zusammenhang ein vortreffliches Beispiel für optimale Materialausnutzung bei minimalem Materialaufwand. So kann eine extrem leichte Wabe mit der Abmessung 400 x 200 Millimeter etwa zwei Kilogramm Honig speichern, ohne unter dieser Last zusammen zu brechen. Mit nur 50 Gramm Wachs sind die Wände der Wabenkammern nicht einmal 1/10 Millimeter dick. Die Seitenwände der Zellen bilden Sechsecke, die mit ihren Böden so verzahnt sind, dass diese enorme Tragfähigkeit erreicht werden kann. Jede Kammerwand trennt gleichzeitig wieder die nächste angrenzende Kammer. Das Sechseck hat neben dem Dreieck und dem Viereck, Flächengleichheit vorausgesetzt, den kleinsten Umfang und benötigt am wenigsten Baumaterial. Oder anders ausgedrückt: Durch das sechseckige Prisma wird das größtmögliche Volumen bei geringstem Wachsverbrauch erzeugt.

Ein anderes Beispiel ist die Knochenstruktur, in der gleich mehrere Leichtbauprinzipien vergegenständlicht sind. So entspricht die äußere Gestalt eines Knochens der einer Säule im Doppel-T-Profil und der Querschnitt einem Röhren- bzw. Hohlprofil. Durch die in den oberen und unteren Verdickungen befindlichen Knochenbälkchen, die übrigens wie gotische Spitzbögen angeordnet sind, können Druckkräfte gleichmäßig auf die Randschichten verteilt werden. Mehr noch: Die Knochenwand entspricht dem Prinzip der Verbundstabilisierung. Zwei feste, dünne Deckschichten und eine hochporöse, schwammartige Zwischenschicht sichern optimale Materialausnutzung bei gleichzeitiger Stabilitätserhöhung. Auch die Spannungslinien sind nach den Prinzipien der Statik angeordnet. Der Ingenieur CARL CULLMANN (1821–1881) entwickelte nach dem Vorbild der An-

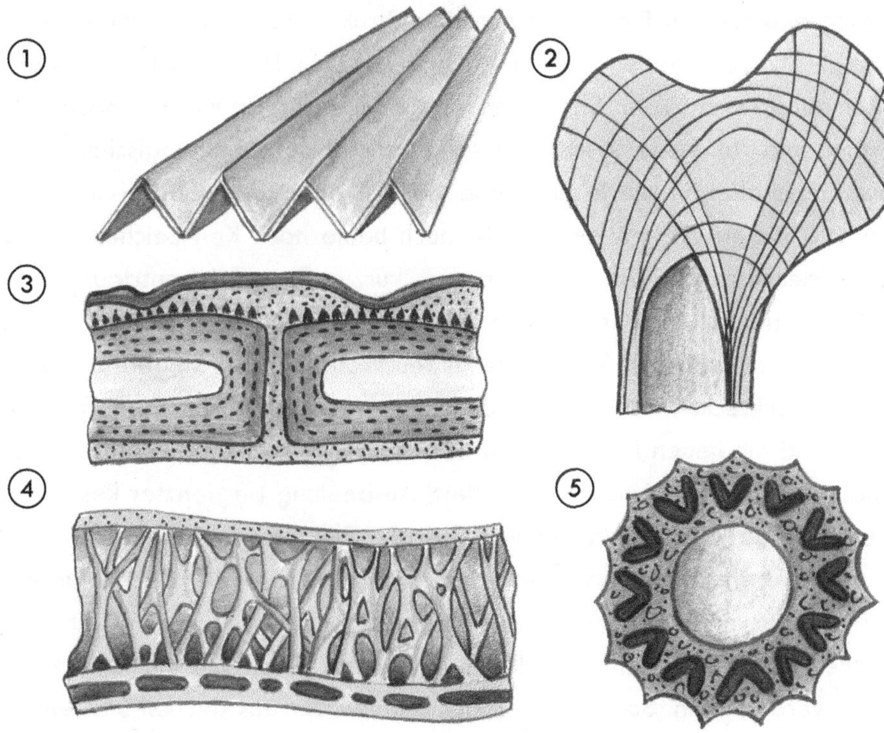

Abb. 40 Das „Minimum-Maximum-Prinzip"
(1 – Faltblatt einer Fächerpalme, 2 – Oberteil eines Röhrenknochens im Schnitt, 3 – Deckflügelquerschnitt eines Käfers, 4 – Vogelknochen im Längsschnitt, 5 – Querschnitt eines Pflanzenstängels)

ordnung dieser Spannungslinien im Knochen, die der trajektoriellen Bauweise entsprechen, schon vor über 100 Jahren einen stabilen Auslegerkran. Trajektorien stellen in der Statik unsichtbare Kraft- bzw. Spannungslinien in Knochen dar, an denen sich die winzigen Knochenbälkchen in der Schwammstruktur, auch Spongiosa genannt, ausrichten. CULLMANN erkannte, dass durch die Wirkung der Evolutionsmechanismen der Knochen genau dort verstärkt wurde, wo die größten Belastungen auftraten.

Die Prinzipien Profilierung und Verbundstabilisierung lassen sich überall im Pflanzen- und Tierreich aufdecken. Sie können in Pflanzenstängeln und -halmen, aber auch im Chitinpanzer der Insekten nachgewiesen werden. Hier basiert das „Minimum-Maximum-Prinzip" auf der Erkenntnis, dass die Materialausnutzung durch optimale Anordnung erfolgt.

Die Mechanismen der Evolution verstärken Strukturen, die einer hohen Belastung ausgesetzt sind, bauen die Verstärkung zwischen Deckschichten mit vielen Hohlräumen aus und lassen Strukturen mit niedriger Belastung hauchdünn. Die „sparsame und rationelle Wirtschaftsweise" der Evolution biologischer Konstruktionen beinhaltet für die Technik neue Möglichkeiten des Material- und Energiesparens. Materialverschwendung ist auch heute noch Kennzeichen unserer „Wegwerfgesellschaft". Die Strategie der „kurzen Produktlebensdauer" wird von sogar noch durch eine beabsichtigte Verschleißproduktion verstärkt, sodass der Markt mit immer neuen kurzlebigen Erzeugnissen regelrecht überschwemmt wird. Dabei schreckt man auch davor nicht zurück, künstliche Bedürfnisse zu erzeugen und mit neuen Produkten zu befriedigen. Das sichert den Unternehmen märchenhafte Gewinne durch weitere Ausbeutung begrenzter Ressourcen und zunehmende Verschwendung von Energie. Ein solches Handeln ist heute nicht mehr vertretbar. Ein Lernen von den „Wirtschaftsweisen" der Natur muss stärker das Denken und Handeln der Unternehmen bestimmen. Die Unternehmen stehen damit an einem Wendepunkt, an dem eine neue Richtung eingeschlagen werden kann. So müssen Produkte entweder aus solchen Stoffen bestehen, die sich biologisch bzw. physikalisch abbauen lassen und in diesem Zustand wieder als Ausgangsstoff für biologische Kreisläufe dienen oder aber aus technischen Materialien, die in geschlossenen technischen Kreisläufen immerwährend zirkulieren.

Heute befinden wir uns erst am Anfang einer systematischen Nutzung dieser noch unermesslich reichen Ressource unseres Planeten, der für uns eine Menge an „Know-how" bereithält. Dabei geht es nicht nur darum, die bestehende Technik in Richtung Effektivitätserhöhung zu verbessern, sondern vor allem um die Gestaltung einer umweltfreundlicheren Technik, die sich nicht gegen die Natur richtet. Die Natur liefert uns dafür die entsprechenden Vorbilder. Dort laufen die komplexen Prozesse nicht nur material- und energiearm, sondern dazu noch regelungssicher und recyclingfreundlich ab. So gesehen, kann das Lernen von der Natur eine wichtige Lösungsquelle für die Entwicklung von Zukunftstechnologien darstellen, die dem Verhältnis von Menschen und Umwelt besser gerecht werden als die heutigen Technologien.

Eine relativ neue Wissenschaft nutzt die Innovationsquelle Natur für die Entwicklung umweltfreundlicher und menschengerechter technischer Lösungen – sie heißt Bionik und hat gerade in heutiger Zeit Konjunktur.

Bionik – Lernen von der Natur

Bionik als Wissenschaftsdisziplin befasst sich systematisch mit der technischen Umsetzung und Anwendung von Konstruktionen, Verfahren und Entwicklungsprinzipien biologischer Systeme. Diese junge und für die Zukunft vielversprechende Integrationswissenschaft verbindet die Biologie vor allem mit den Ingenieurwissenschaften und der Architektur.

Die schier unbegrenzte Fülle von Pflanzen und Tieren wird auch immer mehr zum Vorbild für eine ökologische Technik. Die Lösungen, die der Natur entlehnt sind, müssen nicht automatisch ökologischer Natur sein. Sie können daher eine beabsichtigte Naturverträglichkeit allein nicht garantieren. Ob sie naturverträglich sind, liegt in der Lösung des Grundwiderspruches zwischen ökologischer Verträglichkeit und ökonomischer Machbarkeit. Das Lernen von der Natur ist auf die Übertragung von vorbildlich erkannten Phänomenen, wie beispielsweise material- und energiesparende Lösungen bei Pflanzen und Tieren sowie Stoff- und Energieströme gerichtet. Natürliche Vorbilder können so zu Anregungen für Lösungen zur Kreislaufwirtschaft führen, mit denen Rohstoffe eingespart, Emissionen vermindert und Abfälle vermieden werden. Ökologische Notwendigkeiten wie Ressourceneffizienz, geschlossene Kreisläufe und naturverträgliche Technik werden so zu handlungsorientierten Leitlinien bei der Lösungsgewinnung aus der Natur.

Bionik ist auch ein methodisches Verfahren im heuristischen Bereich, welches aus bereits in der lebenden Natur gelösten Problemen Ansätze für technische Lösungen aufzeigen kann.

An die neue Integrationswissenschaft Bionik mit ihrem derzeit enormen Innovations- und Wachstumspotenzial werden hinsichtlich der Entwicklung effizienter Zukunftstechnologien hohe Erwartungen geknüpft. Aus diesem Grunde hat der VDI die Bionik zu einer Zukunftstechnologie erklärt. „Das Zusammenwirken der beiden Disziplinen Biologie und Technik mag in den nächsten Jahren und Jahrzehnten insofern bedeutsam werden, als es Wege aus der momentanen Sackgasse weisen wird, die in ihrer Bedeutung gar nicht zu überschätzen sind" (NACHTIGALL, 1981).

Bionik wird auch in der Industrie zu einem allgemein anwendbaren Konstruktionswerkzeug bei der Lösung technischer Probleme. Absehbar ist, dass die Bionik in den nächsten Jahren in Forschung und Entwicklung sowie in den verschiedensten Wirtschaftszweigen an Bedeutung gewinnt und durch sie auch neue Arbeitsfelder entstehen. Durch die Bionik werden auch Perspektiven für ein neues Naturverständnis geschaffen, bei dem es nicht nur um die Entwicklung ressourcenschonender Technologien geht, sondern um die Umsetzung der Forderung, die Natur als Vorbild für eine natur-, human und sozialverträgliche ökonomische Ethik mit dem Ziel der Nachhaltigkeit zu gebrauchen. Strukturen biologischer Systeme werden in der Bionik vielmehr als Anregungs- und Inspirationsquelle für technisches Gestalten verstanden und genutzt. In diesem Zusammenhang geht es darum, das Prinzip des biologischen Vorbildes aufzudecken und dessen Merkmale auf der Grundlage von Anforderungen aus technisch-technologischer, soziologischer, ökonomischer und ökologischer Sicht so zu verändern, dass dadurch eine geeignete technische Lösung entsteht. Die lebende Natur wird deshalb zu Recht aus technischer Sicht als Suchraum für effiziente Lösungen, Inspirationsquelle, Fundgrube für Innovationen, Patentarsenal und Meisterdesignerin bezeichnet. Das ist keineswegs übertrieben, denn wo gibt es so perfekte Regelkreise? Wo sonst existieren so viele originelle und durch die Mechanismen der Evolution optimierte Strukturen, die material- und energiearm funktionieren?

Wo sind Strukturen zu finden, die sich selbst organisieren, selbst reparieren und die obendrein noch multifunktional und dynamisiert sind? Hier zwingt sich geradezu die lebende Natur als Innovationspotenzial auf. Wer künftig Autos und Flugzeuge entwickelt, sollte sich vorher mit Organismen beschäftigen, die in Abhängigkeit von den Umgebungsbedingungen, wie beispielsweise Strömungsgeschwindigkeit, ihre Gestalt selbstorganisierend verändern können. Wer künftig über die Projektierung eines Gewerbegebietes oder einer Fabrik nachdenkt, sollte zuvor die in der Zelle angelegten Vorgänge studieren.

Wer Kreislauf- und Recyclingprozesse lenken möchte, sollte eingehend die hochgradig verschachtelten und vernetzten Regelkreise mit negativer Rückkopplung in der Natur analysieren. Wer Sicherheits- und Umweltschutztechniken entwickeln will, ist gut beraten, sich an der Rolle und Wirkungsweise biologischer Redundanzstrukturen und Sicherheitsstämme in der Gentechnik zu orientieren und bei den verschiedensten Sicherheitskonzepten zu beachten.

Lebende Natur als Suchraum und Lösungsquelle

Von der lebenden Natur gibt es also eine Menge abzuschauen. Der unscheinbare Käfer am Wegesrand, der im Wind schaukelnde Grashalm, der in Keilform fliegende Vogelschwarm – zeichnen sie sich nicht alle durch ihre Schönheit und durch die Vielgestaltigkeit ihrer Formen und Funktionen aus? Wundern wir uns nicht über ihr Leistungsvermögen, also darüber, wie bei minimalem Aufwand an Material und Energie ein Maximum an Zuverlässigkeit und Stabilität der Lebensfunktionen erreicht wird? So verfügt der Chitinpanzer des Käfers aufgrund der Sandwichstruktur über enorme Drucksteifigkeit, der Weizenhalm als dynamische Verbundkonstruktion über hohe Knicksteifigkeit, und die Vögel sparen in der Keilflugformation – im Gesamtmittel berechnet – jeder im Einzelflug ca. 23 Prozent Energie ein.

Weitere Beispiele, welche die Leistungsfähigkeit biologischer Strukturen belegen:

- Schwebfliegen *Syrphidae* können im Schwirrflug in der Luft stehen und sogleich mit großer Geschwindigkeit (v=10m/s) geradeaus fliegen. In einer Sekunde bewältigen sie so eine Strecke, die das 1000-fache ihrer Körperlänge entspricht.
- Manche Stechmücken *Culicidae* bewegen ihre Flüge mit etwa 500 Schlägen pro Sekunde.
- Bombardierkäfer *Brachininae* wehren ihre Feinde mit einem etwa 100 Grad heißen Sekret ab.
- Miesmuscheln *Mytilidae* produzieren einen Klebstoff, der unter Wasser aushärtet. So haften sie fest und sicher auch bei starker Meeresströmung an ihrer Unterlage.
- Nilhechte *Mormyridae* reagieren auf bis zu 1500 Schadstoffen im Wasser. In regelmäßigen Abständen geben sie etwa 400 bis 800 Stromstöße in der Minute ab.

  Nimmt die Anzahl der Stromstöße drastisch ab, so ist das ein Zeichen dafür, dass die Wasserqualität schlecht ist.

- Schwämme *Porifera* können, je nach Art, pro Tag eine Wassermenge bis zum 2000-fachen ihres Körpervolumens durch ihren Körper pumpen und dabei Nahrungsteilchen aus dem durchfließenden Wasser filtern.
- Selbst bei der heimischen Goldeule *Lamprotes caureum*, einem Nachtfalter, gibt es noch einiges zu enträtseln. Hier fragt man sich, was die sonderbaren Goldschuppenhöcker auf seinen Rücken bedeuten. Dienen sie als auffälliges Schmucksignal bei der Partnerwahl, ermöglichen sie einen wendigen Flug oder dienen sie der Fledermausabwehr durch Störung der Ultraschallortung?

Ähnliche Fragen harren bei vielen anderen Strukturen an Pflanzen und Tieren bis heute einer Beantwortung. Alle diese Beispiele zeigen, dass die Leistungsfähigkeit biologischer Systeme bei minimalem Material- und Energieaufwand durch hervorragend optimierte Strukturen zustande kommt. Aber Vorsicht: Die Natur lässt sich nicht kopieren. Sie liefert vielmehr Anregungen, fördert Ideenreichtum und beflügelt die Phantasie und damit die Kreativität des Problemlösenden.

Bei allen Übertragungen biologischer Sachverhalte auf technische Probleme kommt es weniger auf die Exaktheit an, sondern auf die daraus entspringende Inspiration. Hierauf beruht auch die heuristische Funktion im Problemlösungsprozess: Das biologische Modell als „Lösungskeim“ bestimmt den Ausgangspunkt bei der Lösungsfindung, von dem eine Weiterentwicklung unter speziellen Bedingungen erfolgen kann. Die technische Lösung, z. B. als neues Produkt, stellt das Endglied einer „kreativen Metamorphose“ des Naturvorbildes dar. Wo aber kann sich der praktisch tätige Ingenieur mit geringem Suchaufwand informieren? Wie findet er für zu realisierende spezielle technische Funktionen relevante Vorbilder?

Die Beantwortung dieser Fragen verlangt die Konzipierung eines für alle technischen Disziplinen nutzbaren Arsenals biologischer Konstruktionen – auch didaktisch-methodisch aufbereitet für die Schule. Die Systematisierung biologischer Strukturen mit ihren Funktionsbeschreibungen nach den Kategorien Stoff, Energie, Information, Raum und Zeit erfolgt in computergespeicherten Katalogen (siehe S. 263/264). Für die Lösung einer technisch zu realisierenden Funktion findet man darin ein reichhaltiges Arsenal lösungsrelevanter biologischer Strukturen. Beispielsweise sollen bei einem Staubsauger Entwicklungspotenziale aufgedeckt werden. Ein Teilproblem ist die Anpassung der Ansauggeometrie an unterschiedliche strukturierte Untergründe. Dabei sind eine Reihe gegenläufiger Anforderungen gleichzeitig zu berücksichtigen, wie Anhaften auf glatten und rauen Untergründen, adaptionsfähiger Saugfuß, Aufrechterhaltung des Unterdrucks bei minimalem Energieeinsatz usw. Für jede dieser funktionellen Anforderungen hat die belebte Natur eine Menge Strukturen generiert, die für die Gestaltung von Ansaugfüßen für Staubsauger Vorbildfunktion haben. Mit solchen lösungsgenerierenden Katalogen stehen den Entwicklungsteams methodische Mittel für alternatives, ökologisch und bionisch orientiertes Denken und Handeln zur Verfügung.

6

Energie- und Klimabionik als ein Innovationspotenzial

„Wirklichkeit ist keine starre Realität, sie ist voller Möglichkeiten – und sie ist in uns. Sie kann von uns geändert und neugestaltet werden."
Hans-Peter Dürr
Ethnologe und Kulturhistoriker

Was ist Energie- und Klimabionik?

Der unermessliche Artenreichtum der Natur kann für uns Menschen in vielerlei Hinsicht wertvolle Anregungen und Hinweise für eine „Technik des Überlebens" bieten. Dazu zählt in besonderem Maße die Energie- und Klimabionik. Die Klimabionik ist ein Teilgebiet der Bionik und beinhaltet die Schwerpunkte wie passive Lüftung, Kühlung und Heizung. Mit ihrer Hilfe werden bei biologischen Vorbildern technisch nutzbare Prinzipien aufgedeckt und in die Klimatechnik übertragen. Klimatechnik ist ein technischer Begriff und kann daher nur in beschränktem Maße bei Analogiebetrachtungen für Tiere gelten. Für den Menschen ist es eine spezielle Versorgungstechnik, zu der Maschinen und Anlagen gehören, die als Klimaanlagen bezeichnet werden. Ihre Funktion besteht darin, Temperatur, Luftfeuchte und Luftqualität in Innenräumen auf die gewünschten Werte einzustellen. Die Energiebionik als ein weiteres Teilgebiet der Bionik beschäftigt sich dagegen mit der speziellen Untersuchung zur Energieerzeugung, -wandlung und -übertragung bei Organismen sowie den daraus gewonnenen Erkenntnissen und deren Übertragung in technische Energiesysteme. Analogiebetrachtungen zur lebenden Natur dienen dabei dazu, Energieeinsparung und höheren Wohnkomfort durch passive Lüftung und Kühlung in Anlehnung an Tierbauten zu erreichen. Beispiele: Ameisen- und Termitenhügel, Präriehundebau und Wespennest. Bei allen Übertragungen in die Klimatechnik ist zu bedenken, dass solche Naturlösungen nicht generell ökologisch sind. Obwohl sie aus dem „Schoß“ der Natur stammen, sind sie zwar durchaus evolutionär erprobte Vorbilder, doch sie bieten keine Gewähr auf ihre bloße Umsetzung in eine ökologische Technik. Ihre umweltgerechte Wirkung entsteht erst durch die Berücksichtigung ökologischer Prinzipien und Anforderungen beim Entwickeln. Mit anderen Worten: Die ökologischen Prinzipien und Anforderungen müssen in der technischen Lösung vergegenständlicht sein, damit sie bei der Nutzung und Wiederverwertung wirken können.

Klimatechnik der Natur abgeschaut

Wer hätte gedacht, dass weltweit schon einige Hochhäuser nach dem Kühlungs- und Belüftungsprinzip von Präriehunden und Termiten funktionieren und dabei kaum elektrische Energie verbrauchen. Damit reagierten Architekten und Ingenieure auf den Trend der weltweiten Zunahme des Energiebedarfs. Sie lösten so das brisante technische Problem der Klimatisierung und Lüftung von Gebäuden bei gleichzeitiger Einsparung von Elektroenergie. Dabei orientierten sie sich an der lebenden Natur und wurden bei der „Klimatechnik“ der Tiere fündig.

Wie wir erfuhren, geht mit der wachsenden Anzahl der Weltbevölkerung ein rasanter Anstieg des Energieverbrauches einher. Die Deckung des Energiebedarfes wird dadurch zu einem zentralen Problem. Das betrifft natürlich auch denjenigen zum Kühlen und Lüften. Vor allem in tropischen Ländern und in den Sommermonaten bei uns wird für die Klimatisierung und Lüftung viel elektrische Energie benötigt. Dabei sind Klimaanlagen unbedingt notwendig. Durch diese ist es möglich, jedes gewünschte Raumklima zu erhalten. Ob in Wohn- oder Geschäftsräumen, am Arbeitsplatz oder im Auto – überall liefern sie ein behagliches Innenklima. Dabei könnte ein beträchtlich großer Teil an Elektroenergie eingespart werden, wenn man sich beim Bau von Gebäuden von vornherein an den natürlichen Gegebenheiten orientieren würde. Zu solchen natürlichen Gegebenheiten zählen das kühle und feuchte Erdreich, die Luftzirkulation durch das Aufsteigen warmer und das Absinken kalter Luft sowie auch die durch Geschwindigkeitsunterschiede des strömenden Windes hervorgerufenen Druckunterschiede. Diese Erscheinungen der Natur wirken sozusagen „von selbst“ und stehen dabei noch gratis zur Verfügung. Im Laufe der Evolution haben viele

Lebewesen die Fähigkeit hervorgebracht, Umweltenergien erfolgreich zu nutzen. Neben der Nutzung der stets verfügbaren Sonnenenergie, der Wasser- und Windströmung wird auch mechanische Energie, wie beispielsweise die Schwerkraft, einbezogen, um dadurch den Eigenenergieaufwand bei der Erfüllung der Lebensfunktionen zu senken. So sucht man vergebens in Ameisen- und Termitenhügeln sowie in anderen Tierbauten irgendeine Einrichtung, die als Klimaanlage dienen könnte. Ohne eine solche überhaupt zu Gesicht zu bekommen, herrschen in solchen Bauten stets eine gleichbleibende Temperatur und Luftfeuchtigkeit sowie ein ausreichender Frischluftvorrat, unabhängig vom Außenklima – egal ob es draußen heiß oder kalt ist. Es grenzt schon an ein Wunder, wenn man bedenkt, dass keine Klimaanlage vorhanden ist, aber trotzdem wird ihre Funktion perfekt erfüllt. Die Klimatisierung der Bauten wird durch die „geschickte" Nutzung der genannten Umweltenergien, durch Strömungen und deren Umlenkung, Schwerkraft, Kamineffekt, Temperaturausgleich usw. erreicht. Die Ausnutzung der Umweltwirkungen geschieht sozusagen „von selbst". Solche „von selbst-Lösungen" lassen sich bei Lebewesen in großer Zahl finden. Beispielsweise nutzen festsitzende Korallen und Schwämme die Meeresströmungen zum Nahrungstransport. Oder Vögel gleiten ohne Flügelschlag, getragen durch Warmluftströmungen, den sogenannten „thermischen Aufwinden", kilometerweit durch die Luft. Daher lautet ein Prinzip des Erfindens für Architekten, Ingenieure und Klimatechniker, dass man bei der Verwirklichung technischer Funktionen zur Klimatisierung von Gebäuden die gratis zur Verfügung stehenden Umweltenergien nutzen sollte.

Nicht nur wir Menschen schaffen mit unseren technischen Anlagen ein behagliches Raumklima, sondern auch viele Lebewesen passen in ihren Nestern, Erdhöhlen und anderen Wohnbauten das Innenklima ihren Lebensfunktionen in perfekter Weise an. Ihre ausgeklügelten Konstruktionen funktionieren dabei viel wirkungsvoller und mit wesentlich geringerem Energieaufwand als jene von uns Menschen. Architekten und Klimatechniker finden daher viele interessante Anregungen für die Entwicklung und den Bau von Klima- und Lüftungsanlagen für die unterschiedlichsten Gebäude. Solche Bauwerke könnten ihre klimatechnischen Funktionen „von selbst" erfüllen, dabei kaum Energie verbrauchen und den Wartungs- und Instandhaltungsaufwand erheblich senken. Viele Lösungen dafür gibt es in der lebenden Natur und sie warten darauf, in die Klimatechnik übertragen zu werden.

Wie soziale Insekten ihre Bauten klimatisieren

Jeder hat sicherlich schon einmal einen Bienenschwarm oder das Gewimmel in einem Ameisenhaufen beobachtet. Dabei ist jedes einzelne Insekt Bestandteil eines größeren Ganzen, einer Gemeinschaft.

Soziale Insekten leben in solchen großen organisierten Gemeinschaften zusammen. Sie bilden Staaten, um das Überleben des eigenen Volkes zu gewährleisten. Dabei haben sie unterschiedliche Überlebensstrategien entwickelt.

Zu den sozialen Insekten gehören Termiten, Ameisen, Wespen und Bienen. Insektenstaaten gibt es schon seit vielen Millionen Jahren.

Beispielsweise gründeten die Termiten schon vor etwa 200 Millionen Jahren, lange bevor es überhaupt Menschen auf der Erde gab, die ersten Staaten. Die Termiten erkannten daher schon recht früh die Vorteile des Zusammenlebens in einer organisierten Gemeinschaft.

Charakteristisch ist für Termiten und auch die anderen Insektengemeinschaften, dass ihre Staaten als Einheit Leistungen vollbringen, für die ein einzelnes seiner Mitglieder nie im Stande wäre. Trotzdem funktioniert das Ganze, weil die einzelnen Mitglieder der Gemeinschaft mit unterschiedlichen Fähigkeiten erfolgreich zusammenarbeiten. Alle zusammen ergeben sozusagen eine gemeinschaftliche Intelligenz, die wesentlich größer ist als die des einzelnen Mitglieds. Das ist ähnlich wie bei der Lösung eines Kreuzworträtsels. Im Team lässt sich ein solches Rätsel schneller und besser lösen als allein. Jedes Teammitglied kann Kenntnisse besteuern, die die anderen nicht besitzen.

Insektenstaaten wurden schon immer mit menschlichen Gesellschaftsformen verglichen. Obwohl es natürlich grundlegende Unterschiede zwischen Insekten und Menschen und ihren Gesellschaftsformen gibt, existieren doch auch einige Gemeinsamkeiten. Zu solchen Gemeinsamkeiten gehören beispielsweise Probleme von Transport und Verkehr, Architektur, Abfallrecycling sowie Klimatisierung und Lüftung. Die sozialen Insekten haben in ihren Bauten im Laufe der Evolution diese Problemlösungen auf ihre Art und Weise vorbildlich gelöst. Dabei verwendeten sie für ihre Bauten ausschließlich umweltfreundliche, abbaubare Materialien, die in der Natur auch reichlich vorkommen. Durch die raffiniert einfache und ausgeklügelte Bauweise ihrer großen Gemeinschaftsunterkünfte ist es ihnen möglich, das Klima im Inneren zu regulieren. So ermöglichen sie sich ständige Frischluftzufuhr, gleichbleibende Temperaturen und die entsprechende Luftfeuchtigkeit zur Sicherung ihrer Lebensbedingungen. Sie schaffen das ohne komplizierte Anlagen und zusätzliche Einrichtungen. Dabei nutzen sie geschickt, wie wir schon erfahren haben, die gratis zur Verfügung stehenden erneuerbaren Energien aus. Für Übertragungen in die Technik sind solche klimatisierten Tierbauten von besonderem Interesse. Betrachten wir die Bauten dieser sicherlich größten Baumeister der Natur nun etwas näher.

Von Bienenwaben und Wespennestern

Auf unserer Erde gibt es mehrere Tausend Bienenarten. Davon wurden aber nur zwei aus den Wildbienen vom Menschen gezüchtet, die den beliebten Honig erzeugen. Wenn von „Bienen" die Rede ist, denkt man im Allgemeinen an Staaten bildende Honigbienen. Dabei sind die meisten Wildbienenarten jedoch Einzelgänger. Bei unserer heimischen Honigbiene *Apis mellifera* wird das Zusammenleben im Bienenstaat durch Kasten organisiert.

Es gibt Arbeiterinnen, Drohnen und meist eine Königin. Alle haben ihre spezielle Aufgabe im Bienenstaat zu erfüllen und unterscheiden sich in ihrer Größe voneinander. Viele Bienenarten bauen ihre Nester unter der Erdoberfläche. Dazu höhlen sie das Erdreich aus oder nutzen verlassene Mauselöcher. Andere wiederum siedeln sich in Spalten und Hohlräumen von Mauern und Holzbauten an. Dabei eignen sich alle möglichen Hohlräume als Unterkunft. Sogar vor leeren Schneckenhäusern machen sie keinen Halt. Die Zelle ist das charakteristische Bauelement des Nestes aller Bienen- und auch Wespenarten. Meist hängen die Zellen als Waben zusammen. Darin wird der Nachwuchs untergebracht, der sich aus dem Ei über die verschiedenen Larvenstadien bis zur Puppe und von da aus zur Jungbiene entwickelt. Die Waben dienen auch als Lagerraum für Honig und Pollen. Die Zellen werden aus Wachs so gebaut, dass sie leicht schräg mit der Öffnung nach oben zeigen, damit der Honig nicht durch die Wirkung der Schwerkraft hinausfließt. Das Wachs produzieren die Bienen in bestimmten Drüsen, die sich auf der Unterseite des Hinterleibs befinden. Das aus den Drüsen austretende Wachs wird mit Speichel vermischt und mit den Vorderbeinen und Mundwerkzeugen geknetet, bis es formbar genug ist. Jede Zelle hat eine sechseckige Form. Sie ist ein Meisterwerk der natürlichen Baukunst.

Sie verwirklicht das in der lebenden Natur vorkommende Minimum-Maximum-Prinzip, also mit einem Minimum an Baumaterial und Energieaufwand ein

Maximum an Stabilität zu erreichen. Im Nest halten die Bienen eine gleichbleibende Temperatur von 35 Grad Celsius aufrecht. Wie funktioniert nun die „Klimaanlage“ des Bienennestes?

Wenn bei der Sommerhitze im Nest die Temperaturen über 35 Grad Celsius ansteigen, fangen die Bienen mit der Kühlung an. Dazu umfächeln die Bienen mit gespreizten Flügeln die offenen Zellen und ermöglichen dadurch den Luftaustausch (Ventilationsprinzip). Dabei bilden die fächelnden Bienen eine dichte Kette, sodass ein ziemlich starker Luftstrom durch das Nest bis zum Flugloch entsteht. Die erwärmte Luft wird dadurch aus dem Nest hinaustransportiert. Beim weiteren Ansteigen der Nesttemperatur wird zusätzlich Wasser in das Nest gebracht. Das Wasser wird dort auf den Waben verteilt. Durch Fächeln wird die Verdunstung des Wassers gefördert und schafft so die nötige Abkühlung (Kühlschrankprinzip). Fächeln und Verdunstungskühlung sind somit wirksame Möglichkeiten zur Temperaturregulierung im Bienennest. In gleicher Weise verfahren die Wespen *Vespinae* bei der Klimatisierung ihrer Nester. Ebenso wie die Bienen haben auch die Wespen vielfältige Nestbautechniken entwickelt. Wespennester können je nach Wespenart ober- als auch unterirdisch errichtet werden. Das dazu verwendete Baumaterial ist Lehm oder Papier. Das Papier hat nicht der Mensch erfunden, sondern es waren schon lange vor ihm die Wespen. Der französische Naturforscher RENÉ ANTOINE FERCHAULT DE RÉAUMUR (1863–1757) hat sich die Technik, aus Pflanzen- und Holzfasern Papier zu gewinnen, von den Wespen abgeschaut.

Wespen schaben mit ihren Mundwerkzeugen Fasern von verwittertem Holz oder Pflanzenstängeln ab und zerkauen sie mit ihrem Speichel zu einer breiigen Masse, die nach dem Trocknen ein festes graues Papier ergibt. Aus solchem Papier baut die Deutsche Wespe *Vespa germanica* unterirdische, kugelförmige Nester mit den darin befindlichen Brutzellen.

Unterirdische Nester schützen die Wespen mehr vor Temperaturschwankungen als die oberirdischen. Die Nesthülle besteht aus mehreren Papierlagen. Das ist eine vortreffliche Wärmeisolierung mit mehreren dazwischenliegenden Luftschichten. Wir wissen ja, dass Luft ein schlechter Wärmeleiter ist.

Auch die Feldwespe *Polistes dominulus* baut Papiernester. Ihre Nester befestigt sie mit einem selbst hergestellten Pappstiel an Dachrinnen oder Ästen.

Die Töpferwespe baut ihr Nest dagegen aus Ton oder Lehm. Aber davon wird im nächsten Abschnitt berichtet.

Termiten und ihre Bauten

Im Laufe von Jahrmillionen haben Termiten *Termitoidae* perfekt funktionierende Staaten entwickelt. Auf unserer Erde, in den Tropen und Subtropen, leben weit mehr als zweitausend Termitenarten. Sie sind meist lichtscheu und haben eine weißgelbliche Färbung. Daher nannte man sie früher auch weiße Ameisen, obwohl diese Bezeichnung keinesfalls richtig ist. Mit den Ameisen sind sie gar nicht verwandt, sondern ihre nächsten Verwandten sind die Schaben. Termiten bilden auch Kasten. Die Termitenkönigin mit dem riesigen eiergefüllten Hinterleib und der verhältnismäßig kleine König bleiben lebenslang zusammen. Beide sind für den Fortbestand der Termitenkolonie verantwortlich. Zu ihrem „Hofstaat" gehören männliche und weibliche Arbeiter sowie Soldaten. Arbeiter verrichten Innen- und Außendienste. Die Soldaten schützen das Nest und wehren feindliche Nesteindringlinge ab. Termiten ernähren sich am liebsten von totem Holz und Falllaub. In solchen Mahlzeiten ist Zellulose enthalten, die die Termiten selbst nicht verdauen können. Deshalb leben in ihrem Darm winzig kleine Verdauungshelfer. Das sind Einzeller, die den Termiten die Zellulose verdaubar machen.

Für diese besondere Leistung erhalten die Verdauungshelfer Essen und Unterkunft. Ein solches Zusammenleben zweier unterschiedlicher Lebewesen zum gegenseitigen Vorteil wird Symbiose genannt. In den Tropen und Subtropen spielen die Termiten eine wichtige Rolle beim Recycling, also beim Abbau von pflanzlichem Abfall. Dadurch stellen sie wertvolle Nährstoffe für den Naturhaushalt her. Termiten können aber auch in Häusern große Schäden anrichten, wenn auf ihren Speiseplan Holzfußböden, Balken, Dachstühle und sogar Möbel stehen. Termiten leben in speziellen Bauten. Diese Bauten sind von einer dickwandigen Hülle umgeben, in der sich ein kompliziertes System von Luftschächten und Gängen befindet.

Das eigentliche Nest ist im Inneren verborgen. Dort sind neben der Königinnenzelle die Brutkammern und diejenigen für die Züchtung der Pilze untergebracht. Die Termiten legen nämlich Pilzgärten an, um damit die Ernährung ihres Nachwuchses, also die der jungen Larven, zu sichern. Auch bei den erwachsenen Termiten stehen schon mal Pilze auf ihrer „Speisekarte", wenn keine Holzmahlzeit zur Verfügung steht.

In der afrikanischen Savanne bilden ihre wolkenkratzerartigen Wohnburgen „große Städte" mit vielen Millionen Termitenbewohnern. Allein ein Termitenhügel kann schon bis zu zwei Millionen Termiten fassen. Diese Bauten sind wahre Meisterwerke tierischer Architektur. Die insgesamt über zweitausend Termitenarten legen unterschiedliche Behausungen an. Jede Termitenart errichtet nach ihren Bedürfnissen einen eigenen, speziell angelegten Bau. Diese Bauten weisen in Größe, Form, Materialzusammensetzung und sogar in ihrer Färbung recht deutliche Unterschiede aus. Je nachdem, in welcher Gegend die Termiten heimisch sind, wird das dort vorhandene Material genutzt. Es werden Erde, Lehm, Sand, zerkaute Pflanzenteile und sogar der eigene Kot als Baumaterial verwendet. Dabei weist die verwendete Erde, der Lehm oder Sand je nach Standort eine typische Färbung auf. Die Naturmaterialien werden mit Speichel oder Kot vermengt und bilden als Mörtel ein festes Baumaterial. Der äußere Mantel der Termitenbauten kann daher so hart wie Beton sein.

Bei den Formen der Termitenbauten finden wir kegel-, kugel- und pyramidenförmige Konstruktionen. Sie werden auf der Erde, unter der Erde oder auf Bäumen gebaut. Dabei können sie niedrig oder hoch sein, sogar bis zu mehreren Metern. Es gibt solche mit und ohne äußere Rippen. Auch können die Bauten der verschiedenen Termitenarten offen oder geschlossen sein. Trotz ihres unterschiedlichen Aufbaus haben jedoch alle Bauten die gleiche Funktion zu erfüllen. Sie schaffen sich im Inneren ihrer Bauten solche klimatischen Lebensbedingungen, die unabhängig vom Außenklima sind. Dafür entwickeln sie eine raffiniert einfache und funktionssichere Klimatisierung und Lüftung ihrer Bauten, die selbst Ingenieure und Klimatechniker vor Neid erblassen lassen. Und das mit den am Standort vorkommenden Materialien, die in geschickter Weise so angeordnet und verbaut werden, dass daraus eine effiziente „Klimaanlage“ entsteht. Alle Termiten brauchen in ihren Bauten eine gleichbleibende Nesttemperatur von etwa 29 Grad Celsius, eine entsprechende Luftfeuchtigkeit und genügend Sauerstoff zum Überleben. Und dass alles unabhängig von den schwankenden äußeren Umweltbedingungen. So können beispielsweise die Temperaturen außerhalb des Baus nachts von 10 Grad Celsius bis Tags von ca. 45 Grad Celsius schwanken. Das wäre für die Termiten und ihre Brut tödlich. Auch würden sie ohne Lüftung in den Bauten jämmerlich ersticken. Im Bau erwärmt sich nämlich durch den Gährungsprozess der Pilzkulturen und durch das Atmen der Termiten die Luft und ihr Sauerstoffanteil sinkt beträchtlich. Die natürliche Klimaanlage schafft so die Überlebensbedingungen der ganzen Kolonie.

In einem Jahrmillionen langen Entwicklungsprozess entstanden komplizierte Klimaanlagen aus Hügelwänden mit Poren, Kanälen und Galerien, mit denen das eigentliche Termitennest mit der äußeren Umgebung in Verbindung steht. Diese natürliche Klimaanlage funktioniert durch das Wirken physikalischer Effekte und Gesetze.

Daher finden wir dort den schon weiter oben beschriebenen Kamineffekt, den Staudruckeffekt, den Bernoulli-Effekt und den Effekt der Verdunstungskühlung. Diese Effekte sind je nach Bauausführung der natürlichen Klimaanlage bei den verschiedenen Termitenarten oft unterschiedlich stark ausgeprägt. Bis heute sind die Luftströmungsverhältnisse in den Termitenbauten noch nicht bis ins Detail erforscht. Fakt ist, dass sich die Termiten in ihren Bauten durch die Wirkung der genannten physikalischen Effekte angenehme Lebensbedingungen verschaffen.

Erforschung der Termiten-Klimaanlagen

Zwei bedeutenden Termitenforschern verdanken wir heute neue Erkenntnisse über die Klimatisierung und Lüftung der Termitenbauten. Es ist der Schweizer Zoologe MARTIN LÜSCHER (1917–1979) und der US-amerikanische Biologe Scott Turner. So hat der Evolutionsbiologe SCOTT TURNER, aufbauend auf den Erkenntnissen von MARTIN LÜSCHER, die Erforschung der Klimatechnik der Termiten weiterentwickelt und neue wichtige Erkenntnisse hinzugefügt. Wenn Forscher etwas Neues entdecken wollen, bauen sie stets auf den Erkenntnissen ihrer Vorgänger auf. Das heißt, sie müssen den neusten Stand der veröffentlichten Forschungsergebnisse kennen, um ihre wissenschaftliche Theorie weiterzuentwickeln, oder eine neue Theorie aufstellen. Dazu nutzen sie die verschiedensten Informationsquellen, wie beispielsweise Bücher, Fachzeitschriften und Internet, besuchen wissenschaftliche Kongresse und arbeiten mit anderen Wissenschaftlern in Forschungsgruppen erfolgreich zusammen.

LÜSCHER hat vor allem von zwei Termitenarten die Hügel genau untersucht. Es handelt sich um geschlossene und offene Hügel. Offene Hügel baut beispielsweise die in Senegal vorkommende Termitenart *Macrotermes subhyalinus*. Geschlossene Hügel sind dagegen bei der in Südafrika lebenden Termitenart *Macrotermes natalensis* zu finden. Die Lüftung erfolgt im offenen Hügel durch den Kamineffekt und kann durch den „Bernuolli-Effekt“ unterstützt werden.

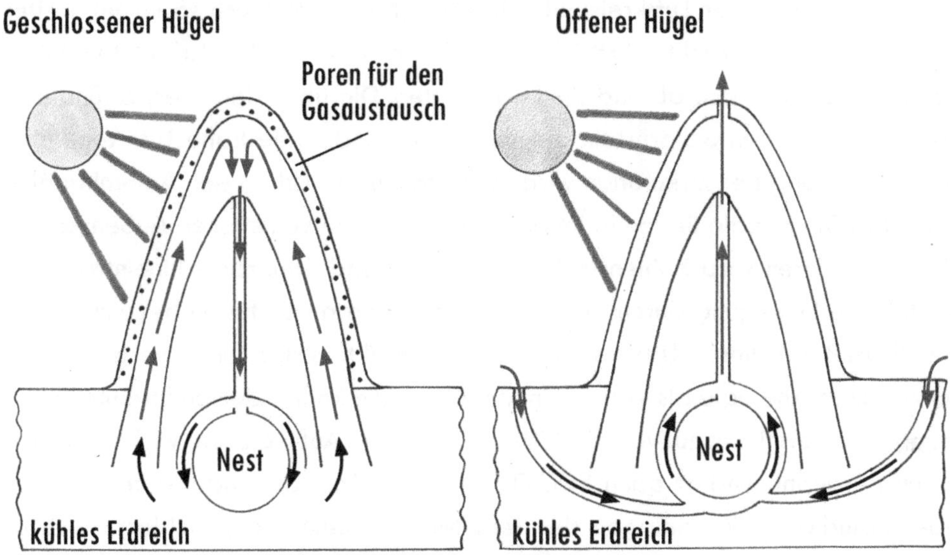

Abb. 41 Geschlossener und offener Termitenhügel

Hierbei bewirkt die schnelle Luftströmung über dem Hügel einen Unterdruck, der wiederum einen Sog verursacht und die im Inneren des Hügels vorhandene kohlendioxidreiche Luft regelrecht durch die Austrittsöffnung auf der Hügelspitze absaugt. Im geschlossenen Hügel, dessen „Schornstein" im Gegensatz zum offenen Hügel keine Austrittsöffnung auf der Hügelspitze besitzt, kann dort auch keine verbrauchte Luft entweichen. Der Luftaustausch erfolgt hier durch Poren im Außenmantel des Hügels. Bei beiden Hügelformen kann das im Boden vorhandene Grundwasser oder auch unterirdische Wasserläufe zur Verdunstungskühlung von den Termiten genutzt werden. Dadurch können die Termiten einen Feuchtigkeitsgrad von etwa 98 Prozent im Nest aufrechterhalten.

Beim offenen Termitenhügel mit oben befindlichen Entlüftungsloch steigt die warme, verbrauchte Nestluft in der Mitte des inneren Hohlraumes auf und entweicht. Frische, mit Sauerstoff angereicherte Luft strömt durch kleine Einlasslöcher am Boden nach. Über das obere Entlüftungsloch streichender Wind unterstützt dabei den „Kamineffekt".

Im geschlossenen Termitenhügel wird am Tag mit zunehmender Außentemperatur die Luft in den äußeren Kanälen wärmer. Dadurch steigt die warme, sauerstoffarme Nestluft aufwärts und zieht kältere Luft von unten nach. Da oben kein Entlüftungsloch vorhanden ist, kann sie nicht entweichen und sinkt im Schornstein nach unten. Der Luftkreislauf schließt sich und setzt sich so immer weiter fort. In der kühlen Nacht kehrt sich dann der Kreislauf um. Die Luft in den äußeren Kanälen kühlt sich ab und sinkt nach unten. Die über dem Nest befindliche Warmluft steigt im Schornstein auf und zieht wieder die kalte Luft von unten nach. Während der Zirkulation wird die verbrauchte Luft in den Außenkanälen erneuert. Die Kanäle liegen ja im äußeren, mit Poren versehenen Außenmantel. Durch die Poren wird Kohlenstoffdioxid hinaus- und Sauerstoff hineintransportiert. Diese Bewegung durch die Poren wird häufig als Diffusion bezeichnet.

LÜSCHER hat diesen Luftaustausch mit der Funktion der Lunge verglichen. Er nutzte diese Analogie als Verständnismittel, um die komplizierten Strömungsvorgänge im Termitenbau verständlich zu machen. Auf solchen wichtigen Forschungsergebnissen hat dann SCOTT TURNER aufgebaut und die Erkenntnisse über natürliche Klimaanlagen der Termiten erweitert und präzisiert. Auch er geht vom Modell der Lunge aus und sieht die Termiten-Klimaanlage als Gasaustauschgerät.

TURNER hat nun durch Untersuchungen in geschlossenen Hügeln festgestellt, dass es darin keine stark ausgeprägten Luftströme gibt. Genauso wie es auch durch die Lunge keinen durchgängigen Luftstrom gibt, weil diese ein sackförmiges Organ darstellt, so sei ein solch ausgeprägter Luftstrom auch nicht im geschlossenen Termitenbau feststellbar. Beim Einatmen wird der Luftstrom durch die Lunge aufgrund der immer kleiner und dünner werden Verzweigungen, die letztlich zu den Lungenbläschen führen, stark abgeschwächt. Die etwa 300 Millionen Lungenbläschen sind von sehr feinen Blutgefäßen, den Kapillaren, umgeben. Sie sind durch eine durchlässige Membranhaut voneinander getrennt. Durch diese Membran findet der Austausch von Sauerstoff und Kohlenstoffdioxid zwischen der Atemluft und dem Blut statt. So gelangt Sauerstoff durch die Membranwand ins Blut und wird ins Körpergewebe transportiert. Umgekehrt gelangt das Kohlendioxid aus dem Blut in die Lungenbläschen und wird durch die Lunge ausgeatmet. Das Atmen wird von der Atemmuskulatur der Brust angetrieben. Daher haben wir in der Lunge eine muskelbetriebene Belüftung. Für den Luftaustausch hat die Lunge ebenso wie die Termitenhügel eine große Oberfläche. Sie beträgt beim Menschen etwa 100 Quadratmeter. Das ist ungefähr so groß wie ein Tennisplatz.

Der Termitenhügel ist wie die Lunge stark verästelt. Im Hügel stellen solche Verästelungen Tunnel, Galerien und Röhren dar, die nahe der Außenseite en-

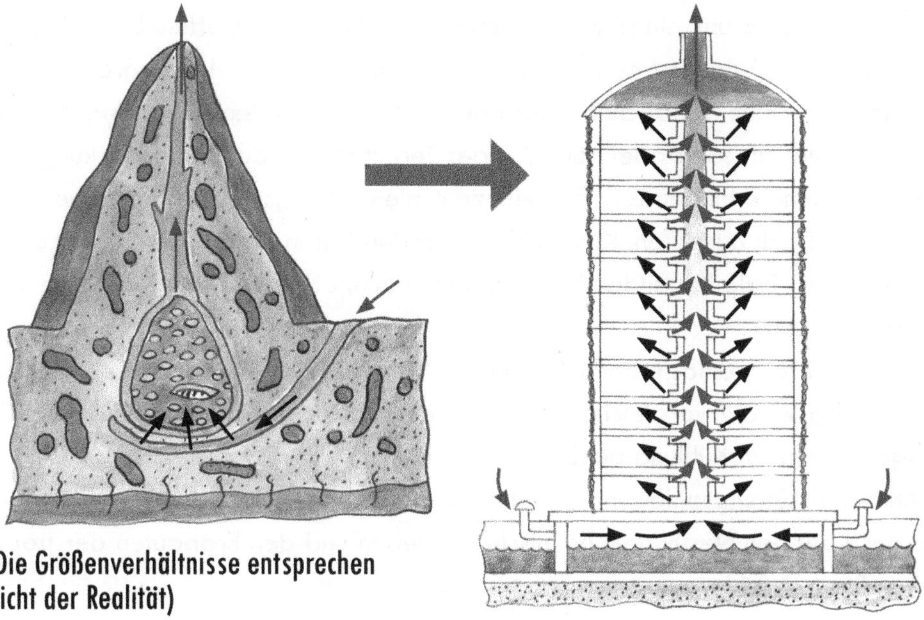

Abb. 42 Von der Verdunstungskühlung des Termitenbaus zur Gebäudekühlung

den, wo sich auch die meisten luftdurchlässigen Poren befinden. Der Termitenbau „atmet" durch die unendlich vielen Poren in seinem Außenmantel. Ganz schön kompliziert – solche Belüftungsvorgänge im Termitenbau.

Dieser Luftaustausch ist bei einer Vogeleischale ähnlich. Wenn wir wissen, wie dieser funktioniert, können wir sicherlich den Luftaustausch im Termitenbau besser verstehen. Auch unter der geschlossenen Schale des Vogeleis herrscht Leben. Daher müssen wie im Termitenbau auch im Ei ständig Sauerstoff ein- und Kohlendioxid austreten. Der Gasaustausch erfolgt ebenfalls durch Poren, die sich in der Eihülle befinden.

Die „Schatztruhe natürlicher Klimaanlagen" gilt es für die Entwicklung der Klima- und Belüftungstechnik des Menschen zu nutzen. Deshalb arbeiten Bauingenieure, Architekten, Bioniker und Klimatechniker eng zusammen, um effiziente Klimaanlagen nach Vorbildern der Natur zu entwickeln. Besonders in tropischen Ländern wird bis zu etwa 80 Prozent der nutzbaren elektrischen Energie für Klimatisierung und Lüftung ausgegeben. Das ist wahrlich viel zu viel.

Beispielsweise wurde in Harare, das ist die Hauptstadt des afrikanischen Staates Simbabwe, ein Bürogebäude ohne energieaufwändige Lüftungsanlage zur Kühlung nach dem Vorbild der Termitenbelüftung entwickelt und gebaut. Es ging anfangs darum, ein Hochhaus natürlich zu be- und entlüften. Die Lüftungsanlage des Gebäudes besteht aus einer zusammenhängenden Anordnung von Luftschächten, die mit Decken, Fußböden und Innenwänden in Verbindung stehen. Warme Luft soll dabei nach Art des Termitenbaus durch die Wirkung der von der Sonne erhitzten Luft in einem zentralen Lüftungsschacht aufsteigen und über dem Dach austreten. Kühle Luft wir dadurch ständig aus dem tiefer unter der feuchten Erde liegenden Kellerbereich nachgeführt und sorgt für eine angenehme Kühle.

Diese „Lüftungsanlage nach Termitenart" spart etwa 45 Prozent an elektrischer Energie, die vergleichbare Gebäude in Harare für herkömmliche Lüftungsanlagen zur Kühlung benötigen.

Ähnliche „Lüftungsanlagen" sind auch in vielen anderen Tierbauten zu finden. So auch bei den Nesthügeln heimischer Ameisen und den Erdbauten der tropischen Blattschneiderameisen.

Ameisen und ihre Nesthügel

Auf unserer Erde leben weit über achttausend Ameisenarten, die allesamt Staaten bilden. Je nach Ameisenart können ihre Staaten von einzelnen wenigen bis mehreren Millionen Bewohnern umfassen. Wissenschaftler haben sogar eine Superkolonie gefunden, die aus vielen Milliarden Ameisen besteht. Es ist die Kolonie der Argentinischen Ameise, die durch Fruchtimporte nach Europa gelangte. Ihre Bauten reichen von der Mittelmeerküste Norditaliens über Frankreich und Spanien bis an die Atlantikküste Portugals und Nordspaniens. Dort hat sie alle anderen Ameisenarten verdrängt. Mit fast 6000 Kilometern Länge ist die durch ihre Nester angereihte Superkolonie fast so lang wie die Chinesische Mauer mit ihren 6250 Kilometern Länge. Natürlich befinden sich zwischen den einzelnen Nestern mehr oder weniger große Abstände. Alle Ameisen dieser Superkolonie stammen höchstwahrscheinlich von einer einzigen Königin ab.

Auch die Ameisen haben wie die Termiten eine strenge Arbeitsteilung und bilden Kasten.

Diese unterscheiden sich aber nicht nur in ihren Aufgaben, die sie unternehmen, sondern auch in ihrem Aussehen. Am Beispiel der bei uns heimischen Roten Waldameise und der tropischen Blattschneiderameise soll die Klimatisierung und Lüftung ihrer Nester beschrieben werden.

Die Rote Waldameise und ihr Haufennest

Bei einem Waldspaziergang stoßen wir bei einiger Aufmerksamkeit auf Haufennester der Roten Waldameise *Formica rufa*. Die vier bis sieben Millimeter großen Insekten, die zur Insektenordnung der Hautflügler gehören, sind mit Wespen und Bienen verwandt. Ihr Nest führt ebenso tief in den Waldboden hinein, wie es darüber hinausragt. Es wird meist über einem Baumstumpf errichtet. Es besteht aus trockenen Fichtennadeln, kleinen Zweigen und trockenen Laubresten. Das Nest ist einem oberen und einen unteren Nestbereich gegliedert.

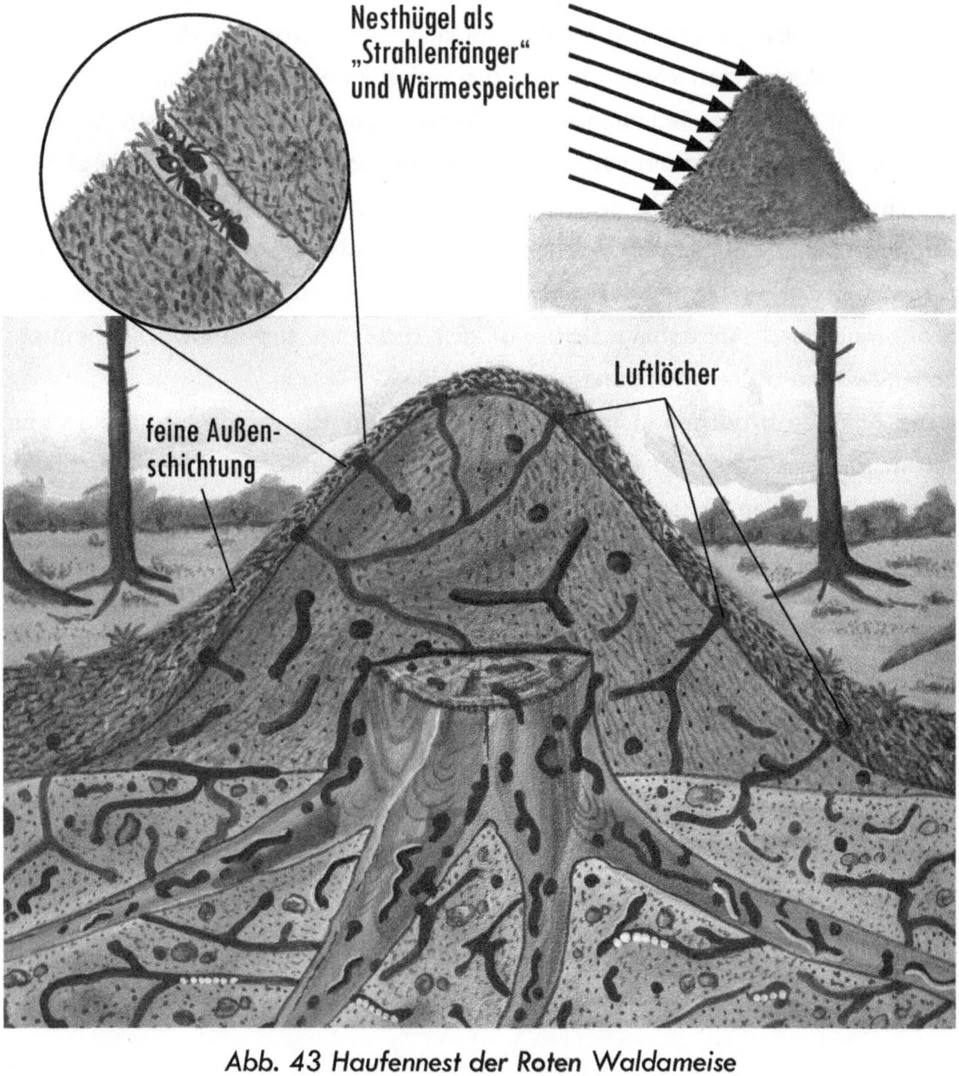

Abb. 43 Haufennest der Roten Waldameise

Im oberen Bereich haben die Ameisen fingerdicke Gänge und kleine Kammern angelegt, in denen sich großen Larven und Puppen befinden. So werden die Ameisen genannt, die die verschiedenen Entwicklungsstufen vom Ei bis hin zum fertigen Insekt durchlaufen.

Im verrotteten Baumstumpf und im Erdreich haben die Ameisen ebenfalls Gänge und Kammern eingerichtet, in denen sich die Eier und kleineren Larven befinden.

Das Nest wird regelmäßig von den Ameisen umgeschichtet, damit es schön locker bleibt und sich keine Pilze ansiedeln können. Diese würden bei starkem Befall das Nest zerstören. Haufennester kann man als „Sonnenfänger" bezeichnen. Die Ameisen legen ihre Nester nämlich so an, dass sie die wärmenden Sonnenstrahlen nutzen können. Durch die vielen im Nest geschichteten Fichtennadeln mit den dazwischenliegenden Lufthohlräumen sind sie auch perfekte Wärmespeicher. An Standorten, an denen ausreichend Sonne hingelangt, sind die Haufennester ziemlich flach angelegt. An schattigen Plätzen werden sie dagegen höher gebaut, um möglichst viel Sonnenwärme zu „tanken". Hier lernen wir wieder ein Naturprinzip kennen. Es ist das Prinzip der Oberflächenvergrößerung durch Anhäufung. Dabei ist klar, dass eine große Oberfläche mehr Sonnenwärme aufnehmen kann als eine kleine.

Die Ameisen brauchen in ihren Kammern eine gleichmäßige Nesttemperatur von mindestens 25 Grad Celsius. Die Gangöffnungen an der Nestoberfläche werden bei hohen Tagestemperaturen erweitert. Ist es draußen aber kalt und auch in der Nacht, wenn die Außentemperaturen niedrig sind, werden die Öffnungen verschlossen. Das ist notwendig, um die Wärme möglichst lange im Nest zu halten. Ameisen sind auch „Sonnenanbeter". So können die Arbeiterinnen auch selbst für Nestwärme sorgen. Sie bleiben solange in der Sonne, bis sich ihr Körper erwärmt hat. Dabei erreichen sie Körpertemperaturen von bis zu 40 Grad Celsius. Diese im Körper gespeicherte Wärme geben sie dann im Nest wieder ab. Die Öffnungen im Nest erfüllen zudem noch die Funktion der Belüftung. Durch ihre sinnvolle Anordnung kann ständig Luft im gesamten Nest ausgetauscht werden.

Tropische Blattschneiderameisen und ihre Nester

Blattschneiderameisen der beiden Gattungen *Atta* und *Acromyrmex* kommen im tropischen und subtropischen Amerika vor. Bei ihnen existieren wie bei den Termiten Kasten, deren Mitglieder auf bestimmte Aufgaben spezialisiert sind.

Auch die Blattschneiderameisen unterscheiden sich wie die Termiten in ihrem Aussehen. In den Tropen sind sie dafür bekannt, dass sie in ziemlich kurzer Zeit Bäume entlauben können. Die Blätter werden mit ihren scharfen Mundwerkzeugen in transportierbare Stücke geschnitten und wie Sonnenschirme zum Nest getragen. Die Einheimischen nennen sie deshalb auch „Sonnenschirm-Ameisen".

Es werden Blattstücke transportiert, die oft größer sind als die Ameise selbst. Zudem sitzen noch kleinere Arbeiterinnen auf den Stücken, um die größere Transportarbeiterin vor räuberischen Insekten aus der Luft zu schützen. Am Rande der Ameisenstraße stehen die Soldatinnen mit scharfen Mundwerkzeugen und bewachen den langen Ameisenzug vor Angreifern am Boden. Diese wertvolle Fracht wird dabei ähnlich bewacht wie die eines Geleitzuges mit Sicherheitskräften zum Schutz von Regierungsvertretern bei einem Staatsempfang. Die Blattstücke dienen den Ameisen nicht zur Ernährung, sondern sie werden zu einem Brei zerkaut, um darauf in speziell angelegten Gärten Pilze zu züchten. Die Fruchtkörper der Pilze sehen aus wie Kohlrabis, die von den Termiten geerntet werden und als Nahrung der Kolonie dienen. Die Nester der Blattschneiderameisen werden entweder im offenen Grasland, aber auch an Waldrändern sowie direkt im Wald errichtet. Offensichtlich spielt beim Luftaustausch im Nest in der offenen Landschaft, wo der Wind ungehindert wehen kann, der Bernoulli-Effekt die entscheidende Rolle. Im Wald dagegen, wo es recht windstill ist, hat sicherlich der Kamineffekt für die Belüftung eine größere Bedeutung.

Ihre Nester mit oft mehr als einer Million Einwohnern sind unterirdisch angelegt und erreichen eine Tiefe von drei bis fünf Metern. Dort befinden sich zahlreiche Kammern, die mit Gängen in Verbindung stehen. In diese münden auch zahlreiche Lüftungskanäle, die nach außen zur Oberfläche führen. Der Erdaushub des Nestes wird über dem Nest aufgeschüttet und bildet dort einen Erdhügel. Sicherlich dient diese lockere Erdschicht als Wärmedämmung. In der Mitte der Erhebung befindet sich die kaminartig geformte Austrittsöffnung für die verbrauchte Luft. An der Seite dagegen sind die Eintrittsöffnungen für die Frischluft angebracht. Wobei wir schon bei der Klimatisierung und Lüftung der

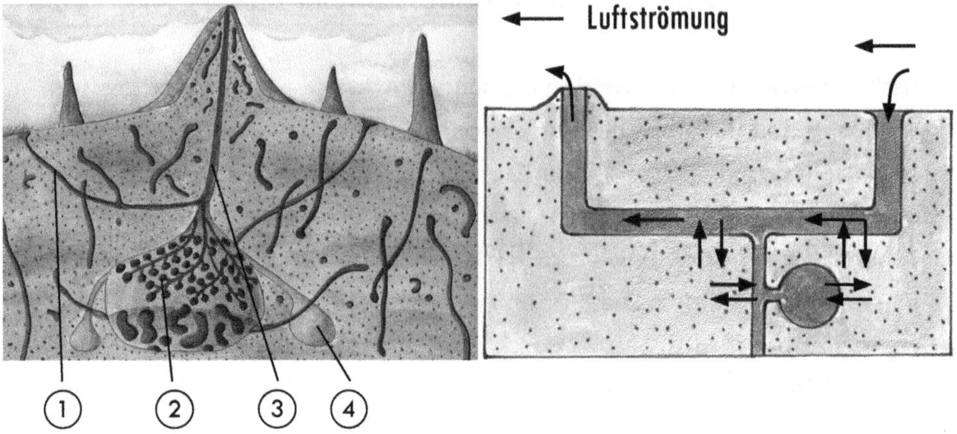

Abb. 44 Luftaustausch im Erdnest der Blattschneiderameisen (1 – Lüftungskanal, 2 – Pilzgärten, 3 – Kamin, 4 – Abfallkammer)

Ameisennester angelangt sind. Wie die Termiten brauchen auch die Blattschneiderameisen in ihren Erdnestern genügend Sauerstoff zum Überleben. Die Ameisen selbst und ihre Pilzgärten reichern die Luft mit Kohlendioxid an. Außerdem wird auch Wärme erzeugt. Ansteigende Temperaturen über 30 Grad Celsius würden bei den Pilzen und Ameisen zu Schäden führen. Daher ist ein ständiger Luftaustausch in den Erdnestern unbedingt notwendig. Die Ameisen können diesen Luftaustausch nicht selbst durchführen, sondern nutzen dafür geschickt die Umweltenergie Wind als auch den Kamineffekt.

Eine solche Art des Luftaustausches nennt man passive Belüftung. Anders bei den Honigbienen, die in aktiver Weise durch Flügelfächeln einen Luftstrom zur Nestbelüftung selbst erzeugen können. Bei niedriger Außentemperatur und in der Nacht steigt die warme, mit Kohlestoffdioxid angereicherte Luft im Nest auf und entweicht aus der höher gelegenen Austrittsöffnung. Dabei wird durch die niedriger gelegenen Eintrittsöffnungen Frischluft ins Nest gesogen. In die Pilzkammern selbst gelangt dabei kein Luftstrom. Hier erfolgt der Luftaustausch durch Diffusion mit der krümeligen und daher luftdurchlässigen Erde, die die Kammern umgibt. Über dem gewölbten Erdhügel streichender Wind fördert den Luftaustausch. Dabei wirkt der Bernoulli-Effekt. Der dabei entstehende Sog zieht die verbrauchte Luft aus der Austrittsöffnung.

Es gibt aber bei anderen Lebewesen noch einiges Übertragbare für die Klimatisierung und Lüftung in der Technik abzuschauen.

Den Präriehunden abgeschaut

Wir können nicht nur von sozialen Insekten, sondern auch von vielen anderen Lebewesen einiges Interessante für die Klimatechnik abschauen. Viele Tiere, die in Steppen- und Wüstenregionen unserer Erde leben, sind extremen klimatischen Bedingungen ausgesetzt. Doch haben sie sich dort Bedingungen geschafften, um ihr Überleben zu sichern. Manche legen sich klimatisierte unterirdische Bauten an und andere besitzen Schutzmechanismen und Schutzvorrichtungen gegen die direkte Sonnenstrahlung.

Dabei werden beispielsweise Wind- und Wasserströmungen und andere Umweltenergien genutzt sowie körpereigene Wärme- und Feuchtigkeitsaustauscher eingesetzt. Viele dieser Maßnahmen und Einrichtungen funktionieren weniger durch den eigenen Aufwand an Energie des Lebewesens, sondern vielmehr durch die geschickte Ausnutzung von Umweltenergien. Dazu einige interessante Beispiele.

Zunächst zu den Bauten von Präriehunden. Wer den Begriff Präriehund hört, denkt zwangsläufig, dass es sich um eine Hundeart handelt. Aber weit gefehlt, es sind keine Hunde, sondern ziemlich große Nager. Ihren Namen erlangten sie durch ihr Bellen, das sich wie das eines Hundes anhört. Exakt zählen Präriehunde zur Ordnung der Nagetiere, zu der beispielsweise auch unser Kaninchen und Eichhörnchen, aber auch Murmeltier und Stachelschwein gehören.

Es gibt fünf Arten von Präriehunden. Ihr Lebensraum ist die weite, baumlose Prärie von Nordamerika und Mexiko. Es sind gesellige Tiere, deren Kolonien aus einzelnen Familienverbänden bestehen. Zu einem Familienverband gehören ein Männchen, mehrere Weibchen und eine große Schar von Jungtieren. Am weitesten verbreitet ist der Schwarzschwanz-Präriehund *Cynomys ludovicianus*. Sein Kennzeichen ist die schwarze Schwanzspitze. Ihre Bauten sind so geschickt angelegt, dass in ihnen eine ständige Luftströmung herrscht. Sie sorgt für die Zufuhr der zum Atmen notwendigen Frischluft in den tiefen Erdgängen. Die feuchte Erde kühlt außerdem noch die von außen einströmende Frischluft. Man könnte sagen: Obwohl die Präriehunde noch nie etwas von Bernoulli-Effekt und Verdunstungskühlung gehört haben, nutzen sie beides in vortrefflicher Weise bei der Errichtung ihrer imposanten Bauwerke. Für die Ausführung solcher Handlungen besitzen Lebewesen ein inneres genetisches Programm, welches sich im Laufe der Evolution entwickelt hat. Wie gelangt aber nun die sauerstoffreiche und gekühlte Frischluft in die Tiefe des Erdbaus? Dazu muss man sich erst einmal die Konstruktion des Erdbaus genauer betrachten. Das Aushubmaterial wird an den Öffnungen des Baus unterschiedlich verteilt. So wird über der einen Öffnung die ausgebuddelte Erde zu einem Kegel angehäuft. An der anderen Öffnung dagegen wird sie im Umfeld gleichmäßig auf der Oberfläche verteilt und plattgetreten. Streicht nun der Wind, egal aus welcher Richtung er auch kommt, über den angehäuften Erdkegel, entsteht infolge der hohen Strömungsgeschwindigkeit ein Unterdruck und damit ein Sog. Luft wird so aus dem Bau gesogen und ständig aus der anderen Öffnung nachgeführt. Es fließt nun durch den Bau ein gerichteter Luftstrom mit sauerstoffreicher Frischluft. Der Erdkegel erfüllt noch eine weitere Funktion. Er dient neben der Belüftung auch noch als Wachstation und Aussichtspunkt zum Ausspähen von Fressfeinden. Auch der Luftstrom erfüllt nicht nur die Funktion der Frischluftversorgung, sondern auch noch die des „Riechens". Mit der in den Bau eindringenden Außenluft gelangen auch Duftmoleküle ein. Aus ihnen erhalten die Präriehunde Informationen über sich nähernde Feinde, Nahrungsangebot und Wetteränderungen. Manchmal ist es im Bau auch wie im Schlaraffenland. Denn im Luftstrom befinden sich manchmal kleine Appetithäppchen in Form von schmackhaften Insekten. Auch bei uns gibt es Kleinsäugetiere, die in unterirdischen Bauten leben. Dazu gehören beispielsweise die uns wohlbekannten Maulwürfe und Hamster. Es grenzt schon an ein Wunder, dass all diese Tiere besondere „Klimaanlagen" für ihre Bauten „erfunden" haben, die sozusagen allein von der Energie der Sonne betrieben werden. Genau genommen existieren eigentlich bei diesen Tieren keine wirklichen Klimaanlagen, man würde diese vergebens suchen. Aber trotzdem wird ihre Funktion in perfekter Weise erfüllt. Die Tiere zapfen dafür die zur Verfügung stehenden Umweltenergien an, lenken sie um und/oder verstärken sie durch ihre raffinierten Bauweisen. Der gesamte Bau wird daher zu einer Klimaanlage. Daher gleichen ihre Klimaanlagen idealen Lösungen, die „von selbst" funktionieren, bei dem per Definition der Aufwand an Stoff und Energie gegen Null geht. Das bedeutet für uns, dass wir Gebäude konstruieren, die sich vollständig mit Energie aus ihrer Umgebung und von den Wirkungen der Sonne versorgen und daher keine zusätzliche Energie mehr brauchen. Auch Gebäude werden in Richtung einer idealen Lösung entwickelt. Das bedeutet, dass die nächste Gebäudegeneration durch die Nutzung der Solarenergie mehr Energie produziert, als sie selbst verbrauchen. Mit ihren Bauten gestalten auch andere Tiere ihren Lebensraum. Beispielsweise formen Bienen und Wespen Wabenkonstruktionen, Vögel bauen Nester und Biber Dämme, Eisbären graben Schneehöhlen und Wasserspinnen fertigen Unterwasserglocken an.

Den Unterschied zwischen der Herstellung von Bauten der Menschen und jenen der Tiere hat der deutsche Ökonom und Philosoph KARL MARX (1818–1883) treffend geschildert: „Eine Spinne verrichtet Operationen, die denen des Webers ähneln, und die Biene beschämt durch den Bau ihrer Wachszellen manchen menschlichen Baumeister. Was aber von vornherein den schlechtesten Baumeister von der besten Biene auszeichnet, ist, dass er die Zelle in seinem Kopf gebaut hat, bevor er sie in Wachs baut" (MARX 1959, S. 193). Auch von Wärme- und Flüssigkeitsaustauschern aus der Natur lässt sich so einiges Interessante anschauen.

Natürliche Wärme- und Feuchtigkeitsaustauscher

Sommerhitze und Temperaturen über 35 Grad Celsius: Ein kühles Bad ist die Rettung. Unser erhitzter Körper gibt die Wärme an das kühle Wasser ab. Auch viele Tiere kühlen sich im Wasser ab, weil Wasser eine große Wärmeleitfähigkeit hat und die Wärmeabgabe des Körpers beschleunigt. Nach dem erfrischenden Bad verdunstet der auf der Hautfläche zurückgebliebene Wasserfilm und entzieht dabei dem Körper weitere Wärme. Wenn es uns zu heiß wird, schwitzen wir. Wenn Wasser von feuchten Körperoberflächen verdunstet, wird der größte Teil der Verdunstungswärme dem Organismus entzogen. Wir verspüren dabei den Kühleffekt. Viele Tieren haben keine Schweißdrüsen und können daher nicht schwitzen. Auch sie müssen sich vor Überhitzung schützen. Ihre Verdunstungskühlung erfolgt durch die Schleimhäute. Die Wärmeabgabe geschieht hier über die Atmung bei hohen Außentemperaturen. So hecheln Hunde, wenn es ihnen im Sommer zu heiß wird. Auch andere Tiere steigern mit zunehmender Außentemperatur ihre Atemtätigkeit. Beim Hecheln wird überschüssige Wärme im Körper über die Atemwege abgegeben. Beispielsweise erhöht die in Afrika beheimatete Oryxantilope *Oryx leucoryx* bei großer Hitze die Anzahl ihre Atemzüge von normalerweise etwa 20 auf 120 pro Minute. Damit verstärkt sie die Wirkung ihres Wärmeaustauschers. Wie funktioniert nun der Wärmeaustauscher der Antilope? Bei großer Hitze kann die Körpertemperatur der Antilopen schon mal 46 Grad Celsius erreichen. Trotzdem bleibt die Temperatur

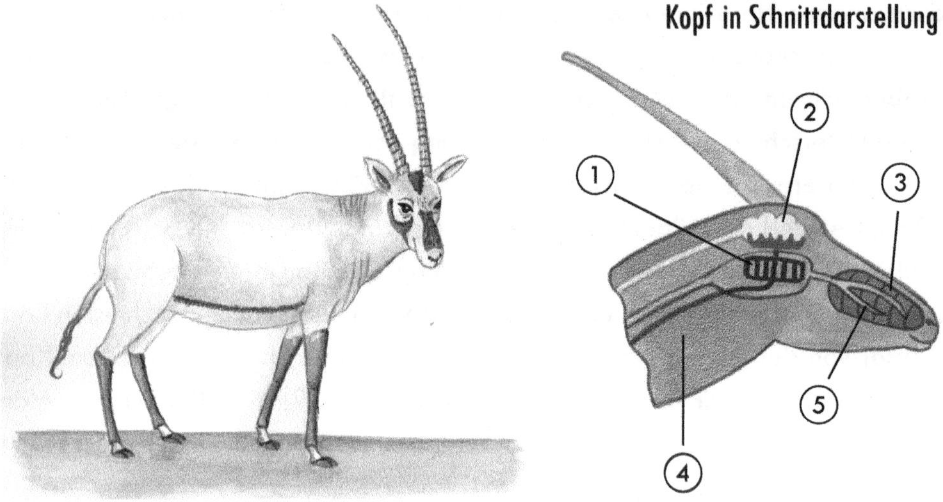

Abb. 45 Gegenstrom-Wärmetauscher-Prinzip bei der Oryxantilope (1 – Wärmetauscher, 2 – Gehirn, 3 – „Nasenschleimhaut-Kühler“, 4 – erhitztes Blut, 5 – kühles Blut)

im wichtigen Organ, dem Gehirn, niedriger. Bevor die Blutgefäße in das Gehirn eintreten, sind sie stark verästelt. Dabei bilden sie einen engen Kontakt zu denjenigen Blutgefäßen, in denen Blut aus den Nasengängen kommt. In ihnen wird es durch das Hecheln heruntergekühlt. Dadurch wird im Gegenstrom-Austauscher das Blut gekühlt, welches ins Gehirn eintritt. Ein vortrefflicher Überhitzungsschutz.

Auch Kamele bewältigen in den heißen Wüstenregionen ein Leben, oder besser formuliert, ein Überleben bei ständiger Hitze und Wassermangel. Dafür haben sich bei ihnen im Laufe der Evolution spezielle Anpassungen entwickelt. Auf Rücken und Halsoberseite ist bei ihnen ein dichter Haarpelz mit vielen Lufträumen ausgebildet. Getreu dem Grundsatz, was hervorragend gegen grimmige Kälte schützt, nützt auch bei sengender Hitze, tragen die Bewohner der Sahara, die Tuareg, mehrere Kleider schichtweise locker übereinander.

Sie wissen, dass die Luftschichten zwischen den Kleidungsstücken isolieren, weil Luft ein schlechter Wärmeleiter ist.

Bei uns löst diese Tatsache, bei Hitze mehrere Kleidungsstücke übereinander zu tragen, doch Verwunderung aus. In sommerlicher Hitze entledigen wir uns der zu vielen Kleidungsstücke. Wir wollen, dass die Luft uns angenehme Kühlung auf der nun freiliegenden Haut verschafft.

Das kann aber nur dann funktionieren, wenn die Lufttemperatur niedriger ist als die Körpertemperatur von 37 Grad Celsius. Bei den hohen Sahara-Temperaturen wird der Kleidungsschutz der Tuareg verständlich. Sie lernen dabei von den Kamelen und fertigen ihre Kleidung aus Kamelhaarfilz an – eine wirksame Barriere gegen das nahezu unerträgliche Wüstenklima. Und noch etwas Interessantes gibt es bei der Kleidung der Tuareg zu betrachten. Sie hat eine schwarze Färbung. Nun wissen wir selbst, dass ein schwarzes Shirt sich an heißen Sommertagen stark aufwärmt – wir schwitzen noch mehr. Was stimmt hier nicht? Obwohl sich die schwarze Kleidung der Tuareg auf der Außenseite stark erhitzt, so dringt die Wärme aufgrund mehrerer übereinanderliegender Kleidungstücke nicht bis zur Haut vor. Die isolierenden Luftschichten schirmen sie gut ab.

Die Hitze gelangt zwar durch die Kleidung, wird aber immer geringer und nähert sich dabei der Körpertemperatur. Durch die Schichten entsteht ein Wärmeausgleich. Schwarze Kleidung nimmt zwar vermehrt Strahlung auf, gibt diese aber auch schnell wieder ab. Außerdem blockiert schwarze Kleidung einen großen Teil der schädlichen UV-Strahlung und schützt den Träger vor dem gefährlichen Sonnenbrand.

Kamele mit „Klimaanlagen“

Kamele *Camelidae* besitzen eine „Nasenmuschel-Klimaanlage“ mit Wasserrückgewinnung. Diese befindet sich in der Nasenhöhle und hat eine riesengroße Oberfläche. Sie beträgt 1000 Quadratzentimeter. Man denkt sogleich, wie eine solch große Oberfläche platzsparend in der Nasenhöhle untergebracht werden kann. Ganz einfach – die Nasenmuschel ist spiralförmig kleingefaltet. Beim Einatmen der heißen und trockenen Wüstenluft kommt es zur Verdunstung an den feuchten Schleimhäuten und zu deren Abkühlung. Mit der speziell gestalteten Nasenmuschel kann aus der durchströmenden Ausatemluft das darin enthaltene Wasser zurückgewonnen werden. Dass Atemluft feucht ist und Wasserdampf enthält, sehen wir beim Anhauchen einer Glasscheibe. Auch in der Kälte können wir beim Ausatmen den Wasserdampf sehen. In den zahlreichen Gängen der Nasenmuschel des Kamels wird der Wasserdampf der ausgeatmeten Luft aufgenommen und zur Kühlung des Blutes und anderer wichtiger Körperteile verwendet. So wird jedes noch so winzige Wassertröpfchen wiederverwendet. Auf diese Weise werden etwa 75 Prozent des Wassers zurückgewonnen. Eine geniale Lösung der Natur. Mehr noch: Der Kamelkot ist trocken und der Urin enthält kaum Wasser – so wird auch beim großen und kleinen „Geschäft" eine Menge Flüssigkeit gespart.

Mit Sonnenschirmen und heller Körperfärbung der Sonnenstrahlung trotzen

Auch Pflanzen können sich durch allerlei Einrichtungen gegen das Austrocknen durch Hitze schützen. Moose in schattigen Wäldern haben kein Problem mit dem Austrocknen. Es gibt aber auch Moose, die an sonnenbeschienenen Standorten leben. Dort können sie Hitze und Trockenheit unbeschadet vertragen. Sie bilden aus toten, abgestorbenen Zellen einen schützenden Mantel, der wie ein Sonnenschirm wirkt. Auch Kakteen *Cactaceae* bilden mit ihren Stacheln einen Schutzschirm aus Glashaaren, die das auftreffende Sonnenlicht reflektieren.

Solche „Sonnenschirme" bieten auf der Oberfläche der Pflanze nicht nur Schatten, sondern schaffen auch eine windstille Zone, damit der heiße Wind nicht eindringen kann und so ein Austrocknen wirksam verhindert wird. Tropische Kakteen und Wolfsmilchgewächse *Euphorbiaceae* haben zudem noch Längsrippen als Schattenspender. Bei jedem Sonnenstand steht dadurch eine Hälfte der Pflanze im schützenden Schatten.

Die äußere Gestalt von Kugel und Zylinder, die im Verhältnis zu ihren Volumen die kleinsten Oberflächen haben, verringern die Verdunstung. Helle Farben reflektieren bekanntlich das Sonnenlicht und wärmen sich daher nicht so schnell auf. Diese Erscheinung finden wir beispielsweise bei Silberameise *Cataglyphis bombycina* und Riedfrosch *Heterix variabilis*. Die Silberameise lebt in der Sahara. Ihre Körperoberseite ist mit silbrig glänzenden Haaren versehen. Dieser Haarpelz wirkt wie ein Hitzeschild. Sie sind hohl und luftgefüllt. Daher haben sie eine isolierende Wirkung, weil Luft ein schlechter Wärmeleiter ist. Aber das haben wir ja schon an anderer Stelle erfahren. Auch die hell glänzende Haut des Riedfrosches reflektiert den größten Teil der heißen Sonnenstrahlen. Er lebt im tropischen Afrika und ist zum Farbwechsel fähig. Gelangt er bei der Nahrungssuche an Lichtungen des Regenwaldes oder an offene Wasserstellen, wo andere Temperatur- und Lichtverhältnisse herrschen, ändert sich seine Färbung. Die braun gestreifte Körperfarbe geht dann in eine silbrig weiße Färbung über.

Alles schon dagewesen

Klima- und Belüftungsanlagen existieren schon seit Jahrmillionen in vielen Tierbauten, längst bevor der Mensch seine Behausungen durch technische Einrichtungen klimatisierte. Zur Herstellung solcher Einrichtungen, wie wir sie heute verwenden, wird viel Material und für ihren Betrieb reichlich Energie benötigt. Ganz anders die natürlichen „Klimaanlagen" der Tierbauten, die vorhandene Umweltenergien in raffiniert einfacher Weise durch Anzapfung,

Davon haben sich Bioniker, Architekten und Ingenieure inspirieren lassen. Sie erkannten, wie bedeutsam die Nutzung von Umwelteinflüssen (Temperatur, Sonneneinstrahlung, Luft- und Bodenfeuchtigkeit sowie Windgeschwindigkeit) für Heizung, Kühlung und Lüftung zur Entwicklung energiesparender Gebäudekonzepte ist.

Es geht in diesem Zusammenhang darum, ein Gebäude wie ein Lebewesen zu betrachten, welches in einem engen Austausch mit seiner Umwelt steht. Man kann Lebewesen daher als stoff-, energie- und informationsverarbeitende Systeme betrachten. Ihre Informationsaufnahme und -verarbeitung dient dem Überleben und damit der Arterhaltung. Sie vermögen sich trotz unterschiedlicher Schwankungen der Umwelt stabil zu verhalten und ihr „Fließgleichgewicht" durch Selbstregulation konstant zu halten. Gerade dieser Aspekt macht sie für die Gebäudeklimatisierung besonders interessant. Gebäude werden so als offene Ökosysteme entwickelt, die auf Veränderungen in der Umgebung durch Nutzung von Umweltenergien dynamisch reagieren und sich durch intelligente Steuerungen regulieren. Solche Gebäude, wie jene nach Art der Termitenlüftung, haben wir bereits kennengelernt. Naturinspirierte Lüftungssysteme finden inzwischen eine breite Anwendung.

Ein ähnlich belüftetes Bürogebäude, das fünfstöckige „Energon" wurde in Ulm gebaut. Aus einem Tunnel im Untergrund wird Luft angesaugt und in die Räume geleitet. Weil im Untergrund über das gesamte Jahr eine fast gleichbleibende Temperatur von etwa zehn Grad Celsius herrscht, wird die Luft im Sommer gekühlt und im Winter erwärmt. Diese Luft strömt in den verglasten Innenhof des Gebäudes und wird von dort auf die Räume in den verschiedenen Etagen verteilt. Auch hier konnten die Energiekosten um die Hälfte gesenkt werden.

Eine Porenlüftung sichert den Luftaustausch. So war die Porenlüftung im Termitenbau Vorbild für die Entwicklung einer Porenlüftungseinrichtung für Gebäude.

Durch ihren Einbau kann die Belüftung durch Fenster und herkömmliche Lüftungsanlagen, die unangenehme Zugluft verursachen, ersetzt werden.

Bereiche der Außenmauer enthalten besonders gestaltete Bauteile. Es sind Lüftungselemente, die mit winzigen Kanälen durchzogen sind. Auf großen Flächen entsteht dadurch ein zugfreier Einstrom von Frischluft mit geringer Strömungsgeschwindigkeit.

Die technische Lösung ist keine Kopie des Naturvorbildes

In einigen Veröffentlichungen zur Bionik wird berichtet, dass die Belüftungsanlage zur Kühlung des Bürogebäudes in Harare vielmehr dem der Präriehunde und arabischen Windtürme als der von Termiten entspricht. Dabei wird nicht beachtet, dass es auch Termitenarten in afrikanischen Trockengebieten gibt, die das Grundwasser anzapfen und dessen Verdunstungskälte zur Kühlung ihrer Bauten einsetzen.

Außerdem geht es in der Bionik nicht darum, dass die Erkenntnisse über das biologische Vorbild direkt in die Technik übertragen werden. Die überwiegende Mehrzahl technischen Konstruktionen unterscheidet sich tatsächlich grundsätzlich in ihrem Aussehen und manche auch in ihrer speziellen Funktion von den herangezogenen biologischen Vorbildern. Diese Tatsache trifft auch mehr oder weniger für die Belüftung des angeführten Bürogebäudes zu. Für die Bionik ist es geradezu charakteristisch, dass das biologische Vorbild als solches häufig nicht mehr in der technischen Konstruktion erkennbar ist. Vielmehr dient das biologische Vorbild lediglich als Denkanregung und bildet den Ausgangspunkt bei der Lösung eines technischen Problems.

Durch das Einbringen der Kreativität des Problemlösers wird daraus schrittweise eine technische Lösung gestaltet. Dabei müssen auch spezielle technische, ökonomische und ökologische Forderungen an die technische Lösung umgesetzt werden. So sollte beispielsweise von vorn herein der Energieaufwand der zu entwickelnden Belüftungsanlage für das Bürogebäude gesenkt werden. Diese Zielstellung wurde, wie wir erfuhren, erreicht.

Bei der Lösungsfindung kommt es also weniger auf die Exaktheit der Umsetzung von Erkenntnissen über das biologische Vorbild an, sondern vielmehr auf die daraus gewonnenen Anregungen für das Lösen eines technischen Problems.

Bei Übertragungen von Erkenntnissen über biologische Vorbilder auf technische Lösungen müssen sowieso unterschiedliche Umweltbedingungen, Größenverhältnisse und Materialien beachtet werden. Einfacher dagegen ist die Übertragung von Lösungen zur Klimatisierung aus der Architektur. Oft können auch geschichtliche Betrachtungen in die Lösungssuche einbezogen werden, um auf schon Vorhandenes und Vorgefundenes aufzubauen und kombiniert mit neuen Erkenntnissen weiterzuentwickeln.

Von den Baumeistern aus dem Orient lernen

Extreme Trockenheit und glühend heiße Temperaturen regten die Menschen von jeher im Orient, einer der ältesten Kulturstätten der Erde, zu allerlei architektonischen Erfindungen an. Diese Erfindungen hatten eines gemeinsam – mit ihnen wollte man ein erfrischendes und angenehm kühles Klima in Gebäuden schaffen. Schon recht früh erkannte man in Mesopotamien die kühlende Wirkung von begrünten Dachterrassen.

Die Hängenden Gärten der Semiramis von Babylon wären hier zu nennen. Sie gehören zu den Sieben Weltwundern des Altertums. Diese Gartenanlage bestand aus sieben übereinanderliegenden begrünten Terrassen. Schon wieder die Zahl Sieben. Das ist kein Zufall, denn diese Zahl gilt als heilige Zahl. Sie soll auf die sieben Mondphasen zurückgehen, also auf die Woche mit ihren sieben Tagen. Überlieferungen zufolge wird angenommen, dass die babylonische Königin Schamuramat um das Jahr 775 v. Chr. diese Anlage bauen ließ. Später gaben die Griechen ihr den Namen Semiramis. Ein riesiges Gebäude wurde damals auf steinernen Stützpfeilern errichtet, die in Gewölben ausliefen.

Auf den darüber liegenden einzelnen Terrassen legte man prachtvolle Gärten mit exotischen schattenspendenden Bäumen, Sträuchern und vielen bunten Blumen an. Darin tummelten sich allerlei Vögel, bunt schillernde Schmetterlinge und andere Insekten. Und dann noch die betörenden wunderbaren Düfte in diesen Gärten. Ein höchst aromatischer Mix aus verschiedenen Pflanzen wie Lorbeer, Myrte, Jasmin und Rosen. Eine solche Gartenanlage auf Säulen nannte man früher „hängend", weil sie sonst zu ebener Erde lag und jetzt in die Höhe gehoben wurde. Die Bewässerung der immergrünen Anlage erfolgte zunächst durch Schöpfräder und dann über hoch gelegene Wasserkanäle, den Aquädukten. Sie führte vom Fluss namens Euphrat zur Palastanlage und zu den Gärten. Durch Verdunstung des Wassers in den Gärten konnten die darunterliegenden Räume gekühlt werden. Es war ein bezauberndes Paradies mit süßen Früchten, Blumen und Tieren mit herrlichen Farben und Formen, kunstvoll geformten Wasserrinnen und sprudelnden Fontänen sowie einem erfrischenden und angenehmen Klima. Daher wurde es in alten griechischen Texten auch „Paradeisos" genannt. In heutiger Zeit erfindet man solche Dachbegrünungen wieder neu. Aber davon wird im letzten Abschnitt berichtet. Wasser- und Luftkühlung spielen bei der Schaffung eines behaglichen Raumklimas in heißen Regionen schon immer eine bedeutende Rolle. So auch in den Palästen und Gartenanlagen der Alhambra, nahe der spanischen Stadt Granada. Dieses bedeutende Weltkulturerbe wurde ursprünglich als Festung des letzten maurischen Königreiches im Süden der iberischen Halbinsel errichtet. Es war von 1238 bis 1492 das Reich der nasridischen Sultane. In ihren blühenden Gärten legten sie Springbrunnen, Bachläufe und Wassertreppen an. Die Innenhöfe der Paläste hatten ebenfalls kunstvoll gestaltete Wasserbecken. Darüber hinwegstreichende Luft gelangte durch Säulengänge in die Innenräume der Paläste und schufen dort ein angenehm kühles Raumklima. Das Wasser kam aus dem Löwengebirge. Bewässerungssysteme führten es in die Alhambra. Für die Sultane hatte das Wasser eine besondere Bedeutung. Die Brunnen des Lebens inmitten der wunderschönen Gärten waren für sie das Symbol des muslimischen Paradieses. In Persien, dem heutigen Iran, hat man Luftströmungen ebenfalls zur Klimatisierung von Gebäuden genutzt. Dort wurde der sogenannte „Badgir", der Windfänger, erfunden. Ein Badgir ist ein turmartiges Bauelement in der Architektur und hat Ähnlichkeit mit dem eines Schornsteins, der im oberen Bereich eine oder mehrere seitliche Öffnungen besitzt. Dieses Element dient der Gebäudeklimatisierung und sorgt für den Luftaustausch zwischen Außen- und Innenluft. Der Badgir steht dabei senkrecht zur waagerechten Windrichtung. Eine überaus geniale Lösung der persischen Architekten, die Wüstenwinde und damit diese gratis zur Verfügung stehende Umweltenergie nutzten. Und das ohne komplizierte technische Geräte, bloß durch eine geschickt angeordnete, extrem einfache Konstruktion, dem Badgir. Heutige Klimatechniker sollten verstärkt diese Erkenntnisse bei der Entwicklung von energiesparenden Klimaanlagen einbeziehen.

Je nach örtlichen Gegebenheiten und wirkenden Winden aus vorzugsweise einer oder unterschiedlichen Richtungen gibt es Badgire mit verschiedenen Funktionen. Es gibt solche, die den Stau- bzw. Überdruck, den Unterdruck und jene, die für beide Druckarten der Windströmung ausgelegt sind. Badgire mit Unterdruck-Funktion wirken nach dem Bernoulli-Prinzip. Badgire mit Staudruckfunktion drücken die Luft durch Öffnungen und nachfolgende Kanäle in die darunterliegenden Wohnräume. In der Nacht kann die kühle Luft durch den Druck des Windes in den Wohnraum gelangen. So wird die warme Innenluft durch die kühle Außenluft ausgetauscht. Nachts kühlt der Raum aus, sodass am Morgen eine angenehme Kühle herrscht. Und so wiederholt sich dieser Kühlprozess Nacht für Nacht. Voraussetzung dafür ist natürlich das Vorhandensein von Wind.

Es gibt auch Badgire, deren Innenwände kurz unter der Öffnung mit Stroh oder Holzwolle versehen sind. Durch ihre Schichtung haben diese Materialien eine große Oberfläche, die von Zeit zu Zeit befeuchtet wird. Die durchströmende Warmluft wird durch die entstehende Verdunstungskälte gekühlt. Die kalte, schwerer gewordene Luft sinkt durch die Wirkung der Schwerkraft nach unten und wird so von der von oben nachdrängenden Luft durch den Wohnraum geleitet. Andere Badgire mit Staudruckfunktion nutzen zur Kühlung das feuchte Erdreich oder auch Grund- und Fließwasser. Beide nutzen den Temperaturunterschied zwischen der Temperatur der Außenluft und der Erdreich- bzw. Wassertemperatur. Solche Badgire lassen die warme Außenluft durch das kühle Erdreich oder über das kühle Wasser streichen und so die Luft abkühlen. Aber es geht ja auch noch ganz anders.

Dann gibt es noch Badgire, die mit Unterdruck funktionieren und den „Kamineffekt“ nutzen. Diesen Effekt kennen wir von der Wirkungsweise des Schornsteines. Wird Feuer im Kamin entzündet, erwärmt sich die Luft im Schornstein und steigt auf. Im unteren Teil des Kamins entsteht dadurch ein Unterdruck, der die kalte Luft ansaugt. Und so funktioniert auch der Badgir mit Unterdruck. Weht kein Wind in den Sommernächten, folgt der Luftstrom von der Raumöffnung zur Badgiröffnung. Das kommt daher, dass die einströmende kühle Nachtluft sich an den warmen Innenwänden des Badgirs erwärmt, dabei leichter wird und aufsteigt. Der Luftdruck im Badgir ist niedriger als der der Raumluft. Im Badgir herrscht also Unterdruck, der einen Sog bewirkt und so die Innenluft absaugt.

Tagsüber kann ein ähnlicher Vorgang ablaufen. Ist nämlich das Gebäude von einem Garten mit Wasserbecken und Bäumen umgeben, wird die Luft vor der Raumöffnung gekühlt und strömt hinein. Die noch warme Innenluft steigt durch

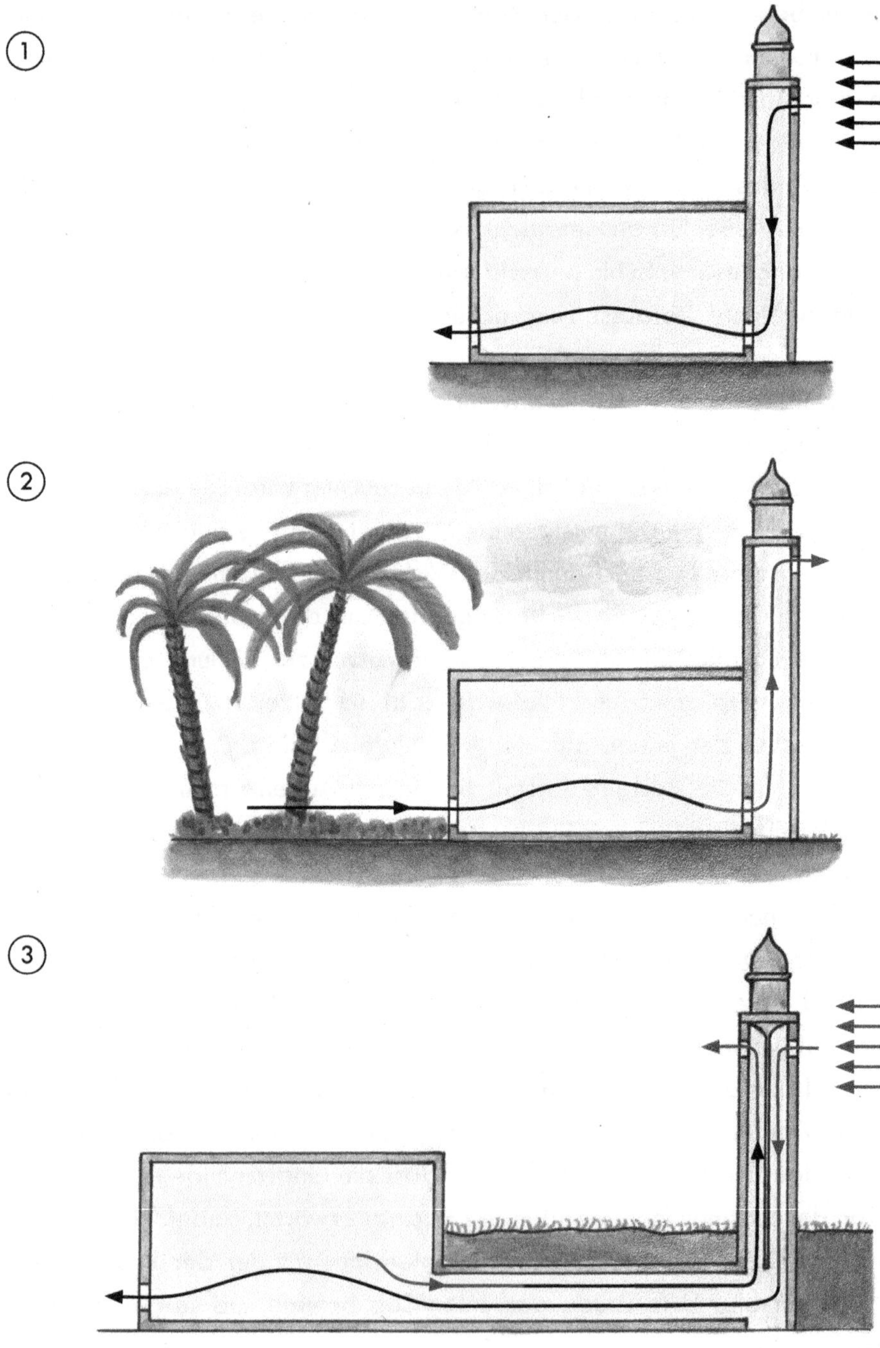

Abb. 46 Badgirtypen
(1 – mit Staudruckfunktion, 2 – mit Unterdruckfunktion, 3– mit Stau- und Unterdruckfunktion)

den Kamineffekt nach oben und tritt durch die Badgiröffnung nach außen. Somit kann stets gekühlte Außenluft in den Raum eindringen.

Wir haben also festgestellt, dass ein Badgir mit Unterdruckfunktion die Luft von unten nach oben transportieren kann. Auch hier ist es möglich, das Erdreich und das fließende Grundwasser zur Kühlung zu verwenden.

Im heutigen Iran werden weiterhin Badgire zur passiven Klimatisierung gebaut und eingesetzt. Sie besitzen mehrere Öffnungen und sind dadurch unabhängig von der Windrichtung. Die unterschiedlich angeordneten Badgiröffnungen funktionieren sowohl im Unterdruck- als auch im Staudruckbereich.

Frühe technische Einrichtungen, in die das Wissen der „alten Baumeister“ eingeflossen ist, können noch in heutiger Zeit zu überraschend einfachen und wirksamen Belüftungslösungen für unsere Gebäude führen. Aus Überlieferungen und historischen Quellen zu den Hängenden Gärten Babylons und ihrer Terrassenbegrünung haben Architekten und Klimatechniker ebenfalls einiges für die heutige Gebäudeklimatisierung abgeschaut. Von den Terrassenbegrünungen wissen sie, dass diese vor allem die hohe Aufheizung der darunterliegenden Räume gerade in der Tagesmitte des Sommers verhindern. Auf den Terrassen befindliche Bäume und Sträucher spenden außerdem wohltuenden Schatten.

Durch die Dämmwirkung der Dachbegrünungsschicht bleiben die Räume in den Gebäuden angenehm kühl, weil die Pflanzen einen großen Teil der Sonneneinstrahlung aufnehmen. Außerdem kann das in der Dachbegrünungsschicht gespeicherte Wasser verdunsten und so zur Kühlung beitragen. Weitere Effekte der Dachbegrünung sind der Schutz der Dachhaut und eine spürbare Lärmminderung im Gebäude.

Auch können allerlei Tiere, besonders Insekten, dort einen geeigneten Lebensraum finden. Gründächer und Fassadenbegrünungen von Gebäuden würden auch in den Städten zur Verbesserung des Klimas beitragen.

Wüstengebäude nach dem Vorbild von Fensterpflanzen

Auch die sogenannte Fensterpflanze *Fenestraria aurantiaca* aus der Namib-Wüste in Westafrika ist gegen Verdunstung bestens gerüstet. Ihre „Fensterblätter“ wachsen von Wüstensand umgeben unterhalb der Sandoberfläche und werden dort „lebende Steine“ genannt. Nur die auf ihrer Oberseite befindlichen lichtdurchlässigen Kuppelfenster sind sichtbar. Würden die Blätter auf der heißen Sandoberfläche sprießen, wären sie ziemlich schnell vertrocknet. Sie heißt deshalb Fensterpflanze, weil sie auf ihrer Oberseite ein lichtdurchlässiges Fenster hat. Das braucht sie, damit die Photosynthese stattfinden kann. Durch ihren nach unten verjüngten, tonnenförmigen Aufbau wird das Sonnenlicht nach unten geleitet, damit es fotosynthetisch genutzt werden kann. Dieses leicht nach oben gewölbte „Fenster" ist an der Oberfläche des Wüstenbodens zu sehen. Wissenschaftler haben herausgefunden, dass solche „Fenster" spezielle Kristalle enthalten, die wie Linsen wirken und damit eine günstige Lichtnutzung ermöglichen. Das Sonnenlicht gelangt so durch Streuung bis zum unteren Teil der Pflanze und versorgt auf diesem Weg die Pflanzenzellen mit dem lebensnotwendigen Licht.

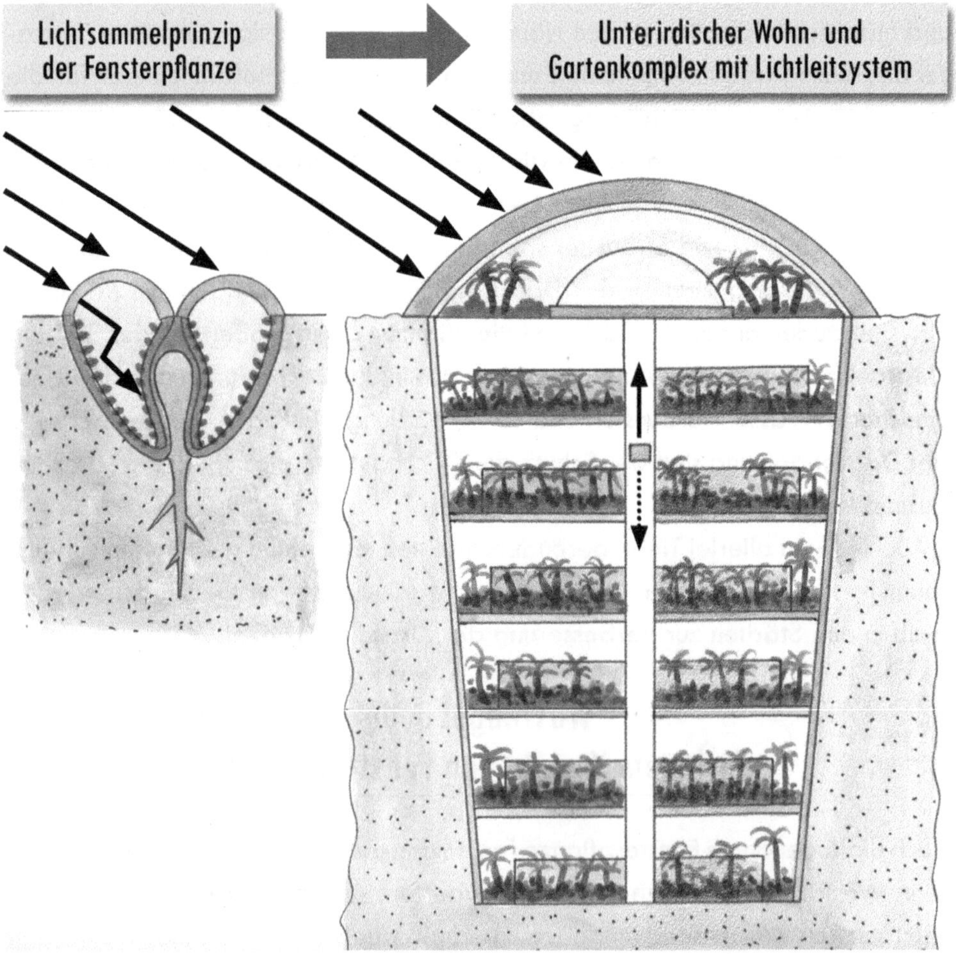

Abb. 47 Fensterpflanze als Vorbild für Wüstenarchitektur

Für die Wüstenarchitektur Saudi-Arabiens mit ihren aufwändig klimatisierten Hochhäusern würde das Vorbild der Fensterpflanze eine vortreffliche Anregung bieten.

Hochhäuser müssten anstatt in die Höhe, vielmehr in die Tiefe des Wüstenbodens gebaut werden und könnten dort auch von der dort herrschenden Kühle profitieren. Das Tageslicht gelangt wie bei der Fensterpflanze über große, mit Wasser gefüllte Glaskuppeln in das unterirdische Gebäude. Dort befinden sich auf Etagen blühende Gärten und lichtdurchflutete Wohnkomplexe. Sicherlich schrecken die enormen Baukosten von der Verwirklichung solcher Vorhaben ab. Die Energieeinsparungen wären aber enorm. Lassen wir uns überraschen, wenn diese Vision eines Tages Wirklichkeit wird.

Von der Klimatechnik der Lebewesen lässt sich viel technisch Übertragbares abschauen. Noch sind längst nicht alle Geheimnisse gelüftet und so manches ist bis heute unerforscht. Dennoch bietet sich die lebende Natur mit ihrer unermesslichen Vielfalt an Pflanzen, Tieren und Abläufen als eine nahezu unerschöpfliche Quelle für die Entwicklung neuer technischer Lösungen an.

Fassadenfarbe nach Chamäleonart

Das Wüstenchamäleon *Chamaeleo namaquensis* aus der Namib-Wüste hat einen besonderen Trick auf Lager – es verändert seine Hautfarbe zur Regulation der Körpertemperatur und hat sozusagen eine Klimaanlage in der Haut. Die benötigt es auch, um in der Wüste mit ihren Temperaturschwankungen zwischen Tag und Nacht zu überleben. Sinken gegen Abend die Temperaturen, nimmt die Haut einen dunklen Farbton an. Steigen sie dagegen tagsüber vor allem in der Mittagszeit an, wird die Haut hell und reflektiert so die Sonnenstrahlen.

Dafür besitzen diese Reptilien in ihrer Haut ein Netz aus Nanokristallen, welches aus zwei übereinanderliegenden Schichten besteht. Während die äußere Schicht den sichtbaren Teil des Sonnenlichtes reflektiert, wirft die darunter befindliche Schicht elektromagnetische Wellen im Infrarotbereich zurück. Dadurch schützt sich das Chamäleon vor allzu starker Überhitzung. Die Nanokristalle befinden sich in besonderen Pigmentzellen, die die Eigenschaft besitzen, auftreffendes Licht zu reflektieren. Solche Pigmentzellen werden auch Iridophoren genannt. Generell dienen sie zur selektiven Aussendung bestimmter Wellenlängen des einfallenden Lichtes, wodurch helle und dunkle Hautfarben erzeugt

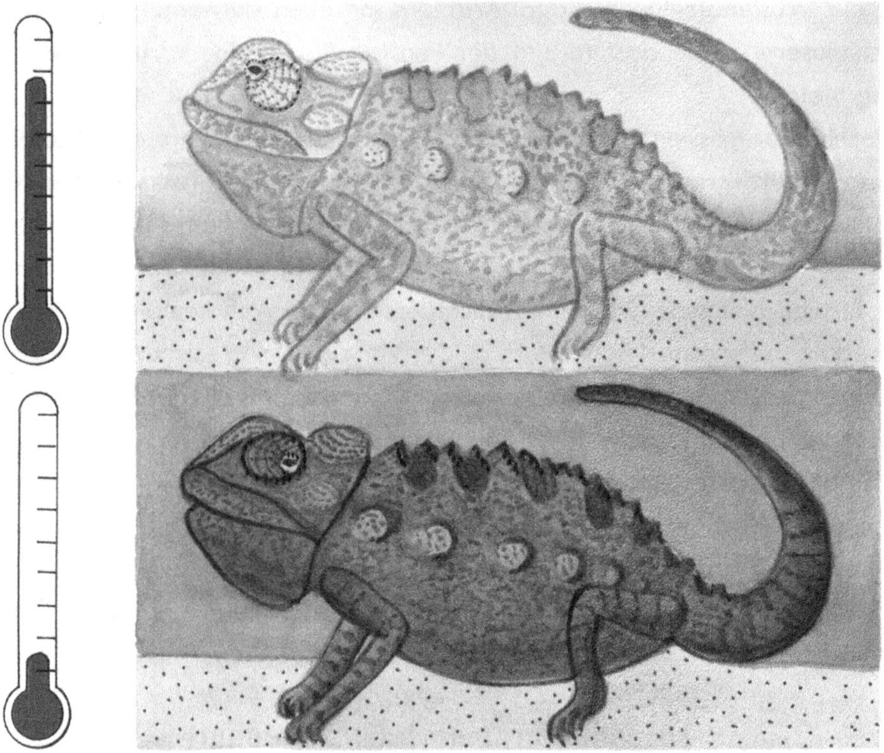

Abb. 48 Wüstenchamäleon mit „Klimaanlage" in der Haut

werden. Chinesische Wissenschaftler haben nach dem Vorbild dieses Farbwechsels eine Fassadenfarbe entwickelt, welche Gebäude im Sommer kühlen und im Winter wärmen kann. Sie erfanden ein Farbpigment mit dynamischen Eigenschaften, welches sie Kristallviolettlakton nannten. Es verändert in Abhängigkeit von der Außentemperatur seine Helligkeit. Sinkt die Außentemperatur unter 20 Grad Celsius ab, nimmt das Pigment einen dunklen Farbton an, wobei das Sonnenlicht absorbiert wird und sich dadurch die Gebäudefassade erwärmt. Über einer Außentemperatur von 20 Grad Celsius tritt das Gegenteil ein, das Pigment hellt sich auf und reflektiert so das Sonnenlicht und die Fassade bleibt kühl. Diesen Reflexions- und Absorptionseffekt kennen wir von heller bzw. dunkler Kleidung. Im Sommer kommen wir ins Schwitzen, wenn wir ein schwarzes T-Shirt anhaben, wobei ein weißes angenehme Tragetemperaturen ermöglicht. Durch die Fassadenfarbe kann im Winter die Raumtemperatur um zwei bis vier Grad Celsius erhöht und im Sommer um vier bis acht Grad Celsius gesenkt werden. Tests mit der neuen Fassadenfarbe brachten, bezogen auf mittlere Breitengrade, eine durchschnittliche Energieeinsparung von bis zu 20 Prozent. Was bei der Fassadenfarbe noch verbesserungswürdig ist, ist ihre Haltbarkeit. Doch an der Lösung dieses Problems arbeiten die Wissenschaftler weiter. Eine weitere Entwicklungsrichtung zur Klimatisierung von Gebäuden ist die bereits bestehende Lösung der Fassadenbegrünung. Solche Grünfassaden speichern die Solarenergie, nehmen Kohlendioxid auf und produzieren Sauerstoff, kühlen im Sommer und passen sich in ihrer Farbgebung der Jahreszeit an. Mehr noch: Sie können Früchte bilden und Nistplätze für Vögel schaffen. Zur Wärmedämmung sind sie jedoch nicht geeignet. Die Entwicklung von Lösungen zur Wärmedämmung erfordert die Analyse anderer Vorbilder aus der Natur.

Wärmedämmung

Jedes Lebewesen ist von bestimmten Umgebungstemperaturen abhängig und benötigt für die Aktivität seiner Körperfunktionen eine bestimmte Vorzugstemperatur.

Dabei kommt der „zweiten Haut" eine besondere Bedeutung zu. Sei es das Fell der Säugetiere, das Federkleid der Vögel oder die Kleidung und Gebäudehüllen des Menschen – die Wärmedämmung hat eine wichtige „Überlebensfunktion". An den Wärmedämmeinrichtungen unserer Häuser und an unseren Heizungen kann noch so manches verbessert und weiterentwickelt werden. Was nützt uns beispielsweise die sparsamste Heizanlage, wenn die aufwändig erzeugte Wärme schnell aus dem Haus entweichen kann. Schon in der Bronzezeit, vor etwa 3000 Jahren, verwendeten die Menschen in unseren Breiten beim Bau ihrer Unterkünfte Naturmaterialien zur Wärmedämmung. Sie nutzten dazu trockenes Moos und Gras. Der Wandaufbau eines bronzezeitlichen Hauses bestand aus einer inneren und äußeren Hülle, die aus Flechtwänden gefertigt wurde. Der Zwischenraum wurde mit dicht gepolstertem Gras ausgefüllt. Außen und innen brachte man auf die Flechtwände zum Abdichten eine Lehmschicht auf. Die so entstandene stabile und auch tragfähige Wandkonstruktion hatte eine hervorragende Wärmedämmung.

Ein Blick in die Natur zeigt, dass auch Baumrinden wärmedämmende Eigenschaften besitzen. Der äußere Teil der Rinde, Borke genannt, schützt den Baum vor schädigenden Umwelteinflüssen wie gegen Kälte und Brände. So besitzt beispielsweise die Borke der Korkeiche viele kleine Lufteinschlüsse. Die in der

Borke eingelagerte Korksubstanz wirkt wärmedämmend. Auch unsere Gebäude versehen wir mit Wärmedämmeinrichtungen. Sie bestehen aus modernen Dämmstoffen, die den Energieaufwand beträchtlich verringern können. Das hilft Heizkosten sparen und gleichzeitig die Umwelt schützen. Noch viel zu wenig nutzen wir dabei, was die lebende Natur an übertragbaren Wärmedämmlösungen bereithält. Wir sollten uns daher bei Pflanzen und Tieren umschauen, mit welchen interessanten Mechanismen und körperlichen Einrichtungen diese der Kälte widerstehen. Anders ausgedrückt: Pflanzen und Tiere, die in kalten bzw. polaren Regionen unserer Erde leben, können uns zeigen, wie man letztlich Heizkosten sparen kann.

Wie Pflanzen und Tiere in Kälte überleben

Wenn sich der Winter langsam dem Ende zuneigt und noch bevor die Schneeschmelze eintritt, lugen aus der Schneedecke die ersten Schneeglöckchen *Galanthus* hervor. Dabei stellt man sich die Frage, wie diese kleinen zarten Pflänzchen den gefrorenen Boden und die oft harte Schneedecke durchbrechen. Es ist eigentlich kaum zu glauben, aber diese heimischen Frühblüher besitzen als Heizung einen „Zwiebelofen". Den brauchen die Schneeglöckchen, um im kalten gefrorenen Boden auszutreiben. Als „Brennstoff" dient der energiereiche Zucker im Zwiebelsaft. Mit der so erzeugten Biowärme, die eine Temperatur von sieben bis neun Grad Celsius hat, wird die über der Zwiebel liegende Schneedecke um die austreibenden Triebe geschmolzen. Der geschmolzene Schnee dient dann zur Wasserversorgung der Pflanze. Woher sollte das Schneeglöckchen sonst Wasser bekommen, denn zur Blütezeit ist es ja noch gefroren und kann in diesem Zustand nicht von der Pflanze aufgenommen werden. Auch der Stinkkohl, der in Nordamerika beheimatet ist, hat sozusagen eine „eingebaute Heizung". Er fängt zu blühen an, wenn noch Schnee liegt.

Da für das Blütenwachstum eine Wasserversorgung der Pflanze notwendig ist, wird auch hier wie beim Schneeglöckchen der Schnee ringsum weggeschmolzen. Dabei liegt die Temperatur dieser Kohlart deutlich höher als die Umgebungstemperatur. Die Wärme entsteht infolge ihres Stoffwechsels durch chemische Reaktion. Der Krokus besitzt eine Isolierung gegen die Vorfrühlingskälte. In seiner Angepasstheit hat er eine besondere Blütenform ausgebildet. Der Stängel stellt ein zu einem Röhrchen verwachsene Blüten-Hüllblätter dar. Unterhalb dieser Hüllblätter sitzt wenige Zentimeter unter der Erde der Fruchtknoten. Die Hüllblätter schützen ihn wie ein Mantel vor dem Frost. Aber es gibt noch weitere Möglichkeiten des Frostschutzes. Wie wir wissen, kommen im Nord- und Südpolargebiet, abgesehen von Flechten und Moosen, nur relativ wenige Arten hervor. Da sie nur Wasser in flüssigem Zustand aufnehmen können, bereitet die Wasserversorgung unüberwindliche Schwierigkeiten. Viele Flechtenarten zeigen eine schwarze Färbung. In der Frühlingssonne erwärmen sie sich dadurch rasch und lassen den Schnee rings um sich schmelzen. Auch Kälte stellt ein großes Hindernis für die Pflanzen dar. Eisige Schneestürme, die mit Geschwindigkeiten von oft 200 Stunden pro Kilometer dahinfegen, machen ein Überleben so gut wie unmöglich. Doch haben einige Pflanzen diesen unwirtlichen Lebensraum besiedelt. Eine davon ist die Arktische Kriechweide *Salix arctica*. Sie entgeht den Stürmen durch ihren Zwergenwuchs, der sie nur wenige Zentimeter über den Boden wachsen lässt. So bietet sie den heftigen Stürmen nur wenig Angriffsfläche und kann nicht wie ein hochwachsender Baum umgeworfen werden. Ihre Triebe haben ähnlich dem Eisbärenfell eine durchsichtige Wärmedämmung ausgebildet.

Sie sind von einem feinen dichten Haarkleid eingehüllt, der sie vor der Kälte schützt. Bei Sonnenschein erwärmen sich die dunklen Triebe. Die so entstehende Wärme kann kaum entweichen, weil das Haarkleid durch die vielen Lufträume ihr Abstrahlen erschwert.

Bei allen Lebewesen, die in den Polarregionen leben, finden wir gleiche oder ähnliche Mechanismen zur Wärmedämmung. Das ist keinesfalls verwunderlich, denn sie sind alle den gleichen Umweltbedingungen ausgesetzt. Ein anderes Überlebensprinzip ist das des Wärmeaustauschers, der schon bei der Oryxantilope beschrieben wurde. Das Prinzip des Wärmeaustauschers findet man auch bei Enten, Pinguinen und anderen Wasservögeln.

Eine häufig gestellte Frage dabei ist, warum diese Vögel, die auf einer zugefrorenen Eisfläche stehen, das Eis unter ihren Füßen nicht schmilzt und dabei keine Löcher entstehen. Man denkt sicherlich, dass ihre Füße auskühlen und das Tier auf dem Eis festfrieren lassen.

Aber weit gefehlt – die Pinguine bspw. frieren auf dem Eis nicht an. Sie bekommen zwar kalte Füße, aber das macht ihnen gar nichts aus. Die kalten Füße sind gewollt und ein Ergebnis der Angepasstheit an die kalte Umgebung, um Energie zu sparen. Man kann also sagen, dass Pinguine einen „Wärmeaustau-

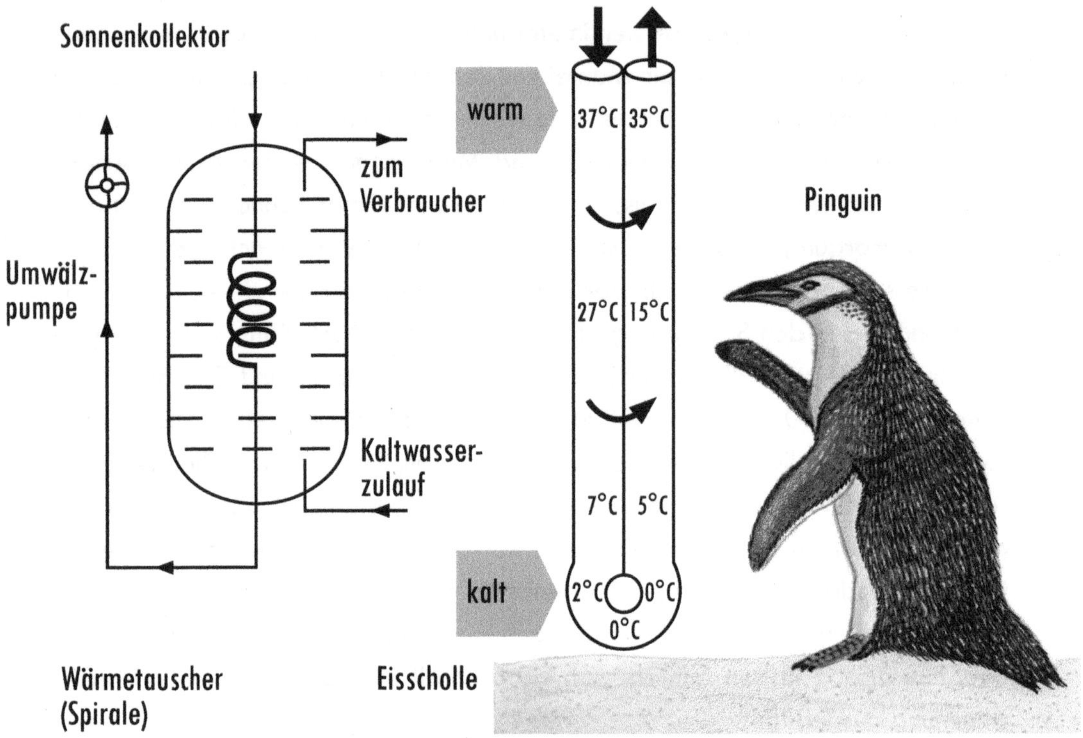

Abb. 49 Prinzip des Wärmeaustauschers in Technik und Natur

scher“ besitzen. Allgemein betrachtet ist daher ein Wärmeaustauscher in der lebenden Natur ein biologisches Organ oder in der Technik eine technische Vorrichtung zur Übertragung der Wärme von einem Körper höherer Temperatur zu einem mit niedrigerer Temperatur. Beispiel: Wärmetauscher im Brauchwasserheizer zur Nutzung der Sonnenenergie mittels Sonnenkollektoren. In der Technik wird der Wärmetauscher von der erhitzten Flüssigkeit des Kollektors durchflossen und gibt die darin enthaltene Wärme an die Oberfläche des Tauschers ab, wobei das Wasser erhitzt wird.

Der Trick beim natürlichen Wärmeaustauscher der Pinguine jedoch ist, dass die Körpertemperatur zum Fußende immer mehr absinkt – von 38 Grad Celsius im Körper auf null Grad Celsius in der Lauffläche der Füße. Das fußabwärts laufende Blut gibt seine Wärme an das körperaufwärts laufende, gekühlte Blut ab. Dadurch gelangt in die Füße kühles und in den Körper vorgewärmtes Blut. Durch die unterschiedlichen Temperaturen zwischen den in den Adern befindlichen Blut wird Wärme aus dem hinabströmenden Blut abgegeben, noch bevor es die Füße erreicht. Dieses Austauschverfahren wird daher Gegenstromprinzip genannt.

Dieses Prinzip ist auch und vor allem bei arktischen Vögeln und Säugetieren zu finden. Bei ihnen sind die Temperaturen in den Füßen auch viel niedriger als die im Körperkern von etwa 38 Grad Celsius. Das Prinzip des Wärmeaustauschers ist besonders bedeutsam für Lebewesen, die sich im kalten Wasser des Eismeeres aufhalten und dort nach Nahrung suchen. So ist es eine Tatsache, dass Wasser einem warmen Körper sehr schnell viel Wärme entziehen kann. Im heißen Sommer können wir deshalb die erfrischende Wirkung eines kühlen Bades genießen. Auch Hufschmiede nutzen diese Erscheinung, indem sie das noch glühend geschmiedete Hufeisen in ein Wasserbad tauchen. Das geht schneller als das Hufeisen durch Hin- und Herschwenken an der Luft abzukühlen.

Die Wasserlebewesen, wie z. B. Wale und Robben, halten ihre Temperatur im Körperinneren stets von 36 bis 38 Grad Celsius aufrecht. An der Körperoberfläche dagegen ist sie viel niedriger. Dort besitzt sie fast die gleiche Temperatur wie das Meerwasser. Kehrte das Blut mit dieser niedrigen Temperatur wieder in Richtung des Herzens, müsste es wieder auf Körpertemperatur gebracht werden. Das würde nur mit einem erheblichen Energieaufwand zu machen sein. Daher sichert das Gegenstromprinzip eine Verminderung der Wärmeabgabe an das dem Körper umgebende Wasser.

Auch hier wird das kalte, von der Körperoberfläche zurückströmende Blut durch Kontakt mit den Blutgefäßen vorgewärmt. Strömt das Blut so dicht an den Blutgefäßen aneinander vorbei, gibt das warme Blut seine Wärme an das zurückströmende kalte Blut ab. Wenn es dann das Herz erreicht, hat es schon fast die notwendige Körpertemperatur von 38 Grad Celsius. Das warme Blut jedoch kühlt sich dabei immer weiter zur Körperoberfläche ab. Erreicht es die Körperoberfläche, ist es bereits so vorgekühlt, dass es gerade mal etwas wärmer als das Wasser ist. Dabei geht nur ganz wenig Wärme verloren, sodass „Heizkosten" gespart werden. Erfahren wir nun, mit welchen Tricks und Mechanismen sich Lebewesen in den arktischen Regionen vor Wärmeverlust schützen. Vögel und Säugetiere haben durch ihre Hüllorgane den Vorteil, bei sehr niedrigen Temperaturen die Isolationsdicke zu vergrößern. Sie sträuben ihr Fell oder plustern ihr Gefieder auf und erhöhen so durch die Aufrichtung von Haaren und Federn die Isolationsdicke.

Dem Eisbären auf und unter das Fell geschaut

Eisbären *Ursus maritimus* gibt es erst seit etwa 100 000 Jahren. Der Eisbär hat sich schrittweise über einen langen Zeitraum vom sibirischen Braunbären zum Eisbären entwickelt. Diesen Vorgang nennt man bekanntlich Evolution. Dabei hat der Eisbär eine Angepasstheit erreicht, die ihn in dem neuen Lebensraum mit Kälte, Schnee und Eis das Überleben sichert. In diesem Entwicklungsprozess ist der Eisbär durch Zufall weiß geworden. Diese Färbung war in der weißen Umgebung sehr vorteilhaft, weil sie das Tier tarnt. Dadurch hebt er sich in Schnee und Eis nicht ab und kann sich unbemerkt an seine Beutetiere heranschleichen. Die Fellfärbung reicht von reinweiß und gelblich bis hin zu strohgelb. Eisbären haben eine empfindliche Nase und können Robben schon von weitem riechen. Nicht nur die Nase des Bären hat eine schwarze Färbung, sondern die gesamte unter dem Fell liegende Haut.

Aber wie kommt es, dass der Eisbär eine pechschwarze Haut unter dem weißen Fell hat? Ganz einfach, die schwarze Haut erzeugt wohlige Wärme durch auftreffendes Sonnenlicht.

Man nennt diese Erscheinung Absorption. Aber wie gelangt das Sonnenlicht auf die schwarze Haut? Darüber liegt ja das weiße Fell. Weiß reflektiert bekanntlich das Sonnenlicht. Das Geheimnis des Lichttransportes liegt im besonderen Aufbau der Fellhaare des Bären. Hier hat die biologische Evolution eine ziemlich gut funktionierende Lösung hervorgebracht. Zunächst sei klargestellt, dass das Weiß der Haare nicht durch Farbstoffeinlagerung zustande kommt,

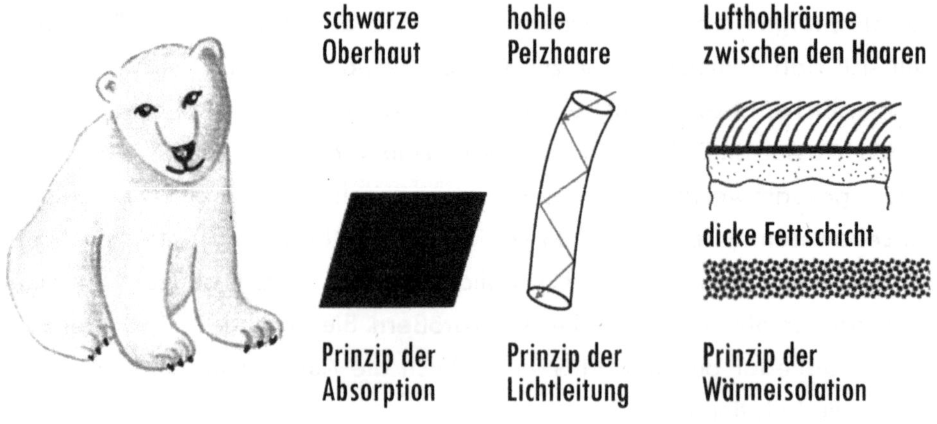

Abb. 50 Wärmedämmung beim Eisbären

sondern durch die Brechung des Lichtes an Lufteinschlüssen. Insofern sind die Haare durchsichtig, also transparent. Das Haar hat die Form eines extrem schlanken Zylinders und ist innen hohl. Durch diesen Aufbau bleibt das einfallende Licht durch Totalreflexion stets an der äußeren Haarhülle, ohne dass es zurückgestreut wird. Das Eisbärhaar wirkt daher vermutlich als Lichtleiter. Die Haare leiten so das Sonnenlicht auf die schwarze Haut. Dort wird es absorbiert und die Wärmeenergie wird in der darunterliegenden Fettschicht gespeichert und langsam an den Körper abgegeben. Die Lufteinschlüsse in den Haaren wirken zudem noch wärmeisolierend.

Bekanntlich ist Luft ein schlechter Wärmeleiter. Diese Erscheinung kennen wir bei Kaffeewärmer und Thermoskanne. Das Bärenfell wirkt wie ein Sonnenkollektor, wobei die röhrenförmigen Haare das Sonnenlicht auffangen und auf die schwarze Haut leiten. Wissenschaftler haben durch Tests ermittelt, dass sich bei einer Umgebungstemperatur von 10 Grad Celsius die Haut auf etwa 36 Grad Celsius aufheizt.

An dieser Stelle muss jedoch darauf hingewiesen werden, dass diese Theorie der Lichtleitung des Eisbärenhaares von einigen Wissenschaftlern angezweifelt wird. Diese haben durch ein Experiment mit Eisbärenhaaren herausgefunden, dass die Haare kaum das Licht leiten.

Theorie hin oder her, Bioniker haben trotzdem eine ganze Reihe wichtiger Anregungen gewonnen. Das Eisbärenfell hat so die Phantasie und den Ideenreichtum der Ingenieure beflügelt. Gesicherte Erkenntnis ist, dass die flexiblen Haare in ihrer Anordnung das Fell bilden und dieses viele luftgefüllte Zwischenräume bildet. Obwohl es durchlässig ist, hält es wegen der Isolationswirkung durch Lufteinschlüsse die Wärme zurück. Die Wärmedämmung des Eisbärenfells hängt von der Dichte und Länge der Haare ab. Das isolierende Luftpolster kann sich bei extremer Kälte durch Aufrichten der Haare sogar vergrößern. So kann in Abhängigkeit von der Umgebungstemperatur die Dicke der Isolationsschicht verändert werden. Es entstehen kleine Lufthohlräume, die eine Mikrozirkulation ermöglichen. Die von der Haut aufsteigende Wärme kann nicht entweichen und kühlt sich ab. Dabei sinkt die so abgekühlte Luft nach unten und der Kreislauf beginnt von neuem. Das nennt man Wärmeströmung. Durch die im Fell gespeicherte Wärme wird die Wärmeabstrahlung an die Umgebung verhindert. Die Wärmeabstrahlung ist so gering, dass es nicht möglich ist, den Bestand der Tiere mit der Infrarotkamera vom Flugzeug aus zu ermitteln. Die ausgezeichnete Dämmeigenschaft des Eisbärenfells machen sich die Eskimos bei ihrer Kleidung zunutze.

Werden die Sohlen der Eisbärpfoten betrachtet, stellt man fest, dass sie stärker behaart sind als diejenigen anderer Bärenarten. Die Behaarung schützt nicht nur vor direktem Eis- bzw. Schneekontakt, sondern verleiht dem Bären auf dem glatten Untergrund sichern Halt. Die Rutschgefahr wird noch durch kleine Rillen unter den Sohlen vermindert. Außerdem haben die Pfoten auch eine entsprechende Größe, um das Einsinken in den Schnee zu verringern. Dadurch dienen sie auf Land als Schneeschuhe und im Wasser als Paddel. Durch sein dichtes, bis zu sieben Zentimeter dickes Fell, der ausgeprägten Fettschicht unter der schwarzen Haut und anderen wärmedämmenden Eigenschaften ist er hervorragend an das Leben in Kälte, Eis und Schnee angepasst. Eine von der Körperbedeckung des Eisbären abgeleitete technische Lösung ist die transparente Wärmedämmung (TWD).

Transparente Wärmedämmung

Diese spezielle Wärmedämmung ist ähnlich der Haut und dem Fell des Bären aufgebaut. Sie besteht aus vielen dünnen aneinandergereihten Acrylröhrchen, die parallel angeordnet sind. Sie sind stehend auf einer schwarzen Trägerschicht befestigt. Die Solarstrahlung gelangt durch Totalreflexion in den hohlen Röhrchen auf diese Schicht. Die dort in Wärme umgewandelte Strahlung wird an die dahinterliegende Wand abgegeben. Dort gelangt sie durch Wärmeleitung und -strahlung in dahinterliegende Wohnräume. Die Hauswand wird auf diese Weise zur Raumheizung. Nach außen kann die Wärme jedoch kaum wieder entweichen, weil sich zwischen Dämmmaterial und Wand ein isolierender Luftspalt befindet. Es ist eine Wärmedämmung, die nicht nur die Wärmeabstrahlung verhindert, sondern auch noch heizt. Eine solche transparente Wärmedämmung kann bis zu etwa 70 Prozent der zum Heizen benötigten Energie liefern.

In den heißen Sommermonaten wird die Fassade durch den Luftspalt hinterlüftet, sodass es erst gar nicht zu einer Aufheizung der Wand kommt.

Haut und Fell des Eisbären haben den Bionikern lediglich Anregungen zur Entwicklung der transparenten Wärmedämmung gegeben. Diese Anregungen haben sie aufgegriffen und unter Beachtung technischer und wirtschaftlicher

Anforderungen umkonstruiert und weiterentwickelt. Dabei brachten sie ihre Kreativität ein und wendeten bei der Lösungsfindung ihr vielseitiges Ingenieurwissen an. Diese Arbeitsweise ist für die Bionik typisch. Generell werden bei der Wärmedämmung die Außenwände des Gebäudes abgedichtet, sodass dort eine Frischluftzufuhr nahezu ausgeschlossen ist. Ein behagliches und gesundes Wohnklima kann nicht geschaffen werden.

Wir brauchen daher eine Gebäudehülle, welche die durch eine Belüftung auftretenden Wärmeverluste ständig ausgleicht. Um dieses Problem zu lösen, finden wir Anregungen bei Lebewesen, die in ihren Bauten bei ständiger Frischluftzufuhr eine gleichbleibende Innentemperatur aufrechterhalten. Wir finden in den Bauten von Ameisen und Termiten dazu interessante Lösungsansätze. Bioniker haben auch hier die Porenlüftung des Termitenbaues untersucht und einige Prinzipien zur Wärmedämmung bei gleichzeitiger Lüftung entdeckt. Mit den gewonnenen Erkenntnissen wurde eine Kombinationslösung für ein Energiesparhaus entwickelt. Sie vereint die transparente Wärmedämmung mit der Porenlüftung des Termitenbaues. Dadurch gelingt es, die Sonnenstrahlung intensiver zu nutzen und die Wohnqualität durch vorgewärmte und Zug freie Frischluft zu erhöhen.

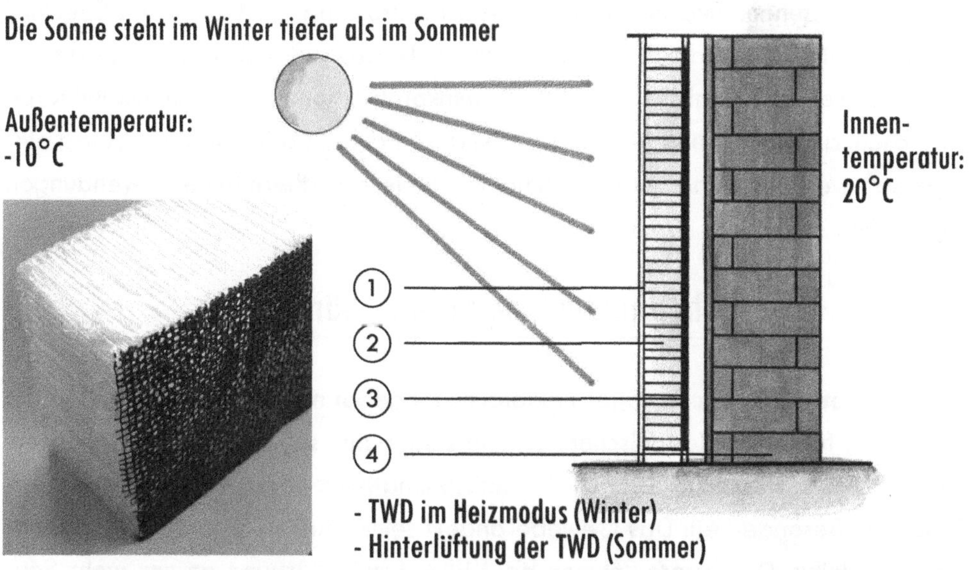

Abb. 51 Transparente Wärmedämmung (TWD) von Hausfassaden (1 – Äußere Glasputzschicht, 2 – Acrylröhrchen zur Lichtleitung, 3 – Innere schwarze Gewebefläche, 4 – Außenwand)

Sonnenkollektoren mit transparenter Wärmedämmung

Auch die Dämmstoffe von Sonnenkollektoren werden ständig von den Ingenieuren weiterentwickelt. Bei diesen soll die transparente Wärmedämmschicht einerseits möglichst viel Sonnenlicht durchlassen und anderseits den Wärmeverlust so gering wie möglich halten.

Auch hierbei fanden sie bei Fell und Eisbärenhaut wegweisende Anregungen. Gemeinsam mit Bionikern entwickelten Textilingenieure einen neuartigen Textilwerkstoff, der sich durch eine hohe Lichtdurchlässigkeit und hohe Wärmerückhaltung auszeichnet. Das Textil besteht aus drei Schichten. Die obere Decklage stellt eine durchsichtige dünne Kunststoffschicht dar. Die lässt ungehindert das Sonnenlicht durch. Die untere Schichtlage bildet ein schwarz beschichtetes Gewebe mit absorbierender Eigenschaft und dient der Wärmegewinnung. In der dazwischenliegenden dickeren Schicht befinden sich lichtleitende Polyesterfasern. Wie beim Eisbären die Haare, leiten die Kunststofffasern das Sonnenlicht auf das schwarze Gewebe und erzeugt dort Wärme. Das faserbasierte Kunststoffmaterial ist flexibel, leicht und kann hohe Temperaturen aushalten. Im Schichtinneren können durch Sonneneinstrahlung Temperaturen bis zu 140 Grad Celsius entstehen. Eine aufsteigende Wärmeströmung führt zu einem Speicher aus Silikatgel, der die Wärme speichert. Dieses neue flexible „Solartextil“ könnte die herkömmlichen starren Dämmkonstruktionen in Sonnenkollektoren ablösen, als Abdeckung für Sonnenkollektoren dienen oder als Dachbelag eingesetzt werden. Daher ist es optimal für viele solarthermische Anwendungen geeignet.

Thermokleidung nach Eisbärenart

Heute gibt es ein reichhaltiges Bekleidungsangebot mit Thermofaserstoffen. So setzt ein führender japanischer Textilhersteller auf sogenannte „Kelvin-Faserstoffe“. Dieses Textilmaterial wird in selbstklimatisierenden Skianzügen verwendet. Die Besonderheit: Das Gewebe ändert seine Farbe, wenn es sich erwärmt oder abkühlt. Die Fasern nehmen bei Kälte dunkle Färbung an, um mehr Sonnenstrahlung aufzunehmen und so den Träger besser zu wärmen. Steigt die Temperatur an, wird das Textilgewebe wieder heller und reflektiert die Sonnenstrahlung wieder. Die Entwicklungsrichtung der Textilfaserstoffe geht daher in Richtung der Selbstanpassung.

Das bedeutet, dass sich ein Textilgewebe aufgrund seiner Eigenschaften von selbst den jeweiligen klimatischen Verhältnissen anpassen kann. Es gibt auch Textilien mit synthetischen Hohlfasern. Es sind Polyamid- oder Polyesterfasern, die mit Hohlräumen versehen sind. Viele Lufteinschlüsse verringern auch hier die Wärmeverluste. Diese Fasern werden zu Vliesen verarbeitet, um sie als Dämmmaterialien in Anoraks, Skianzüge, Schlafsäcke und Bettdecken einzuarbeiten. In letzter Zeit werden solche Hohlfasern nicht in gerader, sondern in verdrehter, also spiralförmiger Form hergestellt. Spiralförmige Fasern in Vliesen sind viel luftiger als solche mit geraden Fasern. Die dadurch zusätzlich geschaffenen Hohlräume haben eine größere Isolierwirkung. Eisbärenhaare sind ja auch gebogen und leicht verdreht bis gekräuselt.

Dass in Natur und Technik ähnliche Lösungen zu finden sind, sehen wir auch am „Glashaus". Glasschnecken führen ihr eigenes „Glashaus" mit sich.

Von Glasschnecken und Wintergärten

Glasschnecken *Vitrinidae* sind Bewohner kalter Hochgebirgsregionen. Die dunkelfarbigen Schnecken überstehen dort die kalten Temperaturen, indem sie sich durch ein durchsichtiges, also transparentes Gehäuse schützen. Ein solches Gehäuse nennt man auch „Wärmefalle", weil es das Sonnenlicht zur Erwärmung einlässt, aber den Abtransport der Wärme vermindert.

Glasschnecken benötigen die so erzeugte Wärme, um ihren Körper für die Fortbewegung zu aktivieren.

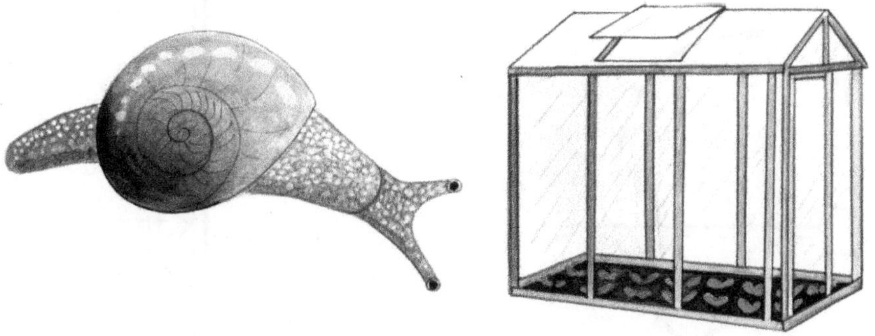

Abb. 52 Gehäuse der Glasschnecke und Wintergarten als Wärmefalle

Treibhaus und Wintergarten sind ebenfalls wirksame Bauten, um mit ihrer Verglasung die aus dem Sonnenlicht entstehende Wärme „einzufangen".

Blattstellung als Sonnenschutz

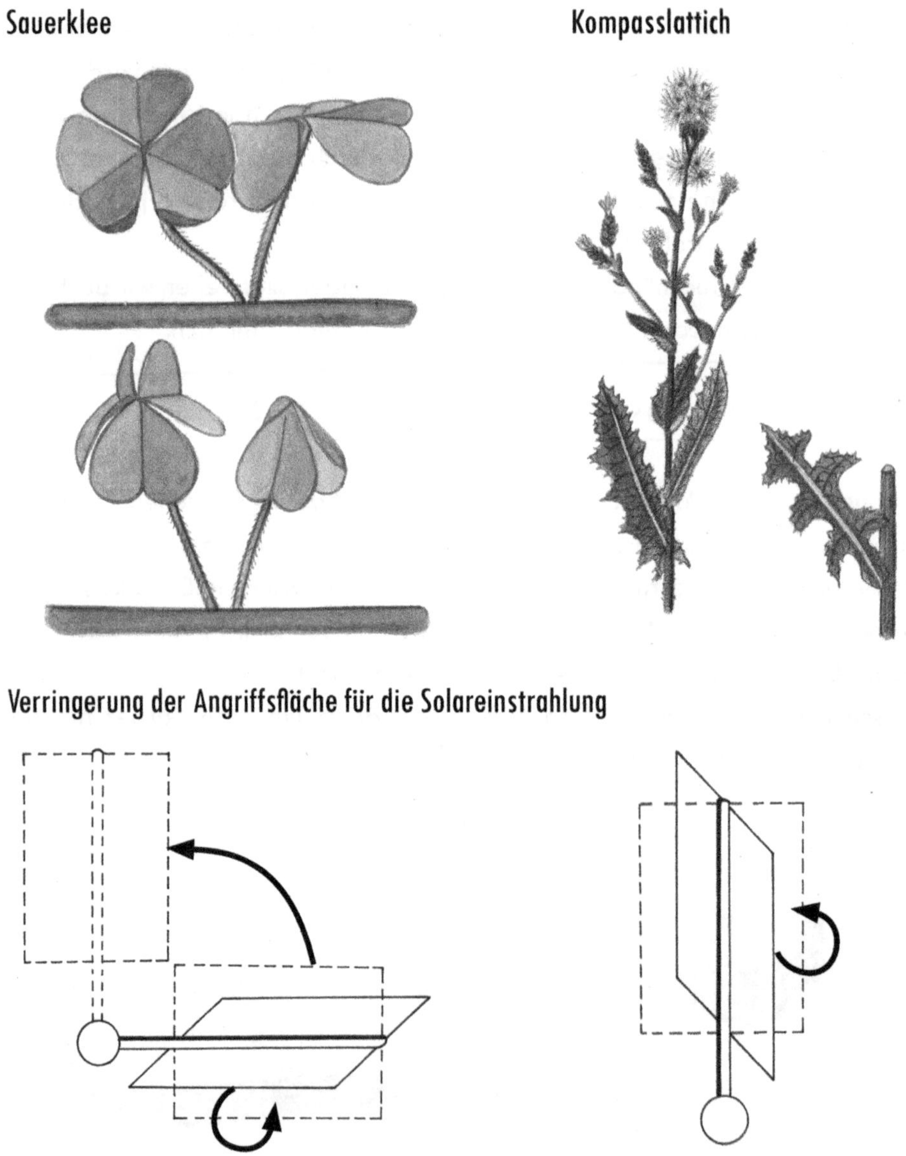

Abb. 53 Veränderung der Blattstellung als Sonnenschutz

Pflanzen zeichnen sich durch das Vermögen aus, aus dem Sonnenlicht Energie zu erzeugen. Um die Lichtausbeute zu erhöhen, richten sie ihre Blätter nach der Sonne aus. Sie müssen sich aber auch vor allzu starker Sonneneinstrahlung um die Mittagszeit zu schützen.

So verfügen beispielsweise Sauerklee *Oxalis acetosella* und Sattellattich *Lactuca serriola* über spezielle Schutzmöglichkeiten. So richtet der Kompasslattich seine Blätter in Nord-Süd-Richtung aus, daher der Name dieser Pflanze. Die senkrecht stehenden Blätter sind dabei mit ihren Längsseiten gegen oben und unten gerichtet. Damit bieten sie den Sonnenstrahlen um die Mittagszeit bei hochstehender Sonne kaum eine Angriffsfläche und können sich nicht mehr so stark aufheizen. Das verringert natürlich auch die Verdunstung von Wasser, damit ein schnelles Austrocknen vermieden werden kann. Der Sauerklee klappt dagegen bei starker Sonneneinstrahlung seine schirmartig aufgespannten Blätter nach unten.

Dafür besitzt er ein spezielles Blattgelenk, mit dem die Blattstellung verändert werden kann.

Auslöser für die Veränderung der Blattstellung ist der sogenannte Turgordruck, also der Zellinnendruck, den die Zellflüssigkeit auf die Zellwand ausübt. Das lässt sich mit einem Luftballon anschaulich vergleichen. Beim Aufblasen drückt die Luft gegen die Ballonwand und der prall gefüllte Ballon stabilisiert sich. Bei der Pflanze ist es nicht der Luftdruck, sondern der Turgordruck, der die Zellwand durch Wassereinlagerung stabilisiert.

Durch ihn können Blätter auf- oder abgesenkt, aber auch wie beim Sattellattich einfach verdreht werden. Solche Pflanzen könnten als lebendige Vorbilder für die Entwicklung von Beschattungseinrichtungen an Gebäuden, speziell an Fensterfassaden, dienen. Beschattungseinrichtungen sichern ein behagliches Gebäudeklima und verhindern das Eindringen von schädlicher UV-Strahlung.

Die lebende Natur steckt voller interessanter Lösungen für die Klimatechnik des Menschen. Und sie hält noch viele andere interessante und ergiebige Lösungen bereit, die noch nicht einmal entdeckt und erforscht sind. Vielleicht gelingt es uns, von solchen effizienten und raffiniert ausgeklügelten Mechanismen, technische Lösungen abzuleiten und diese erfolgreich in den biologischen Kreislauf unseres Planeten einzubeziehen.

7

Lernen von der Natur als Zukunftsstrategie

„Uns ist es nicht gegeben, zu fliegen wie die Vögel und zu schwimmen wie die Fische, doch wozu uns die Natur nicht befähigt hat, das schaffen wir mit Hilfe unserer Schöpferkraft!"
Georg Wilhelm Richmann
(1711–1753)
Physiker und Naturforscher

Lernen von der Natur im Unternehmen

Will ein Unternehmen überleben, muss es heute handeln. In einer globalisierten, sich ständig verändernden Welt sind Unternehmen dem ständigen Wandel unterworfen und müssen wirksam reagieren. Dabei sind Krisen gleichzeitig auch neue Chancen für innovative Veränderungen im Unternehmen. Eine Möglichkeit zur Meisterung des Wandels ist die Nutzung und Umsetzung der Prinzipien, mit denen das „Unternehmen lebende Natur" sich seit Jahrmillionen managt. In diesem Zusammenhang können durch Analogiebetrachtungen zur biologischen Evolution und ihrer Systeme neue, in Jahrmillionen erprobte und optimierte Entwicklungsmuster als Anregungspotenzial für die Innovationsfähigkeit der Unternehmen gewonnen werden.

Denn Umweltkrisen und Umweltveränderungen bilden auch in der lebenden Natur den Motor für die Evolution effizienter Strukturen. Dabei ist es interessant, dass sich bei Lebewesen im Laufe der Evolution (Phylogenese) Strategien entwickelt haben, wie knappe Güter mit Erfolg nutzbar gemacht werden können. Das Leben ist insgesamt gesehen ein unablässiger, sich ständig erneuernder Wettbewerb um knappe Ressourcen. Hier siegt derjenige, der die anderen mit immer neuen und wirksameren Mutationen übertrumpft, denn die fortlaufende Erneuerung und Anpassung des Systems an sich verändernde Umweltbedingungen ist eine Grundvoraussetzung für dessen Überlebensfähigkeit.

Versteht man Mutationen als Innovationen, die den Wettbewerbserfolg eines Lebewesens durch eine effiziente Struktur bewirken, so gilt das im übertragenen Sinn auch für ein Unternehmen. Dabei bieten sich die Muster der Natur in zweierlei Hinsicht als Orientierungsmöglichkeit an. Zum einen als übertragbare Organisationsprinzipien biologischer Systeme für die Effektivierung von Unternehmensstrukturen und zum anderen als nutzbare Struktur- und Funktionsprinzipien dieser Systeme zur Weiterentwicklung und Neuschaffung technischer Produkte. Außerdem können Evolutionstrends, Evolutionsschritte und Grundstrategien der Evolution zur Aufdeckung von Entwicklungsreserven und zur strategischen Ausrichtung zukünftiger Entwicklungsrichtungen genutzt werden. Ein Denken in solchen Prinzipien könnte Entwicklungssprünge im Unternehmen in Richtung höherer Effizienz und ökologischer Wirksamkeit vorzeitiger auslösen. Bevor man sich im Unternehmen auf eine bestimmte Entwicklungsrichtung festlegt oder sich für eine gewisse Lösung entscheidet, sollte man erst einmal untersuchen, ob in der Natur mit ihrem unermesslichen evolutionären Reichtum nicht schon Vergleichbares vorhanden ist. Die Unternehmen müssen sich in Zeiten der Krise Veränderungen von innen heraus entwickeln. Die Integrationswissenschaft Bionik, die sich in den letzten Jahren stürmisch entwickelt hat, zeigt die Nutzung raffinierter, energie- und materialsparender Lösungen der biologischen Evolution für die Technik auf. Ebenso können wir auch die Regeln und Prinzipien der Organisation dieser stabilen (über)lebensfähigen Systeme auf das Unternehmen übertragen. In den Evolutions- und Organisationsmustern biologischer Systeme sind viele übertragbare Inspirationen für das strategische Innovationsmanagement zu finden.

Es ist eine Tatsache, dass schon kleine Veränderungen katastrophale Auswirkungen auf einzelne Unternehmen haben. In einer Zeit des ständigen Wandels müssen sich die Unternehmen den veränderten Bedingungen schnell und flexibel anpassen, um zu überleben. Es gibt heute noch viele Top-Entscheider und Führungskräfte, die Schwierigkeiten haben, die exakte Unternehmenslage zu beurteilen, die Positionierung am Markt unter Beachtung der Einflussgrößen in ihrer gegenseitigen Vernetzung zu bestimmen und auf aktuelle Trends zu reagieren, um damit ein erfolgreiches Zukunftskonzept für ihr Unternehmen zu entwickeln.

Dazu sind u. a. geeignete Methoden zur Richtungsfindung und zur Ermittlung des eigenen Entwicklungsstandes zum Zweck der Effektivitätserhöhung notwendig. Letzteres ist wichtig, um die Entfernung zum anzustrebenden Entwicklungsziel zu bestimmen. So gibt es in der Natur viele Beispiele dafür, wie Lebewesen aus Signalen der Umwelt schnell eine wirksame Strategie des Überlebens ableiten. Beispiel: Richtungsfindung und Entfernungsbestimmung beim Sandskorpion. Der in der Mojave-Wüste lebende Sandskorpion *Smeringurus mesaenensis* reagiert mit seinen Sinnesorganen auf mechanische Reize in Form von feinsten Bodenerschütterungen im sandigen Untergrund (vgl. dazu S. 55). Dabei kann er die Richtung und Entfernung der Reizquelle (Beute, Feind, Erdbeben ...) genau bestimmen. Jedes der acht Skorpionbeine besitzt ein Spaltsinnesorgan und mehrere Sinneshaare.

Das Spaltsinnesorgan ist so empfindlich, dass es Amplituden von einem Zehnmillionstel Millimeter wahrnehmen kann. Die Richtung zum Ziel nimmt der Skorpion dadurch wahr, welches seiner acht Beine zuerst von der durchlaufenden Oberflächenwelle mit einem Reiz konfrontiert wird. Wissenschaftler haben herausgefunden, dass der Skorpion dabei Laufzeitdifferenzen von ca. 0,2 Millisekunden wahrnehmen kann. So viel Zeit braucht die Welle bis zum gegenüberliegenden Bein. Im körnigen Sandboden werden auch noch Untergrundwellen, die Kompressionswellen, von der Reizquelle abgegeben. Darauf reagieren nun die Sinneshaare in ihrer Auslenkung, wobei auf der einen Seite Druck und auf der anderen Seite Zug entsteht. Die so entstehenden mechanischen Reize werden in elektrische Signale umgewandelt und zur Informationsverarbeitung weitergeleitet. Vermutlich bestimmt der Skorpion die Entfernung vom eigenen Standort zum Ziel durch die Informationsverarbeitung von Zeit- und Intensitätsunterschieden an den beiden Mechanorezeptoren, nämlich dem Spaltsinnesorgan und den Sinneshaaren. Der Skorpion findet so heraus, dass bei großer Entfernung zur Reizquelle auch ein großer Zeitunterschied und bei geringer Entfernung ein kleiner Zeitunterschied zu verzeichnen ist.

Was können wir daraus lernen? Das Organisationsmuster, welches der Aktivierungsstrategie zugrunde liegt, ist die Richtungsfindung und das strategische Vorgehen zur Zielbestimmung durch Entfernungsermittlung. Wo steht das Unternehmen und wohin muss es entwickelt werden? Das Management braucht die entsprechende Sensibilität, um schon kleinste Veränderungen im Umfeld, wie beispielsweise Kundenverhalten, Marktentwicklung, Aktivitäten der Wettbewerber, Verfügbarkeitsentwicklung von Energien und Rohstoffen inklusive Preisentwicklung sowie deren Preisentwicklung aufzuspüren. Als nächstes geht es darum, schnell und flexibel mit einer angemessenen Lösungsstrategie zu reagieren. Das bedeutet, das Chaos durch entsprechend effiziente Orientierungsmuster aus der Natur in einem Ordnungszustand zu überführen. Solche Orientierungsmuster sind die Evolutionsstrategien, wie:

- Aktivierungsstrategie
- Adaptionsstrategie
- Differenzierungsstrategie
- Nischenstrategie
- Veredlungsstrategie
- Verwandlungsstrategie
- Symbiosestrategie und
- Frontdurchbruchstrategie.

Diese Strategien lassen sich in verallgemeinerter Weise nutzen und können so differenzierte Anregungen für die Weiterentwicklung von Unternehmensstrukturen dienen. Beispielsweise ist die Aktivierungsstrategie ausgerichtet auf:

- Sensibilität: Das Wahrnehmen der Veränderungen durch Trendanalysen.
- Flexibilität: Die schnelle Reaktion mit einer angemessenen Strategie. Dazu ist es zunächst notwendig, den Entwicklungsstand zu bestimmen und die Entwicklungsrichtung festzulegen.
- Variabilität: Lösungspotenziale generieren. Festlegen und Einführen einer effizienten Lösungsstrategie.

Hierbei sind die Fragen zu klären, wo sich das Unternehmen bzw. Produkt auf der Entwicklungskurve befindet und in welche Richtung es sich entwickeln muss, um die Effektivität und ökologische Wirksamkeit zu erhöhen.

Als Entwicklungsmuster bieten sich daher die sogenannten S-Kurven an (vgl. HILL 2009). Aus der Analyse von solchen Entwicklungsmustern aus der Natur, Technik und Organisationen und deren Verallgemeinerung lassen sich Invarianten erkennen und ableiten, die für Weiterentwicklungen nutzbar sind. Aus der Erkenntnis, dass in der biologischen Evolution derjenige überlebt, der sich relativ schnell und flexibel an die verändernden Umstände anpasst, ergibt sich das fundamentale Entwicklungsmuster: Überleben bedeutet Veränderung. Als Beispiel dient hierfür der regelrechte Überlebenskünstler Schmetterling. Seine Existenz geht auf viele Millionen Jahre zurück. Schmetterlinge haben bereits etwa 35 Millionen Jahre vor dem Aussterben der Dinosaurier existiert und alle Umweltveränderungen erfolgreich gemeistert. Entwicklungsgeschichtlich gesehen, liegt seine Überlebensfähigkeit in der Metamorphose und der daraus resultierenden Raffinesse der Anpassungsstrukturen, also in der Hervorbringung von Innovationen. Jede Entwicklungsphase ist also durch systemimmanente Neuerungen gekennzeichnet, die das Überleben sichern. Das Leben wird in der Metamorphose von einer Form zur anderen weitergegeben. Innerhalb der Arten führt Innovation generell zu neuen Möglichkeiten der Erschließung der Um-

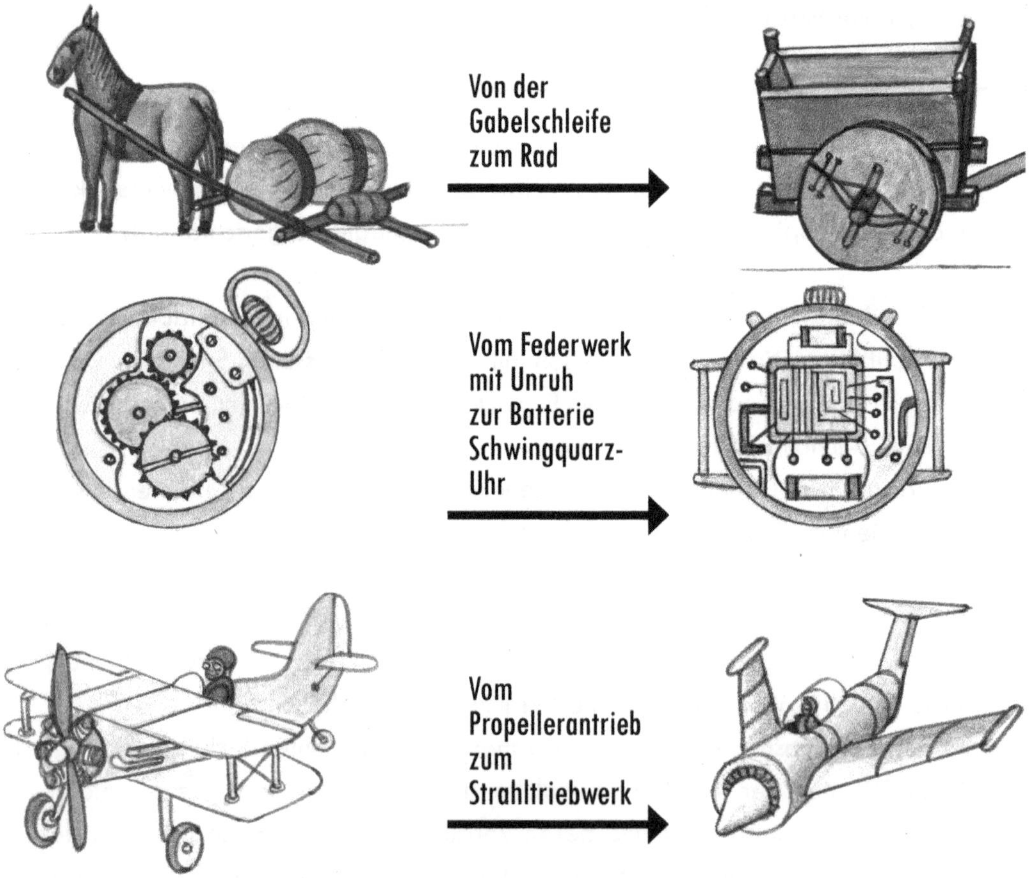

Abb. 54 Entwicklungssprünge durch Prinzipwechsel

welt und ihrer Ressourcen. Ähnliche Erscheinungen laufen auch in der Technik ab, wenn bei der Weiterentwicklung technischer Produkte ein bisher uneffektives durch ein neues, effektiveres Wirkprinzip ersetzt wird. Diese Tatsache soll am Beispiel der Lichtausbeute von Leuchten dargestellt werden. Ausgangslösung ist hierbei die Glühlampe, die auf dem Prinzip der Widerstandserwärmung funktioniert. Die Lichtausbeute der Glühlampe wurde im Laufe ihrer Entwicklung immer weiter verbessert. Zum einen durch den Einsatz wirkungsvollerer Materialien (Wolfram) und zum anderen durch den Übergang vom Einfach- zum Mehrfachwendel. Doch dieses Prinzip hat seine Leistungsgrenze, bedingt durch das physikalische Prinzip (ca. 95 Prozent Wärme- und nur 5 Prozent Lichtwirkung). Das „alte" Prinzip wurde durch das „neue" Prinzip der Gasentladung abgelöst, welches wiederum die Leistungsgrenze aufgrund des zugrundeliegenden physikalischen Prinzips erreichte.

Danach folgten die Kaltlichtlampen, die den heutigen Entwicklungsstand kennzeichnen.

Die aneinandergereihten Prinzipien zeigen uns den Entwicklungsverlauf in Richtung höherer Effektivität und somit zu einer energiesparenden Leuchte. Generell muss bei der Erhöhung der Effektivität von technischen Produkten der Aufwand an Stoff, Energie, Raum, Zeit gegen Null gehen. Die sich daraus ergebenden Trends, auch einzuschlagende Entwicklungsrichtungen genannt, sind Minimierung des Stoffeinsatzes, Reduzierung des Energie-, Raum- und Zeitbedarfs. Die Einbeziehung solcher Entwicklungstrends erlaubt es, Entwicklungsreserven bei technischen Produkten aufzudecken und für die Weiterentwicklung zu nutzen. Hierbei werden die Trends auf den gegenwärtigen Entwicklungsstand übertragen und umgesetzt. Ihre Umsetzung führt zu technischen Lösungen in Richtung höherer Effektivität.

Entwicklung technischer Systeme als „Lebenslinie"

Betrachtet man die Entwicklung technischer Systeme, sind grundsätzlich vier Etappen erkennbar. Der Beginn der Entwicklung wird durch die Entstehungsetappe bzw. die „Kindheit" des technischen Systems eingeleitet. Darauf folgt die Reifeetappe, die man übrigens bei der Entwicklung technischer Systeme Optimierungsetappe nennt, bis hin zur Dynamisierungsetappe und schließlich folgt die Integrationsetappe.

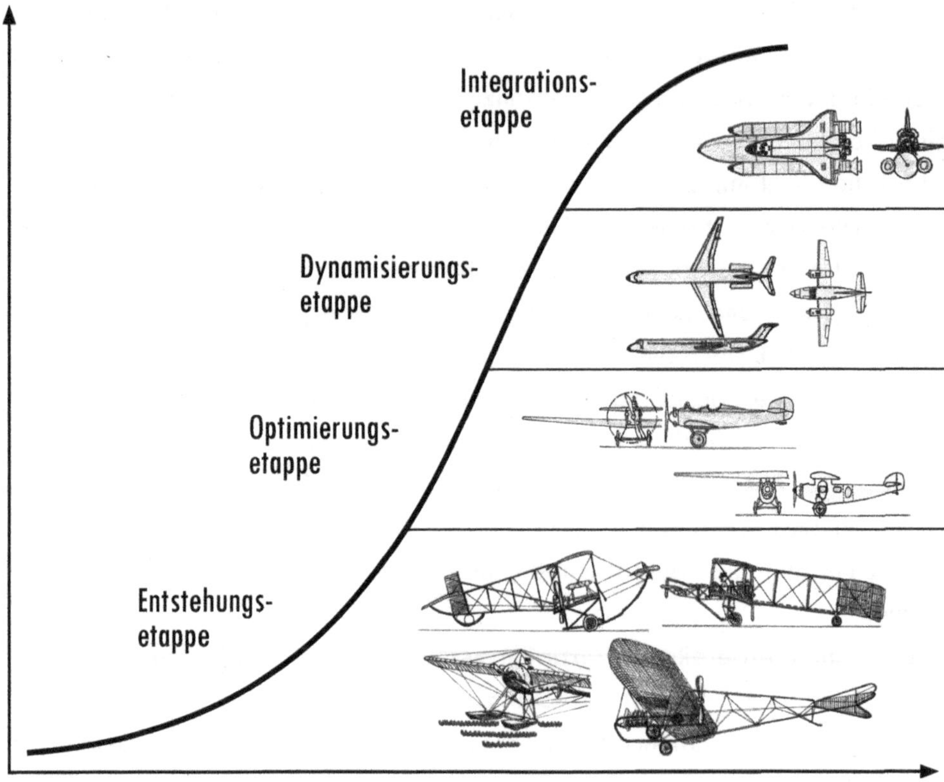

Abb. 55 „Lebenslinie" technischer Systeme

Solche in Etappen eingeteilte „Lebenslinien" technischer Systeme haben gewisse Ähnlichkeit mit denen biologischer Systeme wie Geburt, Kindheit, Reife, Alter und Tod. Bei technischen Systemen wird das betrachtete System in der Regel in ein komplexes Obersystem integriert.

Am Beispiel der Flugzeugentwicklung sollen diese vier Etappen erläutert werden. In der Entstehungsetappe der Flugzeuge gab es mehrere parallele Lösungsansätze zur Realisierung der Funktion des Fliegens, wie Flugzeuge verschiedener Typen. Es gab solche mit starren Flügeln und Schlagflügeln usw. Die „fliegenden Kisten" hatten überdies die verschiedensten Formen und Abmessungen. In der Optimierungsetappe wurden die Flugzeuge immer weiter verbessert, also optimiert. Es entstand das klassische Flugzeug mit strömungsgünstigem Rumpf und Tragflächenprofilen. Daraufhin folgte die Dynamisierungsetappe als Anpassung der Bauteile des Flugzeuges an veränderbare Bedingungen, wie beispielsweise das einziehbare Fahrwerk oder die Schwenkflügel bei Kampfflugzeugen oder die schwenkbare Rumpfspitze bei Überschallflugzeugen („Concorde"). Ein Eintritt in die nächsthöhere Integrationsetappe erfolgt immer dann, wenn die Entwicklungsmöglichkeiten des technischen Systems in seiner ursprünglichen Einheit erschöpft sind. Es wird dann zum Bestandteil eines komplexeren Obersystems. Für das Flugzeug bedeutet das, dass es zum Teilsystem des komplexen Raumfahrtsystems wird, wie wir es vom „Space Shuttle" der US-Raumfahrtbehörde NASA kennen. Die Verallgemeinerung dieser Erkenntnisse und deren Übertragung auf den (Über)Lebenszyklus der Unternehmen führt zur Ausarbeitung und Modellierung einer Naturorientierten Unternehmensentwicklung.

Naturorientierte Unternehmensentwicklung

Die Zukunft von Unternehmen hängt u. a. auch von ihrer Innovationsrate ab. Gerade für die Entwicklung von Produktideen wird das Innovationspotenzial der lebenden Natur im Konstruktionsprozess kaum bzw. unzureichend genutzt. Entwicklungsteams orientieren sich noch zu wenig an den Evolutionsgesetzmäßigkeiten und Strukturprinzipien biologischer Systeme.

Dabei könnte das Orientieren an den Gesetzmäßigkeiten der Evolution biologischer Systeme sowie an den effizienten Funktions-, Struktur- und Organisationsprinzipien der lebenden Natur vielfältige Anregungen für neue Produktideen liefern.

Doch das Lernen von der Natur wird in letzter Zeit auch auf das strategische Innovationsmanagement als Reaktion auf die zwei Megatrends Klimawandel und Ressourcenknappheit ausgeweitet. Durch Naturorientierung ergeben sich für die Unternehmen zukunftsorientierte Entwicklungspotenziale, die an den Prinzipien der Nachhaltigkeit orientiert sind. Es geht also um die Umsetzung von Organisations- und Evolutionsprinzipien biologischer Systeme im Unternehmensmanagement. Gerade in Krisenzeiten ist es überlebenswichtig, wenn sich die Unternehmen flexibel und anpassungsfähig verhalten und sich die Muster der Organisation und Evolution zunutze machen. Denn wie im Unternehmen geht es auch bei Pflanzen und Tieren darum, möglichst optimal mit den vorhandenen Ressourcen umzugehen. In der Natur herrscht das universelle Ökonomieprinzip, mit einem Minimum an Material und Energie ein Maximum an Stabilität und Funktionalität zu erzielen.

Die Evolution optimiert daher die Fähigkeit von Organismen zum Wettbewerb um begrenzte Ressourcen und reagiert mit Anpassungen (Innovationen), die die Aneignung nutzbarer Ressourcen maximieren und den energetischen Aufwand minimieren.

Wirtschaft und lebende Natur unterliegen obwohl ihrer Unterschiedlichkeit denselben Evolutionsgesetzen.

Alles Leben ist daher ein Wettbewerb um knappe Ressourcen. Nur wer die anderen ständig mit Innovationen „austrickst“, wird gewinnen bzw. überleben.

In den Evolutions- und Organisationsmustern biologischer Systeme sind viele übertragbare Inspirationen für das strategische Innovationsmanagement zu finden. Aus ihnen lassen sich Evolutionstrends und Evolutionsstrategien ableiten. Diese werden auf den aktuellen Entwicklungsstand des Unternehmens übertragen und es wird danach gefragt, ob diese bereits realisiert sind. Ist dies nicht der Fall, so ergeben sich aus deren Merkmalsanalyse neue Entwicklungsmöglichkeiten.

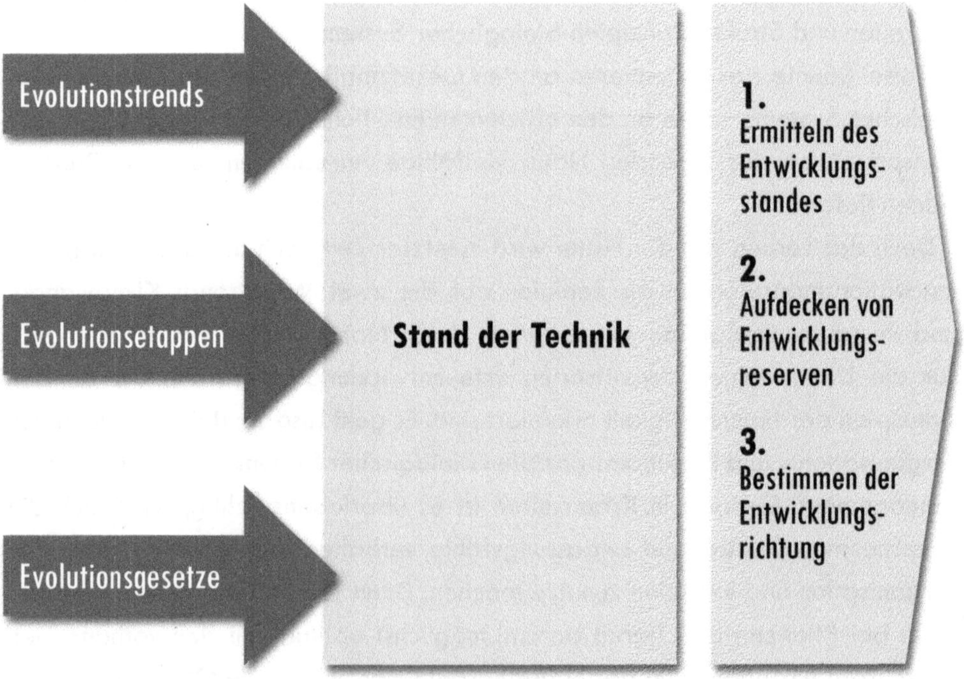

Abb. 56 Zielbestimmung am Stand der Technik

Mit Hilfe von S-Kurven-Modellen ist die Bestimmung des Entwicklungsstandes und die Prognose der Entwicklung für das Unternehmen möglich. Dadurch werden diese Modelle zu wichtigen Orientierungs- und Entscheidungshilfen für das strategische Innovationsmanagement.

Den S-Kurven lassen sich charakteristische Abschnitte in Form von Phasen zuordnen. Jede Phase ist dabei durch typische Merkmale gekennzeichnet, die als Checkliste heuristisch nutzbar sind. Dadurch kann man entscheiden, in welcher Phase sich das Unternehmen befindet und durch welche übertragbaren Merkmale man es in die nächsthöhere Phase bzw. Entwicklungsstufe überführen kann. So ist die Kontinuitätsphase auch nur eine Übergangsphase bis zu dem Zeitpunkt, an welchen wiederum Veränderungen von außen (Märkte, Kunden, Krisen, neue Technologien und Trends usw.) auf das Unternehmen einwirken und die Kontinuität in Diskontinuität umschlägt. So wiederholt sich die weitere Entwicklung in Form der nächsten S-Kurve auf einem höheren Entwicklungsniveau. Die Unternehmen müssen den Wandel als das Normale in der heutigen Zeit ansehen, denn Veränderungsprozesse sind das einzig Stabile und in der Umgestaltung liegen neue Entwicklungschancen. Der Orientierungsphase sind die schon genannten Evolutionsstrategien zugeordnet.

Mit Hilfe dieser Strategien können durch Analyse ihrer Merkmale bisher noch unbekannte Handlungsalternativen für die strategische Entscheidungsfindung aufgedeckt werden. Es muss also im Unternehmen darum gehen, die zielorientierte Auseinandersetzung mit den Evolutionsstrategien und Evolutionstrends in die Prozesse der Strategieentwicklung zu integrieren und die langfristige strategische Planung nach ihnen entsprechend auszurichten. Neue Erkenntnisse über Evolutionsmuster und Organisationsprinzipien biologischer Systeme und deren Integration in das strategische Innovationsmanagement bilden eine wichtige Grundlage für naturorientiertes Denken und Handeln.

Damit wird auch die Aus- und Weiterbildung mit den neuen Inhalten eine Bedingung für den unternehmerischen Erfolg. Diejenigen Unternehmen, die das systematische und zielgerichtete Lernen von der Natur zuerst zu nutzen wissen, werden enorme Wettbewerbsvorteile besitzen.

Unter Beachtung dieser Erkenntnisse lassen sich auch für die Entwicklung von Unternehmen konkrete Orientierungsmodelle ableiten. Mithilfe dieser Modelle sind die Bestimmung des Entwicklungsstandes und die Prognose der Entwicklung möglich. Dadurch können Modelle zu wichtigen Entscheidungshilfen für das strategische Management werden. Solche Orientierungsmodelle sind in charakteristische Abschnitte in Form von Phasen gegliedert. Dabei ist jede Phase durch typische Merkmale gekennzeichnet, die als Checkliste inspirativ nutzbar ist. Dadurch kann man entscheiden, in welcher Phase sich das betrachtete System (Unternehmen/Produkt) befindet und durch welche übertragbaren Merkmale man es in die nächsthöhere Phase überführen kann. Den einzelnen Abschnitten sind wiederum Strukturkataloge zur Richtungs- bzw. Zielbestimmung und zur Lösungsfindung zugeordnet.

Anhand der den Phasen zugeordneten Merkmale kann der eigene Entwicklungsstand im Unternehmen ermittelt und Maßnahmen zum Übergang in die nächsthöhere Entwicklungsphase vollzogen werden. Die Unternehmensentwicklung ist durch vier Phasen gekennzeichnet:

1. Turbulenz- oder Konfliktphase (Chaos)

- äußere Faktoren (Dynamik der Märkte, wachsende Komplexität, globaler Wettbewerb, neue Technologien ...)
- innere Faktoren (Starrheit von betrieblichen Strukturen, Informationsbarrieren u. a.)
- menschliche Faktoren (Selbstsicherheit und Selbstzufriedenheit, mangelndes Verantwortungsbewusstsein, mangelnde Risikobereitschaft, Angst vor Neuem und Ungewohntem u. a.)

2. Orientierungsphase (Orientierung an Mustern der biologischen Evolution)

- Selbstorganisationsprinzipien (Informationsimport und Entropieexport, Energietransformation, Nichtlinearität und Rückkopplung, Verstärkungsprinzip, Stabilitätsprinzip, Redundanzprinzip, Multistabilität u. a.)
- Grundstrategien der Evolution (Nischenstrategie, Symbiosestrategie, Frontdurchbruchstrategie, Veredlungsstrategie, Täuschungsstrategie, Differenzierungsstrategie, Verwandlungsstrategie u. a.)

3. Veränderungsphase (eigene Evolution)

Umsetzung der Evolutionsmuster im Unternehmen und Verwirklichung der eigenen Evolution durch Innovationen (Adaption der Muster und Emanzipation von Umweltfaktoren u. a.)

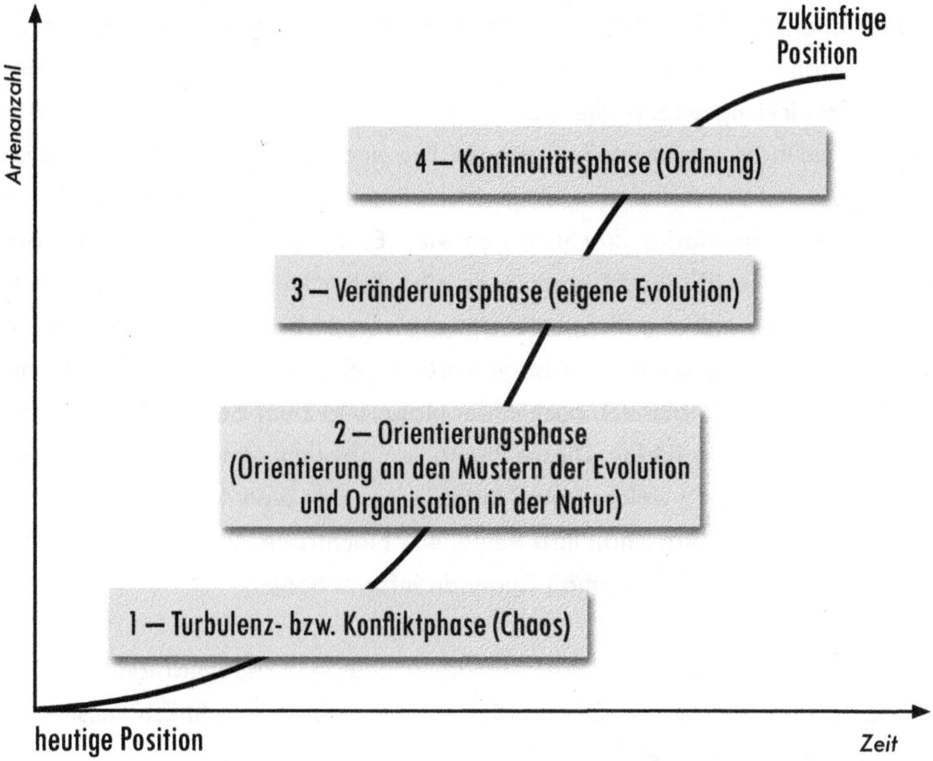

Abb. 57 Phasen der Unternehmensentwicklung

4. Kontinuitätsphase (Ordnung)
„Vorübergehende, zeitweise Stabilität" bis zum Eintreten der nächsten Turbulenz, Schaffung von Bedingungen zur selbstorganisierenden Dynamik des Unternehmens u. a.)

Durch den ständigen Wandel ist auch die Kontinuitätsphase zeitlich begrenzt, sodass diese wiederum durch eine neue Entwicklung auf höherer Ebene abgelöst wird usw. In der Orientierungsphase ist ein Katalogsystem biologischer Organisationsprinzipien und ein solches von Grundstrategien der Evolution biologischer Systeme heuristisch nutzbar. Das bedeutet, dass aus diesen Prinzipien und Strategien als Navigationshilfen im Veränderungsprozess wichtige Weiterentwicklungspotenziale gewonnen werden können.

Fallbeispiel: Informationsimport durch Nutzung der Frontdurchbruchstrategie. Kenntnisse über Grundstrategien der biologischen Evolution und ihre kreative Übertragung im Entwicklungsprozess können den Unternehmen Wettbewerbsvorteile sichern. So führt beispielsweise ein Autohersteller eine Neuerung ein. Zu diesem Zeitpunkt befindet sich dieser gegenüber den Wettbewerbern auf einer höheren Entwicklungsebene, die die „Frontlinie" bildet. Die Wettbewerber ziehen nach, um ihren Marktanteil zu sichern. Für eine bestimmte Zeitdauer befinden sich die Autohersteller an der gleichen Frontlinie, bis die Front durch die nächste Innovation wieder durchbrochen wird. Es bildet sich die nächst höhere Entwicklungsebene als neue Frontlinie. Es gibt daher keine nachhaltigen Wettbewerbsvorteile, weil die Frontlinie ständig verschoben wird. Dieses ewige Wettrennen sichert also nur kurzfristige, vorübergehende Vorteile. Diese „Frontdurchbruchstrategie" lässt sich auch in der Natur, und zwar bei der Co-Evolution von Räuber und Beute finden. Dieses Phänomen bezeichnet man auch als „evolutionäres Wettrüsten", welches als Schrittmacher der Evolution dient. So orten Fledermäuse durch Ultraschall ihre Beute, wie Nachtfalter u. a. Das von einem Nachtfalter erzeugte Echo enthält folgende Informationen:

- Schlagende Flügel des Falters erzeugen Echos in unregelmäßigen Abständen, welche das Objekt als Falter erkennbar macht(Echomuster der schlagenden Flügel).
- Zeitabstand zwischen dem Impuls der Fledermaus und dem zurückkehrenden Echo informiert diese über die Entfernung des Falters.

Wir haben es hier mit einem hoch entwickelten, effizienten Sonarsystem zu tun. Im Wettlauf mit dem „Räuber" entwickelte die Beute immer wirksamere Strukturen und Verhaltensweisen, mit deren Hilfe sie sich wehren oder entkommen konnte. Im Laufe der Evolution entwickelte sich ein „Frühwarnsystem", welches die sich nähernde Fledermaus rechtzeitig meldet. Es ist das Tympanalorgan, das Ultraschallohr oder „Abhörorgan" des Falters. Es befindet sich auf beiden Seiten des Körpers zwischen Brust und Hinterleib und besteht aus einer Schallmembran mit einem dahinter befindlichen Luftsack.

Durch das Abhörorgan verläuft ein Gewebestrang mit zwei Nervenzellen, die mit der Membran durch eine Nervenleitung verbunden sind. Diese empfindlichen Sinneszellen reagieren auf Schallwellen von einer Frequenz von 3 bis 150 000 Hz.

Der seitlich einfallende Schall versetzt die Membranen aufgrund der Zeitdifferenz ungleich in Schwingung, wodurch es zu einem sogenannten Richtungshören kommt. Je nach Schallintensität antworten die Sinneszellen mit höherer oder niedrigerer Impulsfrequenz.

Bei hoher Schallintensität – die Fledermaus befindet sich in unmittelbarer Nähe – klappt der Falter seine Flügel zusammen und lässt sich aus dem Schallkegel der Fledermaus nach unten fallen. Bei niedrigerer dagegen reagiert er mit gerichteten Ausweichmanövern. Auf der „Rüstungsspirale" befindet sich nun wieder die Fledermaus. Sie lernt aus dem Fallenlassen das Muster einer bestimmten Flugbahn und nimmt die voraussichtliche Landestelle ins Visier. So ist sie in der Lage, durch innere sowie äußere vernetzte und verschachtelte Regelkreise, die Landestelle in Abhängigkeit von Geschwindigkeit und Höhe des Falters zu bestimmen. Nun sind wieder die Falter an der Reihe.

Der Bärenspinnfalter antwortet darauf mit einer weiteren „Erfindung", ein Ultraschallstörorgan. Dieses Organ stellt einen Schall verstärkenden Resonanzkasten mit einer rillenförmigen Chitinplatte dar, welches sich beiderseitig des Thorax in der Höhe des dritten Beinpaares befindet. Dieser äußerst einfache und wirksame „Störsender" bringt das Ortungssystem der Fledermaus mit Hilfe von Ultraschallschwingungen im selben Frequenzbereich der Fledermauspeillaute durcheinander. Die Schwingungen werden dabei durch rasche rhythmische Kontraktionen der Beinmuskeln auf der Chitinplatte erzeugt. Hier wird signalisiert, dass eine kleine Fledermaus unterwegs ist. Diese Co-Evolution zwischen Räuber und Beute ist ständig auf das Hervorbringen immer neuer und effizienter Strukturen als Innovationen der Evolution gerichtet. Bringt der Räuber eine Erfindung (vergleichbar mit einem neuen Ordnungszustand) hervor, so besteht zunächst auf der Seite der Beute Chaos. Aus diesem Chaos heraus entsteht der „innere Zwang" zur Veränderung und damit zum zeitweiligen Eintritt in einen neuen Ordnungszustand, diesmal auf Seite der Beute usw. Dieses Beispiel zeigt, dass auch in der biologischen Evolution Wettbewerbsvorteile kurzlebig sind. Das Chaos erweist sich dabei als produktiv. Dieses Miteinander und gleichzeitig Widersprüchliche von Ordnung und Chaos ist das Innovationspotenzial der Evolution, wobei der Ordnungszustand zeitweilige Stabilität schafft und das Chaos dazu führt, schnell und flexibel auf externe Veränderungen mit neuen Strukturen zu reagieren. In der Übertragung dieses Evolutionsmusters auf Unternehmen liegt das Potenzial, Krisen vorausschauend mit innovativen Veränderungen sowohl auf der Ebene von Organisationsstrukturen und Produkten aus sich selbst heraus schnell und flexibel zu reagieren und sich dadurch an verändernde Bedingungen anzupassen. Organisations- und Evolutionsmuster können dabei vielfältige Anregungen für die Schaffung und Implementierung von Wettbewerbsvorteilen liefern. Wir haben zwei Möglichkeiten der Reaktion auf die derzeitigen massiven Veränderungen. Erstens abwarten und ignorieren, bis eine Veränderung Schaden anrichtet und der Wettbewerber schon längst einen Vorsprung erzielt hat, oder zweitens rechtzeitig früh zu reagieren und die Krise als Chance für das Unternehmen zur Neuorientierung zu nutzen. Die Muster der Natur geben uns dafür Ansätze zur strategischen Orientierung. Bei allen Übertragungen geht es darum, im Unternehmen ein schnelles Eingehen auf veränderte Umweltbedingungen zu sichern, um gegenüber dem Wettbewerber einen Vorsprung zu erzielen. Dabei haben relativ geringe Veränderungen mit großer Wirkung die besten Erfolgsaussichten.

Die oben beschriebenen Orientierungsmodelle, einschließlich der Assoziations- bzw. Anregungskataloge zur Zielbestimmung und Lösungsfindung bilden die Naturorientierte Innovationsstrategie als handlungsanweisende Vorgehensweise.

Naturorientierte Innovationsstrategie (NOIS)

Die Effizienz von Konstruktionstätigkeiten ist auf die Verkürzung von Produktentwicklungszyklen gerichtet, um schnell und flexibel auf die Erfordernisse des Marktes zu reagieren. Einerseits sind daher Vorgehensweisen und der Einsatz von Orientierungsmodellen notwendig, um ein zielgerichtetes und systematisches Denken und Handeln zu gewährleisten. Anderseits sind effiziente und umweltfreundliche technische Lösungen gefragt, die in ihrer Gesamtheit dazu beitragen sollen, den anthropogenen Klimawandel zu begrenzen. Dabei bietet sich, wie bereits angedeutet, das Patentarsenal Natur als eine nutzbare Lösungsquelle für energie- und materialsparende Konstruktionen an.

Wie kann nun der Ingenieur, Produktentwickler, Konstrukteur oder Designer auf dieser Grundlage methodisch unterstützt werden?

Dazu müssen die aus der Natur gewonnenen Erkenntnisse über biologische Systeme systematisch aufbereitet und als methodische Mittel für den konstruktiven Entwicklungsprozess zugänglich gemacht werden, um technische Systeme:

- effektiver,
- menschenfreundlicher,

- naturverträglicher und
- ökologisch wirksamer

zu gestalten.

Mit den Lösungen der Natur, welche sie sozusagen nahezu gratis zur Verfügung stellt, kann die Inspiration und damit die Kreativität gesteigert werden. Die Naturorientierte Innovationsstrategie zeigt sowohl Ziele für neue erfolgversprechende Entwicklungsrichtungen aus der Sicht der evolutionären Entwicklung in Form von Evolutionstrends als auch Strukturen und Prinzipien biologischer Systeme zur Lösungsfindung auf. Diese eignen sich auch als nutzbare „Weiter"-Entwicklungspotenziale" zur Effektivitätserhöhung von bestehenden Erzeugnissen. Bei ihrer Übertragung auf den Stand der Technik lässt sich durch sogenanntes „Re-Engineering" der Erfolg manchen Erzeugnisses auf den Markt verlängern. Im Rahmen der NOIS ist das biologische System ein Vorbild und stellt in dessen Evolutions-, Funktions- und Strukturzusammenhang ein gestaltbares Element im Konstruktionsprozess dar, von dem aus eine Weiterentwicklung unter speziellen technisch-technologischen, ökonomischen, ökologischen und sozialen Bedingungen erfolgen kann. Biologische Vorbilder bilden den Ausgangspunkt für technische Problemlösungen. Bei der Übertragung biologischer Sachverhalte auf technische Lösungen kommt es weniger auf die Exaktheit dieses Transfers an, sondern auf die daraus entspringenden Inspirationen. Das biologische Vorbild als „Lösungskeim" bildet den Beginn der Ausarbeitung der Lösung, wobei die endgültige technische Lösung dann das Endglied einer vom Konstrukteur hervorgebrachten „kreativen Metamorphose" des Naturvorbildes darstellt. Im Allgemeinen ist das Erkennen des Naturvorbildes durch das Vordringen zu dessen Prinzip durch Analyse und Abstraktion in eine technische Lösung die Anwendung des Erkenntnisprinzips. Philosophisch betrachtet, ist der Erkenntnisweg, der von der lebendigen Anschauung zum abstrakten Denken und von diesem zur Praxis führt, der strategische Weg zur Erkenntnis und Umgestaltung der Wirklichkeit. So ist es möglich, mit Hilfe der Analogiebildung ähnlich funktionierende Systeme aus der Natur aufzudecken, zu analysieren und deren Strukturen zu abstrahieren, um das zugrunde liegende Prinzip aufzudecken. Dabei bildet das Prinzip eine verallgemeinerte Darstellung mit symbolischen Elementen, also eine Abstraktion, die auch als biologisches Modell bezeichnet werden kann.

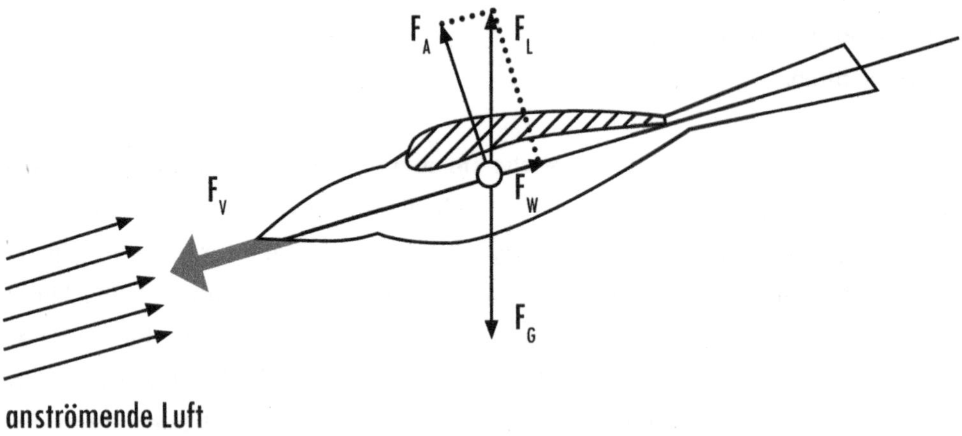

Abb. 58 Wirkprinzip als biologisches Modell
(F_V – Vortriebskraft, F_A – Auftriebskraft, F_L – resultierende Luftkraft, F_W – Strömungswiderstand, F_G – Gewichtskraft)

Das so gewonnene Prinzip kann durch Variation und/oder Kombination von Strukturelementen auf der Grundlage von zu realisierenden Bedingungen, Anforderungen und Wünsche in eine geeignete technische Lösung umgesetzt werden. Insofern liegt dieser Vorgehensweise die notwendige Erkenntnisgewinnung für die naturorientierte Gestaltbarkeit von Technik zugrunde.

Wesentliche Bestandteile dieser Strategie sind:

Zielbestimmung mit den Orientierungsmöglichkeiten

- Entwicklungstrends gesellschaftlicher und technologischer Entwicklungen zur Vorauserkennung von zukunftsträchtigen Marktanforderungen.
- Gezielte Systemanalyse zur Herausarbeitung von Schwachstellen und Entwicklungspotenzialen bisheriger technischer Systeme.
- Generationen der Technikentwicklung zur Wiederauffindung technikhistorischer und biologischer Lösungsprinzipien.
- Gesetzmäßigkeiten der Technik- und Bioevolution zur Erhöhung der Prognosesicherheit und zur Ableitung idealer Entwicklungsrichtungen.

Lösungsfindung mit den Orientierungsmöglichkeiten

- Lösungsprinzipien aus der Natur und der Technik.
- Lösungsstandards technischer Systeme.
- Zahlreiche naturgesetzliche Effekte.

Kernelemente der NOIS sind die Zielbestimmung und Lösungsfindung. Der Nutzer dieser Strategie ist durch die Anwendung der zu den Vorgehensschritten zugeordneten methodischen Mittel in der Lage:

- Denkbarrieren erfolgreicher zu überwinden,
- Ziele nicht nur aus der Sicht des Marktes, sondern auch aus der Sicht der evolutionären Entwicklung zu bestimmen,
- Zielorientiert und systematisch vorzugehen und damit Entwicklungszeiten zu verkürzen,
- die Lösungsfindung zu effektivieren,
- die eigene Kreativität zu steigern und
- in der Vernetzung zwischen biologischem Vorbild und zu entwickelnder technischer Lösung zu denken, um Analogien mit geringem kognitivem Aufwand zu bilden.

Für die Zielbestimmung werden Evolutionsgesetzmäßigkeiten und Evolutionstrends genutzt. Oft wird bei praktischen Produktentwicklungsprozessen die Zielbestimmung vernachlässigt und sofort zur Lösung der Entwicklungsaufgabe übergegangen. Die richtige Zielbestimmung ist jedoch Voraussetzung für eine erfolgreiche Lösungsfindung. Die kreative Übertragung der Orientierungsfunktion – Technik nutzt die tendenzielle Analogie mit der Natur – auf vorhandene technische Lösungen (Stand der Technik) ermöglicht es, Technik in gewissen Grenzen nach biologischen Evolutionsgesetzmäßigkeiten aus zu sichten. Dabei kommt es auch hier keinesfalls auf die direkte Übertragung dieser Gesetzmäßigkeiten auf den Stand der Technik an, sondern in erster Linie auf die Gewinnung von Anregungen für dessen Weiterentwicklung in Richtung höherer Effektivität und ökologischer Wirksamkeit. „Die vergleichende Analyse von biologischer und technischer Evolution hat die Existenz vieler überraschender Analogien bestätigt. Dass diese Analogien sich zum Teil auf gleiche Evolutionsfaktoren und Gesetzmäßigkeiten zurückführen lassen, braucht uns nicht zu wundern“ (REICHEL 1984, S. 23).

Durch Analogiebetrachtungen besteht die Möglichkeit, Erkenntnisse über heuristisch nutzbare Gesetzmäßigkeiten, die abstrahier- und damit vergleichbar sind, in die Technik zu übertragen. Dadurch besteht die Möglichkeit, die zukünftige Entwicklungsrichtung des zu entwickelnden technischen Systems zu bestimmen und in Erfolg versprechende Lösungsrichtungen zu gelangen.

Daher wird grundsätzlich von einem Ausgangssystem ausgegangen, welches den höchstentwickelten Stand der Technik verkörpert. Dazu wird der aktuelle Stand der Technik ermittelt, daran Entwicklungsreserven aufgedeckt und die ideale Entwicklungsrichtung für das neu- bzw. weiterzuentwickelnde technische System festgelegt. Dies dient in erster Linie dazu, eine treffende Entwicklungsaufgabe abzuleiten. Es ist eine Tatsache, dass eine richtig erkannte und formulierte Entwicklungsaufgabe, welche die Evolutionstrends und Evolutionsgesetzmäßigkeiten berücksichtigt, mehr als die halbe Lösung darstellt. Die Feststellung der idealen Entwicklungsrichtung ist notwendig, um Produktentwicklungen in Richtung höherer Effektivität und ökologischer Wirksamkeit auszulegen. Die Entwicklung aller technischen Systeme verläuft in Richtung des Ideals. Obwohl eine ideale Lösung praktisch nie erreicht werden kann, besitzt sie jedoch als heuristische Führungsgröße Orientierungscharakter. Der Vergleich mit einem Perpetuum mobile lässt in diesem Zusammenhang auf Merkmale idealer Lösungen schließen. Ideal wäre schließlich eine Maschine, die, einmal betätigt, aus eigener Kraft sozusagen „von selbst“, unaufhörlich ihre Funktion erfüllt und damit nützliche Arbeit verrichtet. Dies erscheint zunächst als utopische Forderung, jedoch geht es dabei darum, Funktionen technischer Systeme nicht mit großem Aufwand an Material und Energie auszuführen, sondern sie durch die Schaffung einer solchen Struktur zu realisieren, die für die auszuführende technische Funktion innere Selbstbewegungen der zu beeinflussenden Objekte nutzt. Dabei erfolgt also die funktionelle Wirkung auf das zu verändernde bzw. zu entwickelnde Objekt „von selbst“ durch die Organisierung innerer Selbstbewegung der Struktur in Richtung der gewünschten Funktion. Dabei wird das Prinzip der Nutzung bzw. Erzeugung vorhandener innerer Selbstbewegung in den Mittelpunkt der Zielbestimmung gestellt. Ideale Lösungen sind „raffiniert einfach“, elegant und originell, da sie mit geringem apparativem Aufwand und/oder wenig Betriebsenergie auskommen.

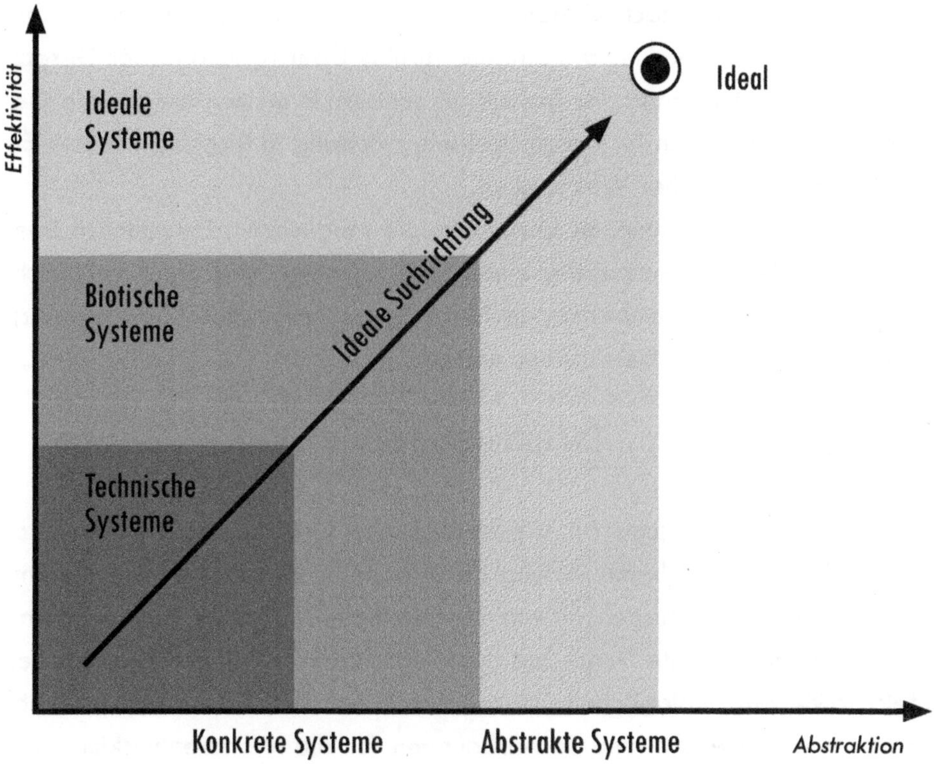

Abb. 59 „Ideale technische Lösung“ als Wegweiser

Die Orientierung auf Modelle idealer Systeme kann zur Erkennung neuer Entwicklungsrichtungen und zur Findung überraschend einfacher Lösungen führen. Gerade die lebende Natur als Inspirationsquelle zeigt effiziente Strukturen mit Idealitätscharakter auf, da sie in der Phylogenese danach streben, den Aufwand an Stoff, Energie, Raum und Zeit durch immer mehr Informationstransport und bessere Beherrschung von Umweltinformation zu verringern. Die Übertragung dieser Erkenntnis auf die Entwicklungstätigkeit des Konstrukteurs bedeutet, dass man mit mehr Wissensaneignung über den Problemsachverhalt zu einer „raffiniert“ einfachen und wirksamen technischen Lösung gelangen kann.

Biologische Systeme lassen sich als Idealitätsstrukturen bezeichnen, da sie das Minimum-Maximum-Prinzip verkörpern. Es besagt, „dass im Lebendigen allgemein ein Maximum an Leistung durch ein Minimum an eingesetztem Material und zu verbrauchender Energie erreicht wird“ (HEYNERT 1976, S. 57). Die Nutzung der Evolutionsgesetzmäßigkeiten ermöglicht es, Produktentwicklungen in gewissen Grenzen nach diesen Gesetzmäßigkeiten auszurichten. Dabei kommt es auch hierbei keinesfalls auf eine direkte Übertragung dieser Gesetzmäßigkeiten auf den Stand der Technik an, sondern in erster Linie auf die Gewinnung von Zielkriterien für deren Weiterentwicklung in Richtung höherer Effektivität und ökologischer Wirksamkeit.

Durch Analogiebetrachtungen besteht so die Möglichkeit, Erkenntnisse über heuristisch nutzbare Gesetzmäßigkeiten, die abstrahier- und damit vergleichbar sind, in die Technik zu übertragen. Nachfolgend sollen diese Gesetzmäßigkeiten in gekürzter Form beschrieben werden.

Evolutionstrends

Von besonderer Bedeutung für die strategische Orientierung bei der Produktentwicklung ist die Beantwortung der Frage, in welcher Richtung die Entwicklung erfolgen soll. Ausgehend von der jeweiligen Aufgaben- bzw. Problemstellung werden bekannte Trends aus dem wirtschaftlichen und technologischen Umfeld sowie aus ökologischen Erfordernissen auf ihre Relevanz zum Problemsachverhalt untersucht und so Anregungen für die Weiterentwicklung von Produkten in Richtung ökonomischer Wirksamkeit und ökologischer Verträglichkeit gewonnen. Die Evolutionstrends werden neben technischen auch durch biologische Strukturdarstellungen abgebildet.

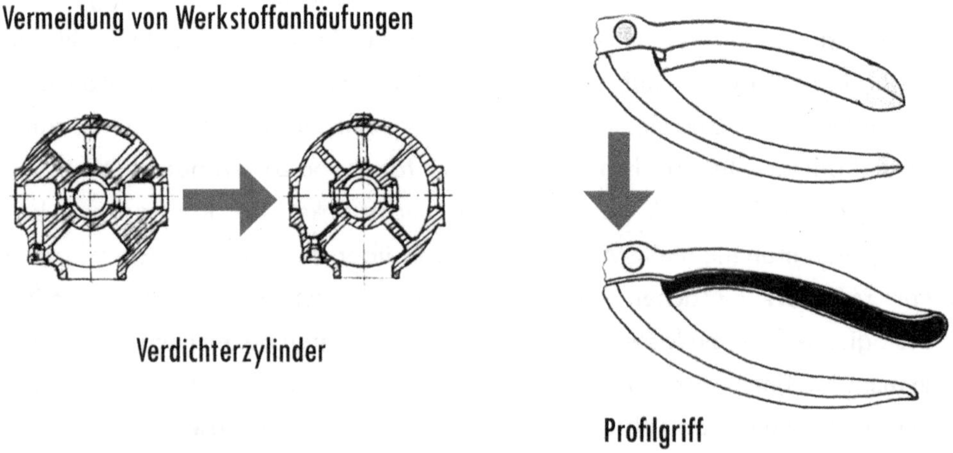

Abb. 60 Evolutionstrend: Reduzierung des Stoffeinsatzes

Beispiele in Bezug auf den Energieeinsatz: Verringerung des Energieaufwandes, Verringerung der Energieverluste, Erhöhung der Energierückgewinnung, der Energieausbeute, des Energiewirkungsgrades und der Energieaustauschbarkeit, Zunahme der Umweltenergienutzung u. a. Beispiele in Bezug auf den Materialeinsatz: Reduzierung des Stoffaufwandes, Erhöhung der Stoffrückgewinnung, der Stoffausnutzung, der Stoffaustauschbarkeit u. a. So wird der Evolutionstrend – Reduzierung des Stoffaufwandes – beispielsweise durch das Prinzip der Profilierung ausgedrückt.

Dabei ist zu fragen, ob dieses Prinzip am Stand der Technik realisiert ist. Ist das nicht der Fall, bestehen aus dessen Übertragung erfolgversprechende Entwicklungsmöglichkeiten, die in der Zielbestimmung ihren Ausdruck finden.

Evolutionsschritte

Bei der Höherentwicklung technischer Systeme sind bestimmte Entwicklungsschritte erkennbar, die notwendigerweise durchlaufen werden. Dabei bildet das Erkennen bereits vorhandener Merkmale der bestehenden Technik in Verbindung mit dem jeweils ausgewählten Evolutionstrend die Grundlage für die Bestimmung nächstfolgender Evolutionsschritte. Aus der Vielzahl der Entwicklungsschritte sollen hier nur zwei ausgewählt werden, wie die Aggregation von gleichartigen Funktionselementen bzw. -gruppen und die Stabilisierung von Stoff- und Energieflüssen durch Anwendung des Speicherprinzips. Beispiele für den erstgenannten Schritt sind Rotorblätter von Windkonverteranlagen, Schaufeln von Wasserrädern und Turbinen sowie Solarzellen in Solarmodulen. Hierbei erfüllen alle Elemente die gleiche Funktion. Für den zweitgenannten Schritt stehen als Beispiele Energiespeicher, Pumpspeicherwerke, Zisternen und Werkstückmagazine. Die Verwirklichung dieses Schrittes führt zur Gewährleistung einer nahezu konstanten bzw. langfristigen Funktionserfüllung.

Evolutionsetappen

Die Etappen wurden bereits beschrieben. Der Vollständigkeit halber sollen sie hier nur kurz genannt werden. Jedes technische System durchläuft in Richtung höherer Effektivität meist vier charakteristische Etappen, wie Entstehungs-, Optimierungs-, Dynamisierungs- und Integrationsetappe.

Mit Hilfe von Merkmalen, die diesen einzelnen Etappen zugeordnet sind, ist es möglich, den Entwicklungsstand vorhandener technischer Systeme zu bestimmen und weitere Entwicklungsmöglichkeiten für den Übergang in die nächsthöhere Etappe abzuleiten.

Dabei ist zu ergründen, in welcher Etappe sich das gegenwärtige technische System befindet und in welches es zur Effektivitätserhöhung zu überführen ist.

Evolutionsgesetze

Aus der Sicht der Evolution technischer Systeme können nach ALTSCHULLER 1998, S. 186, drei Gruppen von wirkenden Gesetzen unterschieden werden, wie Aufbaugesetze (Beispiele: Gesetz der Vollständigkeit der Teile des Systems, das Gesetz der Abstimmung der Rhythmik der Teile des Systems und das Gesetz der energetischen Leitfähigkeit eines Systems), Bewegungsgesetze (Beispiele: Gesetz der Unerschöpflichkeit der technischen Entwicklung, das Gesetz der Dynamisierung und das Gesetz der Erhöhung des Grades der Idealität eines Systems) sowie Tendenzgesetze (Beispiele: Gesetz der Vereinfachung, das Gesetz des Übergangs von der Makro- zur Mikroebene und das Gesetz der Erhöhung des Anteils von Stoff-Feld-Systemen).

Beispiel: Gesetz der Unerschöpflichkeit der technischen Entwicklung. Wie wir wissen, ist die Entwicklung technischer Systeme niemals abgeschlossen, weil stets neue Erkenntnisse gewonnen werden.

Diese bieten neue technische Entwicklungsmöglichkeiten. So wurden beispielsweise die Beleuchtungsmittel immer weiter entwickelt – von der Glühlampe über die Energiesparlampe bis hin zur LED-Lampe. Hierbei wurde der Trend Erhöhung der Energie- bzw. Lichtausbeute umgesetzt.

Die Nutzung dieser Gesetze geschieht mit dem Ziel, die Gesamteffektivität des betrachteten Ausgangssystems (Stand der Technik) zu erhöhen. Dabei dienen die Gesetze in ihrer Gesamtheit als eine Art „Checkliste", mit der das Ausgangssystem hinsichtlich des Realisierungsgrades dieser Gesetze untersucht wird.

Abb. 61 Gesetz der Unerschöpflichkeit der technischen Entwicklung

Generationsbetrachtung

Mit der Generationsbetrachtung wird das Ziel verfolgt, ausgehend vom gegenwärtigen Stand der Technik (Ist-Stand), historische Vorläufer technischer Systeme in einer Tabelle zeitlich nacheinander anzuordnen, sodass eine Evolutionslinie der technischen Entwicklung entsteht. Hierdurch können solche Lösungsprinzipien wieder aufgefunden werden, die früher einmal entwickelt, jedoch aus material- und fertigungstechnischen Gründen damals nicht realisiert werden konnten. Die erste Generation bilden stets Strukturen aus der belebten Natur, um auf Vorhandenes, evolutionär Erprobtes aufzubauen. Aus dem Vergleich der einzelnen Generationen können Trends abgeleitet werden, die für die zu entwickelnde technische Lösung von Bedeutung sein können.

Um solche Evolutionstrends und Evolutionsgesetzmäßigkeiten für den Konstrukteur „handhabbar" zu machen, ist es notwendig, deren Inhalte bzw. Merkmale in Katalogen nutzerfreundlich zu systematisieren.

Ziele für neue Produktentwicklung werden stets geistig vorweggenommen (antizipiert), das heißt, eine technisch zu realisierende Funktion mit Zielmerkmalen wird als „Soll" erarbeitet und eine dafür notwendige Struktur entwickelt (Soll-Zustand).

Mit der Übertragung von Evolutionstrends und -gesetzmäßigkeiten auf den Stand der Technik (Ist-Zustand) besteht die Möglichkeit, Anregungen für neue Entwicklungspotenziale und Erfolg versprechende Entwicklungsrichtungen zu gewinnen. Dieses strategische Vorgehen ähnelt daher der „Fuzzy-Logik", denn in einem assoziativ ermittelten Lösungsansatz liegt noch die Unschärfe, die mit der Kreativität des Konstrukteurs auszufüllen ist. Die Bestimmung der Entwicklungsrichtung des antizipierten, also gedanklich vorweggenommenen technischen Systems, besteht in der Aufdeckung relevanter Evolutionstrends und -gesetzmäßigkeiten und die Lösungsfindung in der Herauslösung des den biologischen Strukturen zugrunde liegenden Prinzipien sowie deren Übertragung auf den technischen Problemsachverhalt. So nutzt Technik zur Lösungsfindung die funktionelle Analogie mit der lebenden Natur. Zum Zwecke der systematischen Lösungsfindung werden Kataloge biologischer Strukturen konzipiert und eingesetzt, die die Lösungsfindung unterstützen. Die darin befindlichen biologischen Strukturdarstellungen sind nach den Grundfunktionen wie Formen, Wandeln, Übertragen, Speichern/Sperren, Trennen/Verbinden und Stützen/Tragen von

Natur	1. Generation	2. Generation	3. Generation	4. Generation	5. Generation	6. Generation	Stand der Technik	Trends
Maulwurf	Fördern von Hand	Fördern mittels Leitern	Fördern mittels Haspel	Fördern mit Pferdegöbel	Fördern mit Wasserrad	Fördern mit Dampf-maschine	Fördern mit Elektro-motor	
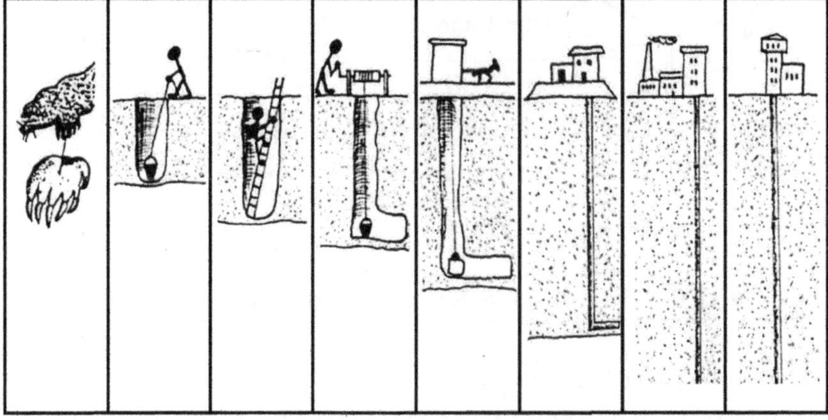								höhere Fördermenge höhere Fördergeschwin-digkeit besserer Wirkungsgrad ...

Tab. 1 Generationstabelle am Beispiel der Fördertechnik

Stoff, Energie und Information geordnet. Durch die Nutzung der Grundfunktionen kann das Suchfeld für originelle Lösungen zunächst erweitert werden, denn in dem höheren Grad der Abstraktion der Grundfunktionen liegt der Vorteil, nicht an eine spezielle Funktion gebunden zu sein. Die in der technischen Aufgaben- bzw. Problemstellung enthaltenen Funktionsmerkmale werden zur Lösungsfindung in den Analogiebereich belebte Natur übertragen. In sogenannten Grundfunktionskatalogen sind bildliche Darstellungen und Funktionsbeschreibungen biologischer Systeme bzw. Teilsysteme dargestellt. Aus ihnen sind relevante Strukturen aufzudecken und Assoziationen zur Lösungsfindung abzuleiten.

Durch Analogisieren ist der Konstrukteur in der Lage, prinzipielle Merkmale biologischer Systeme aufzudecken, die durch anschließendes Variieren zugrunde liegender Systemelemente zu einer neuen technischen Lösung führen können. Für die Gewinnung von Lösungsansätzen sind verschiedene Analogieklassen in Form von Grundfunktionen als Katalogblätter zur Auslösung von Assoziationen nutzbar. Unter technischen Grundfunktionen sollen die Abstraktionen einer Klasse technischer Funktionen verstanden werden, die gleiche oder ähnliche Wirkungen hervorrufen. Durch ihren hohen Verallgemeinerungsgrad schließt jede

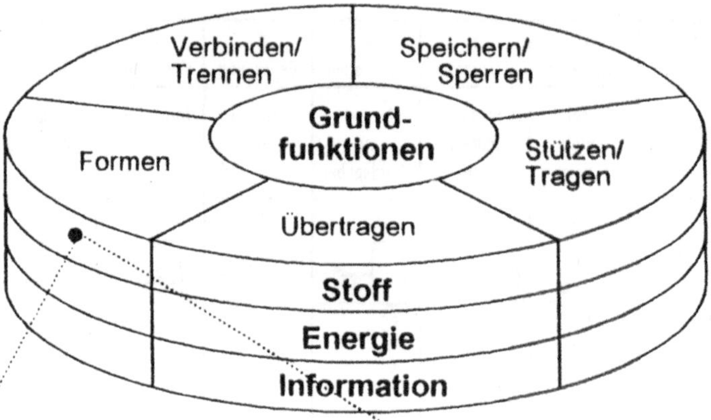

Katalog: Biologische Strukturprinzipien | Blatt n

Katalog: Biologische Strukturprinzipien | Blatt 2

Katalog: Biologische Strukturprinzipien			Blatt 1
Formen von Stoff Verkleinern und Vergrößern			
Nr.	Objekt-name	Objektstruktur bzw. -teilstruktur	Funktionsmerkmale
1	Blatt der Alchemilla vulgaris		Ungleichseitige Änderung des Turgors auf der Ober-und Unterseite eines Blattstieles führt zur Faltung.
2	Stammquer-schnitt eines Säulen-kaktus	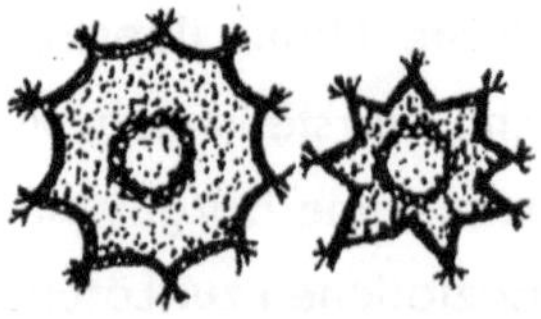	Volumenänderung durch Aufnahme oder Ver-dunstung von Wasser.
3	Erdstern (Geáster hygro-metricus)		Hydronastische Schließ- und Öffnungsbe-wegungen.

Abb. 62 Orientierungsmodell mit Grundfunktionen

einzelne Grundfunktion eine Vielzahl möglicher Baugruppen als Realisierungsvarianten ein, ohne sich auf eine Baugruppe vorschnell einzuengen.

Die konkreten Lebensfunktionen biologischer Systeme lassen sich ebenfalls zu nutzbaren Grundfunktionen abstrahieren. Beispielsweise erzeugen die Schwanzflossen der Fische bei der Fortbewegung (Grundfunktion: Übertragen) die Funktion des Vortriebes. Diese Vortriebsfunktion kann durch unterschiedliche Schwanzflossenformen erreicht werden. Insofern gelten die Grundfunktionen aufgrund ihres hohen Abstraktionsgrades, also ihrer Verallgemeinerung, nicht nur für technische, sondern auch für biologische Systeme.

Das Orientierungsmodell beinhaltet alle in Frage kommenden Grundfunktionen nach den Ordnungsmerkmalen der technischen Kategorien, wie Stoff, Energie und Information. Es stellt eine Übersicht über nutzbare Grundfunktionen dar und enthält die entsprechenden Katalogblätter. In den Katalogblättern sind wiederum Strukturdarstellungen und Funktionsmerkmale biologischer Systeme abgebildet, die auch hier zur Auslösung von Assoziationen zur Lösungsfindung dienen sollen. Mithilfe des Strategiemodells als Vorgehensweise wird der Denkprozess, der letztlich zu erfinderischen Lösungen führen soll, zielgerichtet gelenkt.

Durch diese Vorgehensweise organisiert und effektiviert der Konstrukteur sein Denken. Durch die unterstützende Nutzung von Katalogen zu Evolutionsgesetzmäßigkeiten und biologischen Strukturdarstellungen kann er Denkbarrieren erfolgreich überwinden, die Vorstellungskraft steigern und letztlich seine Kreativität fördern.

Der Nutzer der NOIS ist durch den Einsatz der zu den Vorgehensschritten zugeordneten methodischen Mittel in der Lage, Denkbarrieren im konstruktiven Entwicklungsprozess erfolgreicher zu überwinden, Ziele nicht nur aus der Sicht des Marktes, sondern auch aus der Sicht der evolutionären Entwicklung zu bestimmen, zielgerichtet vorzugehen und damit Entwicklungszeiten zu verkürzen, die Lösungsfindung zu effektivieren, die eigene Kreativität zu steigern sowie in der Vernetzung zwischen biologischen Vorbild und zu entwickelnder technischer Lösung zu denken, um Analogien mit geringerem kognitiven Suchaufwand zu bilden.

Damit stehen den Entwicklungsteams neuartige „Konstruktionswerkzeuge" zur Zielbestimmung und Lösungsfindung als heuristisch nutzbare Hilfen im Konstruktionsprozess zur Verfügung.

1. Zielbestimmung Schritte/Methodische Hilfen	2. Lösungsfindung Schritte/Methodische Hilfen
1.1 Untersuchung der Markt- und Bedarfssituation/ W-Fragen-Methode 1.2 Durchführung einer Systemanalyse/ Funktions- und Strukturbetrachtung 1.3 Erfassung des Standes der Technik/ Entwicklungsstandtabelle 1.4 Durchführung einer Generationsbetrachtung/Generationstabelle 1.5 Bestimmung des Evolutionsstandes/Evolutionsstandstabelle 1.6 Bestimmung von Effektivitätsfaktoren/Effektivitätsgleichung 1.7 Aufstellung einer Anforderungsmatrix und Auswahl relevanter Widersprüche 1.8 Bezeichnung der paradoxen Forderung	2.1 Bestimmung des Hauptwiderspruches und Ableitung der zugrundeliegenden Grundfunktionen/Orientierungsmodell biologischer Grundfunktionen 2.2 Aufdeckung relevanter biologischer Strukturen mit gleichen oder ähnlichen Funktionen 2.3 Zusammenstellung der Strukturen in einer Tabelle und Ableiten erster Lösungsansätze (Prinziplösungen)/Tabelle biologischer Strukturdarstellungen 2.4 Übertragung der ermittelten Lösungsansätze in eine technische Lösung entsprechend den Bedingungen 2.4.1 Variieren und/oder Kombinieren relevanter Merkmale/Variations- bzw. Kombinationsmethode 2.4.2 Bewertung von Lösungselementen bzw. Varianten/ Bewertungsmethoden 2.5 Ausarbeitung der technischen Lösung
↓	↓
Entwicklungsaufgabe mit erfinderischer Zielstellung bzw. technische Problemstellung	**Technische Lösung**

Tab. 2 Naturorientierte Innovationsstrategie NOIS

Fazit: Die biologische Evolution als universeller Selbstorganisationsprozess, der Neues hervorbringt, ist eine „unerschöpfliche Innovationsquelle". Wir sollten deshalb die Evolutionsmechanismen und Lösungsprinzipien übernehmen und auf technische Entwicklungen übertragen, die die Natur in vielen Millionen Jahren in der biologischen Vielfalt vergegenständlicht hat.

Nachfolgend werden ausgewählte Elemente der NOIS am Beispiel an der Aufdeckung von Entwicklungspotenzialen bei Eiscremegefriereinrichtungen dargestellt. Hier war der Stand der Technik zum Zeitpunkt der konstruktiven Entwicklung durch den Einsatz von Rundgefrierern für die Riegeleisherstellung gekennzeichnet, die durch einen hohen Energiebedarf benötigen.

Bei der Nutzung dieser Rundgefrierer wird das von den Freezern kommende Softeis in Gefrierformen gefüllt, deren Formtüllen in Größe und Form den Riegeleisportionen entsprechen. Die Gefrierformen sind in einem horizontal umlaufenden Rundtisch angeordnet. Die Unterseite der Formtüllen wird mit Kühlsole von -35 Grad Celsius besprüht, wobei dem Eis die Wärme entzogen wird.

Während des Umlaufes werden die Stile eingebracht und dann auf etwa -18 Grad Celsius abgekühlt. Das Resultat dieser Abkühlung sind an den Formtüllen fest angefrorenen Eiscremestücke. Ein Ausformen ist daher nur durch Abtauen der Randschicht möglich. Dazu müssen im letzten Fünftel des Umlaufes die Formtüllen mit Warmsole von ca. plus 20 Grad Celsius angesprüht werden. In jedem Zyklus ist demzufolge ein Temperaturwechsel von 65 Grad Celsius zu verzeichnen. Anschließend werden die Eiscremestücke reihenweise an den Stilen aufgenommen und aus den Gefrierformen entfernt. Danach erfolgt das Eintauchen zum Zwecke des Beschichtens mit einer Fettglasur. Zur letzten Station, dem Verpacken, gelangen die fertigen Eiscremestücke auf ein Förderband.

Als Mängel bzw. Schwachstellen wurden das energieaufwändige Herstellen der Eiscremestücke und das Ausformen der Eiscreme aus den Härteformen aufgedeckt. Durch gezielte Nutzung der Trendkataloge konnten diese Mängel aus der Sicht der evolutionären Entwicklung bestätigt werden. In diesem Zusammenhang wurden in den Trendkatalogen die Trends wie Verringerung des Energieaufwandes, konstantes Energiepotenzial und kontinuierlicher Prozessablauf ermittelt und für die zukünftige Gestaltung der neuen Gefriereinrichtung beachtet. Für die weitere Prognose zur Entwicklung der Eiscremegefriereinrichtung wurden auch die Gesetzmäßigkeiten der Evolution genutzt. Dabei konnten folgende Anregungen aus den Gesetzmäßigkeiten gewonnen werden:

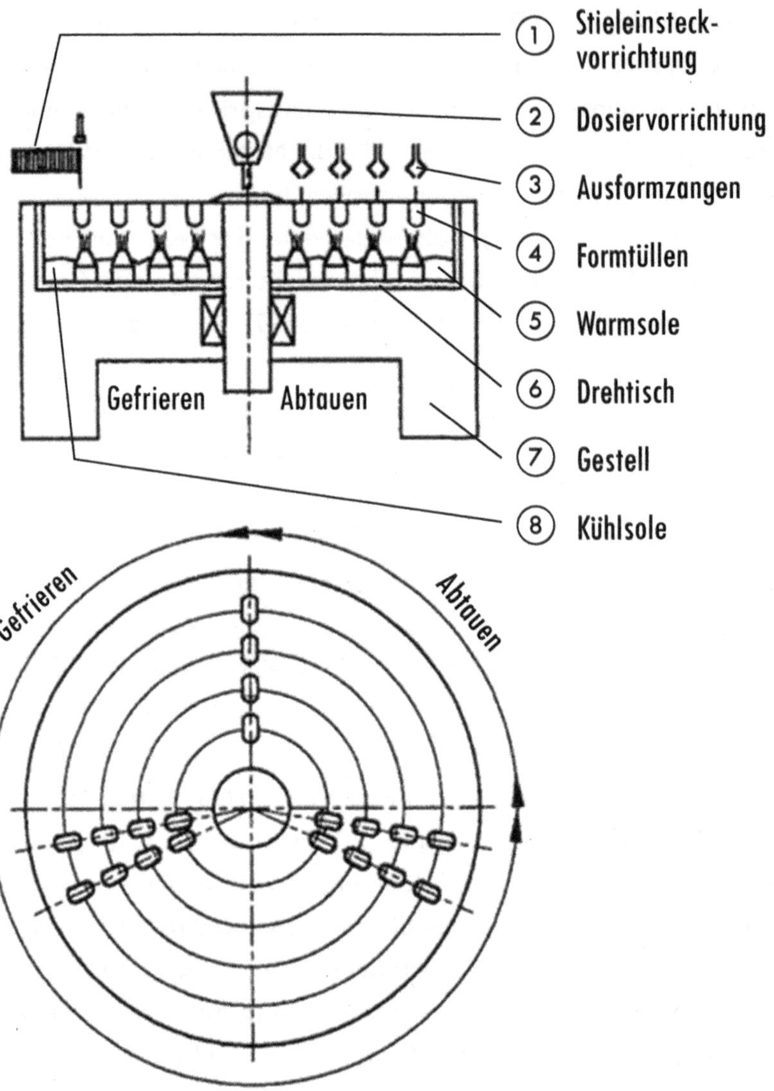

Abb. 63 Rundgefrierer (LINDE/HILL 1993)

- Gesetz der Erhöhung des Grades der Idealität eines Systems. Anregung: Bisher nur auf den Gefrierprozess bezogen, aber noch nicht auf den Einfüll- und Ausformungsprozess.
- Evolutionsetappen. Anregung: Übergang von der Optimierungs- zur Dynamisierungsetappe. Dabei die Gefrierformen nicht als einzelnes Bauteil starr ausführen, sondern aus mehreren Elementen flexibel, also dynamisch zu gestalten, um ein Ausformen zu erleichtern.

- Gesetz der Erhöhung des Anteils von Stoff-Feld-Systemen.
  Anregung: Energiearme Felder bzw. Umweltenergien zur Ausformung nutzen.

Anschließend werden Bedingungen aus mehrperspektivischer Sicht an die ideale Eiscremegefriereinrichtung formuliert, die dadurch gekennzeichnet ist, dass bei ihr der spezifische Energiebedarf gesenkt und gleichzeitig die Zuverlässigkeit des Härte- und Ausformprozesses „von selbst" erhöht wird. Durch Beantwortung der Frage, was am Erreichen der Ideallösung hindert, werden die Widersprüche erkennbar.

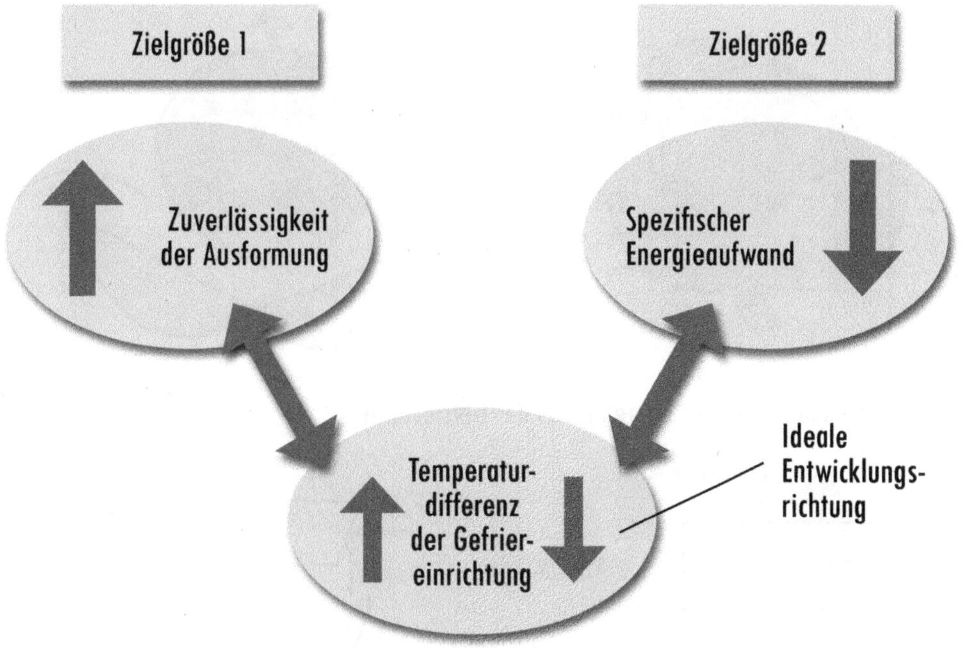

Abb. 64 Der Widerspruch als Kernelement der Zielbestimmung

Die beiden Zielgrößen, die als Hauptwiderspruch aus einer Widerspruchsmatrix ermittelt wurden, zeigen unterschiedliche Wachstumsrichtungen und stehen im unmittelbaren Zusammenhang mit den beiden Wachstumsrichtungen des Systemparameters „Temperaturdifferenz". Im Falle der Temperaturdifferenz der Gefriereinrichtung müsste dieser zur Erfüllung der Zielgrößen gleichzeitig „steigen" und „fallen". Um die Zuverlässigkeit der Ausformung der Eiscremestücke zu erhöhen, müsste die Temperaturdifferenz der Gefriereinrichtung erhöht werden. Für die Verringerung des spezifischen Energieaufwandes wäre jedoch eine Reduzierung der Temperaturdifferenz erforderlich. Die Lösung des Widerspruches erfordert die Entwicklung einer Struktur, welche in der Erhöhung der Zuverlässigkeit der Ausformung trotz Senkung des Energiebedarfs der Eiscremegefriereinrichtung besteht. Das kann jedoch bei dem bekannten Rundgefrierer nicht realisiert werden, da die Anordnung und die geometrische Gestalt der Härteformen technische Ursachen sind, die eine nach dem Gefrieren notwendige Erwärmung der Gefriereinrichtung zum Ausformen der tiefgefrorenen Eiscreme erfordert.

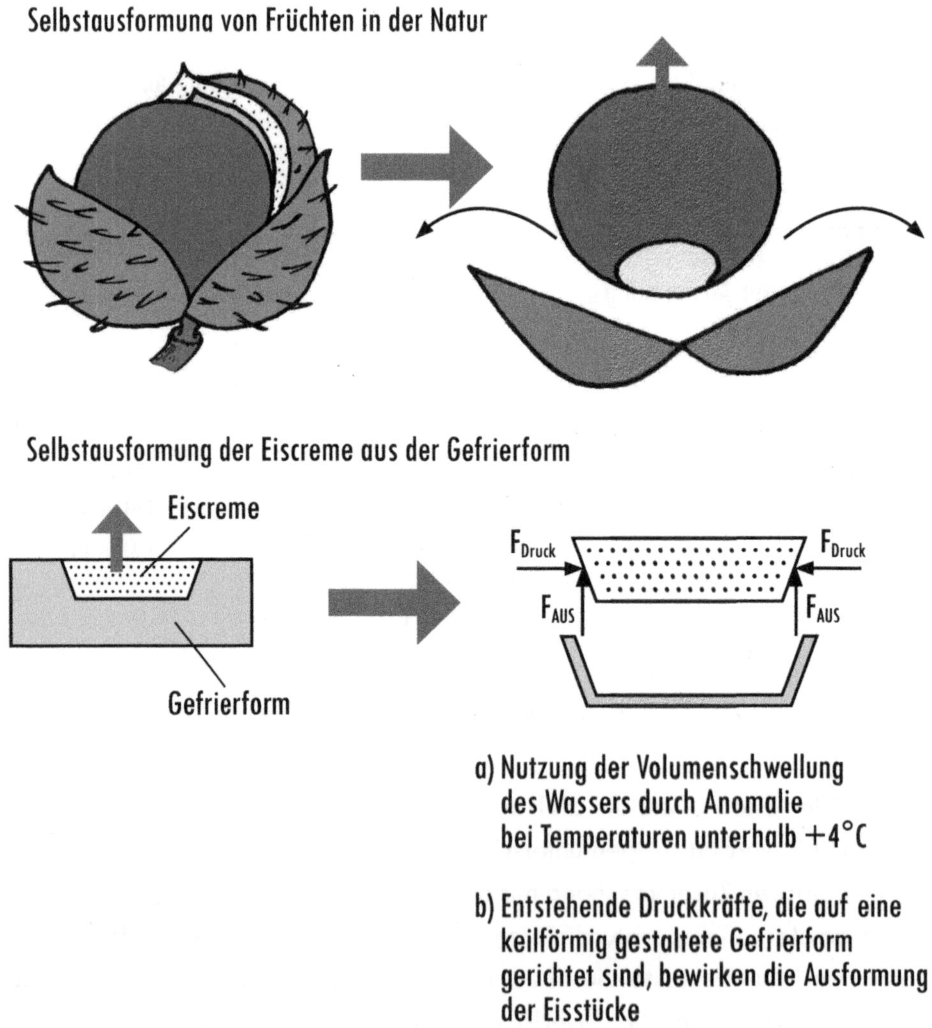

Abb. 65 Prinzip der Selbstausformung

Die in den widersprüchlichen Forderungen enthaltenen Funktionsmerkmale: Selbstausformung von Stoff durch Nutzung von innerer/oder äußerer Selbstbewegung werden zur Lösungsfindung in den Analogiebereich Natur übertragen. In den Katalogen sind, wie bereits angedeutet, bildliche Darstellungen und Funktionsbeschreibungen biologischer Systeme bzw. Teilsysteme dargestellt. Aus ihnen lassen sich relevante Strukturen aufdecken und Anregungen in Form von Lösungsmustern ableiten. So konnten von den nachfolgenden Strukturen biologischer Systeme erste Lösungsansätze für selbstausformbare Gefrierformen abgeleitet werden:

- Bewegung bei der Ausformung von Früchten aus Schalen, wie beispielsweise bei der Kastanienfrucht *Castanea*. Die Volumenschwellung der Frucht wird durch die Schale behindert. Sie reißt auf und treibt die Frucht aus der Schale.

Anregung: Nutzung innerer Selbstbewegung der Eiscreme. Die Eiscreme enthält ca. 86 Prozent Wasser. Bei Temperaturen unter plus vier Grad Celsius tritt durch die Anomalie des Wassers eine Volumenschwellung auf, die durch die Wände der Gefrierform behindert wird. Die dadurch hervorgerufene Druckkraft bewirkt die erforderliche Selbstausformung.

- Wasserleiteinrichtungen bei Flagellaten *Cercomonas*. Es sind Einzeller, die sich mit Geißeln im Wasser fortbewegen. Hierbei wird der Wasserstrom am Körper umgelenkt. Durch spezielle Leiteinrichtungen, wie z. B. nach oben verengte spiralförmige Körperanhänge wird ein Überdruck erzeugt. Dieser wirkt bremsend bzw. aufsteigend auf den Flagellatenkörper.

Anregung: Schräge Anordnung bzw. leichte Trapezform der Gefrierflächen, um die Selbstausformung der Eiscremestücke hervorzurufen. Für die Erzielung einer nutzbaren inneren Selbstbewegung müssen die Gefrierflächen so angeordnet werden, dass aus der Wechselwirkung der Volumenschwellung der Eiscreme in der Struktur der Gefrierform eine Ausformkraft zur Überwindung der wirkenden Haftkraft führt. Dadurch könnte die Ausformung der Eiscremestücke bei der gewünschten Temperatur „von selbst“ erzeugt werden.

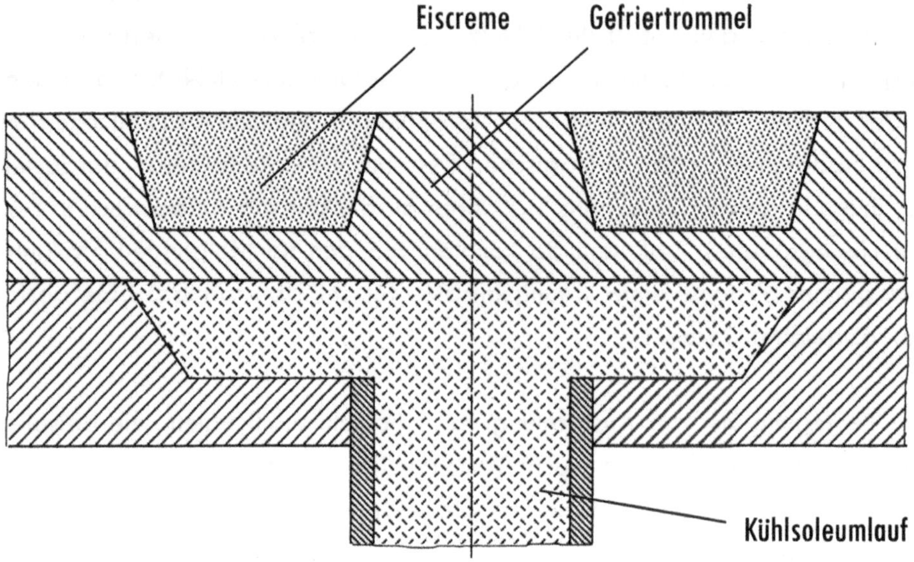

Abb. 66 Trapezform der Gefrierflächen (LINDE/ HILL 1993), Schnitt durch Gefriertrommel

Ausgehend von den bisherigen Gefrierformen bei den Rundgefrierern, wird dabei vorerst nur die Forderung betrachtet, die Struktur der Gefrierformen so zu gestalten, dass mit abnehmender Temperatur der Eiscreme die Volumenschwellung immer größere Kräfte zur Überwindung der Haftkräfte hervorruft. Solche Wirkungen lassen sich mit dem Keileffekt erzielen. In diesem Fall werden die Eiscremestücke selbst leicht keilförmig ausgelegt und die Gefrierformen daran angepasst. Aufgrund der Zielsetzung, Riegeleis herzustellen, wird ferner eine nahezu rechteckige Form benötigt. Unter Berücksichtigung beider Forderungen – keilförmig/rechteckig – erscheint die Trapezform geeignet. Durch Diskussion dieser Lösungsmuster in teamorientierten Problem- bzw. Konstruktionsprozessen besteht so die Möglichkeit von biologischen Strukturen originelle technische Lösungsansätze abzuleiten, die durch anschließendes Variieren und/oder Kombinieren zugrunde liegender Strukturelemente zur neuen technischen Lösung führten: Trommelgefrierer mit zehnspurigen trapezförmigen Ausformtüllen, die eine Selbstausformung der Eiscremestücke bei gleichbleibend tiefer Temperatur, also ohne Erwärmung der Randschichten, ermöglichen.

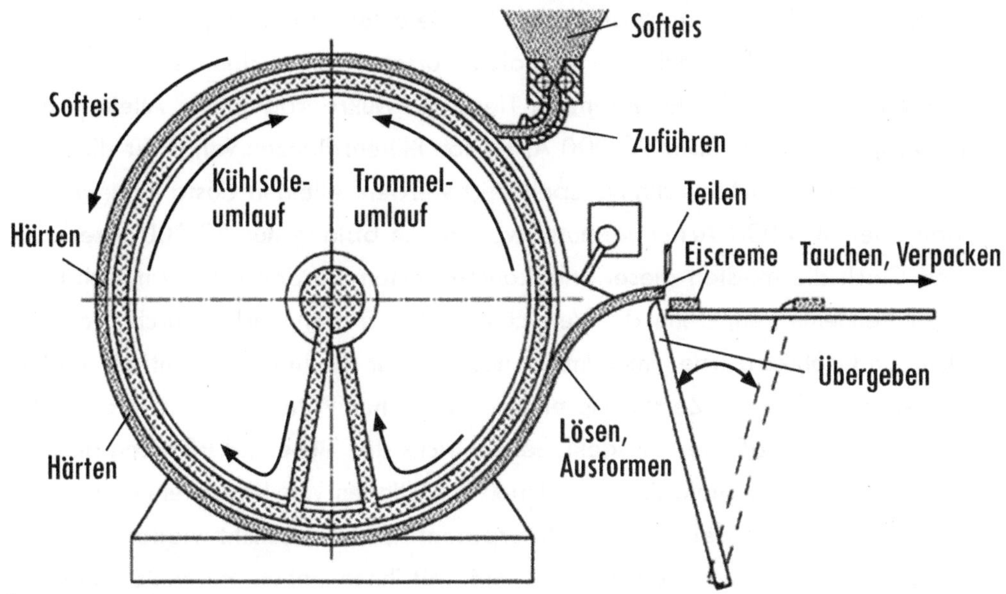

Abb. 67 Trommelgefrierer (LINDE/HILL 1993)

Durch die Anwendung der NOIS organisiert und effektiviert der Ingenieur, Konstrukteur, Produktentwickler und Designer sein strategisches Vorgehen im Konstruktionsprozess. Die unterstützende Wirkung von Katalogen biologischer Strukturdarstellungen einschließlich der Funktionsbeschreibungen ermöglicht es ihm, Denkbarrieren zu überwinden, die Phantasie zu fördern und letztlich seine Kreativität zu steigern.

Durch die Anwendung der Naturorientierten Innovationsstrategie (NOIS) und der Nutzung ihrer methodischen Hilfen, wie die genannten Evolutionsgesetzmäßigkeiten zur Zielbestimmung und Assoziationskataloge zur Lösungsfindung, ergibt sich die Möglichkeit, sich an der überströmenden Fülle, Vielfalt und Effizienz biologischer Strukturen biologischer Strukturen für das Innovationsmanagement zu orientieren, die in Millionen Jahren evolutionärer Naturprozesse hervorgebracht wurden und sich bewährt haben.

Doch die effizienten Systeme der Natur sind noch längst nicht alle entschlüsselt und viele Arten sind noch nicht entdeckt. Manche sind durch die Eingriffe des Menschen schon ausgestorben.

Diese Tatsache trifft ganz besonders für die artenreichen Tropenwälder unserer Erde zu. Hier lebt auf dem schmalen Gürtel zwischen den beiden Wendekreisen die Mehrzahl der Pflanzen, Tiere und Mikroorganismen. Allein in den Neotropen kommen über 90 000 Arten von Blütenpflanzen vor. Über die Vielfalt der Insektenarten kann nur spekuliert werden. Allein in Costa Rica werden weit über 300 000 Arten vermutet, von denen bislang nur 67 000 untersucht sind. Doch die meisten dieser unbekannten Arten werden wir vermutlich nicht mehr kennenlernen, denn die Vernichtung der Tropenwälder durch Brandrodung und Holzkonzerne nimmt immer noch zu. Für die Bionik gleicht der Verlust der Artenvielfalt der Zerstörung eines gigantischen Patentarsenals, in dem alle Strategien und raffiniert ausgeklügelten Tricks der Tiere und Pflanzen gespeichert sind, die die biologische Evolution in Millionen von Jahren entwickelt und erprobt hat. Es handelt sich um „Naturpatente“, die sich nicht wiederherstellen lassen, wenn sie einmal ausgelöscht sind. Mit ihnen gehen wertvolle Lösungen auch für noch unvorhersehbare Probleme verloren. Für den Schutz der Regenwälder gibt es daher noch viel zu tun.

Die Natur als „Schatzkiste voller genialer Erfindungen“ kann zum Lösungspotenzial für eine umweltfreundliche Technik werden. Von der lebenden Natur gibt es noch vieles „abzuschauen“. Ihre optimal ausgerichteten Organisationsabläufe und effizienten Strukturen regen unweigerlich an und können manche längst gestellten Fragen zu entwickelnden Problemlösungen beantworten, um mit ihnen den anthropogenen Klimawandel erfolgreich zu bewältigen.

Naturorientiertes Lernen (NOL) in der Schule

Wie bereits erwähnt, leben wir gegenwärtig in einer von Krisen geprägten Zeit. Die Krisen sind mehr oder weniger Begleiterscheinungen des immer gleichen Problems, welches sich darin äußert, dass unsere auf ständiges, also unendliches Wachstum orientierte Lebensweise auf einen Planeten mit endlichen Ressourcen gerichtet ist. Bevölkerungsexplosion, Verknappung der Ressourcen und Umweltzerstörung erfordern die umwelt- und sozialverträgliche Entwicklung und Gestaltung der menschlichen Gesellschaft, in der für alle Menschen Sicherheit und lebenswerte Existenzbedingungen existieren. Zukunftsgestaltung wird angesichts der Bedrohung von Natur und Menschheit zu einer der wichtigsten Bildungs- und Erziehungsaufgabe dieses Jahrhunderts.

In der jetzigen Zeit beeinflussen die Auswirkungen der Krisen alle unsere Lebensbereiche. Dabei spüren wir auch den sich abzeichnenden Wandel, der sich aus der Einsicht ergibt, dass es nicht so mehr weiter gehen kann wie bisher. Große Herausforderungen und Veränderungen kommen in allen Lebensbereichen auf uns zu. Den politischen Entscheidungsträgern fällt es derzeit schwer, dafür die erforderlichen Rahmenbedingungen vernünftig, gerecht und sozial erträglich zu gestalten und umzusetzen. So werden allzu häufig Maßnahmen und Entscheidungen, die das Alltags- und Berufsleben der Menschen in unserem Land betreffen, ohne ihr Wissen und ihre Teilhabe durchgesetzt.

Von Bürgerbeteiligung und demokratischer Mitsprache ist viel zu wenig zu spüren. Dabei tritt ein gravierendes Problem auf, welches sich darin zeigt, dass die Planung, Ausarbeitung und Umsetzung von politischen Maßnahmen zur Bewältigung des Wandels für die gesamte Bevölkerung von nur einer Minderheit der Regierenden beschlossen und dazu auch noch drastisch durchgesetzt werden. Der Weg in eine zukünftige Entwicklung wird dadurch nur auf der Grundlage ihrer eigenen Interessen und Wertvorstellungen bestimmt und ist daher schon vorbestimmt. Fremdbestimmung und Demokratie sind aber unvereinbar, zudem Fremdbestimmung die Gefahr des Aufbegehrens und anderer sozialer Konflikte birgt. Fremdbestimmung ist schon deshalb abzulehnen, weil die Bürger dabei zu passiven Mitläufern anstatt zu aktiven Mitgestaltern werden. Es muss vielmehr darum gehen, ihre individuelle Kreativität zu entfalten und diese zur gemeinsamen Entwicklung konkreter Zukunftsvorstellungen zu nutzen. Zukunftsentwürfe gehen alle Menschen an und erfordern daher auch die Ausschöpfung ihres kreativen Potenzials für die Gestaltung einer besseren Welt. Das ist eine notwendige Forderung, um den gegenwärtigen Trend von pessimistischer Haltung und zunehmender Resignation entgegenzuwirken. Dieser Trend macht sich besonders bei den Jugendlichen bemerkbar. Zukunftsängste und Schreckensszenarien, wie beispielsweise den Folgen des Klimawandels, der Kriege in der Ukraine und im Nahen Osten (Gaza und Israel), Pandemien, Inflation und all die anderen Katastrophen bestimmen ihr Weltbild. Bei ihnen macht sich mehr Angst als Hoffnung und Optimismus im Hinblick auf die Zukunft breit. Daraus ergibt sich die gesellschaftliche Aufgabe, die von Angst und Pessimismus geprägten Zukunftserwartungen unserer Jugendlichen in optimistische Zukunftsentwürfe zu überführen. Mit anderen Worten muss ein notwendiger Übergang von Zukunftsangst zu Zukunftshoffnung rascher erfolgen, um die Jugendlichen aus der krisengeschüttelten Gegenwart in eine sinnvolle und lebensfrohe Zukunft zu begleiten. Auf diesem Weg können sie hoffnungs- und sinnvolle Vorstellungen von der Zukunft kreativ entwickeln und mitgestalten.

In unserem rohstoffarmen Land ist deshalb das Humankapital Kreativität und Innovationsfähigkeit von entscheidender Bedeutung für die zukünftige Entwicklung unserer Gesellschaft. Die Kreativität kann daher als eine erneuerbare Gestaltungsenergie der Menschen betrachtet werden, die als unversiegbare und „ständig sprudelnde Quelle" anzuzapfen ist. Das ist gerade in dieser Zeit dringend notwendig, damit wir auch die auf wirtschaftlich-technischen Gebiet verloren gegangenen fortschrittlichen Positionen in der Welt wiedererlangen. Deutschland als Land der Forscher und Erfinder verliert zunehmend seine Wettbewerbsvorteile und triftet in die Bedeutungslosigkeit ab. Damit Deutschland auch in Zukunft wieder das Forschen, Entdecken, Tüfteln und Erfinden als Leitprinzip dient, besteht seitens der Bildungspolitik die Verpflichtung, dafür die geeigneten Rahmenbedingungen zu schaffen. Das erfordert auch die Stärkung der naturwissenschaftlich-technischen Bildung in der Schule. Den Lernenden müssen dabei Möglichkeiten geboten werden, nicht nur Phänomene ihrer Umwelt zu verstehen, sondern auch den vielfältigen Erscheinungen auf den Grund gehen und an der Gestaltung der Zukunft mitzuwirken. Nur so kann Deutschland wieder das Land der Forscher, Entdecker und Erfinder sowie zukunftsweisender Technologien werden.

Zukunftsgestaltung als Methode

Als ich vor einiger Zeit aus meinem Bücherregal das Buch von ROBERT JUNGK „Der Jahrtausendmensch – Aus den Zukunftswerkstätten unserer Gesellschaft" von 1983 nahm und darin blätterte, um einige Textpassagen zu lesen, wurde mir schlagartig bewusst, dass dieses Werk für die heutige Zeit des allgegenwärtigen Wandels wieder hochaktuell ist. JUNGK stellt darin die Zukunftswerkstatt als Methode dar, in der kreative Ideen und innovative Lösungen für komplexe Zukunftsentwürfe entwickelt werden. Dabei steht die Partizipation aller Beteiligten im Mittelpunkt.

Die Zukunftswerkstatt ist im Wesentlichen an der allgemeinen Struktur des Problemlösungsprozesses orientiert und gliedert sich nach JUNGK und MÜLLERT in: „Vorbereitungsphase, Kritikphase, Phantasiephase, Verwirklichungsphase und Nachbereitungsphase“ (JUNGK und MÜLLERT 1981, S. 21). Zukunftswerkstätten können in Schulen zu Einrichtungen des kreativen Miteinanders werden, in denen das gemeinsame Entdecken, Forschen, Planen, Entwickeln und Erfinden der Lernenden herausgefordert wird. Dabei werden Zukunftsvisionen entworfen und gestaltet sowie Möglichkeiten ihrer Umsetzung aufgezeigt. Gerade für die Entwicklung von Zukunftsvisionen eignet sich in hervorragender Weise die Strategie des Naturorientierten Lernens mit der Anwendung des bionischen Denk- und Handlungsprozesses. Dieses Lernen trägt dazu bei, nicht nur die Ziele der Zukunftswerkstatt zu verwirklichen, sondern auch das bereits oben genannte allgemein verbindliche Bildungs- und Erziehungsziel der Zukunftsfähigkeit. In der Schule muss es darum gehen, Lernenden auf die sich wandelnde Welt vorzubereiten und bei ihnen diejenigen Kompetenzen ausprägen, die sie benötigen, diese sich verändernde Welt zu verstehen und auch zukunftsorientiert zu gestalten. Zukunftsfähigkeit wird dadurch zu einer neuen Schlüsselkompetenz.

Zur Ausprägung dieser Kompetenz eignen sich beispielsweise solche Handlungsfelder als Wahlmöglichkeiten für die Lernenden wie, Klima, Energie, Biodiversität, Mobilität, Ernährung, Gesundheit und Besiedlung anderer Planeten. Diese Handlungsfelder der Lernenden stehen in unmittelbarer bzw. in mittelbarer Verbindung mit dem Klimawandel. In diesen Handlungsfeldern werden reale gesellschaftliche Probleme gelöst, die natürlich den einzelnen Jahrgangsstufen entsprechend, didaktisch und methodisch für die Lernenden aufbereitet werden müssen. Indem ihre Zukunftsfähigkeit durch eigenes, selbständiges Denken und Handeln an Zukunftsprojekten in den einzelnen Handlungsfeldern ausgeprägt wird, erfahren sie, dass sie die gesellschaftliche Entwicklung mitgestalten und so auch verändern können. Dabei eignen sich die Lernenden neues Wissen über Ursachen, Entstehung und Folgen des Klimawandels an und nehmen an den daraus resultierenden gesellschaftlichen Veränderungsprozessen durch die Entwicklung umweltgerechter Lösungen teil.

Im Lernort Zukunftswerkstatt arbeiten die Lernenden mit Wissenschaftlern und Ingenieuren aus den verschiedensten Bereichen zusammen. Die Lernenden ergründen forschend-entdeckend Mängel und Unzulänglichkeiten bestehender Lösungen, formulieren Ziele und stellen Hypothesen auf, befragen Experten, entwickeln Experimente, testen Funktionen und Materialien und erfinden bzw. gestalten neuartige Lösungen.

Die Ziele und Inhalte zur Ausprägung von Zukunftsfähigkeit bieten in Verbindung mit dem NOL eine erste grob umrissene Grundlage und Perspektive zur Ausarbeitung neuer Bildungskonzepte. Den gesellschaftspolitischen Gestaltungsrahmen bildet dafür der Transformationsbericht der Bundesregierung mit der Bildung für nachhaltige Entwicklung (BNE), der auf der Verknüpfung individueller und gesellschaftlicher Veränderungsprozesse bezogen ist. Darin sind ausdrücklich Zukunftskompetenzen gefordert, weil diese, so im Bericht, es den Menschen ermöglichen, komplexe Herausforderungen zu bewältigen.

„Ein wichtiger Baustein für die Entwicklung von Zukunftskompetenzen ist ihre strukturelle Implementierung im deutschen Bildungssystem und ihre Vermittlung im Rahmen von Bildung für nachhaltige Entwicklung (BNE) in der Breite" (Transformationsbericht S. 8).

Schließlich geht es darum, bei allen Menschen Zukunftskompetenzen über Bildung und nachhaltige Entwicklung aufzubauen, um sie zu befähigen, die Transformation mitzugestalten.

Lernstrategien zur Zukunftsgestaltung

Zur Bewältigung der Klimakrise besteht die Notwendigkeit, die Entwicklung der Technik in Richtung ökologischer Wirksamkeit voranzutreiben. Ein davon abgeleitetes Technikverständnis beruht auf der Tatsache, dass die den Menschen von der Natur zur Verfügung stehenden Möglichkeiten intelligent, vernünftig und mit Bedacht zu nutzen sind.

Eine Möglichkeit dazu bietet, wie wir erfuhren, die Naturorientierung. Das Orientieren an biologischen Systemen kann dazu beitragen, Material und Energie bei technischen Lösungen zu minimieren und daher auch weitere Eingriffe in die Natur zur Rohstoffentnahme abzuwenden. Wenn dieses Orientieren auf der Grundlage der oben angeführten entwicklungsorientierten Denkweise erfolgt, sind die Voraussetzungen gegeben, technische Entwicklungen in die richtige Richtung voranzutreiben. Damit ließe sich ein neuer Paradigmenwechsel einleiten, der von der naturentfremdeten zur naturverwandten Technik gekennzeichnet ist. Dabei wird die Natur nicht nur als Produktionsfaktor, sondern vielmehr als globaler Orientierungsraum für die Entwicklung einer menschen- und umweltgerechten Technik genutzt. Darauf sollte auch der Bildungsbereich mit neuen Zielen und Inhalten angemessen reagieren, denn die Einbeziehung dieser

These in Bildungskonzepte erfordert eine weitere Stärkung der MINT-Fächer (Mathematik, Informatik, Naturwissenschaft und Technik) und ein breites Angebot von interessenfördernden Projekten für die Zukunftsgestaltung. In diesen Projekten gilt es, Probleme zu thematisieren, die sich aus dem Umgang mit der Natur und ihren Lösungsmöglichkeiten ergeben, aus denen eine umwelt- und menschengerechte Technik entstehen kann. In solchen Projekten wird der Lernende zum aktiven Gestalter von Zukunftsvisionen. Dessen Denk- und Handlungsweisen setzen bei gesellschaftlichen Problemstellungen an, führen über die Entdeckung notwendiger naturwissenschaftlicher Zusammenhänge (entdeckendes Lernen) bis zur technischen Anwendung, die in der Ausarbeitung und Gestaltung einer umweltgerechten technischen Lösung (erfindendes Lernen) auf der Grundlage der Berücksichtigung von Anforderungen aus technisch-technologischer, ökonomischer, ökologischer und sozialer Sicht führt. Es sind fächerübergreifende Projekte, bei denen die Lernenden bei der Lösungsfindung den „Ideenpool Natur“ systematisch nutzen. Ziel dabei ist, dass die Lernenden das komplexe Wesen der natürlichen und künstlichen Umwelt, welches sich aus dem Zusammenwirken ihrer biologischen, sozialen, wirtschaftlichen und technischen Perspektiven ergibt, verstehen lernen und sie die erforderlichen Kenntnisse erwerben lassen, die sie befähigen, in verantwortungsbewusster Weise am Erkennen und Lösen von Umweltproblemen teilzuhaben. Im gegenwärtigen Fächerkanon der allgemeinbildenden Schulen existieren zwar bereits Integrationsfächer, wie beispielsweise Natur und Technik oder Mensch-Technik-Natur, jedoch sind dort Projekte zu einer auf Naturorientierung basierten Zukunftsgestaltung kaum bzw. gar nicht zu finden. Für die sinnvolle Planung und Gestaltung der menschlichen Umwelt ist die Mitwirkung der Betroffenen notwendig. Das setzt aber zwingend voraus, den dafür erforderlichen Sachverstand und das dazu notwendige Problemlösungsvermögen der Lernenden zu vermitteln. Dazu gehören Methoden des Entdeckens und Erfindens, insbesondere solche, die das Lernen von der Natur ermöglichen (vgl. Strategie des Naturorientierten Lernens). Naturorientiertes Lernen schließt das entdeckende und erfindende Lernen ein. Daraus ergeben sich auch neue Impulse für die Stärkung der technischen Bildung.

Der Technikunterricht ist nämlich das spezifische und alleinige Fach, welches Technik mit seinen Systemen, Verfahren und Prozessen zum Lerninhalt hat und sich auf die Lebenswirklichkeit in einer von Technik geprägten Welt bezieht. Es ist auch das Fach, welches nicht die passive Beobachtung von Umweltschäden und anderen Technikfolgen untersucht, wie es in den anderen naturwissenschaftlichen Fächern der Fall ist, sondern sich in der aktiven Auseinandersetzung ihrer Ursachen beschäftigt und zur Mitgestaltung zukünftiger umweltfreundlicher Technik beitragen kann. Sowohl für die Integrationsfächer als auch für den Technikunterricht ist aufgrund der Durchführung von Projekten zur umweltfreundlichen Technikgestaltung, bei denen Lösungen aus der Natur eine Rolle spielen, die Anwendung der Strategie des Naturorientierten Lernens erforderlich. Was kennzeichnet die Strategie des Naturorientierten Lernens?

Strategie des Naturorientierten Lernens (NOL)

Untersuchungen in der Schulpraxis haben gezeigt, dass unseren Schülerinnen und Schülern das Anwenden und Übertragen erworbenen Wissens auf neue Sachverhalte und Lernsituationen noch relativ schwerfällt. Das Lernen ist für sie oft uneinsichtig und es bereitet ihnen Schwierigkeiten, Wissen vernetzt anzuwenden. Bei den Lernenden zeigt sich deshalb die Unfähigkeit, mit dem Gelernten umzugehen und es zur Realität in Beziehung zu setzen. Unterricht und damit ist das Lernen zu wenig anwendungsorientiert. Gerade im naturwissenschaftlich-technischen Unterricht wird die Realität erklärt, indem man sie in Fächer unterteilt und behandelt, als gäbe es getrennte chemische, biologische, physikalische und technische Welten. Mit einem solchen Reduktionismus wird die Ganzheitlichkeit und Vernetztheit unserer Welt nicht erfasst und begriffen. Der nach Fächern gegliederte Unterricht und die sich daraus ergebende eingleisige Wissensvermittlung ist sicherlich einer der Gründe für diese unzufriedene Situation. Trotz des relativ schlechten Ergebnisses Deutschlands beim internationalen PISA-Vergleich hat sich in der Schulbildung noch nichts geändert.

Das Leben in und die Bewältigung einer sich durch den Klimawandel und anderer Krisen verändernden Gesellschaft erfordert beispielsweise solche Tugenden, wie Leistungsbereitschaft, Zuverlässigkeit, Kritik- und Zukunftsfähigkeit, Fleiß, Toleranz, Durchhaltevermögen und Kooperationsbereitschaft. Leider gehen solche Persönlichkeitseigenschaften in unserer Gesellschaft immer mehr verloren. Auch in dieser Hinsicht ist unser Schulsystem gefordert, solchen Tugenden wieder verstärkt Aufmerksamkeit zu schenken und deren Ausprägung wieder zu fördern. Auch dem Prinzip des Wettbewerbs, welches in der Schule verpönt ist, muss ebenfalls wieder Beachtung geschenkt werden. Wettbewerb ist ein bei allem „Für und Wider" ein wichtiger Bestandteil unseres gesellschaftlichen Lebens. Eine Schule, die auf das Leben in der Gesellschaft vorbereitet, muss auch auf Wettbewerbsfähigkeit vorbereiten, die die optimale Leistung der Lernenden herausfordert. Das Prinzip des Wettbewerbs stammt aus der Wirtschaft, bei dem durch Konkurrenz und Auslese Gewinner und Verlierer hervorgehen. Wettbewerb ist auch eine Überlebenserscheinung der biologischen Evolution, weil in der Natur ein ständiger Wettbewerb der Lebewesen um knappe Ressourcen stattfindet. In diesem Wettbewerb haben nicht alle Lebewesen Erfolg. Daher kommt es, dass es in diesem Wettbewerb nur wenige Gewinner gibt. Weil DARWIN diesen Wettbewerb als „Kampf ums Dasein" bezeichnet, ist ein solcher Wettbewerbsgedanke verpönt. Heute weiß man, dass beim natürlichen Wettbewerb Kooperation und Symbiose eine nicht zu unterschätzende Rolle spielen. Ohne diese beiden Erscheinungen können soziale Systeme nicht funktionieren.

Für die Persönlichkeitsentwicklung hat die Leistungsförderung durch Wettbewerbe den Vorteil, dass dadurch das kooperative Verhalten ausgeprägt und entwickelt wird. In der lebenden Natur ist es ähnlich. Denken wir beispielsweise an ein Löwen- oder Affenrudel, dessen Jagderfolg vom kooperativen Verhalten der einzelnen Rudelmitglieder in ihrem Zusammenwirken abhängt. In der lebenden Natur besteht daher ein Zusammenhang zwischen eigennützigem und kooperativem Verhalten innerhalb der Lebensgemeinschaft. Das ist im Schulsport bei Mannschaftsspielen nicht anders. Hier trainiert der Einzelne seine Fähigkeiten, die in der Mannschaft Synergieeffekte ergeben und letztlich über den Wettbewerbserfolg der Mannschaft entscheiden. Der Einzelne lernt so mit seinen Mannschaftsmitgliedern auf der Grundlage von festgelegten Regeln zu kooperieren und dadurch in Konkurrenz zur Mannschaft des Gegners zu stehen. Die Mannschaftsmitglieder erkennen, dass kooperatives Verhalten durch das Einhalten von Regeln des Einzelnen erfolgt. Genauso verhält es sich auch in anderen Unterrichtsfächern. Geht es bspw. darum, auf der Grundlage der Anwendung von Kreativitätsmethoden technische Probleme in der Lerngruppe gemeinsam zu lösen, findet hierbei das kooperative Zusammenspiel von individueller und sozialer Kreativität statt. Jedes Mitglied der Lerngruppe entwickelt interessengeleitete Lösungsansätze und trägt damit letztlich zur gemeinsam hervorgebrachten Lösung bei. Es ist eine Form des „Assisting Learning", bei der sich ebenfalls das Wechselspiel von individueller und teambildender Leistungsbereitschaft entwickelt und dadurch für das partnerschaftliche Lernen förderlich ist. Die gegenwärtige Schule kann ein solches Lernen jedoch nicht mehr in vollem Umfang gewährleisten, weil das lebensvorbereitende Leistungsprinzip kaum noch eine Rolle spielt. Doch angesichts der gegenwärtigen katastrophalen Lage unseres heruntergekommenen Schulsystems wäre dies jedoch das „kleinste Übel". Die PISA-Studie hat wieder gezeigt, dass die Lernenden nicht einmal mehr über grundlegende Fähigkeiten und Fertigkeiten in Deutsch und Mathematik verfügen. Mehr als ein Viertel der 15-Jährigen haben erhebliche Schwierigkeiten, einen Satz richtig zu schreiben und jeder Dritte scheitert daran, einfache Mathematikaufgaben zu lösen. Drastisch ausgedrückt hat die verfehlte Bildungspolitik unsere Lernenden immer dümmer werden lassen. Technische Grundbildung spielt zudem nur noch eine untergeordnete Rolle. Da braucht man sich nicht zu wundern, dass wir heute einen erheblichen Mangel an Fachkräften zu verzeichnen haben.

Ohne die Stärkung technischer Allgemeinbildung wird es unmöglich, die von der Bundesregierung neu auszurichtende Forschungs- und Innovationspolitik unter dem Slogan „Zukunftsstrategie Forschung und Innovation" zu verwirklichen. Hinzu kommt, dass die folgenschweren Auswirkungen einer zu sanften „Kuschelpädagogik" die bewährten Bildungsstandards hinsichtlich des Leistungsprinzips aufgeweicht und sich in den Zielen immer weiter von der Lebenswirklichkeit entfernt haben. In der Schule unterstützen wir ohnehin nicht mehr die Begabten und vernachlässigen das pädagogische Prinzip der individuellen Förderung. Es wird zunehmend als unsozial abgetan, weil es die weniger Begabten diskriminieren würde. Leistungsanforderungen sind deplatziert, da sie die Lernenden unnötig fordern und zu stark belasten würden. Eine verbreitete „Schonhaltung" beim Umgang mit den Lernenden bestimmt größtenteils den Unterricht in der Schule. Tests, Wettbewerbe, Notengebung und damit Leistungsorientierung passen nicht in das Bild der seit Jahrzehnten betriebenen „Kuschelpädagogik". Mit der antiquierten Sicht dieser Reformpädagogik lassen sich die Herausforderungen unserer Zeit ohne eine Neuausrichtung der Bildung und Erziehung nicht lösen.

Ein weiterer Mangel im gegenwärtigen Schulsystem besteht auch darin, dass mit dem Vordringen medialer Wissensvermittlung durch Computer und Fernsehen Naturerfahrungen zunehmend verloren gehen. Dabei ist Naturerfahrung nicht nur für die Persönlichkeitsentwicklung, sondern auch für die Bereitschaft zu umweltgerechtem Handeln von enormer Bedeutung. Der dynamische Wandel auf den verschiedensten Ebenen unserer Gesellschaft, besonders der in den gesellschaftlichen Tätigkeitsfeldern, gekennzeichnet durch den Übergang von der Fremdbestimmung zur Selbstbestimmung, erfordert vom Einzelnen Verantwortungsbewusstsein und Bereitschaft zum lebenslangen Lernen. In Analogie zu den natürlichen Ressourcen stellt gerade das lebenslange Lernen und die daraus resultierende Kreativitätssteigerung die bedeutendste humane Ressource dar. Zudem gewinnt in einem Zeitalter der Wissensexplosion die Qualifikation, Wissen selbständig erarbeiten zu können, immer mehr an Bedeutung. Die Lösung der genannten Probleme erfordert in der Schule neben veränderten Organisationsformen des Lernens auch neue Wege und Strategien der Wissensaneignung.

Naturwissenschaftlich-technische Bildung erfordert eine integrationsorientierte Zusammenarbeit auf schulischer Ebene mit dem Ziel, Schülerinnen und Schüler die Möglichkeit zum Begreifen der komplexen Vorgänge im Bereich von Naturwissenschaften und technologischen Entwicklungen ermöglichen und aktiv an ihrer Gestaltung mitzuwirken. Der heutige Unterricht in Technik und Naturwissenschaften muss auf die heutige und zukünftige Lebens- und Arbeitswelt vorbereiten und neue Wege der Wissensvermittlung und des aktiven Wissenserwerbs aufzeigen. Hierbei geht es um interdisziplinäres Lernen am Objekt in der vernetzten Realität mit dem Ziel, das Lernen zu lernen, mit dem Wissensstoff problem- und handlungsorientiert umgehen zu können. Dadurch könnte in der Schule ein „dynamisches Wissensgerüst" aufgebaut werden, welches der Entwicklung kreativer Denkfähigkeiten dient, die u. a. zum Erkennen von Analogien und zu notwendigen Zusammenhängen innerhalb des gebotenen Wissensstoffes führen.

Aktiver Wissenserwerb, der diese Ansprüche erfüllt, sollte daher das problemorientierte Forschen, Entdecken, Konstruieren und Erfinden beinhalten. Die natürliche und künstliche Welt lässt sich nicht begreifen, indem man sie in Teile zerlegt. Es werden Sichtweisen und Strategien benötigt, die das Zusammenspiel von Natur und Technik begreifbar machen und zur aktiven klimagerechten Umweltgestaltung anregen. Bildung erfordert daher auch Zukunftsgestaltung als Inhaltselement, damit den Lernenden Möglichkeiten und kreative Gestaltungsfreiräume zum Denken und Handeln offenstehen, um zur Lösung realer Probleme beizutragen.

Dieser Realitätsbezug trägt unmittelbar dazu bei, dass die Lernenden selbst erleben, dass sie zu verantwortungsvollen Gestaltern ihrer Umwelt werden. Es muss auch darum gehen, Naturwissenschaften und Technik nicht in ihrer abgeschlossenen Form, sondern in ihrer Entstehung und Weiterentwicklung als widerspruchsvollen Prozess der Gewinnung von Erkenntnissen und Gestalten von Konstrukten zu vermitteln und anzueignen. Die Lernenden erwerben sich so Wissen durch das Lösen von Problemen und erleben dabei die Freude am eigenen (Nach-)entdecken und (Nach-)erfinden. Insofern werden verstärkt Sach-, Methoden-Individual- und Sozialkompetenz ausgeprägt und gefördert. Beispielsweise erfordert Problemlösen als Bestandteil der Individualkompetenz auch ein neues Problemverständnis, welches in einer neuen Art der Problemformulierung besteht. Beim Entwickeln von umweltgerechten Lösungen lautet die Problemstellung nicht mehr: „Entwickeln eines Autos ... oder eines Gebäudes ..., sondern es geht um das Entwickeln einer technischen Lösung zum energiesparenden Transportieren von Lasten ohne Emissionen ... oder einer solchen zum klimagerechten Wohnen ohne zusätzliche Energiebereitstellung ...

Dabei muss die Lösungsfindung stets an den Lösungen der Natur orientiert sein, weil man sich dort manches abschauen und so von ihr lernen kann. Die neue Lernstrategie des Naturorientierten Lernens schließt deshalb, wie bereits angeführt, das Entdecken und Erfinden ein. Das heißt, dass die Lernenden zunächst biologische Phänomene entdecken und diese dann in technisch umweltgerechte Lösungen bzw. Erfindungen umsetzen.

Die Strategie des Naturorientierten Lernens macht das Zusammenspiel von Natur und Technik begreifbar. Sie ist eine Strategie, die sich an den Mechanismen der natürlichen Evolution orientiert. In der Evolution lernen die Lebewesen, wie diese sich flexibel an Verhältnisse der Umwelt anpassen. Auf das Lernen in der Schule bezogen würde dies bedeuten, dass man nicht so sehr feste Inhalte lernen, sondern vielmehr das Lernen lernen sollte. Dieses Lernen führt zur Fähigkeit, sich flexibel den verändernden Bedingungen anzupassen und Neues aufzunehmen. Naturorientiertes Lernen bietet neue Wege des Lernens. Es geht um das Lernen an der Praxis und in Zusammenhängen, ein Lernen mit allen Sinnen auf zunehmend selbstbestimmten, kreativen Wegen. Naturorientiertes Lernen entfaltet auch Selbstbestimmung, Kooperation, Offenheit und Interdisziplinarität statt Fächergrenzen. Zunächst sollen dazu einige ausgewählte reformpädagogischen Grundlagen kurz aufgegriffen werden.

Der bedeutende Pädagoge, Philosoph und Bildungsreformer JOHANN AMOS COMENIUS (1592–1670) orientierte sich bei der Konzipierung und Entwicklung von Lehr- und Lernmethoden an den Strategien der lebenden Natur. COMENIUS konzipierte für das Lernen drei wichtige Methoden, welche die Erkenntnistätigkeit der Kinder fördern sollen. Es ist das Analysieren, das Einzelheiten betrachtet, das Synthetisieren, das den Blick auf das Ganze richtet und das Vergleichen unterschiedlicher Sachverhalte. Heute wissen wir, dass das Analysieren, Synthetisieren und Vergleichen grundlegende Operationen in Denkprozessen darstellen. Daher sind sie auch wichtige Bestandteile des bionischen Denk- und Handlungsprozesses.

In seinem Hauptwerk, der Großen Unterrichtslehre „Didactica magna", stellte COMENIUS zehn Grundsätze des Lehrens und Lernens auf, die er von der Natur ableitete. Er traf dabei über die Art und Weise des Lernens die Aussage, „... über die Dinge nicht bloß fremde Meinungen in den Büchern zu lernen, einzusehen oder auch gedächtnismäßig festzuhalten und herzusagen, sondern selbstständig zu den Wurzeln der Dinge vorzudringen und deren wahres Verständnis sich anzueignen" (COMENIUS 1947, S. 33). Einer davon stützt sich auf die Aussage, dass die Natur keinen Sprung macht, sondern stufenweise vorgeht, also vom Leichteren zum Schwierigeren fortschreitet. Dazu ordnet er den Grundsätzen Analogien aus der Natur als Orientierungs- und Verständnishilfe zu, wie beispielsweise: Ein Jungvogel lernt fliegen nicht sogleich, sondern in Etappen bzw. Schritten:

1. „Auf den Beinen stehen,
2. dann die Flügel zu regen,
3. sich dann durch kräftigere Schwingung zu erheben und
4. sich endlich der freien Luft anzuvertrauen.

Nachahmung, also der Transfer auf das Lernen:

- Lehrstoff vom Elementaren zum Komplexen, vom Einfachen zum Komplizierten vermitteln.
- Zuerst das Nächstliegende, dann das Nahe, dann das Entferntere und zuletzt das Allerentfernteste dem Lernenden bekannt zu machen.
- Erst die Sinne üben, dann das Gedächtnis, dann das Begreifen und anschließend das Urteilen" (COMENIUS 1947, S. 64–65).

Comenius nutzte die lebende Natur als Erkenntnisquelle für die Ausarbeitung von Grundsätzen.

In diesem Zusammenhang ist auch JEAN-JACQUES ROUSSEAU (1712–1778) mit der naturnahen Pädagogik zu nennen. Er erkannte, dass Erziehung und Sozialisation das Verhältnis zur Natur bestimmen, welches zu einem sinnlichen, einfühlsamen Umgang mit ihr führt. Der französische Reformpädagoge CÉLESTIN FREINET (1896–1966) trat dafür ein, den natürlichen Nachahmungstrieb und Tätigkeitsdrang des Kindes, seine kreative und konstruktive Selbsttätigkeit zur Grundlage von Lernprozessen anzusehen. Das Verständnis von Naturwissenschaften und Technik kann daher ausgeprägt werden, wenn die Lernenden sich deren Aneignungsgegenstände entdeckend und entwickelnd aneignen. Darin liegt das wirkliche Verständnis begründet. Nachfolgend soll der Begriff des Naturorientierten Lernens bestimmt werden.

Naturorientiertes Lernen orientiert sich an den Mechanismen der biologischen Evolution. In der biologischen Evolution ist Lernen ein aktiver und wechselseitiger Prozess der flexiblen Anpassung an gegebene Lebensumstände und deren aktiver Aneignung und Veränderung, der dazu führt, das eigene Verhalten zu optimieren. Dies verlangt auch, sich auf Unsicheres oder Unbekanntes ein zu lassen und Risiken ein zu gehen. Insofern ist das Lernen im biologischen Evolutionsprozess eine durch Erfahrung entstandene Verhaltensänderung, die Organismen befähigen, situationsangemessen und flexibel zu reagieren.

Naturorientiertes Lernen ist daher ganzheitlich vernetztes Lernen und bezieht die Natur als Erkenntnis- und Inspirationsquelle zum Problemlösen ein. Es ist lebensnah und findet in Kooperation mit der Natur statt. Es ist darauf gerichtet, das Lernen zu lernen und ermöglicht den Lernenden, sich flexibel dem relativ schnellen Wandel in den gesellschaftlichen Bereichen an zu passen. Naturorientiertes Lernen thematisiert auch didaktisch aufbereitete Schlüsselprobleme der Menschheit und befähigt die Lernenden, eine lebenswerte Zukunft mitzugestalten, die im Einklang mit der Natur und ihren Ressourcen steht.

Ganzheitlichkeit ist gerichtet auf:

- Erfassung des Erkenntnisobjektes durch interdisziplinäre Gegenstandserschließung
- Einsicht in Zusammenhänge sowie in die Interdependenzen von Problemen und Problemlösungen
- Zusammenwirken verschiedener Persönlichkeitsdimensionen, wie Kopf, Herz, Sinne sowie Hand.
- Naturorientiertes Lernen fördert:

- Lernmotivation und Selbstentfaltung
- Teamfähigkeit, Kooperativität und Kreativität
- Neugier und Phantasie sowie interdisziplinäres und vernetztes Denken ...

Naturorientiertes Lernen reicht vom „Entdecken"

- einer neuen Struktur
- eines neuen Prinzips
- einer neuen Gesetzmäßigkeit

und deren Umsetzung durch „Erfinden" in eine originelle Lösung.

Naturorientiertes Lernen nutzt die „Mitproduktivität der Natur" bei der Lösungsfindung und zielt darauf ab, die der Natur innewohnenden Entwicklungsmuster, Prinzipien und Gesetzmäßigkeiten zu erkennen. Es nutzt u. a. Baupläne von Pflanzen und Tieren als Lösungsmuster und Denkanregungen. Es macht das Lernen somit interessanter, einsichtiger und abwechslungsreicher.

Naturorientiertes Lernen ermöglicht, in persönlichen Bedeutungszusammenhängen Probleme und Fragestellungen zu lösen, die durch Denk- und Handlungsweisen des Entdeckens und Erfindens geprägt sind.

Naturorientiertes Lernen basiert auf der Erkenntnis- und Inspirationsquelle Natur. Der Wissenserwerb und die Wissensanwendung sind konstruktivistisch und erfolgen durch den Aufbau neuen Wissens und der Modifikation vorhandenen Wissens. Die Entwicklung des Verständnisses von Naturwissenschaft und Technik als Faktoren der Zukunftsgestaltung erfolgt im Kontext des Problemerkennens und -lösens auf der Grundlage von Strategien und Methoden.

Beim Naturorientierten Lernen stehen die Lernenden, das Lernobjekt und die Lernstrategie im Zentrum der aktiven Auseinandersetzung. Das Lernen erfolgt in der direkten Begegnung mit der Natur (unbelebte und belebte). Aus dem Beobachten, Analysieren, Abstrahieren, Synthetisieren, Analogisieren und Experimentieren entwickelt sich der weitere Lernprozess. Am gleichen Lernobjekt können die Lerninhalte der Unterrichtsfächer projektartig vermittelt werden. Um zu verstehen, wie ein Flugzeug fliegt, sollte der aerodynamische Auftrieb experimentell entdeckt werden. Um zu begreifen, wozu ein Getriebe dient, welche Funktion es also innerhalb einer Maschine erfüllt, sollte es tatsächlich immer wieder neu erfunden werden – so wie jedes Kind wieder „entdeckt" und „erfindet" wie man geht, spricht, liest und rechnet.

Naturorientiertes Lernen bedeutet nicht nur das Entdecken und Erfinden von etwas Neuem (subjektiv Neues), sondern ermöglicht vielfältige Methoden des

Wissenserwerbs durch eigene Erkenntnistätigkeit. Um zu begreifen, wie ein Schubkurbelgetriebe oder ein Sonnenkollektor funktioniert, sollten diese immer wieder (nach-)erfunden werden.

Beim Naturorientierten Lernen werden Strategien und Methoden zu Inhaltselementen. Diese ermöglichen es den Lernenden, weitgehend selbständig Erfahrungen zu machen und Probleme zu erkennen sowie zu lösen. Dieses Lernen führt zu Neugier für die Natur und ihrer Anwendungsmöglichkeiten in Kultur, Technik und Gesellschaft. Es ist Lernen aus Neugierde, schafft Staunen und Begeisterung, ergründet Wunder der belebten und unbelebten Natur und lenkt die Faszination auf unerforschte Phänomene und ihre technischen Anwendungen, wie beispielsweise Zukunftsgestaltung (z. B. Ökologisierung und Ökonomisierung der Technik durch Bionik).

Der Autor schlägt für das Naturorientierte Lernen eine aufeinander aufbauende Stufenfolge vor, deren Merkmale in der nachstehenden Tabelle aufgeführt sind.

Niveaustufe	Merkmale
1. Stufe: Staunen und Wundern	Die Lernenden können die Leistungsfähigkeit biologischer Systeme erfassen.
2. Stufe: Erkennen	Die Lernenden können den Funktion-Struktur-Zusammenhang biologischer Systeme erkennen und beschreiben.
3. Stufe: Verstehen	Die Lernenden können das Prinzip einer biologischen Struktur aufdecken und als Prinzipdarstellung abbilden.
4. Stufe: Übertragen und Anwenden	Die Lernenden können die Prinzipmerkmale biologischer Strukturen nach zu realisierenden technisch-technologischen, ökonomischen, ökologischen und sozialen Bedingungen und Forderungen so verändern, dass dadurch eine originelle technische Lösung entsteht.

Tab. 3 Niveaustufen Naturorientierten Lernens

Nachfolgend sollen diese Stufen an Beispielen verdeutlicht werden. Am Anfang jedes Lernprozesses muss daher das Staunen und Wundern stehen, welches auf Interessen erzeugende Phänomen gerichtet ist. Die den Lernenden bewusst gemachte Bedeutsamkeit solcher Phänomene erzeugt ein motivationales Potenzial emotionaler Annäherung an Naturvorbilder. Staunen und Wundern schließen den Lernprozess auf, wecken heuristische Interessen und fördern letztlich auch Kreativität. Beim Naturorientierten Lernen bedeutet das Wundern und Staunen auch, sich eines zu lösenden Problems bewusst zu werden. Dieses führt zum Hinterfragen von Struktur und Funktion des Naturvorbildes. Hier ist auch der Übergang von der emotionalen zur intrinsischen Motivation der Lernenden zu finden. Superlative und Bewunderungsinhalte aus der Welt der Tiere und Pflanzen sind Mittel, um mit Faszination zu lernen. Diese sind Schülerinnen und Schülern an Beispielen aufzuzeigen. An einigen Beispielen soll dieser Sachverhalt verdeutlicht werden. So kann eine Stechmücke mit ihren Fühlern noch Temperaturunterschiede von 1/500 Grad Celsius wahrnehmen. Die Abgottschlange reagiert innerhalb von 35 Millisekunden auf die Temperaturänderung vom Bruchteil eines Grades. Thermometer- und Buschhühner besitzen die Fähigkeit, mit ihrem Schnabel Temperaturen auf ein halbes Grad Celsius genau wahrzunehmen. Solche Leistungen verblüffen, da sie durch technische Gebilde noch nicht erreicht werden können. Die Faszination des Natürlichen kann anschaulich mit dem Technischen verbunden werden.

Bei der Darstellung ist demnach immer die für die enorme Leistungsfähigkeit notwendige Struktur zu hinterfragen. Dies erleichtert den Transfer in eine technische Lösung, z. B.:

- Klapperschlangen *Crotalus* sind in der Lage, Temperaturdifferenzen von 1/1000 K wahrzunehmen und zielgenau ihre Beute zu lokalisieren. Dabei entsprechen 1000 K (Kelvin) genau 725,85 Grad Celsius. Wodurch wird dies ermöglicht? Zwischen Nasenöffnung und Auge befindet sich eine Grube, die mit einer etwa 15 µm dicken Membran überzogen ist (Grubenorgan). Auf ihr befinden sich ca. 150 000 Sinneszellen, die parallel geschaltet sind und so zur Reizverstärkung dienen. Die menschliche Haut kann dagegen lediglich Temperaturdifferenzen von 1/10 K wahrnehmen.
- Der Galapagos-Hai *Carcharhinus galapagensis* ist in der Lage, hohe Geschwindigkeiten zu erreichen und den Wasserwiderstand so günstig zu be-

einflussen, dass dieser bis zu zehn Prozent herabgesetzt wird. Durch welche Struktur wird diese Funktion realisiert?
Schuppen mit winzigen Faltenrillenstrukturen (Schuppen) behindern mit ihren scharfen Kanten Querturbulenzen an der Körperoberfläche.

- Der Spinnfaden, ein Synthesegebilde aus Aminosäuren, ist tausendmal dünner als ein Menschenhaar. Würde ein Spinnfaden um den Äquator gespannt, er würde kaum mehr als 300 Gramm wiegen. Dabei ist er doppelt so reißfest wie ein Stahlfaden gleichen Durchmessers, fester als Viskose und herkömmliches Nylon. Ein Spinnfaden ist nicht einfach ein Faden, sondern er ist strukturell differenziert und besteht aus unterschiedlich geordneten Molekülbereichen. Der „Sicherungsfaden" der Spinne ist dabei von besonderem Interesse. So bremst der geringe Luftwiderstand den freien Fall der extrem leichten Spinne kaum. Er muss also so „konstruiert" sein, dass die gesamte potentielle Energie aufgenommen werden kann.
- Aber warum reißt der Spinnfaden nicht beim „Abseilen"? Das Geheimnis liegt in seiner Dynamik. Ein herkömmliches Bergsteigerseil ist statisch. Die Spinne verlängert beim Fallen ihren Sicherungsfaden um etwa 20 Prozent. Dadurch verhindert sie das plötzliche Reißen. Ohne diesen Mechanismus müsste der Faden die fünffache Querschnittsfläche besitzen. Vielleicht wird eines Tages ein solches dynamisches Seil auch für Bergsteiger nach diesem Vorbild entwickelt. Die Bergsteiger könnten Transportgewicht einsparen und auf diese Weise ihre Kräfte schonen.
- Bei einem Spaziergang durch den Wald entdecken wir sie unter Steinen – die Bombardierkäfer *Brachininae*, wenn der Bombardierkäfer sich bedroht fühlt, stößt er aus einem „Raketentriebwerk" ähnlich zur Feindabwehr explosionsartig eine fein zerstäubte beißende Flüssigkeit aus, die seine Feinde vertreibt. Auf der Hand nimmt man jedoch nur ein leichtes Brennen wahr. Es ist erstaunlich, dass dieser Sekretstrahl eine Temperatur von etwa 100 Grad Celsius besitzt. Eine wirkungsvolle, auf den Gegner abgestimmte chemische Verteidigungsmöglichkeit und dabei schon Jahrmillionen alt.
- Bleiben wir noch bei den Insekten. Das Insektenauge ist ein komplexes Organ. Es besteht aus bis zu 30 000 Einzelaugen. Bei abnehmender Helligkeit können manche Insekten die Lichtempfindlichkeit ihres Auges um das 20 000-fache steigern. Von Interesse für technische Anwendungen ist dabei die Funktion von Nachtfalteraugen. Auf den Facettenaugen nachtakti-

ver Insekten befindet sich eine feine Struktur, die dafür sorgt, dass es für das einfallende Licht keinen abrupten Übergang von der Luft zum Chitin der Augenlinse gibt. Der Übergang findet hier allmählich statt. Hierdurch wird einerseits die Lichtdurchlässigkeit der Linse erhöht, so dass die Insekten nachts besser sehen können. Anderseits werden im Tageslicht Reflexionen an den großen Facettenaugen verhindert, so dass die Insekten dadurch besser vor Fressfeinden getarnt sind. Für optische Geräte ergeben sich durch dieses Naturvorbild Lösungen für Antireflexbeschichtungen.

- Übrigens existiert die Gangschaltung in der lebenden Natur schon seit Jahrmillionen, in der Technik erst seit über 100 Jahren. So verfügen Stubenfliegen *Musca domestica* am Flügelgelenk über eine „3-Gangschaltung". Fische dagegen verfügen über eine solche, die durch unterschiedlich leistungsfähige Muskelgruppen erreicht wird. Freilich sind solche natürlichen Gangschaltungen im Aussehen nicht mit denen der Technik vergleichbar, jedoch die Funktion ist ähnlich.

Die Natur steckt voller Wunder. An vielem gehen wir achtlos vorüber, weil wir wegen der Alltäglichkeit das Staunen und Wundern verlernt haben. Sinnliches Erleben der Leistungsfähigkeit biologischer Vorbilder fördert das Staunen und Wundern. Wenn erst das Interesse geweckt ist, sind die Lernenden begeisterte Forscher, Entdecker und Erfinder. In diesen Rollen verbessern und steigern die Lernenden den Transfer- und Behaltenseffekt, weil sie sich in weitgehend selbsttätiger Weise Wissen aneignen, verarbeiten und verknüpfen.

Der Erkenntnisprozess der Lernenden soll jedoch nicht mit dem Staunen und Wundern abgeschlossen sein, sondern muss von der Analyse der biologischen Struktur zur Prinzipfindung und von da aus zu einer Übertragung in eine technische Lösung führen, also vom Staunen und Wundern über das Erkennen, Verstehen zum Anwenden und Übertragen.

Naturorientiertes Lernen im technisch-naturwissenschaftlichen Unterricht bedeutet so auch ein „Sich-Richten" bzw. „Sich-Einlassen" auf Sachverhalte, die erforscht und hinterfragt werden und führt schließlich zur Erkenntnisumsetzung, die sich in technischen Problemlösungen zeigen.

Demzufolge muss bionisches Denken und Handeln das Entdecken und Erfinden einschließen, welches in der Schule, von Ausnahmen abgesehen, vorrangig um Nachentdecken und Nacherfinden geht.

Entdecken und Erfindenden – aufeinander bezogene Komponenten (NOL)

Entdeckendes und erfindendes Lernen sind Lernstrategien im Unterricht von Naturwissenschaft und Technik. Daher sind zunächst einige Aussagen zum Entdecken und Erfinden notwendig. Dabei muss man davon ausgehen, dass Natur das vom Menschen ohne sein Zutun Vorhandene und Vorgefundene ist, welches ihn selbst einschließt. Technik dagegen ist dann das von Menschen als Mittel (zum Erreichen vorweggenommener Ziele und Zwecke) Geschaffene und Erfundene. Diese Tatsache schließt ein, dass der Mensch als Mittler zwischen Natur und Technik fungiert, in dem er auch Erfindungen nach Vorbildern der Natur konzipiert.

Denkprozesse des Problemlösens bilden daher den Ausgangspunkt bei der aktiven Gestaltung der Umwelt. Wenn durch Denkprozesse ein naturwissenschaftliches oder technisches Problem gelöst wurde, hat der Mensch entweder eine neue Erkenntnis in Form einer Entdeckung gewonnen oder eine Konstruktion in Gestalt einer Erfindung hervorgebracht. Entdeckungen und Erfindungen sind kreative Denk- und Handlungsweisen beim Lösen von Problemen in Naturwissenschaft und Technik.

In den Naturwissenschaften geht es darum, wissenschaftlich fundiert Kenntnisse über Gesetzmäßigkeiten der materiellen Welt zu gewinnen. Das Erkenntnisstreben des Naturwissenschaftlers ist grundsätzlich theorieorientiert und fragt nach der Ursache-Wirkungs-Relation. Ihm geht es daher in erster Linie nicht um die praktische Anwendung seiner Forschungsergebnisse. Entdecken bedeutet, etwas wahrzunehmen, was in der objektiven Realität existiert, also die Aufdeckung bestehender, bisher aber unbekannter Gesetzmäßigkeiten oder Tatbestände in der Natur. Es geht hierbei also darum, die dem Entdecker nicht erkannten oder nicht bewussten Gesetzmäßigkeiten aufzuklären. Das Entdecken charakterisiert also den Aspekt, der auf die Erkenntnis objektiver Zusammenhänge in Natur, Technik und Gesellschaft gerichtet ist. Dabei werden die gewonnenen Erkenntnisse in Theorien abgebildet.

Das Erfinden dagegen baut oft auf dem Entdecken auf und nutzt die Entdeckungen zur Schaffung künstlicher Systeme.

Erfinden geht von der Zweck-Mittel-Betrachtung aus und fragt danach, welche technischen Mittel zur Realisierung bzw. Verwirklichung eines bestimmten

Zweckes erfunden werden müssen. Somit ist Erfinden viel mehr als die Reproduktion der Widerspiegelung der Natur. Erfindungen sind nur im Rahmen des Naturgesetzlichen möglich.

Die Naturgesetze sind daher der „Spielraum des technisch Möglichen". Kenntnisse über Naturgesetze nützen dem Erfinder, weil dadurch sein „subjektiver Suchraum" für neue technische Lösungen umfangreicher strukturiert ist als bei einem Menschen, dessen Wissen über naturwissenschaftliche Gesetzmäßigkeiten geringer bzw. lückenhafter ist.

Hinzu kommt das „konstruktive Element", das die gedankliche Einheit der Widerspiegelung von natürlich Möglichem und Gesetzmäßigem über die Erkenntnis hinaus hebt und zur Materialisierung drängt.

Durch Erfindungen werden materialisierte Objekte geschaffen, die bis dahin in der Natur noch nicht existiert haben. Dabei geht es um die Schaffung neuer bzw. Vervollkommnung und Weiterentwicklung existenter technischer Gebilde. Erfindungen sind als vergegenständlichte Ideen aufzufassen, die als künstlich geschaffene Objekte die Effektivität erhöhen, das Leben erleichtern oder aber die Erkenntnis des Menschen weiterentwickeln. Die Entdeckung ist typische Strategie in den Naturwissenschaften, die Erfindung ist dagegen für die Technikwissenschaften typisch. Beide sind Ausdruck kreativen Denkens und Handelns und können durch Merkmale gekennzeichnet werden.

Die Entdeckung setzt die objektive Existenz des zu entdeckenden und zu formulierenden Sachverhaltes voraus, die Erfindung beginnt mit dem gedanklichen Entwurf. Erfindungen etablieren Neues und tragen zu einer Beschleunigung des wissenschaftlich-technischen Fortschritts bei. Entdecken und Erfinden sind also zwei Formen der Kreativität.

Es besteht ein fundamentaler Unterschied zwischen Entdecken und Erfinden. Entdecken bedeutet, etwas zu finden, das zuvor unbekannt ist, aber schon immer existent war. Erfinden dagegen bedeutet, dass etwas vorher noch nicht Existentes erdacht und materialisiert wird. Erfindungen und Entdeckungen bedingen oft einander. Entdeckungen sind aber auch Quelle von Erfindungen. Und umgekehrt sind Erfindungen Quelle für Entdeckungen. So war die Entdeckung der Eigenschaften von Linsensystemen die Quelle für die Erfindung von Mikroskop und Fernrohr. Mit ihrer Hilfe konnten wiederum große Entdeckungen in Biologie und Astronomie gemacht werden. Die Erfindung des Fernrohres war die Voraussetzung für die Entdeckung des Planetensystems. Durch die Nutzung des Fernrohres war es dem deutschen Astronomen JOHANNES KEPPLER (1571–1630) möglich, die Planetengesetze zu formulieren. Es gibt auch eine Reihe von Beispielen, die belegen, dass der Entdecker auch gleichzeitig der Erfinder war, d. h. dass unmittelbar im Anschluss an bestimmte Entdeckungen auch Erfindungen folgten.

Der deutsche Physiker und Nobelpreisträger CONRAD RÖNTGEN (1845–1923) war beispielsweise nicht nur Entdecker der Röntgenstrahlen, sondern zugleich auch der Erfinder des nach ihm benannten Röntgenapparats.

Die Geschichte der Erfindungen zeigt auch, dass viele bedeutende Erfindungen nicht das Ergebnis des kreativen Findens nur eines Menschen waren. Die wichtigsten Entdeckungen und Erfindungen werden heute jedoch im Team gemacht.

Die Zeit der Einzelerfinder ist aufgrund der Zunahme der Komplexität und Kompliziertheit der Probleme vorbei. Heute sind interdisziplinäre Teams mit methodisch-orientierten Denk- und Handlungsweisen zur Generierung von Erfindungen erforderlich.

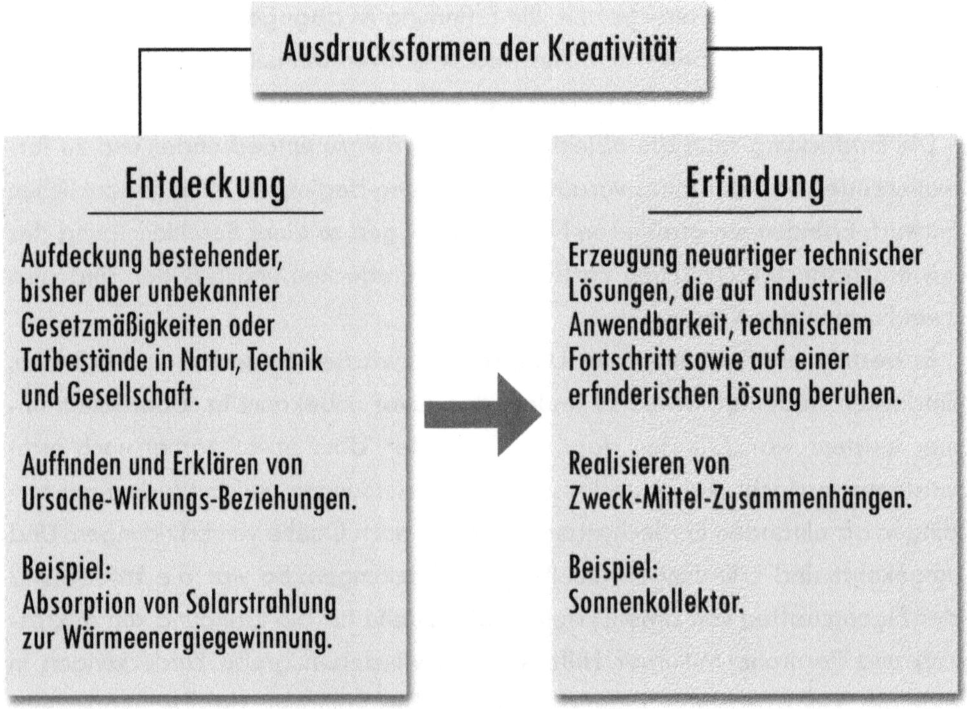

Abb. 68 Formen der Kreativität

Die Erfindungen LILIENTHALs, WATTs, OTTOs und EDISONs sind nur die letzten, aber erfolgreichsten Schritte auf dem Weg des Entdeckens und Erfindens. Sie sind der momentane Endpunkt einer Folge vorausgegangener Erfindungen, in denen versucht wurde, das bestehende Problem auf unterschiedliche Weise zu lösen. So wurde THOMAS ALVA EDISON (1847–1931) als Erfinder der Glühlampe bekannt. Aber auch er baute auf den Erkenntnissen und Erfindungen seiner Vorgänger auf. Weil HEINRICH GOEBEL (1818–1893) nicht an die industrielle Verwertung seiner Glühlampe glaubte, gelangte ein Vierteljahrhundert später EDISON zu Erfinderruhm. Er nutzte dabei auch noch die Erfindung des Kohlefadens von JOSEPH SWAN (1828–1914). Auch die WATTsche Dampfmaschine war das Ergebnis vorausgegangener Erfindungen. Bereits im 18. Jahrhundert wurden Dampfmaschinen zum Abpumpen des Wassers im Bergbau eingesetzt. Der Wirkungsgrad dieser Maschinen war jedoch so gering, dass sie zu ihrem Betreiben nahezu die gesamte Kohle verbrauchten, die mit ihrer Hilfe gefördert wurde. Daher bestand der dringende Bedarf an einer leistungsfähigeren Antriebstechnik.

JAMES WATT (1736–1819) gelangten durch Analyse des Standes der Technik, damals war es die NEWCOMEN-Dampfmaschine, drei entscheidende Erfindungen. Erstens entwickelte er den getrennt angeordneten Kondensator, zweitens gelangte ihm der Durchbruch zur Erreichung einer kontinuierlichen Drehbewegung und drittens erfand er den Fliehkraftregler zur Regelung der Dampfzufuhr. Die Dampfmaschine WATTscher Bauart erfüllte damit wichtige Voraussetzungen für eine breite Industrialisierung und war die Grundlage für den Aufbau eines leistungsfähigen Verkehrsnetzes.

Beispiele aus der Geschichte von Entdeckungen und Erfindungen zeigen, dass Problemlösungen zufällig durch Anregungen oder zielgerichtet durch die Nutzung von Strategien und/oder Methoden (z. B. Analogiemethode) generiert werden können. Entdeckungen und Erfindungen durch Zufall sind nicht selten.

Schon vor 6000 Jahren sollen die Sumerer das Bier zufällig dadurch erfunden haben, dass Brotreste in einen Wasserkrug fielen und vergoren. Die Einspritzpumpe verdanken wir RUDOLF DIESEL (1858–1913), der auf die Idee gekommen sein soll, als er seine Frau mit einem Parfümzerstäuber hantieren sah. Die Idee zur Erfindung der Mikrowelle hatte ein Techniker, der vor einem Radargerät Schokolade schmolz. JOHN DUNLOP (1840–1921) soll auf die Idee zur Erfindung des Luftreifens gekommen sein, als er zufällig auf einen Gartenschlauch aufmerksam wurde. Oder ELIHU THOMSON (1853–1937), der Erfinder des Elektroschweißens, der beobachtete, dass die Drähte eines Induktors bei der plötzlichen Entladung eines starken Stromes zusammenschweißten. Diese Beispiele zeigen, dass erst eine scheinbar zufällige Anregung oder auch unzähliges „Herumprobieren" zu einer Problemlösung führte. Parfümzerstäuber, Gartenschläuche und durch Kurzschluss verschweißte Drähte haben schon viele Menschen gesehen, aber daraus keine Erfindungen abgeleitet. Es war ihnen auch gar nicht möglich, weil ihnen dazu die Voraussetzungen und die Problemerkenntnis fehlten. Die Kenntnis der Naturgesetze ist also die Voraussetzung für das Entstehen kreativer Einfälle und Erfindungen. Ohne solche Kenntnisse ist es nur sehr schwer möglich, Erfindungen zu generieren.

Der scheinbaren Zufälligkeit von Erfindungen und Entdeckungen geht ein intensiver, bewusster und unbewusster Denkprozess voraus. Die Lösung, die zu einer Entdeckung oder Erfindung führt, wird durch eine äußere Anregung, man spricht von Analogien, ins Bewusstsein gefördert und führt zum sog. „Aha-Erlebnis" zum „Heureka! Ich hab's gefunden". Letzteres wird bei ARCHIMEDES (um 287 v. Chr.–212 v. Chr.) deutlich, der die Lösung zur Volumenbestimmung unregelmäßig geformter Körper entdeckte, als er in die Badewanne stieg und das von seinem Körper verdrängte Wasser beobachtete. Die Analogisierung des eigenen Körpers mit einer Goldkrone setzt eine allgemeine Betrachtungsweise voraus, denn gewöhnlich sieht man zwischen diesen Dingen eher Unterschiede als Gemeinsamkeiten. Die Archimedes-Anekdote ist ein treffendes Beispiel für die Ideen stimulierende Wirkung zufälliger Analogiebildung.

All diese Beispiele zeigen, dass mehr oder weniger zufällige Anregungen zur Lösung der Probleme führten. Neben diesem langwierigen, uneffektiven Weg existiert noch ein zweiter, der die Überwindung von Denkbarrieren durch gezielte und bewusste Nutzung methodischer Mittel ermöglicht. Hierbei kann der „Aha-Effekt" bzw. die „Erleuchtung" weitgehend planmäßig herbeigeführt werden. Der Flugpionier OTTO LILIENTHAL (1848–1896) orientierte sich bewusst am Gleitflug der Störche, analysierte Flügelprofile und setzte die Erkenntnisse über den gewölbten Flügel konsequent bei der Konstruktion der Gleitflugapparate um. LILIENTHAL war dadurch er in der Lage, das Problem des Fliegens zu lösen. Er erkannte die Zusammenhänge zwischen Physik, Biologie und Technik. Durch Untersuchungen des Gleitfluges der Störche auf der Grundlage der Analogiebildung und die daraus resultierende Entdeckung des gewölbten Flügelprofils konnte zum Durchbruch verhelfen. LILIENTHAL verstand es, die Fachgebiete zu vernetzen und ihnen durch Entdeckungen und Erfindungen neue Erkenntnisse hinzuzufügen. Das Experiment war bei LILIENTHAL wichtiges Mittel zur Erkenntnisgewinnung, um genaue Daten und exakte Kenntnisse über die Luft und deren wirkenden Gesetze zu erlangen. Er erarbeitete eine Vielzahl von Fragen und Hypothesen zum Flugproblem. Als Maschinenbauingenieur war er in der Lage, durch sinnvolle Konstruktionen Messapparate zu entwickeln und die aufgeworfenen Fragen zu beantworten. In vielen Versuchsreihen führte er systematische Auftriebs- und Widerstandsmessungen an verschiedenen Profilen durch. Mit dem von ihm entwickelten Rundlaufgerät untersuchte er den Einfluss des Anstellwinkels der Profile in Abhängigkeit von der Auftriebskraft.

Zusammenfassend kann gefolgert werden, dass von den Erfindern unbewusst oder bewusst analoge Lösungen aus anderen Bereichen verwendet wurden, um daraus Erfindungen zu generieren. Durch Einbeziehung von Methoden des Erfindens, wie beispielsweise die Analogiebildung kann der Zufall zurückgedrängt und die Lösungsfindung effektiviert werden. Dies ermöglicht es, Problemlösungen planmäßig und nicht als zufallsbedingtes Ergebnis eines Denkprozesses zu erhalten.

Die noch häufig in der Unterrichtspraxis anzutreffenden Aufforderungen: „Wir wollen einen Sonnenkollektor, ein Flug- oder Schiffsmodell entwickeln, bauen und erproben", sind kaum geeignet, die Lernenden zu intensiver Auseinandersetzung mit dem Aneignungsgegenstand zu motivieren. Die Lernenden würden lediglich bekannte technische Gebilde nachbauen und dabei kaum Funktionsverständnis entwickeln. Noch zu wenig bringen der Technikunterricht und der Unterricht in den naturwissenschaftlichen Fächern eine erforderliche und hinreichend didaktisch überzeugende Auseinandersetzung der Lernenden mit den Aneignungsgegenständen in Gang. Eine wirklich problemorientierte Auseinandersetzung mit dem Aneignungsgegenstand würde stets zu neuen Fragen führen, die zu beantworten sind.

Weiterhin wird deutlich, dass der Lehrer oft nicht sagt, mit welcher Strategie der Lerngegenstand zielgerichtet angeeignet werden kann. Die Folge ist, dass die Lernenden sich ihre Strategie selbst suchen müssen. Einige Lernende finden zum Glück die passende Strategie zum Problemerkennen und -lösen. Andere finden sie nicht und gelten dann leichtfertig als solche mit Lernproblemen. Wenn es darum geht, Sachwissen problemorientiert über Strategie- und Methodenwissen zu erschließen, sind die Strategien des entdeckenden und erfindenden Lernens geeignet. Bei diesen Strategien wird der Aneignungsgegenstand in einen Problemlösungsprozess zurückgeführt, aus dem er einst entstanden ist.

Im Vollzug von Problemlösungsprozessen des Entdeckens und Erfindens können kreative und innovative Fähigkeiten der Lernenden angeregt und verstärkt werden, die nicht nur für das Verständnis von Naturwissenschaft und Technik sowie deren Gestaltbarkeit notwendig sind, sondern auch für die Herausbildung gesellschaftlich wichtiger Persönlichkeitseigenschaften. Entdeckendes und erfindendes Lernen sind deshalb so bedeutsam, weil sie Qualifikationen verstärkt entwickeln, die für die Schule ebenso wertvoll und bedeutsam sind wie für die berufliche Realität und die Lebensgestaltung selbst. Von den Lernenden werden dadurch nicht nur bedeutsame Qualifikationen erworben, sondern auch grundlegende Voraussetzungen dafür geschaffen, wie effektiv gelernt werden kann. Das entdeckende Lernen ist im naturwissenschaftlichen Unterricht eine effektive Strategie zur Wissensaneignung. So ist es nur eine Form des „Aktivierenden Lernens", welche besonders im naturwissenschaftlichen Unterricht als Lernstrategie zur Wissensaneignung Anwendung findet. Entdeckendes Lernen ermöglicht es den Lernenden auch, weitgehend selbstständig Erfahrungen durch das Lösen von Erkenntnisproblemen zu machen.

Die Grundaussage des entdeckenden Lernens besteht darin, dass die Lernenden anwendungsbereites Wissen nur dann besitzen, wenn sie es weitgehend selbständig durch entdeckendes Problemlösen erworben haben. Für den Technikunterricht wurde dagegen die Strategie des erfindenden Lernens konzipiert (HILL, 2003). Da das erfindende Lernen noch relativ neu ist, soll nachfolgend näher auf die Merkmale dieser Lernstrategie eingegangen werden.

Der Aneignungszugang zum technischen System erfolgt beim erfindenden Lernen nicht von der vorhandenen Struktur des Systems her, sondern von seiner Entstehung und Entwicklung.

Auf diesen Zusammenhang hat schon ARISTOTELES (384 v. Chr.–322 v. Chr.) hingewiesen, dass dann das Wesen der Dinge begreifbar wird, wenn deren Ursprung und Entwicklung gelehrt wird. Unter erfindendem Lernen wird das „Nacherfinden" als weitgehendes Selbstfinden bzw. -entwickeln von technischen Lösungen verstanden, hinter denen der technische Sachverhalt als Aneignungsgegenstand verborgen ist. Was sich die Lernenden an Sachwissen aneignen sollen, wird also als Unbekanntes in Form eines technischen Problems dargeboten. Dieses soll durch die Anwendung von Strategie- und Methodenwissen aufgedeckt und dadurch effektiv angeeignet werden. Erfindendes Lernen ist eine entwicklungsbezogene Herangehensweise an die Technik.

Wenn beispielsweise im Experiment der aerodynamische Auftrieb eines gewölbten Flügelprofils (nach-)entdeckt wird und aus dieser Erkenntnis ein funktionsfähiges Gleitflugmodell entwickelt wird, so vollbringen die Lernenden ebenso einen kreativen Akt wie LILIENTHAL, obwohl diese Entdeckung und die davon abgeleitete Erfindung längst Bestandteil der Kultur ist.

Es muss darum gehen, Naturwissenschaften und Technik nicht in ihrer abgeschlossenen Form, sondern in ihrer Entstehung und Weiterentwicklung als widerspruchsvollen Prozess der Gewinnung von Erkenntnissen und Gestalten von Konstruktionen zu vermitteln und anzueignen.

Die Lernenden erwerben so Wissen durch das Lösen von Problemen und erleben dabei die Freude am eigenen (Nach-)entdecken und (Nach-)erfinden. Die neue Lernstrategie des Naturorientierten Lernens schließt deshalb das Entdecken und Erfinden ein.

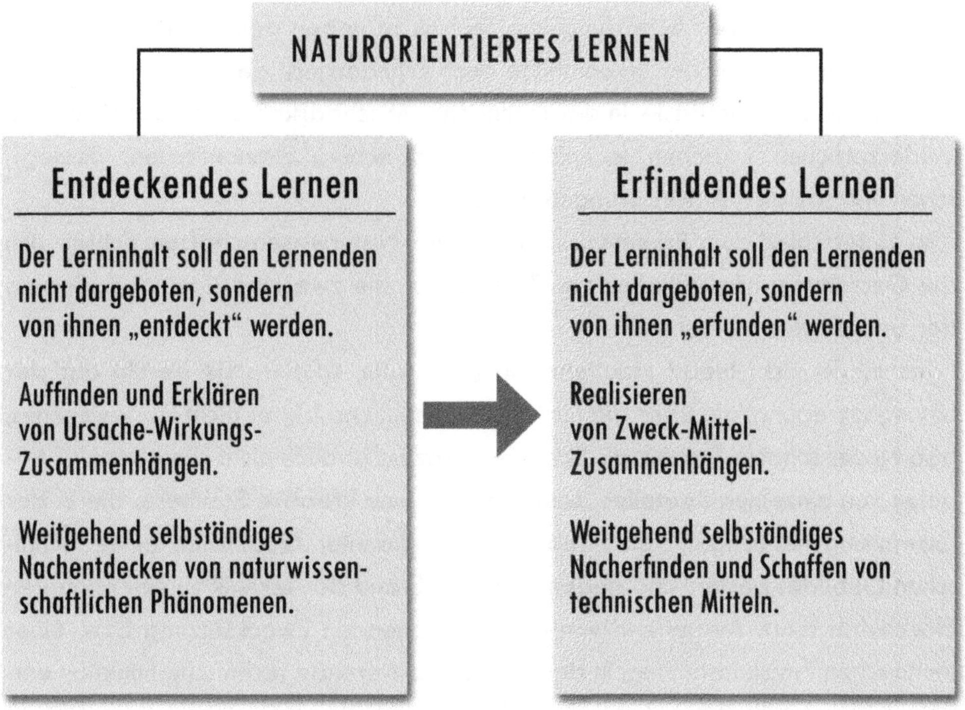

Abb. 69 Bestandteile Naturorientierten Lernens

Die vorangestellte Übersicht stellt das Entdeckende und Erfindende Lernen dar, welches die beiden Kreativitätsformen, wie Entdecken und Erfinden beinhaltet. Die Realisierung dieser Strategie im Unterricht motiviert und aktiviert die Lernenden, fördert das Verstehen von Zusammenhängen, verbessert die Behaltensleistung und macht das erworbene Wissen auf neue Situationen übertragbar und anwendbar. Lernerfolge werden erlebbar, die wiederum eine Steigerung der Lernmotivation bewirken. Die Entdeckung neuer Erkenntnisse der Lernenden von Phänomenen aus der Natur und deren Umsetzung in technische Lösungen ist ein kreativer Akt. So gesehen vollbringt der Lernende, der z. B. für sich entdeckt, dass die Absorption von Solarstrahlung zur Wärmegewinnung führt und diese Erkenntnis bei der Entwicklung eines Sonnenkollektors umsetzt, einen ebenso kreativen Akt vollbringt wie der wahrhaftige Entdecker und Erfinder dieser technischen Lösung.

Naturwissenschaften und Technik stehen prinzipiell in einem nicht auflösbaren Wechselverhältnis. So führt die Erforschung der Natur zu Erkenntnissen, die den Ausgangspunkt für technische Entwicklungen bilden. Technik ist daher nicht mit angewandter Naturwissenschaft gleichzusetzen, obwohl sie sich ihrer Erkenntnisse bedient. Bei der Schaffung von Technik ist neben dem Beherrschen relevanter wissenschaftlicher Erkenntnisse auch Erfindergeist gefragt, der gepaart mit konstruktiver Phantasie, in der technischer Machbarkeit durch das Lösen von Widersprüchen zwischen technisch-technologischen, ökonomischen, ökologischen und sozialen Anforderungen besteht.

Im Unterschied zum Erkenntnisinteresse der Naturwissenschaften richten sich die Gestaltungsmöglichkeiten von Technik auf die zweckmäßige Veränderung der Umwelt des Menschen.

Technik ist nicht bloße Nachahmung der Natur, sondern sie beruht auf der Lösungsanregung, die über die Natur hinausgeht und bisher nicht Dagewesenes, also Neues schafft. Technik als Schaffensprozess ist auch nicht die einfache Addition von einzelnen Bauteilen, sondern stets eine kreative Synthese, die in der Gewinnung neuartiger, vorher noch nicht bekannter Qualitäten eines technischen Gebildes besteht und gegenüber dem Stand der Technik zu einer höheren Effektivität führt. Ausgehend von einer bestehenden Zwecksetzung bzw. einer technischen Problemstellung, in der die zu realisierende technische Funktion enthalten ist, besteht die Aufgabe des Erfinders in dieser Synthese einer Menge gepaarter Elemente zu einem System mit einer Struktur, die diese Funktion ermöglicht. Ohne naturwissenschaftliche Bezüge ist Technik nicht mach- und gestaltbar. Mensch, Natur und Technik stehen daher in einem prinzipiell nicht auflösbaren Spannungsverhältnis, welches einerseits durch Naturerkenntnis und anderseits durch technische Gestaltung geprägt ist. Dieses Spannungsverhältnis ist in der Wissenschaftsdisziplin Bionik präsent und wird im Fächer vernetzenden Unterricht, wie schon oben angedeutet, mit der Leitlinie „Biologische Phänomene entdecken – technische Lösungen erfinden“ thematisiert.

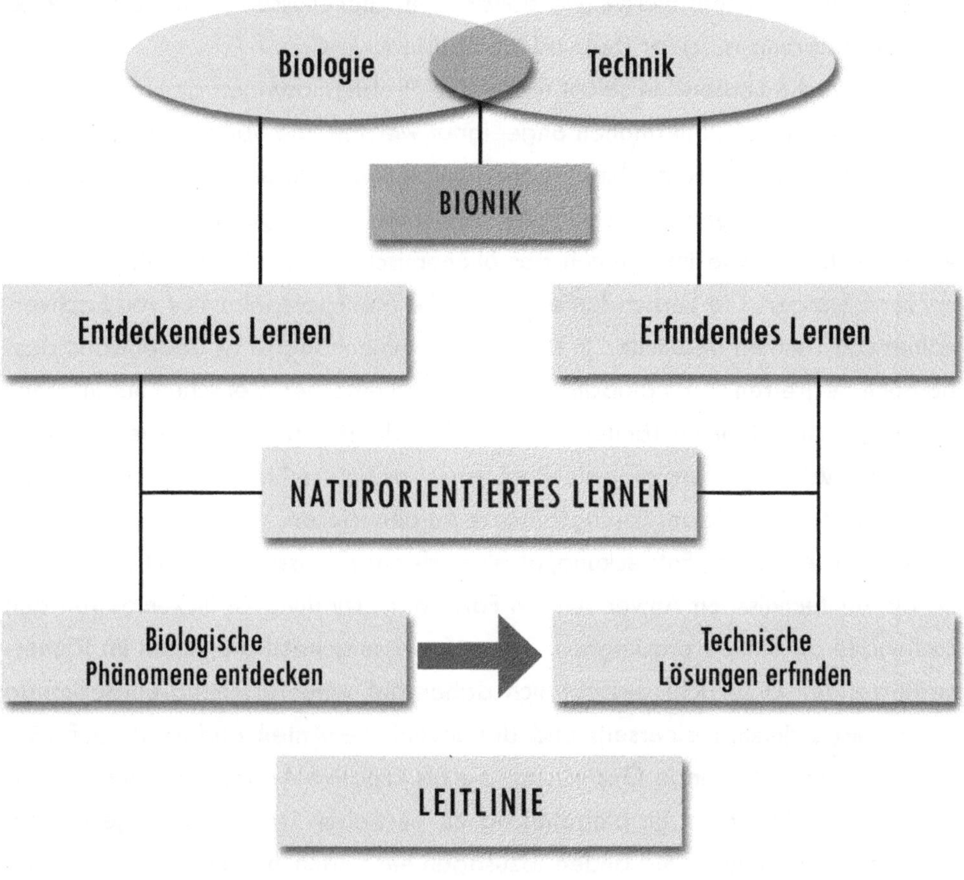

Abb. 70 Leitlinie im fächervernetzenden Unterricht

Diese Leitlinie resultiert aus den typischen Handlungsstrukturen Entdecken und Erfinden in den Bereichen Natur und Technik. So untersucht der Biologe den Struktur-Funktions-Zusammenhang natürlicher, also biologischer Systeme. Seine Vorgehensweise ist vorrangig durch Analyse geprägt. Es handelt sich hierbei um bereits existierende Systeme, die meist komplex sind und funktionierende Strukturen besitzen. Der Erfinder dagegen ist auf den Funktions-Struktur-Zusammenhang künstlicher, also technischer Systeme orientiert und synthetisiert dagegen deren Strukturen. Seine Vorgehensweise ist vorrangig von der Synthese gekennzeichnet. Hierbei handelt es sich um erst noch zu schaffende bzw. zu erfindende Systeme mit Strukturen, die zunächst noch als gedanklicher Entwurf vorliegen und nur durch ihre Materialisierung funktionieren. Letzteres ist für den fächervernetzenden Unterricht in der Schule besonders bedeutsam, weil dieser Aspekt bisher nicht betrachtet wurde und daher fehlt. Hier müssen auch die Probleme der Technisierung aufgegriffen und thematisiert werden.

Erst wenn die Lernenden selbst technische Problemlösungen generieren, können auch solche Qualifikationen angeeignet werden, die über die naturgesetzliche Dimension von Technik hinausgehen. Mit ihnen wäre es möglich, gegenwärtige und zukünftige Entwicklungen individuell und gesamtgesellschaftlich verantwortbar sowie im Rahmen des ökonomisch und ökologisch Vernünftigen hervorzubringen. Die Lernenden erkennen die Mehrperspektivität von Sachverhalten und Themen deutlicher. In diesem Zusammenhang ist es bedeutsam, dass sie auch begreifen, dass globale Schlüsselprobleme der Menschen nur interdisziplinär lösbar sind. Im fächervernetzenden Unterricht kann so die Fähigkeit herausgebildet werden, globale Probleme aus unterschiedlichen Perspektiven zu betrachten und dabei Lösungsansätze zu generieren.

Die Leitlinie von der Entdeckung, also von der naturwissenschaftlichen Erkenntnis bis zur technischen Anwendung in Form der Erfindung ist lückenlos von den Lernenden als Einheit anzueignen. Der naturwissenschaftliche Anteil im fächervernetzenden Unterricht bezieht sich daher auf eine forschend-entdeckende Erkenntnisgewinnung einerseits und der technische Anteil anderseits auf eine konstruierend-erfindende Gestaltung, die als kreative Antwort auf eine gesellschaftlich bedeutsame Problemstellung zu verstehen ist. Erkenntnisgewinnung und Gestaltungsumsetzung bilden sozusagen ein Spannungsfeld von abstrakten Prinzipien und Gesetzmäßigkeiten mit konkreten technischen Realisierungen, von induktiven und deduktiven Vorgehensweisen, welche die Struktur eines bionischen Denk und Handlungsprozesses bilden.

Die Verwirklichung der Leitlinie im Fächer vernetzenden Unterricht erfordert einerseits eine Wissenschaftsorientierung, die in der Aneignung und Anwendung von Erkenntnismethoden der Naturwissenschaften und Technik liegt. Das ergibt sich aus der Tatsache, dass Methoden als nutzbare Invarianten des Entdeckens und Erfindens beständiger sind als traditionelle Unterrichtsinhalte, die einem ständigen Wandel durch Erweiterung der Erkenntnisse in den Natur- und Technikwissenschaften unterworfen sind. Anderseits müssen die Lerninhalte auch so ausgewählt werden, dass eine strukturelle Anordnung als Systematisierungselement möglich wird. So besitzt jede Wissenschaft bestimmte Basis- oder Grundbegriffe, die ihr Wesen ausmachen und ihren Zugang erst ermöglichen.

Die in neuerer Zeit im Unterricht eingeführten Basiskonzepte können Invarianten der Fächer strukturieren und erleichtern so vernetztes Lernen. Bezogen auf die Wissenschaftsdisziplin Bionik, die im fächervernetzenden Unterricht als Lerninhalt betrachtet wird, lässt sich eine Übereinstimmung in den Basiskonzepten von Biologie und Technik erkennen. In beiden Fächern sind es die invarianten Strukturierungselemente System, Struktur und Funktion sowie Verhalten und Entwicklung.

In der Biologie betrachten wir biologische und in der Technik technische Systeme, denen gemeinsam ist, dass sie Stoffe, Energien und Informationen umsetzen. Alle biologischen und technischen Systeme besitzen Struktur und Funktion und werden sowohl in ihrer Ontogenese als auch in der Phylogenese betrachtet. In der Technik wird neben der Entwicklung die Herstellung und Nutzung sowie das Wiederverwerten (Recyceln) als „Lebenslinie" eines technischen Gebildes betrachtet. Biologische und technische Systeme unterscheiden sich auf der konkreten Ebene in ihren Erscheinungen und ihren Relationen (hier Ursache-Wirkung dort Zweck-Mittel). Im Gegensatz zur zufallsbedingten biologischen Evolution geht der Mensch bei der Entwicklung von Technik problemorientiert und zielgerichtet vor.

Der Biologieunterricht hilft, die lebende Natur zu verstehen und aus dem daraus erworbenen Wissen technische Probleme naturorientiert zu lösen.

Ziel im fächervernetzenden Unterricht muss es daher sein, die innere Logik natürlicher Strukturen und Prozesse zu erfassen und diese dann konstruktiv bei der Lösung technischer Probleme umzusetzen. Es geht also darum, Basiswissen aus Biologie und Technik mit Methodenwissen zu verknüpfen. Der fächervernetzende Unterricht ist dabei so zu gestalten, dass ein Problem sowohl von der biologischen als auch von der technischen Seite betrachtet, bearbeitet und schließlich gelöst wird. Die Auseinandersetzung mit Problemen erfordert anwendungsbereites Wissen aus den Naturwissenschaften und solches aus der Technik.

Der bionische Denk- und Handlungsprozess

Die Schaffung einer Lernatmosphäre durch Neugier, Entdeckungs- und Erfindungslust führt dazu, dass die Lernenden aus Interesse lernen und den „Dingen auf den Grund gehen“ möchten. Die Vermittlung effizienter Vorgehensweisen in konkreten Problemsituationen und ihre Reflexion durch die Lernenden ist ein bedeutendes Merkmal des Naturorientierten Lernens. Dadurch können erfolgreiche Handlungsmuster als Orientierungsgrundlagen verinnerlicht und immer wieder zur Anwendung kommen. Dies führt im Laufe der Zeit zu größerer Kompetenz und stärkt so das Selbstwertgefühl. Die Lernenden vollziehen dabei den bionischen Denk- und Handlungsprozess als Orientierungsgrundlage, der die Leitlinie „biologische Phänomene entdecken – technische Lösungen erfinden“ beinhaltet. Dabei wenden sie problembezogen die oben genannten Erkenntnismethoden beim Entdecken und Erfinden an. Insofern schließt Naturorientiertes Lernen die Lernstrategien des entdeckenden und erfindenden Lernens ein (vgl. S. 299). Es entwickeln sich bei den Lernenden durch die Anwendung der Strategie des Naturorientierten Lernens Fähigkeiten zum folgerichtigen und geordneten Vorgehen im Denken und Handeln.

In der bionischen Denk- und Arbeitsweise sind Modellübertragungen auf der Grundlage von Analogien zwischen Natur und Technik notwendig. Das Übertra-

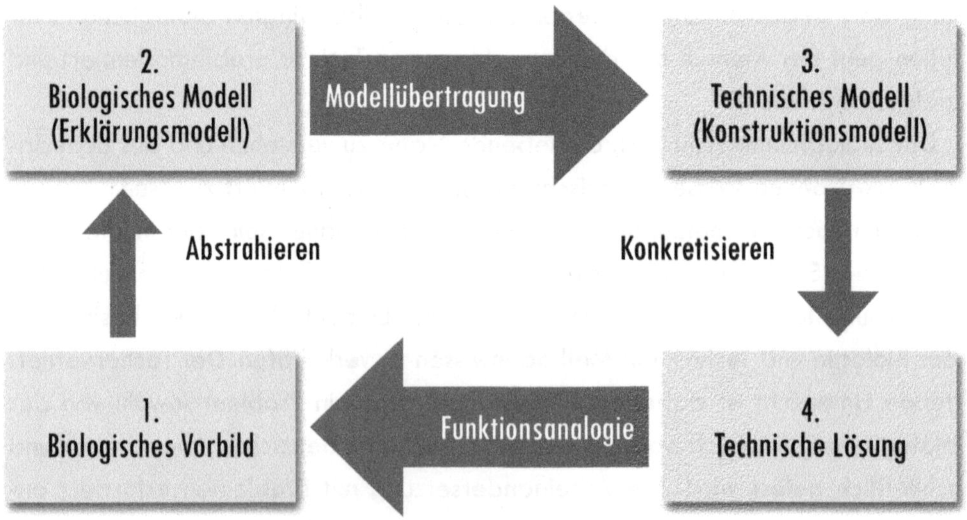

Abb. 71 Modellübertragungen

gen funktionserfüllender Merkmale über den Aufbau eines biologischen Systems in die Technik geschieht wie bereits angedeutet, auf der Grundlage der Analogiebildung. Ausgehend von einer technisch zu realisierenden Funktion werden biologische Vorbilder mit ähnlichen Funktionen ermittelt.

Danach werden Funktionsmerkmale verglichen und anschließend die Möglichkeiten einer Übertragung von Merkmalen des Aufbaus, die dem biologischen System zugrunde liegen, auf das gedanklich vorweggenommene technische System überprüft. Analogiebildung setzt die Modellierung biologischer Systeme zum Zwecke der Übertragung auf technische Sachverhalte bzw. technische Konstruktionen voraus. So werden für die Erkenntnistätigkeit Erklärungs- und Konstruktionsmodelle angefertigt.

Das biologische Modell wird als Erklärungsmodell bezeichnet und beinhaltet eine problemlösungsbedeutsame Erkenntnis über die biologische Struktur. Diese Erkenntnis wird durch Abstrahieren (Verallgemeinern) gewonnen und stellt das Prinzip dar. Beim Abstrahieren werden unwesentliche Merkmale weggelassen und funktionserfüllende Merkmale, die für die Problemlösung bedeutsam sind, werden als wesentliche Merkmale hervorgehoben. Das Prinzip ist eine vereinfachte Darstellung mit symbolischen Elementen und bildet daher das Erklärungsmodell. Dieses Modell bildet den Ausgangspunkt und zugleich die Ausgangslösung für eine Übertragung in die Technik. In der Technik dagegen spielen Konstruktionsmodelle eine bedeutende Rolle. Das Konstruktionsmodell wird aus dem Erklärungsmodell abgeleitet. Dabei werden die Merkmale des Erklärungsmodells so verändert, dass daraus das Konstruktionsmodell entsteht. Die Veränderung der Merkmale des Erklärungsmodells erfolgt zum Zwecke der Anpassung an die Anforderungen, Bedingungen und Wünsche. Das Konstruktionsmodell ist daher das durch Variation, also durch Verändern von Merkmalen, geschaffene Modell.

Als OTTO LILIENTHAL seinen Gleitflieger erfand, beinhaltete seine zielgerichtete und systematische Vorgehensweise ebenfalls die Analogiebildung und Merkmalsvariation. Er fertigte unterschiedliche Modelle an und variierte verschiedene Merkmale. Dieses Vorgehen verlangte Selbstständigkeit, Kreativität gepaart mit Ausdauer, Durchsetzungsvermögen und Wissbegier. Diese Eigenschaften besaß LILIENTHAL, denn dadurch war er in der Lage, das Problem des Fliegens zu lösen. Er erkannte die Zusammenhänge von Biologie, Physik und Technik.

LILIENTHAL verstand es, die Fachgebiete zu vernetzen und ihnen durch Entdeckungen und Erfindungen neue Erkenntnisse und Konstruktionen hinzuzufügen. LILIENTHALS Beschäftigung mit dem Flugproblem führte ihn zur Modellbildung und zur Durchführung von Experimenten, in denen er den Vorteil des gewölbten Flügels erkannte. Das vom Naturvorbild abgeleitete Erklärungsmodell, welches die Erkenntnis beinhaltet, dass ein im Luftstrom befindlicher gewölbter Flügel

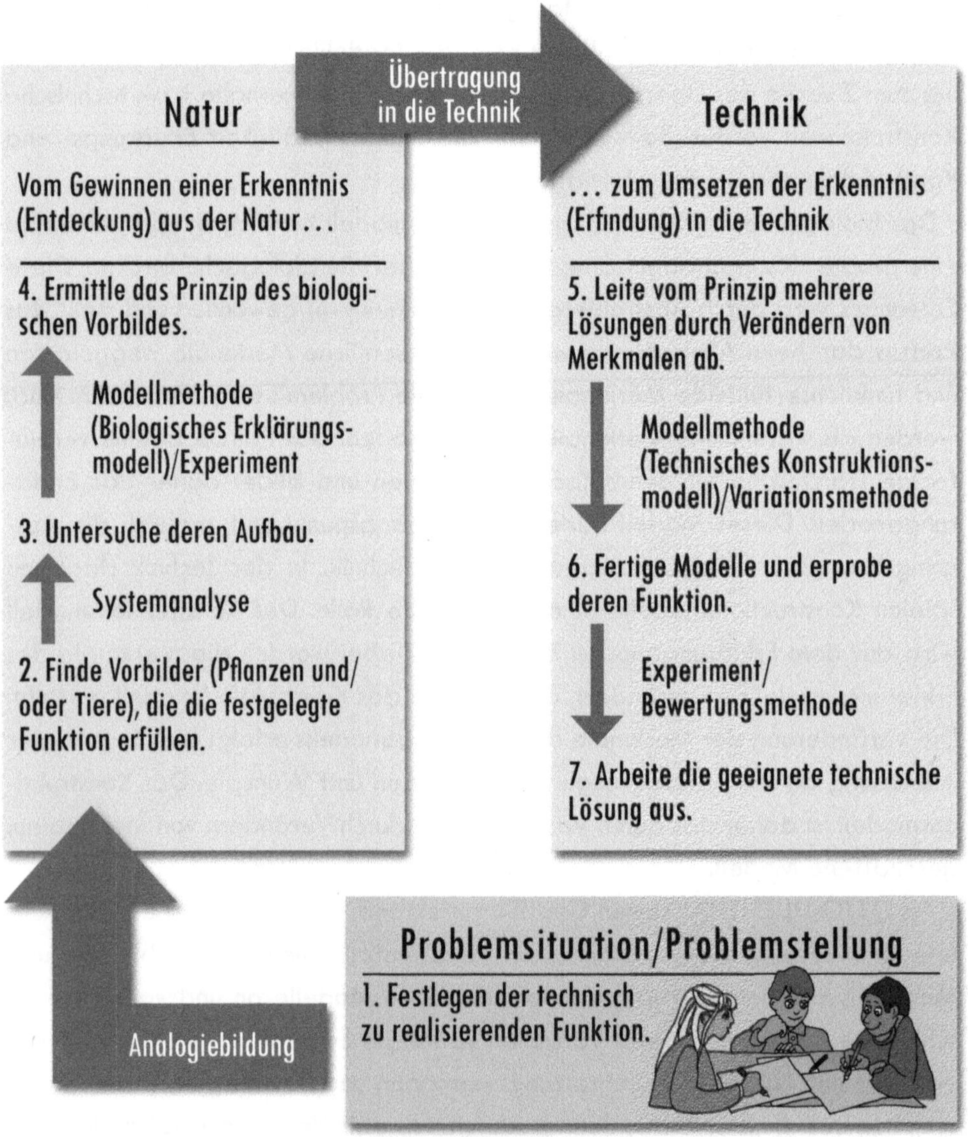

Abb. 72 Bionischer Denk- und Handlungsprozess in seiner allgemeinen Struktur

eine Auftriebskraft erfährt, die der Gewichtskraft entgegen gerichtet ist, setzte er über zahlreiche Experimente kontinuierlich in den Gleitflugapparat um. Aus dieser Vorgehensweise lässt sich der bionische Denk- und Handlungsprozess ableiten.

Der bionische Denk- und Handlungsprozess ist auf der linken Seite ein Abstraktionsprozess, der von der Analyse des biologischen Vorbildes zum Erklärungsmodell führt. Auf der rechten Seite wird schrittweise die technische Lösung immer weiter ausgearbeitet. Dieser Prozess wird Konkretisieren genannt, der in mehreren Stufen vom Konstruktionsmodell zur ausgearbeiteten technischen Lösung führt.

Nachfolgend werden auch hier ausgewählte Elemente dieses Denk- und Handlungsprozesses am Beispiel der „Erfindung" eines Erdbebenanzeigers dargestellt.

Problemsituation

Weltweit fordern Erdbeben durch ihre Auswirkungen viele Menschenleben und verursachen enorme Schäden. Erdbeben kündigen sich zunächst durch uns nicht spürbare feine Bodenschwingungen an, die auf der Ausbreitung von Wellen auf und im Boden beruhen. Durch rechtzeitiges Anzeigen dieser Wellen könnten Sofortmaßnahmen getroffen werden, die Menschen aus gefährdeten Gebieten zu evakuieren.

Manche Tiere verfügen über Möglichkeiten, die vor Ausbruch von Beben auftretenden Bodenvibrationen als Reizsignale wahrzunehmen.

Problemstellung

Entwickeln und Anfertigen einer technischen Lösung zum Aufnehmen und Anzeigen der Stärke von Bodenschwingungen.

Anforderungen an die technische Lösung:

- Relativ hohe Messgenauigkeit
- Einfacher Aufbau
- Geringer Materialaufwand
- Hohe Zuverlässigkeit der Anzeige
- Originalität der Lösung.

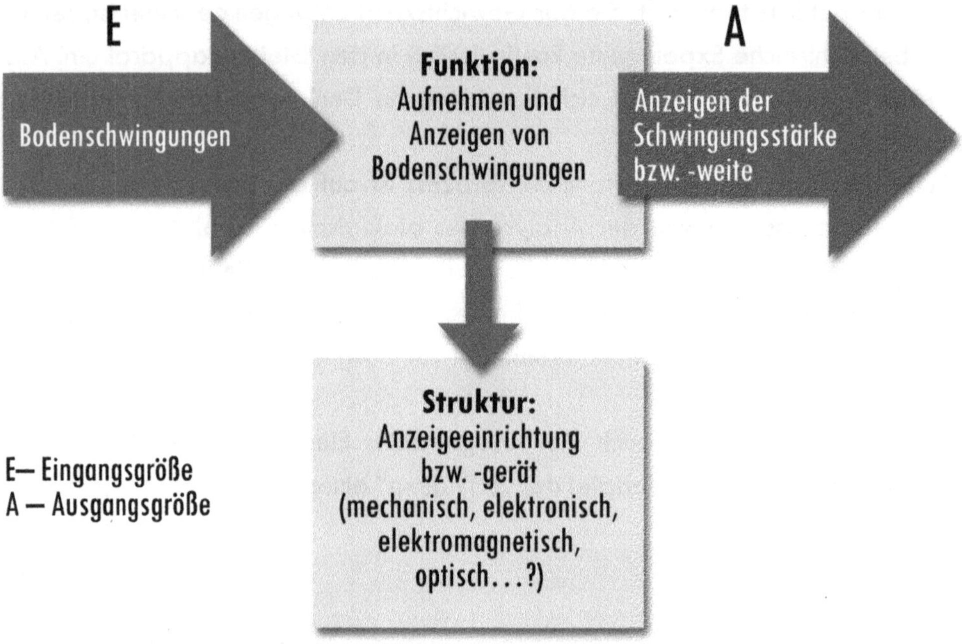

Abb. 73 Problemstellung in „Black-Box"-Darstellung

1. Festlegen der technisch zu realisierenden Funktion:
Aufnehmen und Anzeigen von Bodenschwingungen.

Problemlösung

2. und 3. Finden und Untersuchen biologischer Vorbilder

Mit der Analogiebildung setzt die Lösung des technischen Problems ein. Durch Analogiebildung werden ausgehend von dieser Funktion Tierarten mit gleichen oder ähnlichen Funktionen ermittelt. Dazu ist zunächst die Forscher- bzw. Suchfrage zu beantworten, welche Tierarten in der Lage sind, feinste Bodenschwingungen wahrzunehmen. Dabei soll auch untersucht werden, welche Organe dafür infrage kommen, wie diese aufgebaut sind und wie sie funktionieren. Die Lernenden nutzen dazu die verschiedensten Informationsquellen und Expertengespräche. Generell lassen sich durch Analogiebildung Antworten finden und daher auch erste Lösungsansätze aufdecken, wie im Reich der Tiere und Pflanzen ähnliche Probleme gelöst werden. Für die aufgestellte Funktion sind beispielsweise die biologischen Vorbilder und deren Sinnesorgane, wie Sandskorpion mit Sinneshaaren und Spaltsinnesorganen, Mücke mit Johnston-Organen und Spinne mit Becherhaaren relevant. Sie gehören zu den Mechanorezeptoren.

Sandskorpion und dessen Fuß

Der Sandskorpion erfühlt mit seinen Sinnesorganen an den Füßen extrem kleine Bodenschwingungen, wie beispielsweise solche, die von Beutetieren bei der Fortbewegung stammen. Er besitzt zwei Typen von Rezeptoren, die auf Bodenschwingungen ansprechen. Seitlich des Fußes ragen Sinneshaare heraus, die sich auf und zwischen den Sandkörnern befinden. Im Fußgelenk befindet sich das Spaltsinnesorgan. Der Spalt spricht besonders empfindlich auf Vibrationen an und wird durch die Bodenwellen zusammengedrückt, wobei Reize ausgelöst werden. Beide Rezeptortypen nehmen zwei der bei Erdbeben auftretenden Wellen wahr (vgl. Abschnitt 3).

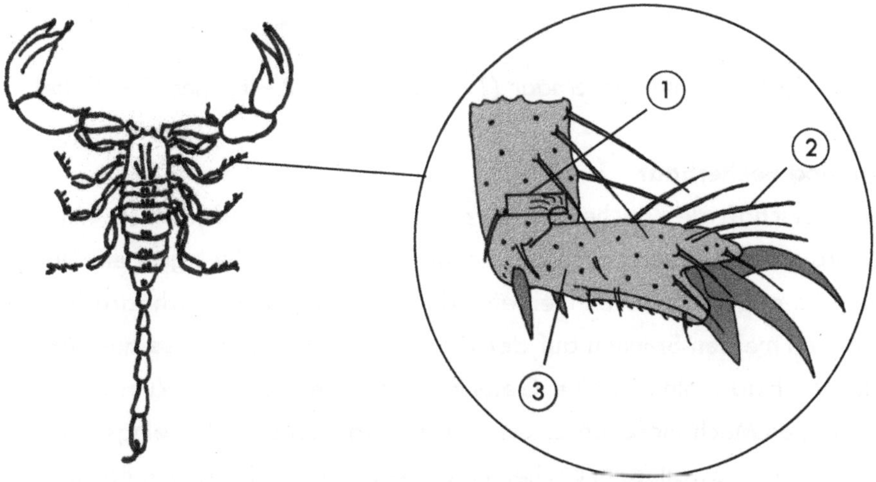

Abb. 74 Sandskorpion mit Spaltsinnesorgan und Sinneshaaren am Fuß (1 – Spaltsinnesorgan, 2 – Sinneshhaar, 3 – Fuß)

Mücke und Becherhaar

Mit diesem Organ können feinste Schallschwingungen in der Luft wahrgenommen. Es befindet sich am Ende der Fühlerwurzel. Darin wird der Fühlerstil von den Fühlerfäden wie ein Ring umschlossen. Wird der Fühler bewegt, wird auf diesen ein Richtungsdruck ausgeübt. Dadurch wird das vorher bestehende Kräftegleichgewicht zwischen den Fühlerfäden aufgehoben. In Richtung der sich ausbreitenden Druckwelle werden die Fühlerfäden auf der einen Seite gestaucht und auf der anderen Seite gedehnt. Aufgrund dieser Reizsignale ist es dem Insekt möglich, die Richtung und Entfernung der Signalquelle zu ermitteln.

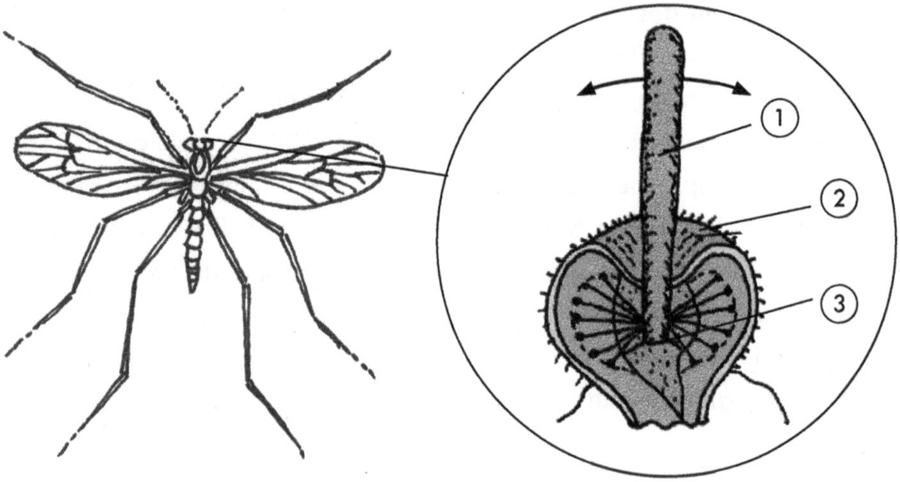

Abb. 75 Mücke mit Becherhaar (1 – Geißelhaar, 2 – Becher, 3 – Platte)

Spinne und Becherhaar

Der Haarschaft des Becherhaares reagiert auf Auslenkung nicht nur durch Netzvibrationen, sondern auch auf hochfrequente Luftschwingungen. Dadurch werden die angeschlossenen Nervenenden gereizt. Die Becherhaare befinden sich bei den meisten Spinnen auf der Oberseite der Beine. Diese außerordentlich dünnen Haare sind in eine Gelenkmembran eingehängt. Zum Schutz des empfindlichen Mechanorezeptors ist dieser in das Außenskelett eingebettet und von einem Kutikulawall, dem Becher, umgeben. Mithilfe der feinen Becherhaare ist es der Spinne möglich, fliegende Insektenbeute schon aus relativ großer Entfernung wahrzunehmen.

4. und 5. Anfertigung von Erklärungs- und Konstruktionsmodell

Die Verallgemeinerung führt zur Ausarbeitung des biologischen Erklärungsmodells, welches als vereinfachtes Abbild mit symbolischen Elementen angefertigt wird. Dieses Modell wird in die Technik übertragen und bildet den Ausgangspunkt für die Anfertigung des technischen Konstruktionsmodells. Es wird durch Veränderung von Merkmalen des biologischen Erklärungsmodells gewon-

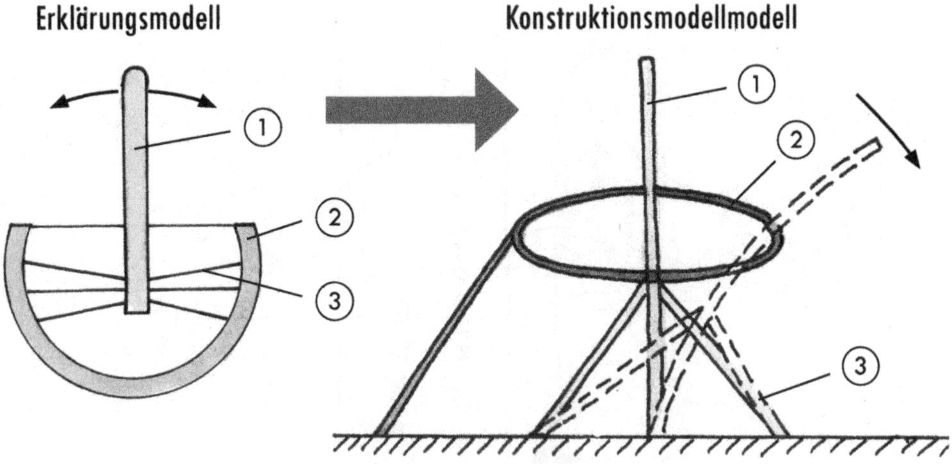

Abb. 76 Vom biologischen Erklärungsmodell (1 – Haarschaft, 2 – Becher, 3 – Membran) zum technischen Konstruktionsmodell (1 – Auslenkstab, 2 – Ösenring, 3 – Stabilisatoren)

nen. Hierbei müssen die Anforderungen, die in der Problemstellung angegeben sind, bei der Ausarbeitung des Konstruktionsmodells berücksichtigt werden.

6. Modellbildung und technische Lösung

Das Konstruktionsmodell wird nun schrittweise in eine technische Lösung umgesetzt. Zunächst ist das Anfertigen und Testen von einfachen Funktionsmodellen zu Erdbebenanzeigern notwendig. Grundlegende Experimente dienen danach zum Überprüfen ihrer Funktion. Durch Bewertung der einzelnen Varianten der getesteten Funktionsmodelle nach vorher festgelegten Bewertungskriterien, die von Anforderungen an die technische Lösung abgeleitet wurden, erfolgt die Auswahl der günstigsten Variante. Diese Variante dient der Ausarbeitung der technischen Lösung. Dazu werden technische Skizzen und/oder Zeichnungen angefertigt, die notwendigen Materialien geplant und technologische Ablaufpläne zur Herstellung des Erdbebenanzeiger-Modells entwickelt. Es geht also um das Erarbeiten der stofflich-geometrischen Struktur des Anzeigers, um den Bau eines Prototyps, dessen Test und gegebenenfalls um dessen anschließende Optimierung. Am Ende dieses bionischen Denk- und Handlungsprozesses, den die Lernenden zielgerichtet und systematisch durchlaufen, steht die ausgearbeitete technische Lösung eines Erdbebenanzeiger-Modells.

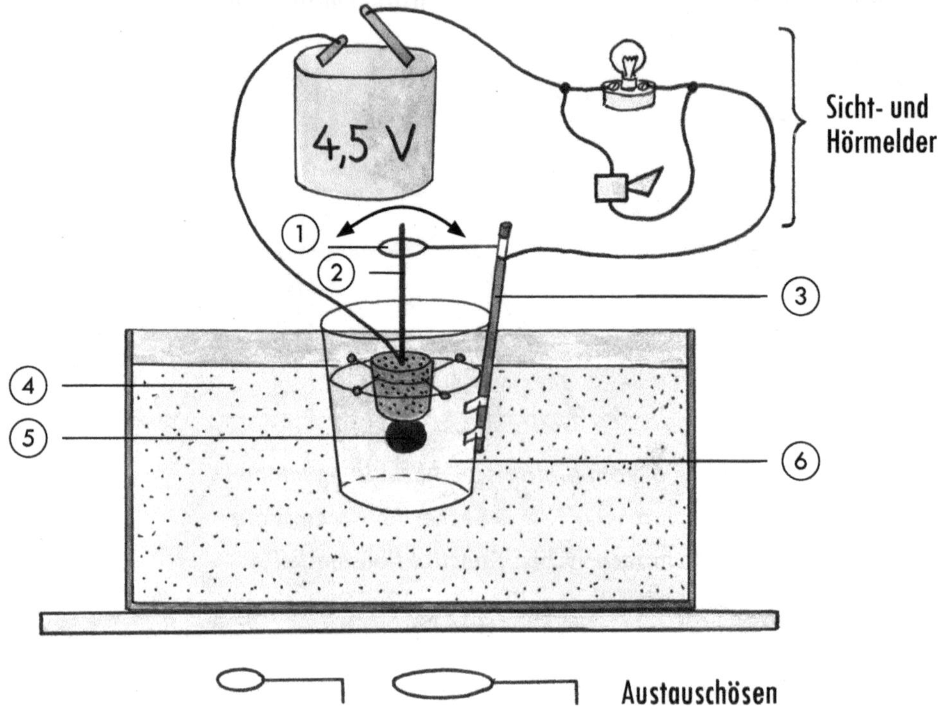

Abb. 77 Modell eines elektromechanischen Erdbebenanzeigers (1 – Öse, 2 – Drahtstab, 3 – Trinkröhrchen, 4 – Kartonschachtel mit Sandfüllung, 5 – Korken mit Massestück, 6 – Becher mit Wasserfüllung)

Bei dem Modell führt die Auslenkung des Drahtstabes durch Bodenerschütterungen im Kontakt mit der Öse zum Schließen des Stromkreises und damit zum Aufleuchten der Warnlampe. Durch Verändern des Ösendurchmessers kann die Anzeigeempfindlichkeit erhöht bzw. erniedrigt werden. Zum Testen der von den Lernenden gebauten Erdbebenanzeiger dient ein dafür entwickelter einfacher „Erdbebensimulator".

Dieser Simulator besteht aus zwei Span- bzw. Sperrholzplatten, wobei die obere Platte durch einen stufenlos verstellbaren Vibrationsmotor in Schwingung versetzt wird. Dadurch ist es möglich, die „Erdbebenstärke" modellhaft zu variieren.

Von den Lernenden einer Jahrgangsstufe 6 wurden die nachfolgenden technischen Lösungen zu einfachen „Erdbebenanzeigern" entwickelt und beschrieben (siehe S. 314).

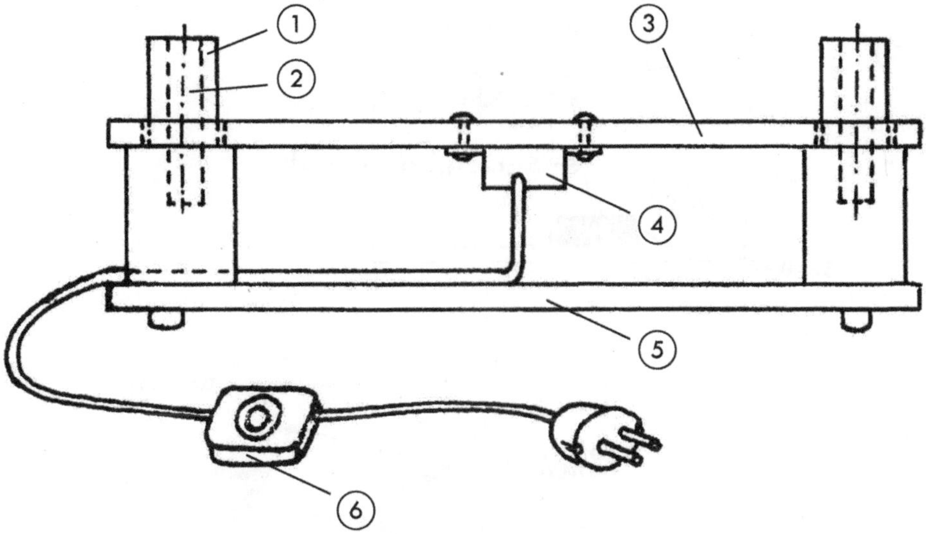

Abb. 78 Einfacher „Erdbebensimulator“
(1 – Schaumisoliertes Rohr, 2 – Verbindungszapfen, 3 – obere, beweglich gelagerte Platte, 4 – Vibrationsmotor, 5 – untere, fest gelagerte Platte, 6 – Stellschalter)

Die Lernenden durchlaufen bei diesem Prozess im Prinzip die Lebenslinie eines technischen Produktes und nehmen dabei die Rollen von Forschern, Entdeckern, Ingenieuren, Bionikern und Erfindern ein. Dabei erlangen sie bedeutsame Kompetenzen zur Lebens- und Zukunftsgestaltung.

Den bionischen Denk- und Handlungsprozess, der von einer Problemsituation bzw. Problemstellung über biologische Vorbilder bis zur Problemlösung führt, gilt es in allen seinen Schritten bewusst und zielstrebig von den Lernenden zu vollziehen, um den Übergang von der Natur zur Technik auf der Grundlage der Anwendung von Erkenntnismethoden zu vollziehen. Dabei sind Assoziationsfähigkeit, Analogiefähigkeit, Abstraktionsfähigkeit, Variations- und Gestaltungsfähigkeit u. a. wichtige Ziele in der Persönlichkeitsentwicklung. Es sind Fähigkeiten, ohne die kreatives Problemlösen nicht erfolgreich sein kann. Gerade die technischen Inhalte finden bei der Vermittlung und Aneignung bionischer Sachverhalte im fächervernetzenden Unterricht noch unzureichende Berücksichtigung. In der Technik geht es nun einmal darum, die gewonnenen Erkenntnisse über biologische Systeme bei der Entwicklung technischer Systeme umzusetzen. Das erfordert wie bereits angedeutet, dass bei der Ausarbeitung und Materi-

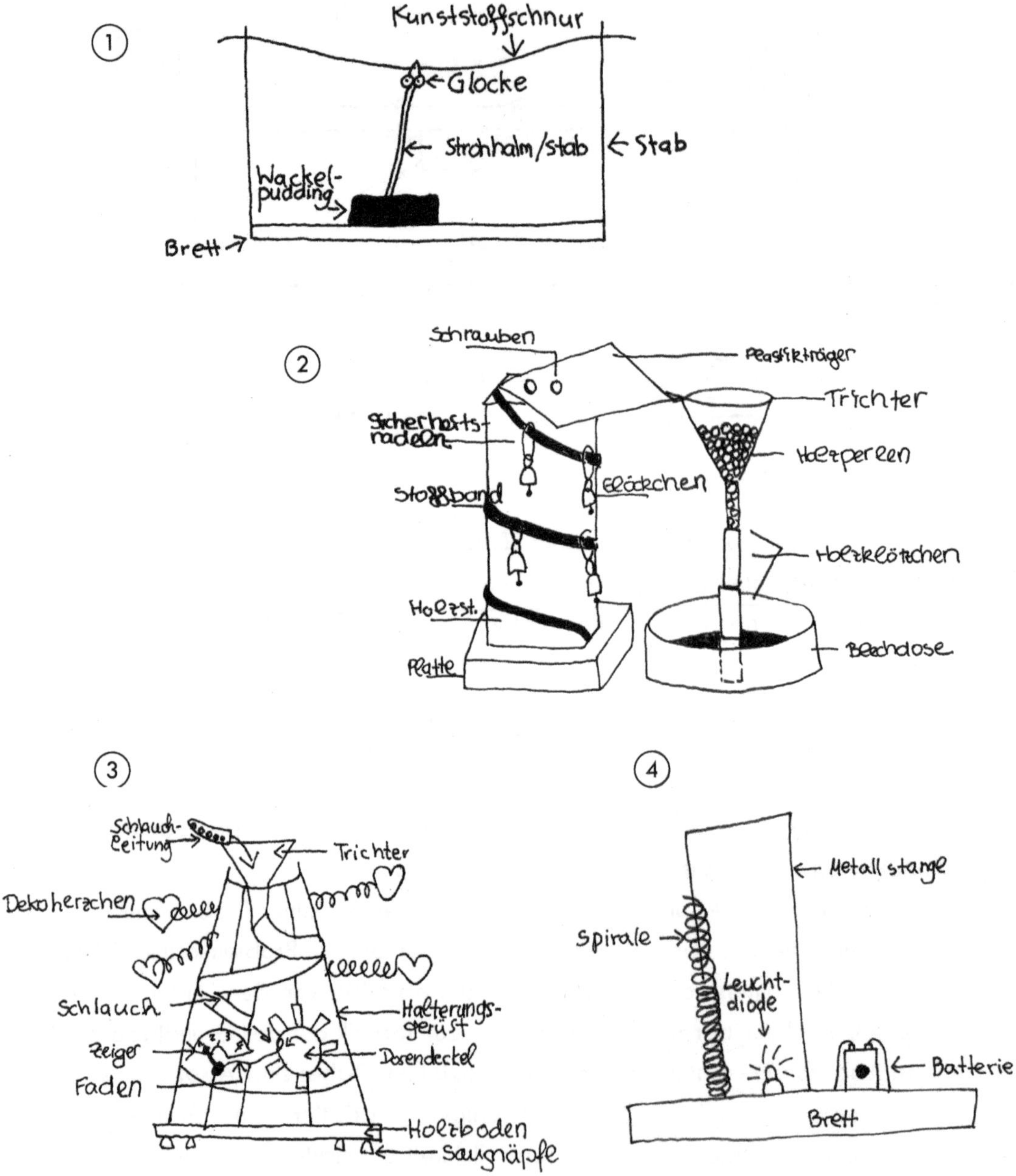

Abb. 79 Verschiedene Lösungen von „Erdbebenanzeigern" der Lernenden
(1 – Wackelpudding mit Glocke,
2 – Schwingender Trichter mit herausfallenden Kugeln,
3 – Schwingturm mit Kugelbahn,
4 – Kupferstab in schwingender Spiralfeder)

alisierung der technischen Lösung technische Skizzen bzw. Zeichnungen, technologische Ablaufpläne, Material- und Gebrauchseigenschaften, technische Experimente, Werkstoffbearbeitung u. a. notwendig sind. Das bedarf u. a. grundlegendes Wissen und Können über normgerechtes Anfertigen von Skizzen und Zeichnungen, über Fertigungsverfahren sowie über den Umgang mit Maschinen, Werkzeugen, Prüf- und Messzeugen. Diese Tatsache wirft ein neues Problem auf, welches in der materiellen Ausstattung, speziell in der Schaffung geeigneter Werkstatträume, begründet ist. Am Ende der Leitlinie „Biologische Phänomene entdecken und danach technische Lösungen erfinden" steht nun einmal ein technisches Produkt. Sei es nun das Modell eines technischen Gebildes, eine Versuchseinrichtung oder ein technischer Gebrauchsgegenstand, der von den Lernenden vom biologischen Vorbild abgeleitet wurde. In diesem Produkt ist sozusagen auch die Kreativität der Lernenden vergegenständlicht. Die Bionik als Inhaltselement genutzt, ermöglicht es über den „Tellerrand" des einzelnen Faches hinaus, Wissen beziehungsreich zu vernetzen und unterschiedliche Perspektiven und Zusammenhänge zu ermöglichen.

Naturorientiertes Lernen basiert auf der Einsicht, dass jegliche zu entwickelnde Technik umweltgerecht zu gestalten ist und ihre Entwicklung daher in Richtung ökologischer und ökonomischer Wirksamkeit erfolgen muss. Die Ausprägung eines technischen Entwicklungsverständnisses, welches die Auswirkungen von Technik auf die Umwelt einbezieht, erfordert auch den Ausbau der erdsystemwissenschaftlichen Bildung in der Schule, die über die Aneignung von Kenntnissen über grundlegende Klimabetrachtungen hinausgeht. Darin eingeschlossen sind grundlegende Inhalte aus Geologie und Erdgeschichte. MARTENS gibt im Zusammenhang mit der Klimaproblematik den wertvollen Hinweis: „Eine Grundlage von Geologie und Erdgeschichte im Schulunterricht wäre ein Beitrag zur Aufklärung, dass Klimaveränderungen seit Jahrmillionen das Leben auf der Erde beeinflussen, vor allem vom Wechselspiel zwischen Sonne und Atmosphäre gesteuert werden und Mensch und Umwelt sich permanent an Veränderungen anpassen müssen" (MARTENS 2023). Das ist ganz im Sinn der Inhalte des Positionspapiers der „GeoUnion" und des Dachverbandes der Geowissenschaften. Sie fordern, dass geowissenschaftliche Inhalte im Schulunterricht einen höheren Stellenwert erhalten, um den globalen Herausforderungen besser zu begegnen.

Zusammenfassend ergeben sich die nachfolgenden Prinzipien Naturorientierten Lernens (NOL), die für den fächervernetzenden Unterricht von Bedeutung sind, wie:

- NOL fördert Naturbegegnung und -betrachtung.
- NOL schließt die Aneignung ausgewählter Inhalte der Erdsystemwissenschaft einschließlich von Erkenntnissen über Erdgeschichte und ausgewählter Inhalte zur Klimatologie ein.
- NOL ist auf die belebte und unbelebte Natur als Erkenntnis- und Inspirationsquelle zum Problemerkennen und Problemlösen gerichtet.
- NOL betrachtet Evolutionsgesetzmäßigkeiten in Natur und Technik sowie Funktions-, Struktur- und Organisationsprinzipien lebender Systeme als Mittel zur Problemerkennung und -lösung.
- NOL weckt das Interesse für die Vielfalt, Schönheit, Funktionalität und Effektivität biologischer Konstruktionen.
- NOL fördert Sach-, Methoden-, Individual- und Sozialkompetenz sowie Kreativität.
- NOL fördert fächerübergreifendes Entwicklungsdenken und Problemlösefähigkeit.
- NOL fördert vernetztes Denken zwischen ökologischen, ökonomischen, technischen und sozialen Sachverhalten.
- NOL fördert Experimentierfreude sowie Entdeckungs- und Erfindungsdrang.

Ein naturwissenschaftlich-technischer Unterricht, der diese Prinzipien handlungsorientiert umsetzt, führt bei den Lernenden zu Haltungen, die Vielgestaltigkeit der Natur nicht nur als Erkenntnis- und Inspirationsquelle zu betrachten, sondern auch als Bereicherung des eigenen Lebens zu erfahren. Gerade die Bionik als Integrationswissenschaft vereinigt nicht nur Biologie und Technik, sondern sieht ihre Grundlage auch in Mathematik und allen anderen Naturwissenschaften. Da sie Fachgebiete vernetzend betrachtet und anwendet, können nicht nur vielfältige bestehende Interessen der Lernenden abgedeckt werden, sondern können auch aus neuen bionischen Sachverhalten Interessen geweckt werden. Das derzeitig mangelnde Interesse an Naturwissenschaft und Technik bei Kindern und Jugendlichen könnte dadurch wieder entwickelt und gefördert werden. Neue Wege des Lernens, wie u. a. durch die Einbeziehung der Strategie des Naturorientierten Lernens in den Schulunterricht wären dazu eine geeignete Möglichkeit. Durch die Einbeziehung bionischer Sachverhalte ist es außerdem möglich, Mädchen viel besser für Naturwissenschaft und Technik zu interessieren. Es ist eine Tatsache, dass Kinder und Jugendliche am ehesten über interessante und erstaunliche Phänomene und Wunder der Natur sowie durch das Erleben der Faszination des Lebendigen einen Zugang zur Naturwissenschaft und Technik finden. Die daraus resultierende, durch Motivationspotenziale positiv besetzte Lernsituation kann somit die Voraussetzung für nachhaltiges Lernen bilden. Naturorientiertes Lernen könnte diese Zielperspektiven bieten. Es sollte damit möglichst frühzeitig begonnen werden, mit besonderer Sorgfalt in der Grundschule und in allen weiterführenden Schulformen. Das Interesse von Kindern und Jugendlichen, die Welt aktiv zu begreifen, zu verstehen und an ihrer Gestaltung mitzuwirken, wird durch Naturorientiertes Lernen gefördert. Dies ist unbedingt notwendig, denn wir alle brauchen die naturwissenschaftlich-technische Basis, um den Herausforderungen des 21. Jahrhunderts, der Globalisierung und Technisierung aller Lebensbereiche kompetent begegnen zu können und aktiv an der Gestaltung mit zu wirken.

8

Ausblick

„Der Vorrat an Ressourcen
wächst mit unserem Vorrat an Wissen!“
P. H. Aronson

Bei allen Betrachtungen zur Klimaproblematik steht außer Frage, dass der vom Menschen verursachte erhöhte Kohlendioxidausstoß derzeit das größte ökologische Problem darstellt, das es weltweit zu lösen gilt. Die Lösung dieses globalen Problems erfordert eindringlich gemeinschaftliches Handeln aller Länder auf der Erde. Inzwischen wurde zwar vieles getan, aber kaum etwas wurde bisher erreicht. So sorgt heute die Verwirklichung des Pariser Abkommens für den Klimaschutz für Ernüchterung. Das unterstreicht die Tatsache, dass die Mehrzahl der Länder von den dort gemeinsam beschlossenen Zielen weit entfernt sind. Auch das von rund 200 Teilnehmerstaaten gemeinsam festgelegte 1,5 Grad-Ziel, die globalen Emissionen bis zum Jahr 2023 um 43 Prozent unter das Niveau von 2019 zu senken, wurde nicht erreicht.

Es nützt auch wenig, wenn Deutschland sich als „Vorreiter“ einer klimagerechten Politik gibt und die anderen Länder verfolgen wie gewohnt, trotz gut gemeinter „Lippenbekenntnisse“, ihre bisherige Klimapolitik weiter. Das ist nicht verwunderlich, weil dort der Klimaschutz im Widerspruch zum Wirtschaftswachstum steht und dadurch eine rasche Reduktion der Emissionen in weite Ferne rückt. Es ist unbestreitbar, dass einige Länder endlich damit beginnen müssen, eine Vorbildfunktion für die vielen anderen Länder zu übernehmen. Es ist aber nicht gewährleistet, dass diese Länder ihre Handlungen dieser Vorbildfunktion angleichen. Damit dieser Angleichungsprozess gelingen kann, ist ein kulturübergreifendes politisches Handeln erforderlich. Das verlangt aber die gemeinsame Ausarbeitung einer allgemein verbindlichen ökologischen Strategie für alle Länder, die auf der Basis eines von Allen anerkannten Prinzips von Wertvorstellungen und Lebensinteressen beruht. Zumal wir Menschen alle in einem Boot sitzen, welches sich immer weiter füllt. Ob es untergeht, hängt von uns Insassen ab und davon, ob wir in gemeinsamer Anstrengung rechtzeitig mit dem überfüllten Boot das rettende Ufer erreichen können, welches als Analogievergleich zu einer erfolgreich bewältigenden globalen Krise steht.

Eigentlich ist die „Agenda 2030" eine allgemeinverbindliche Strategie solchen globalen Handelns. Die 17 in ihr formulierten Ziele für nachhaltige Entwicklung, die sogenannten „Sustainable Development Goals" (SDG), richten sich zwar an alle Regierungen der Welt, werden aber leider nicht von allen in ihrer Ganzheit umgesetzt. Wirtschaftswachstum hat bei diesen Ländern mehr Priorität als eine wirkliche nachhaltige Entwicklung. Aber es muss gelingen, die natürlichen Lebensgrundlagen aller Menschen und aller anderen Lebewesen auf unserem Planeten zu sichern. Und nicht nur das. Es geht auch weltweit um die Beseitigung von Armut, also die gerechte Verteilung des Wohlstandes auf globaler Ebene, sowie die Schaffung einer nachhaltigen, umwelt- und menschengerechten Wirtschaftsweise auf unserer Erde.

Neuerdings entstehen als Reaktion auf den Klimawandel neben neuen Geschäftsfeldern auch neue Wissenschaftszweige und Berufe. So gibt es den Beruf des Klimaanpassungskoordinators und an universitären Einrichtungen Experten für Klimawandelanpassung. Solche Experten forderten kürzlich auf einer Veranstaltung, dass die Lösung des Klimaproblems nur gelingen kann, wenn wir Menschen uns an das sich verändernde Umfeld anpassen würden. Sie sind der Auffassung, dass die Umweltkrise nicht nur als ein evolutionärer Katalysator, sondern auch als ein Prüfstein für unser Anpassungsvermögen zu sehen ist. Sie behaupten, wenn uns diese Anpassung nicht gelänge, wären wir nicht die erste Art, die infolge mangelnden Adaptionsvermögens ausgestorben ist.

Diese antiquierte Sicht der darwinschen Evolution kann jedoch nicht für uns Menschen zutreffen, wenn wir die These von der schon genannten „Evolution als Emanzipation" vom Diktat der Umwelt berücksichtigen und in unsere Denkweise einbeziehen. Darwins Theorie reicht für die Begründung der Zukunftsentwürfe der heutigen Zeit nicht mehr aus. Mit unserer Technik haben wir uns von den Gegebenheiten der Natur immer weiter gelöst und uns auch von manchen klimatischen Zwängen weitgehend unabhängig gemacht. Das haben wir beispielsweise an den Erfindungen von Kleidung, Heiz- und Klimasystemen gezeigt. Erfindungen sind kreative Entfaltungsmöglichkeiten von uns Menschen, welche die eigentliche Grundlage für evolutionäre Veränderungen bilden. Wir haben in der Natur die technische Welt geschaffen, mit der wir nun in Symbiose leben sollten. In und mit dieser von uns geschaffenen Welt werden wir in der Lage sein, den beschwerlichen Weg aus der Klimakrise zu finden.

Unsere Zukunft ist offen. Wir sind ihr jedoch nicht völlig ausgeliefert. Die Zukunft ist sozusagen ein Raum, in dem eine fortwährende kreative Entfaltung möglich, ja sogar erforderlich ist. Unser Wissen und unser kreatives Potenzial ermöglichen es uns, die zukünftige Entwicklung in die von uns beabsichtigte Richtung zu bringen. Zukunftsgestaltung als Lerngegenstand erfordert eine Erweiterung bestehender Bildungskonzeptionen hinsichtlich der Neubestimmung des Verhältnisses Mensch – Natur. Das ergibt sich daraus, dass der Ausweg zur Lösung der naturbelastenden und -zerstörenden Umweltprobleme im Innovationspotenzial der Natur zu finden ist. Technische Bildung und Naturorientiertes Lernen werden für die Zukunftsfähigkeit und Zukunftssicherung des Individuums sowie der Gesellschaft überlebenswichtig. Erst wenn dies allseitig erkannt wird, können daraus zeitgemäße Ziele, Inhalte und Methoden für eine Neuausrichtung der Allgemeinbildung abgeleitet werden.

Der österreichische Astrophysiker und Mitbegründer des Club of Rome ERICH JANTSCH (1929–1980) gibt dafür den richtungsweisenden Hinweis: „Die wesentliche Gestaltungsaufgabe bezieht sich aber nicht nur auf technische Konstruktionen, sondern auf die Gestaltung von Ökosystemen, menschlichen Gesellschaften und Kulturen. Es geht buchstäblich um Kreationen neuer Welten in ihrer ganzen vielschichtigen Realität – eine großartige Erweiterung der Neuschaffung der Welt in der soziokulturellen Evolution" (JANTSCH 1988, S. 328). Solange wir über Lösungen nachdenken, um sie zu verwirklichen, haben wir alle Chancen für eine lebenswerte Zukunft auf unserem Planeten. Die Klimakrise wirkt wie ein evolutionärer Katalysator, der die Entwicklung der menschlichen Gesellschaft hinsichtlich ihrer „Überlebensfähigkeit" auf der Grundlage allgemein verbindlicher umweltgerechter Lösungen beschleunigt. Die Lösung der globalen Probleme, die dem vom Menschen verursachten Klimawandel zugrunde liegen, können jedoch, wie schon erwähnt, nur im gemeinsamen politischen Handeln aller Staaten mit einer einheitlichen, von allen akzeptierten ökologischen Strategie bewältigt werden.

Unvorhergesehene Naturereignisse, wie Meteoriten- und Asteroideneinschläge sowie Vulkanausbrüche vermögen wir jedoch noch nicht beeinflussen. Sie würden uns sicherlich gefährlich werden. Diese Tatsache trifft auch noch für andere Naturereignisse, wie bspw. Wirbelstürme zu. Auch die in großen Zeitabständen von Abertausenden bis Millionen von Jahren auftretenden natürlichen Klimaveränderungen mit ihren Warm- und Kaltzeiten können wir nicht ändern. Die Beständigkeit der Natur ist ein vom Menschen erträumtes Wunschbild, welches auf einer zu kurz gegriffenen Zeitperspektive beruht. Es ist nun einmal eine Tatsache, dass uns schadende Naturphänomene, wie wir erfahren haben, zu den wiederkehrenden Ereignissen der Erdgeschichte gehören. Zwischen ihrem Auftreten können jedoch Millionen Jahre verstreichen.

Aber mit unserem Erfindungsreichtum und unserer Kreativität können wir es schaffen, die richtigen Lösungen für unser aller (Über-)leben in einer sich ständig verändernden Welt zu finden. Daher sollten wir stets optimistisch und zuversichtlich in die Zukunft blicken und schon jetzt die Strategie für ihre erfolgreiche Bewältigung finden und unter Berücksichtigung der absehbaren Folgen weit vorausschauend denken und handeln. Wir sind, wie wir nun wissen, der Zukunft nicht tatenlos ausgeliefert.

Pessimismus und Zukunftsangst haben dort keinen Platz und können uns nicht weiterbringen. Denken und handeln wir doch so optimistisch wie der Reformator MARTIN LUTHER (1483–1546), der geäußert hat: „Wenn die Welt morgen unterginge, würde ich heute noch ein Apfelbäumchen pflanzen!"

Danksagung

Für anregende Diskussionen und wertvolle Hinweise bei der Anfertigung des Manuskriptes gilt mein besonderer Dank Herrn Dr. Thomas Martens, Großrettbach. Bei der Recherche von Inhalten möchte ich meiner Ehefrau Petra herzlich danken.

Literatur

Altschuller, G. S. (1998): Erfinden – Wege zur Lösung technischer Probleme. – Berlin: Verlag Technik

Balandin, R. K. (1982): Naturkatastrophen – Der Pulsschlag der Naturgewalten. – Leipzig: BSB B. G. Teubner Verlagsgesellschaft

Balzer, K. (1989): Wettervorhersage: Fortschritte und Grenzen. – Leipzig, Jena, Berlin: Urania-Verlag

Brownell, P. H. (1985): Vibrationssinn: Beuteortung beim Sandskorpion. – In: Spektrum der Wissenschaft, Heft 2/85, Heidelberg: Spektrum der Wissenschaft Verlagsgesellschaft, S. 84–92

Buchal, Chr.; Schönwiese, Chr.-D. (2010): Klima – Die Erde und ihre Atmosphäre im Wandel der Zeiten. – Gütersloh: MOHN Media

Bücker, Chr., u. a. (2023): Mehr Erdsystemwissen in die Schule. – In: GMIT – Geowissenschaftliche Mitteilungen, 92. Jahrg., 7/23, S. 20–22.

Calder, N. (1991): Raumschiff Erde. – Köln: vgs Verlagsgesellschaft

Calder, N.; Svensmark, H.(2008): Sterne steuern unser Klima – Eine neue Theorie zur Erderwärmung. – Düsseldorf: Patmos Verlag GmbH & Co. KG

Comenius, J. A. (1947): Große Unterrichtslehre. – Borsdorf-Leipzig: Wilhelm Hoppe

Fortey, R. (1999): Leben: eine Biographie; die ersten vier Milliarden Jahre. – München: Verlag C.H.Beck

Francé, R. H. (1920): Die Pflanze als Erfinder. – Stuttgart: Franck'sche Verlagsbuchhandlung

Francé, R. H. (1923): Bios – die Gesetze der Welt. – Bd. 2, Stuttgart/Heilbronn: Walter Seifert Verlag

Frings, S.; Müller, F. (2019): Biologie der Sinne. – Deutschland: Springer Verlag GmbH

Gerok, W. (1984): Ordnung und Chaos in der unbelebten und belebten Welt. – Stuttgart: Wissenschaftliche Verlagsgesellschaft mbH

Grumach, E. (1959): Aristoteles Werke. – Berlin: Akademie Verlag

Harding, S. (2008): Lebendige Erde: Gaia – vom respektvollen Umgang mit der Natur. – Kreuzlingen/ München: Heinrich Hugendubel Verlag

Hänsel, Chr. (1975): Klimaänderungen – Erscheinungsformen und Ursachen. – Reihe: Kleine naturwissenschaftliche Bibliothek, Leipzig: BSB B. G. Teubner Verlagsgesellschaft

Heydemann, B. (1995): Gratisdienste der Natur. – Kiel: Forschungsstelle für Ökosystemforschung und Ökotechnik

Heynert, H. (1976): Grundlagen der Bionik. – Berlin: Deutscher Verlag der Wissenschaften

Hill, B. (1993): Die Paradigmenwechsel im Denken und ihre Einflüsse auf eine zukunftsorientierte Technikbildung. – In: Arbeiten und Lernen/Technik, E. Friedrich Verlag Velber, Heft 10, S. 5–9.

Hill, B. (1999): Naturorientierte Lösungsfindung – Entwickeln und Konstruieren nach biologischen Vorbildern. – Renningen- Malmsheim: expert Verlag

Hill, B. (2003): Lernerfolge durch erfindendes Lernen. – In: Unterricht – Arbeit + Technik, Heft 18, E. Friedrich Verlag Velber, S. 47–55.

Hill, B. (2007): Der kreative Weg zur erfolgreichen Innovation. – In: Innovation Management, Nr. 3, Horn/CH: Verlag Engeli & Partner, S. 72–79.

Hill, B. (2009): Veränderung ist Voraussetzung zum Überleben. – In: Innovation Management, Nr. 4, Horn/CH: kmu-magazin-Verlag, S. 70–74.

Hill, B. (2011): Bionik und Fächer vernetzendes Lernen. – Erfurt: Thüringer Innovationszentrum der IWM GmbH

Hill, B. (2012): Wie die Wirtschaft von der Natur lernen kann. – In: Innovation Management, Nr. 2, kmu-magazin-Verlag, S. 105–109.

Hill, B. (2012): Wie Unternehmen von den Organisationsprinzipien der Natur lernen können. – In: Innovation Management, Nr. 6/7, kmu-magazin-Verlag, S. 123–127.

Hill, B. (2018): Naturorientiertes Lernen – ein pädagogisches Konzept. – In: MNU-Journal, Verband zur Förderung des MINT-Unterrichts, Jhrg. 71, Heft 1, Neuss: Verlag Klaus Seeberger, S. 47–52.

Hill, B. (2018): Bionik – Klimatisierung und Lüftung. – Weimar: Knabe Verlag

Hill, B. (2020): Bionik – Wettrüsten der Sinne. – Weimar: Knabe Verlag

Hill, B. (2023): Ist unsere Zukunft sicher? Arnstadt: THK-Verlag

Jantsch, E. (1982): Selbstorganisation des Universums – Vom Urknall zum menschlichen Geist. – München: dtv

Joliot-Curie, F. (1961): Et l´energie atomique. – Paris: Edition Seghers

Jorgensen, B. (1970): Tiere als Erfinder. – Berlin: Paul List Verlag KG

Jungk, R.; Müllert, N. R. (1981): Zukunftswerkstätten. – Hamburg: Hoffmann und Campe Verlag

Kelly, K. (1997): Das Ende der Kontrolle – Die biologische Wende in Wissenschaft, Technik und Gesellschaft. – Braunschweig: Bollmann Verlag GmbH

Krumbiegel, G. (1980): Tiere und Pflanzen der Vorzeit. – Leipzig, Jena, Berlin: Urania Verlag

Lambert; D. (1990): Alles über das Leben der Vorzeit. – Würzburg: Arena Verlag GmbH

Linde, H.-J.; Hill, B. (1993): Erfolgreich erfinden: Widerspruchsorientierte Innovationsstrategie für Entwickler und Konstrukteure. – Darmstadt: Hoppenstedt Technik Tabellen Verlag

Liening, A. (1998): Komplexe Systeme zwischen Ordnung und Chaos. – Münster: LIT Verlag

Lorenz, E. (1993): The Essence of Chaos. – Seattle: University of Washington Press

Lovelock, J. (1992): Gaia – Die Erde ist ein Lebewesen. – Bern: Fischer Scherz GmbH

Lugt, H. J. (1979): Wirbelströmung in Natur und Technik. – Karlsruhe: G. Braun Verlag GmbH

Lüscher, M. (1955): Der Sauerstoffverbrauch bei Termiten und die Ventilation des Nestes bei Macrotermes natalensis (Haviland). – In: Acta Tropica, 12. Jhrg., Heft 12, Amsterdam: Elsevier, S. 289–307.

Martens, Th. (2000): Ursaurier zwischen Thüringer Wald und Rocky Mountains – Eine Zeitreise in die Erdgeschichte vor 290 Millionen Jahren. – Begleitheft zur Ausstellung, Gotha: Museum der Natur

Martens, Th. (2022): Wetter- und Klimamarken der Tambach-Formation (Oberrotliegend, Unteres Perm, mittlerer Thüringer Wald, Deutschland) – ein aktualistischer Vergleich. – Göttingen: Cuvillier Verlag

Marx, K.; Engels, F. (1959): Werke (MEW), Bd. 23, Berlin: Dietz Verlag

Meadows, D. (1972): Die Grenzen des Wachstums-Bericht des Club of Rome zur Lage der Menschheit. – Stuttgart: Deutsche Verlags-Anstalt GmbH

Meadows, D.; & D. (1974): Das globale Gleichgewicht – Modellstudien zur Wachstumskrise. – Stuttgart: Deutsche Verlags-Anstalt

Maedows, D.; Maedows, D. und Randers, J. (1992): Die neuen Grenzen des Wachstums. – Stuttgart: Deutsche Verlags-Anstalt

McIntyre, J. (1982): Der Geist in den Wassern – Ein Buch zu Ehren des Bewusstseins der Wale und Delfine. – Frankfurt am Main: Verlag Zweitausendeins

Nachtigall, W. (1981): Biotechnik und Bionik – Fachübergreifende Disziplinen der Naturwissenschaft. – In: Abhandlungen der mathematisch-naturwissenschaftlichen Klasse, Wiesbaden: Franz Steiner Verlag

Nachtigall, W. (1983): Biostrategie – Eine Überlebenschance für unsere Zivilisation. – Hamburg: Hoffmann und Campe Verlag

Nachtigall, W. (1984): Erfinderin Natur – Konstruktionen der belebten Welt. Hamburg, Zürich: Rasch und Röhring

Nachtigall, W. (2002): Bionik – Grundlagen und Beispiele für Ingenieure und Naturwissenschaftler. – Berlin, Heidelberg, New York: Springer Verlag

Nasrollahi, K. (2016): Entwicklungspotenziale für ein passiv klimatisiertes Gebäude mit Badgir und Luftkollektor in Isfahan. – Dissertation TU Kaiserslautern, FB Architektur

Niemeyer, G. (1977): Kybernetische System- und Modelltheorie. – München: Vahlen Verlag

o. A. (1992): Geheimnisse der Natur – Entdecken, Entschlüsseln Erklären. – Gütersloh/München: Bertelsmann Lexikon Verlag GmbH

o. A. (2023): Transformationsbericht der Bundesregierung: Menschliches Wohlbefinden und Fähigkeiten, soziale Gerechtigkeit – Herausforderungen und Wege der Transformation. – Berlin: Presse- und Informationsamt der Bundesregierung

Poincaré, H. (1914): Wissenschaft und Methode. – Leipzig und Berlin: Verlag Weinholtz und Rahn

Popper, K. (1996): Alles Leben ist Problemlösen. – München Piper Verlag

Rechenberg, I. (1984): „Beriwan" konzentriert den Wind. – In: Sonnenenergie, Heft 2/84, Ebersberg: Sonnenenergie-Verlags-GmbH, S. 6–10.

Rechenberg, I. (1994): Photobiologische Wasserstoffproduktion in der Sahara. – Stuttgart: Frommann-Holzboog Verlag

Reichel, R. (1984): Gesetzmäßigkeiten der Technikevolution. – Berlin: Urania Verlag

Reichholf, J. H. (1992): Wo Darwin irrte – Neue Serie der Evolution. – In: natur, Heft 3 bis 12, Leinfelden: Konradin Medien GmbH

Reichholf, J. H. (2013): Der Ursprung der Schönheit – Darwins größtes Dilemma. – München: Deutscher Taschenbuch Verlag GmbH & Co. KG

Rummel, G. (1995): Hannover-Messe 1995: Bericht zum Bionik-Stand. – In: Rundschreiben der Gesellschaft für Technische Biologie und Bionik, Nr. 15, Saarbrücken, S. 3–4.

Schönwiese, Chr.-D. (1994): Klimatologie. – Stuttgart: Eugen Ulmer GmbH & Co.

Schurz, G. (2011): Evolution in Natur und Kultur – Eine Einführung in die allgemeine Evolutionstheorie. – Heidelberg: Spektrum Akademischer Verlag

Sedlag, U. (1983): Vom Aussterben der Tiere. – Leipzig, Jena, Berlin: Urania-Verlag

Soentgen, J.; Reller, A. (2009): CO_2 – Lebenselixier und Klimakiller. – München: Oekom Verlag

Singer, S. F. (2008): Die Natur, nicht menschliche Aktivität, bestimmt das Klima. – Jena: TvR Medienverlag

Stirn, A. (2022): Visionen: Fotosynthese: Mit der Kraft der Natur – Ideen für eine nachhaltige Zukunft. – In: PM-Magazin, Heft 4, Hamburg: Gruner + Jahr Deutschland GmbH, S. 18–29.

Tributsch, H. (1994): Bionik solarer Energiesysteme. – In: Nachtigall, W. (ed.): BIONA-report 9, Stuttgart, Jena, New York: Gustav Fischer Verlag, S.147–170.

Tributsch, H. (1981): Wenn die Schlangen erwachen: Erdbebenforscher lernen von den Tieren. – Frankfurt/Main, Berlin, Wien: Verlag Ullstein GmbH

Uspenski, S. M. (2014): Der Eisbär. – Reihe: Neue Brehm-Bücherei, Bd. 201, Magdeburg: Verlags KG Wolf

Varenholdt, F.; Lüning, S. (2012): Die kalte Sonne – Warum die Klimakatastrophe nicht stattfindet. – Hamburg: Hoffmann und Campe Verlag

Vester, F. (1972): Das Überlebensprogramm. – München: Kindler Verlag GmbH

Vester, F. (1974): Das kybernetische Zeitalter – Neue Dimensionen des Denkens. – Frankfurt am Main: S. Fischer Verlag

Vester, F. (1983): Ballungsgebiete in der Krise. – München: Deutscher Taschenbuch Verlag GmbH & Co. KG

Vester; F. (1984): Neuland des Denkens. – München: Deutscher Taschenbuch Verlag GmbH & Co. KG

Vester, F. (1988): Leitmotiv vernetztes Denken. – München: Deutscher Taschenbuch Verlag GmbH & Co. KG

Vester, F. (1990): Ausfahrt Zukunft – Strategien für den Verkehr von morgen. Eine Systemuntersuchung. – München: Heyne Verlag

Ward, P.; Kirschvink, J. (2016): Eine neue Geschichte des Lebens – Wie Katastrophen den Lauf der Evolution bestimmt haben. – München: Deutsche Verlags-Anstalt

Weber, A. (2008): Biokapital – Die Versöhnung von Ökonomie, Natur und Menschheit. – Berlin: Berlin Verlag GmbH

Wittmann, J. (2000): Physik in Wald und Flur. – Köln: Aulis Verlag Deubner & Co KG

Wuketits, F. (1990): Schlüssel zur Biologie. – Düsseldorf und Wien: Econ Verlag GmbH

Internetquellen

FAU-Wissenschaftler zeigen, dass die Erderwärmung in der Vergangenheit genauso schnell voranschritt wie heute. –
Hrsg.: Friedrich-Alexander-Universität Erlangen-Nürnberg
https://www.fau.de/2015/11/news/wissenschaft/bild-des-langsamen-klimawandels-in-der-erdgeschichte-ist-irrefuehrend
aufgerufen am 02.06.2023.

Geo – Von Chamäleons inspiriert: Diese Wand kühlt im Sommer und wärmt im Winter. – Stefan Parsch
https://www.geo.de/wissen/forschung-und-technik/wuestenchamaeleon-diese-wandbeschichtung-aendert-seine-farbe-33841 14.html
aufgerufen am 15.11.23.

Klima-Paradoxon entdeckt: Sonne wärmt stärker während der Schwächephase. – Axel Bojanowski
https://www.spiegel.de/wissenschaft/2010/10/klimaparadoxon-entdeckt/sonne-waermt-staerker-in-der-schwaechephase/
aufgerufen am 13.06.23.

Meeresakrobaten: Die Sinnesorgane der Delfine.
https://www.meeresakrobaten.de/delfine/anatomie/die-sinnesorgane-der-delfine/
aufgerufen am 01.12.23.

Neokatastrophismus verhindert sachliche Klimadebatte. – Thomas Martens,
In: Klima Nachrichten Redakteur – Täglicher Newsletter zu Klima- und Energiethemen
https://www.klimanachrichten.de/2023/07/22/neokatastrophismus-verhindert-sachliche-klimadebatte/
aufgerufen am 27.07.23.

Sachwortverzeichnis

Weitere Publikationen von Bernd Hill in der Knabe Verlagsgruppe:

- Bionik – Die Natur als Ideenschmiede | ISBN 978-3-944575-30-8
- Bionik –Von Flugfrüchten abgeschaut | ISBN 978-3-944575-31-5
- Bionik – Leichtbau | ISBN 978-3-944575-32-2
- Bionik – Riesenseerose und Kristallpalast | ISBN 978-3-944575-33-9
- Bionik – Schmetterlingen abgeschaut | ISBN 978-3-944575-34-6
- Bionik – Vom Fliegen | ISBN 978-3-944575-35-3
- Bionik – Schätze aus dem Tropenwald | 978-3-944575-36-0
- Bionik – Schwimmen und Tauchen | 978-3-944575-37-7
- Bionik – Wärmedämmung | 978-3-944575-38-4
- Bionik – Seil- & Netzkonstruktionen | 978-3-944575-39-1
- Bionik – Klimatisierung und Lüftung | 978-3-944575-40-7
- Bionik – Schönheit der Natur | 978-3-944575-41-4
- Bionik – Tarnen und Täuschen | 978-3-944575-42-1
- Bionik – Wettrüsten der Sinne | 978-3-944575-43-8
- Bionik – Arznei und Kosmetik | 978-3-944575-44-5
- Bionik – Verpacken | 978-3-944575-45-2
- Bionik – Roboter und Prothesen | 978-3-944575-46-9
- Bionik – In Wald und Flur | 978-3-944575-47-6
- Bionik – Evolution in Natur und Technik | 978-3-944575-48-3
- Bionik – 1x1 des naturorientierten Erfindens | 978-3-944575-49-0
- Bionik – Von der Natur lernen (Kinderbuch) | 978-3-944575-29-2

Impressum

ein Imprint der Knabe Verlagsgruppe
Trierer Straße 65, 99423 Weimar
www.knabe-verlag.de

Titelfotos: designed by Freepik

Alle Abbildungen Bernd Hill, außer S. 2: Potrait von Francé nach einer Radierung von Sigmund Lipinsky aus Francé, R. H. (1921): Bios – Die Gesetze der Welt. – Erster Band, München: Franz Hanfstengel; S. 38: Abb. 5 nach Sedlag 1983, S. 29, verändert; S. 40: Abb. 6 nach Lambert 1990, S. 17; S. 42: Abb. 7 nach Martens 2000, S. 39; S. 47: Abb. 9 nach Brownell 1985; S. 61: Abb. 14 nach McIntyre 1982, S. 138; S. 160: Abb. 35 nach Rechenberg 1994

Umschlaggestaltung: Hanan Bsisehh
Layout/Satz/Bildbearbeitung: Ute Schmidt, Grafik-Design

Druck/Herstellung: Sowa Sp. z o.o., Polen

1. Auflage Oktober 2024

ISBN 978-3-944575-88-9